公 共 译 丛

心灵的习性：美国人生活中的个人主义和公共责任

［美］罗伯特·N. 贝拉 等著

Habits of the Heart: Individualism and Commitment in American Life

by

Robert N. Bellah

Richard Madsen

William M. Sullivan

Ann Swidler

Steven M. Tipton

Copyright © 1985, 2007 The Regents of the University of California
Published by arrangement with University of California Press

本书中文简体字版权属中国社会科学出版社所有

RES PUBLICA ▶ 公共译丛

HABITS OF THE HEART
Individualism and
Commitment in American Life

心灵的习性
美国人生活中的个人主义和公共责任

[美] 罗伯特·N.贝拉　理查德·马德逊
威廉·M.沙利文　安·斯威德勒
史蒂文·M.蒂普顿　著

周穗明　翁寒松　翟宏彪　译

中国社会科学出版社

图字　01-2010-6824 号

图书在版编目(CIP)数据

心灵的习性：美国人生活中的个人主义和公共责任／[美]罗伯特·N.贝拉等著；周穗明等译.—北京：中国社会科学出版社，2011.1

ISBN 978-7-5004-9425-6

Ⅰ.①心… Ⅱ.①罗…②周… Ⅲ.①民族精神—美国②民族心理—美国 Ⅳ.①K712.03②C912.5

中国版本图书馆 CIP 数据核字(2010)第 255377 号

责任编辑	姜阿平
责任校对	李　莉
封面设计	毛国宣
技术编辑	李　建

出版发行	中国社会科学出版社		
社　　址	北京鼓楼西大街甲 158 号	邮　编	100720
电　　话	010—84029450(邮购)		
网　　址	http://www.csspw.cn		
经　　销	新华书店		
印　　刷	北京新魏印刷厂	装　订	广增装订厂
版　　次	2011 年 1 月第 1 版	印　次	2011 年 1 月第 1 次印刷
开　　本	880×1230　1/32		
印　　张	15.25	插　页	2
字　　数	380 千字		
定　　价	39.00 元		

凡购买中国社会科学出版社图书，如有质量问题请与本社发行部联系调换
版权所有　侵权必究

作者简介

美国国家人文科学奖得主罗伯特·N. 贝拉（Robert N. Bellah），是加利福尼亚大学柏克莱分校的埃利奥特社会学荣誉退休教授，是许多著作，包括《罗伯特·贝拉读本》的作者。理查德·马德逊（Richard Madsen）是加利福尼亚大学圣地亚哥分校的社会学教授；他最近出版的著作是《民主的习惯》（加利福尼亚大学出版社）。威廉·M. 沙利文（William M. Sullivan）是卡内基教育发展基金会的资深学者和《工作与正直》（第二版）的作者。安·斯威德勒（Ann Swidler）是加利福尼亚大学柏克莱分校的社会学教授；她最新的著作是《爱的谈话》。史蒂文·M. 蒂普顿（Steven M. Tipton）是艾摩利大学和坎德勒技术学校的社会学和宗教学教授，以及《公民讲坛》的作者。这些作者还共同致力于《好社会》的写作和共同编辑了《意义和现代性》（加利福尼亚大学出版社）。

目　录

2010 年中文版译序 …………………………………………（1）
2008 年英文版序言 …………………………………………（6）
1996 年英文版序言 …………………………………………（13）
1991 年中文版译序 …………………………………………（56）
前言 …………………………………………………………（58）

导　论

第一章　追求幸福 ……………………………………………（3）
第二章　文化与国民性：从历史谈起 ………………………（33）

第一部分　私人生活

第三章　发现自我 ……………………………………………（73）
第四章　爱情与婚姻 …………………………………………（113）
第五章　一般人际关系 ………………………………………（150）
第六章　个人主义 ……………………………………………（190）

第二部分　公共生活

第七章　主动参与 …………………………………（223）
第八章　公民生活 …………………………………（260）
第九章　宗教 ………………………………………（291）
第十章　国民社会 …………………………………（333）

结　语

第十一章　改造美国文化 …………………………（365）

附录　作为公共哲学的社会科学 …………………（395）
关键词术语表 ………………………………………（412）

2010年中文版译序

《心灵的习性：美国人生活中的个人主义和公共责任》（以下简称《心灵的习性》）一书新的中文版，由中国社会科学出版社向读者隆重推出了。

这本书的英文原版由美国国家人文科学奖得主、加利福尼亚大学柏克莱分校社会学教授罗伯特·N. 贝拉（Robert N. Bellah）领衔的五位学者撰写，首次出版于1985年，后于1996年、2008年两度再版。作为中美建交以后由美国官方提供的第一本中美文化交流书籍，它的第一个中文版由我们翻译，于1991年面世。除了中文版以外，该书还曾以多种语言翻译出版，在世界各地拥有大量读者。该书于1996年、2008年两度再版的事实，表明了它的人文社会价值和受众关注度，而这也是新的中文版在其原版问世25年、第一个中文版出版近20年后再度闪亮登场的重要原因。

《心灵的习性》是一本谈论美国个人主义和关于弥补这种个人主义极端发展的毁灭性后果的书。它从文化价值观的高度，系统地总结了社会习俗在美国从殖民地时期走向现代化的过程中的作用，探究了美国现代化的文化深源。由于这本书的敏锐性、深刻性和预见性，使它成为继托克维尔（Alexis de Tocqueville）的名著《美国的民主》之后关于美国人自身的文化研究的最重要书籍，堪称经典。

作为美国国家畅销书，该书出版之后屡获高度评价，曾获普利策奖之一般非小说类评审团特别大奖、《洛杉矶时报》书籍奖、美国教育研究学会教育类书籍最高荣誉奖等。美国《新闻周刊》称它是"才华横溢的分析……价值可与托克维尔比肩的、关于这个国家一种道德状况的信息"；《纽约时报书评》称它是"非凡卓越的……优秀的写作，根本摆脱了行话套话。它传递了一种强烈的道德紧迫感"；《巴尔的摩太阳报》称它是"为美国人的价值观竖立了一面镜子，让我们去检验我们自己，使我们敢于质问我们的社会正在向何处去。它将让你质询你自己的习性，观察你自己的心灵。没有多少书具有这种能力"。

在1996年英文版序言中，针对全球化、信息革命、苏东变局等时代剧变，作者在当时已经看到了随新自由主义潮流而来的个人主义的恶性发展。在新形势下，作者对美国的个人主义传统及其当代演变表达了三重看法：第一，极端个人主义（书中用"激进个人主义"）造成的社会后果，比10年前《心灵的习性》出版的时候更为严重；第二，这是一些"被扭曲的个人主义的形式"，是托克维尔担忧的个人主义的极端发展；第三，美国的个人主义传统仍然是有价值的，不能忽略个体的个人的核心重要性。

作者认为，只有矫正个人主义的极端发展及其后果，回归美国文化价值观的传统，才能恢复美国社会的活力。因此，作者在1996年序言中提出了他们对矫正方式的分析和看法，也表达了三重意思：第一，摆脱极端个人主义的中心点，是要恢复传统中对人类个体的社会维度的正确评估。美国传统的个人主义不是自私自利的利己主义，而是包含着社会责任的；第二，美国文化传统中除了功利型个人主义和表现型个人主义传统之外，还有《圣经》宗教和公民共和主义传统（作者将个人主义称为"美国人的第一语言"，将《圣经》宗教和公民共和主义称为"美国人的第二语言"）。尤其是作为美国文化内在传统的《圣经》宗教和公民共和主义，提供着维护社会团结、制止极端个人主义的资源；第三，美国人的文化观念需要一个根本转变和重新定位，即转向重视共同体和团结。作者运用《心灵的习性》出版后10年中出现的社会资本、公民成员资格、共同体主义（或译为"社群主义"）等理论，对新资本主义作出了如下批判：(1) 破坏了社会组织的合作、规范和信任，使社会资本衰减；(2) 导致了公民意识即社会责任感的丧失，引发了公民成员资格危机；(3) 瓦解了各个层面的共同体感和社会协作，造成了社会团结资源（如美国民间社团的自愿服务传统）的流失。

作者指出，个人主义文化与新资本主义观念的崛起有关。新资本主义观念达成了对个人自由选择的绝对信仰与市场决定论的结合。但是，这种市场决定论是一个意识形态骗局：它利用了美国的个人主义传统和对国家的警觉，却反过来运用国家无情地实行了"市场规则"。新资本主义提出了一个有致命缺陷的政治议程。它的新自由主义公式制造了这个国家严峻的社会紧张状态。基于这一分析，作者强调，在社会分裂加剧，阶级分化和矛盾加深的危机背景下，破解这一困局，不在于解决个人问题（如不当的家庭价值观导致的个人失败），不在于复兴社区，而是在于寻找这些结构性问题的经济的、政治的和文化的答案。这个答案中不仅包括从根本上改变公共政策，还要从根本上更新文化价值观。新资本主义的观点将私有化作为解决一切困难的灵丹妙药，反之，本书特别强调，要恢复政府的政治能力和社会的活力，根本上是要恢复美国文化中"第一位的能力"——加强濒临危境的共同体和团结的能力。这种共同体，不仅是狭义的社区，而是指人类"所有生命的普遍的共同体"；这种团结，是指公民之间彼此的连接感、分享的命运、相互的责任，是让人类共同体在面对各种威胁时可以利用的一致性、凝聚力和相互的信任和责任。作者呼吁，为了共同体和团结去更新文化能力，恢复美国个人主义传统中最好的东西，即林肯和温思罗普所代表的个人主义传统——个人的自由不是为所欲为的权利，"自由是做在道德上被证明是正当的事的权利"。这种以新英格兰清教为基础的个人主义，强调参与的正义，要求每个个体以尊重他们的尊严和自由的方式工作，为共同体和团结、为社会的共同利益作出贡献。

1996年英文版序言以"一个分裂的家"为题，再次回顾了托克维尔所总结的、林肯所代表的美国主流的个人主义传统。作者痛心地指出，在《心灵的习性》发表的第二个10年后，美国公民的生活机会的不平等已经极大地扩张了，美国这个家今天不是被奴隶制所分裂，而是"被深化的阶级分化所分裂"。作者称，这种不公正的现实剥夺了无数人充分参与社会和将他们自己理解为个人的能力；并称"这是美国人不情愿面对的那个衰败中的秘密"。

相对于1996年英文版序言，本书2008年英文版序言非常简洁。作者指出，20年的现实发展证明，《心灵的习性》为美国文化描绘的图画完全正确。而且，他们所指出的在美国文化内部传统的作用，尤其是《圣经》宗教和公民共和主义，已经提供了通过坚持对团结的热望制止极端个人主义的资源。"这些理念是有用的。"作者不无自豪地宣称：美国社会的社会包容和公民平等的程度，已经"超过了在我们的早期历史中所体现的、克服种族和性别障碍的那些仍未完成的努力"。这些努力背后的理念，将为美国人民处理当前的问题提供思想资源。

从写作上说，这本书也很有特色。作为一本进行文化研究的经典著作，20年多年前贝拉教授等人撰写的这部书观点独到、资料翔实，尤其是文风非常朴素，绝无时下一些学术著作的那种人为卖弄的艰涩和花哨，因此非常好读易懂。

从阅读快感和获得新知的角度看，本书也很有品赏价值。作者的平实文风固然让该书读起来轻快怡人，然而其原创内容更具吸引力。如果说近20年前阅读该书时，由于时空的隔阂和相关社会背景的生疏，中国读者还有些雾里看花、看不真切的话，那么，在20年后的今天，中国社会在文化观念上正在发生的类似演变已经使我们完全能够看懂并理解书中的内容和作者的担忧。如果该书有助于国人的深入思考，进而反思我国文化观念的演变和存在的问题，那将是对我们工作的最好回报。

由于作者在英文版再版序言中对全书在理论上和技术上做了进一步阐发和说明，我们在新的中文版中忠实地体现作者的意图，在1991年中文译本的基础上增添了新的内容，包括作者为本书撰写的"1996年版序言"、"2008年版序言"，尤其是一个非常有助于读者理解相关内容的"关键词术语表"。我们对本书1991年中文版进行了认真的复核，做了个别调整和润色。这些新的翻译、修订等工作，均由周穗明和翁寒松完成。

周穗明　翁寒松
2010年8月31日于北京

2008年英文版序言

我们时代的大的斗争，被视为民主与专制之间的冲突。既然这些冲突似乎是不可回避的，那么我们这些美国人便理所当然地认为，民主是个好东西，的确是政治上最好的东西，而任何对民主的反对都是很坏的东西。但是我们没有花点时间好好想一想：我们所说的民主是指什么。由于存在着民主政治的反对者赢得自由选举的情况，所以我们时常说，社会保有自由选举是个成问题的观念。在《心灵的习性》中，我们极力从托克维尔（Tocqueville）的《美国的民主》这本因使民主成为一个好词而扬名的书[1]出发来描述民主。值得铭记的是，在大部分西方历史中，民主被认为是一个与共和政体完全不同的、坏的政府形式，通常被视为一个有着君主政治、贵族政治和民主政治因素、而三者无一是主导因素的"混合体制"。美利坚共和国*的奠基人有意识地反对民主，而我们的宪法就是以混合体制的理念写就的：存在着君主的因素（总统）、贵族的因素（参议院）和民主的因素（众议院）。

民主来自希腊语 demokratia，意指人民统治，而这意味着直

---

* 原文为 The American republic，即指美利坚合众国。——译者注

接的统治而不是代议制的统治，因为古代希腊人没有代议制民主的理念。古代民主政治最成功的例子是公元前5世纪的雅典，自由的男性成人公民的确通过他们对议会的参与进行统治，做出一切重大的政治决策，这是一个任何人都可以发言和所有人都可以投票的大会。不幸，关于雅典的民主，我们知道最多的东西却是来自于它的批评者，首先是柏拉图和亚里士多德。亚里士多德称民主不是"人民统治"，而是"穷人统治"，因为至少相对来说，大多数公民是贫穷的。但是在这种观点的批评者看来，他提倡的穷人统治是反对非穷人的，因而是不公正的。必须指出的是，柏拉图和亚里士多德是批评寡头政治即少数人的政治的，认为它是基于富人利益故而也是不公正的。尽管柏拉图欣赏哲学王的统治，但是当确认这是最不切实际的观点之时，柏拉图和亚里士多德都强烈地反对暴政，即那种服从于单一利益的个人统治。亚里士多德是首先支持混合体制理念的人之一，他称这种混合体制为城邦制（politeia）。

民主观念史的这一附加陈述告诉我们，不仅自公元前5世纪的雅典直到离现在也许不到200年以前，民主术语还不是正面的理念，而且民主和专制只是经典政治哲学说明政府形式的少数术语中的两个。早在希罗多德时期，我们发现了三种关于政府基本形式的描述：一个人的统治、少数人的统治和多数人的统治。在民主和专制这两个选项以外，便是希罗多德所说的第二种统治形式，即寡头政治，或少数人的统治，实际上是指政治共同体中的贵族和较富有者的统治。

在这一经典的看法中，前两种政府类型各有好形式和坏形式的可能（一个人的统治既可能是一种君主政体，也可能是一种暴政；而少数人的统治则既可能是一种贵族政治，也可能是一种寡头政治），但是多数人的统治几乎是不存在好形式和坏形式的——它彻头彻尾是坏的。在这一思维传统中，托克维尔不仅用民主和暴政之间的对比（我们记得，当他谈到存在"民主的暴政"以及"民主的自由"的可能性时，尽管认为现有的美国体制偏爱民主的自由，他仍然具有对民主的传统恐惧），而且用民主制和贵族制之间的对比进行研究工作，因为他认为法国的传统相当贵族化，虽然它有其优点，但在根本上同样是反自由的。[2]尽管他不使用寡头政治一词，即描述少数人统治的那种坏形式的经典术语，但是他经常使用贵族统治一词，描述少数人的自私统治。此外，他不仅将贵族统治视为迅速逝去的旧时代的特征，而且认为它甚至可能在民主过程中再次出现，尽管他所希望的是前者。他在这方面最著名的警告，不得不借助于他那个时代才开始出现的新经济组织形式，这一形式正如在第二册第二部分第二十章中所描述的，被冠以预示性的标题："五月的贵族统治如何为工业所创造"。[3]同时，在这一章的最后段落中，托克维尔调整了他的批评，他突出地强调了贵族：

> 我认为，一般而言，我们看到在我们眼前崛起的制造业贵族，是地球上出现的最努力的人。而同时，他们也是最严谨的和最不危险的人。
>
> 无论如何，民主的朋友应当让他们的眼睛始终忧虑地盯着那个方向。因为不断延续的不平等状况和贵族政治一旦找到它们走进该社会的通道，它们就将通过那扇门进入。[4]

由于寡头政治对共和主义自由的威胁，我们相信今天、尤其是在美国崛起的，是走向寡头政治的趋势。

在《心灵的习性》中，我们追随的是托克维尔对新的民主政治形式的社会成效的开创性分析。托克维尔看到了美国民主的多种独特特征，尤其是他所称的社会地位的平等和著名的个人主义。虽然他确认了如同受到神的启示般的走向平等的那种历史趋势，但是他却为走向个人主义的那种趋势的后果而担忧。在《美国的民主》第二册第四部分第六章中，以"民主国家必须担心哪一类专制（Despotism）"为题，托克维尔思考着一些存在于民主政治内部的专制的潜在可能性。[5]必须担心的那类专制的民主已被称作"软专制"：即一种几乎没有被注意到其发生的专制。这种专制发生的一项条件是托克维尔所警告的个人主义，它是美国实验的致命弱点。正如他对个人主义的描述，"他们（公民）每一个人，龟缩到他自己的躯壳之中，几乎不关心其他人的命运。对于他来说，人类只存在于他与他的孩子和他与他的个人朋友的关系之中。至于他的其他公民伙伴，则什么也不是。"在这些环境下，掌权的那些人可以变得不受限制，几乎没有公民意识到正在发生什么事。他写道，一个"有序的、温和的、和平的奴隶制"，正如他曾经描述过的，"比一般想象的更能够以某些外部自由形式被结合，并且存在着一种甚至在人民主权的阴影下确立自身的可能性。"[6]

当托克维尔指出新的工业和金融贵族（我们可以更准确地称之为寡头）的可能性时，他并没有想象过发展出一种支持它的统治的机制，一种将会延续民主的形式而不延续其实质、并且还导致不平等不断增长的统治机制。金钱的巨大力量决定着选举结果、美国两个主要政党都受惠于金融富豪的事实，这些在他的时代还不可能是一目了然的。他预见了国内的软专制，但是他没有预见到一种支持在国外实行硬专制以服务于自身利益的外交政策。当然，他也没能预见到生态危机和供给递减条件下对石油的不断增长的需求，而后者正在不断引燃更为暴力的全球冲突。

最近，约翰·邓恩（John Dunn）描述了民主术语的奇特历史,并且提出,只有在法国大革命中,民主理念才自古希腊以来第一次具有了某种政治可能性:"首先正是罗伯斯庇尔(Robespierre)把民主带回到生活中作为政治效忠的焦点:民主不再只是一个难以捉摸的和显然难以相信的政府形式,而是一个生气勃勃的、并且也许最终不可抗拒的吸引力之极和权力之源。"[7]他指出,作为极端时刻的极端主义者的革命领袖巴贝夫(Babeuf)当时所描述的民主具有两种发展走向:民主既会造成一个平等的制度,也会造成一个利己主义的制度,而这取决于私有财产是被社会化还是被神圣化。[8]法国大革命后近200年来,关于这两种选择的斗争一直在延续,只是由于20世纪80年代末共产主义在欧洲的失败才告终结。具有反讽意味的是,两种"民主"形式都造就了非常不平等的统治:一种是以财产平等为名义的极权主义国家,另一种是以自由市场经济著称的、在利己主义制度下的人类历史上最大的不平等。[9]

托克维尔看到了许多东西,但他在19世纪上半叶写作时,不可能看到每件事情。他关于民主由于形式大于内容实质因而可能终结的担心,似乎正在我们的眼前成为现实。相应地,他关于平等会在发展中自然生成的感觉,也显然是一个错误。自《心灵的习性》20多年前首次面世以来,美国公民生活中机会不平等的极大增长已经得到证实,尤其是在健康医疗、经济安全和教育机会领域。这种不平等的增长在美国要比在其他发达国家大得多。即使由于部分地得益于新的信息技术,总的经济生产力在此期间获得了可观的增长,但是来自这些增长的几乎所有利润,却落到了处在收入分配最顶端的少数人手中。那么为什么美国人不去或不能够阻止不平等的增长并把我们不断增加的财富用于共同福利呢?

在这里我们相信,托克维尔的分析仍然对我们多有教益。个人主义与对政府、尤其是国家主义的政府的强烈怀疑之间的内在联系（特别是在私有财产和政府控制已极大发展的时代），是我们摆脱寡头的一个主要依据。这些发展使托克维尔有关"贵族统治"（或像我们所说的寡头政治）将重新复活的警告，可以直接适用。的确，自《心灵的习性》出版以来，不平等的增长一直在全球范围内不祥地持续发展着，对它的警觉同时也在增强，甚至可以中肯地说，马克思主义正在一些地方酝酿卷土重来，正如托尼·朱迪特（Tony Judt）最近所警告的那样。[10] 任何一个有健全思维的人，都不会欢迎一种与强制性国家天然联系的教条的意识形态体系的回归，可是我们如此热衷于一种教条的市场意识形态、即用以证明我们根本就不需要国家的那种理念，就是健康的生存状况吗？后者果真全方位地支持民主吗？

20年之后看，我们在《心灵的习性》中所描绘的美国文化的画面，似乎都再正确不过了。但与此同时，我们指出了美国文化中的传统、尤其是《圣经》宗教和公民共和主义的作用，它提供了通过坚持对团结的热望而逆转极端个人主义的资源。我们感到满意的是，许多持续为公共利益工作的公民群体，已经发现这些理念是有用的。毕竟，美国人已经在各个不同时代认识到了比我们早期历史中所表现出的更大程度的包容性和公民平等，特别是在仍未完成的克服种族和性别歧视的努力方面。存在于这些努力背后的理念，在处理当前问题时仍然可以为我们服务。

《心灵的习性》是一本关于美国个人主义的书，也是一本关于弥补其灾难性后果的种种努力的书。许许多多的公民组织继续在为不同类型的社会、不同类型的世界工作着，《心灵的习性》在许多方面仍旧可以作为它们的一种手册。

2007年3月

注释

[1] 约翰·邓恩写道,"在托克维尔的《论美国的民主》中,我们第一次发现了这一承认:民主是现代政治经验的独特性的关键,任何一个希望抓住那种经验特征的人必须关注并接受民主恰好意味的东西"。邓恩:《民主:一部历史》,大西洋月刊出版社2006年版,第73页。

[2] 见托克维尔《美国的民主》英译本的第十二版序言。乔治·劳伦斯译,J. P. 迈耶尔编:道布尔戴公司铁锚丛书1969年版,第6页。

[3] 托克维尔:《美国的民主》,第555—558页。

[4] 同上书,第558页。

[5] 同上书,第690—695页。

[6] 同上书,第692—693页。

[7] 邓恩:《民主》,第118页。

[8] 这些术语实际上可能源于巴贝夫的追随者博纳罗蒂。邓恩:《民主》,第124页。

[9] 邓恩写道,"市场经济是去除人类曾已形成的平等的最有力的机制"。而市场经济的胜利,导致邓恩用资本将它描述为"利己主义的世界秩序"。邓恩:《民主》,第118、137、171页。

[10] 托尼·朱迪特:《与那一切告别?》《纽约书评》2006年9月21日,第88—92页。

1996年英文版序言
分裂的家

"我们应当怎么生活？……作为美国人，我们是谁？"自从我们在《心灵的习性》的开端写下这些问题以来，10多年过去了，这些问题已经呈现出一种危急的紧迫性。这些问题的意义自从这个共和国开创以来就已经在争论，但是从来不比现在更多，此时我们听到"更新美国"和"战胜道德危机"的呼吁。

我们美国人总是想到要去做一些我们自己的事。我们强烈地渴望自己有自信心，有活力，相信凭着自己辛勤的工作和良好的素质，能够在一个开放社会中达成自尊和正直。然而，环顾在我们身上作为一个国家正在发生的事情，我们到处发现对我们社会稳固的不安和对它的未来的关切。我们越来越多的人怀疑，我们是否能够信任我们的制度、我们选举出的官员、我们的邻居，甚或实现我们自己对生活的期望的能力。而焦虑总是接近一种时时摆脱不了的恐惧的层面：事情不知道怎么搞的总是出问题。对于许多美国人，这些恐惧在对犯罪、道德衰败和收入与机会的分化加深的担忧中达到了顶点。关于我们的工作、适当的收入和我们的家庭的未来，特别是我们孩子的福利，存在着一种令人苦恼的不确定性。

处于许多这些恐惧之下的是这一现实：对大多数美国人来说，全球经济的增长不再意味着机会，而反倒是"小型化"、

"再就业"的工作岗位，以及免职的解雇通知单。然而通过所有这些折磨人的、对繁荣的威胁，已经产生了关于改变经济游戏规则的一些不寻常的公众抗议。通过种族，通过文化，通过宗教信仰，通过不同的国家认同观，我们被告知，我们是处于分裂状态的。但是我们是一致的，因为这种一致在至少一个核心信念中产生出来，这一信念甚至跨越了肤色、宗教、区域和职业各种线索：经济的成功或失败是个人的责任，他或她自己的责任。

我们怎样才能解释这一绝对的价值共识？这个共识似乎公然违背了我们美国作为一个充满异议的、深深分裂的社会的通常画面。一旦我们注意到，这一共同的美国信念并没有被任何其他工业国家的人口所分享，包括在欧洲或在东亚，该事实就变得甚至更令人困惑。那些国家也在经历着全球新经济使其眩目的冲击。然而，境况最好的人和最差的人之间的收入鸿沟，在美国要比在它们任何一国大得多，而我们却继续容忍比它们所承受的更引人注目的高经济剥削率。为什么作为一个社会，我们正在为经济变化支付更高的成本？这一高成本关系到信任和信心的下降吗？这些发展可以分享一个共同源泉，即我们关于个人及其责任的毫无疑问的信念吗？换句话说，这是一个植根于文化价值观的谜，这种观念应该被视为如此理所当然，以致美国人几乎无从觉察吗？

再度到来的个人主义

在《心灵的习性》中，我们尝试了解这一文化取向。遵从托克维尔，我们称它为个人主义。个人主义，美国人的第一语言，他们趋于以此思考高于其他一切的他们的生命、价值独立性和自立精神。这些品质被期望去赢得一个竞争社会中成功的报偿，而这些品质本身也被评价为美德善行。由于这个原因，即使当美国社会的开放性质用大报偿的种种机会实行诱惑的时候，个人主义把种种高要求置于每个人身上。

然后，美国个人主义，要求个人的努力并激发获得成功的更大活力，然而它只提供少许鼓励进行培养，对道德发展和经济成功采取一种不论好坏、任其沉浮的态度。它赞美刚强和力量，恐惧柔和与虚弱。它谄媚胜利者，同时显示对失败者的轻蔑，一种能够随着对那些被认为既不是由于他人，也不是由于他们自己而导致道德或社会失败的人的决定性分量下降的轻蔑。

在《心灵的习性》中，我们探究了这种美国个人主义。我们询问它来自哪里，并寻求描述对它的剖析。我们发现它采取了"硬"的功利外形和"软"的表现形式。一个关注经济损益，另一个关注感情，后者常常被当作心理治疗看待。最关键的是，我们质询了：作为一个社会，个人主义是否以任一形式很好地服务于我们，它是否服务于我们之中那些即便最成功的有教养的中上层阶级，这个阶级在历史上最关注各种各样的个人主义价值观。然后，我们的回答是一个有限制条件的"不"。再次受托克维尔启发，我们认为，个人主义在美国随着时间的逝去是足可持续的，只因为它已经受到其他人更慷慨的道德理解的支持和检验。

在经济繁荣时代，美国人已经想象了作为一个可以自给的道德和政治指南的个人主义。在社会逆境的年代，正如现在，美国人有兴趣认为，照料他们自己的利益正是依个人的意思。然而在繁荣和逆境的两种年代，我们许多人都已经感到，有某些东西在个人主义价值趋势中迷失，单一的个人主义不允许人们去了解他们生活的某些基本现实，尤其是他们与其他人的互相依赖。当个人的独自努力证明不足以适应生活的需要时，这些现实变得更显而易见。在过去这些时代，美国人已经转向其他的文化传统，特别是那些我们所称的对生活的《圣经》的和公民共和主义的理解。当联合的行动提出所倡导的共同问题时，这两个传统已经很好地服务于这个民族。

《圣经》传统，一种大多数美国人熟悉的第二语言，通过多种多样的信仰共同体，传授对个人内在价值的关心，因为这些个人与这一超拔的传统相联系。它声称，有义务尊重和承认所有人的尊严。这一传统自从这个共和国创立以来已经发挥了关键性的政治作用，尤其是在国家危机和改革的关头，正像在内战时期，通过强调这个国家建立在一个道德基础之上来发挥作用。在这些时代，《圣经》宗教的种种思潮，已经凭借曾指导了这一国家的创建者的公民共和主义，建立了共同的理想目标，强调美国实验是一个具有共同道德目的的计划，一个把对他们伙伴的福利和对共同善的责任放在公民们身上的计划。

这些传统之间的关键连接点，使它们脱离激进的个人主义的要点，是它们对人类个体的社会维度的正确评估。这些声音已经通过青春期、进取心和独立性等典型德行，批驳了个人主义对个性的错误证明，连同它们对谄媚成功者和轻视弱者的缺乏道德尊重的附和。公民共和主义和《圣经》宗教提醒我们，作为一个个人——作为一个自我的人，无须逃避我们与他人的联系，而且真正的自由不在于否定我们的社会本质，而在于在紧要关头和成人的忠诚方面实现我们的社会本质，因为我们懂得我们对于奉献给生活中更广泛的伙伴关系的共同责任。这些声音最重要的是，当我们担忧我们国家的话语被一种尖锐的和毁灭性的个人主义的单一声调耗竭殆尽的时候，我们寻求扩大公众对话。

当我们出版《心灵的习性》的时候，尽管我们强烈地强调个人主义的重要性，但是我们也许有意淡化它与《圣经》和共和主义传统的联系的模糊性，这种传统以一些方式减弱个人主义，但是又以其他方式对个人主义做出重要贡献。如恩斯特·特勒尔奇（Ernst Troeltsch）所指出的，禁欲的新教教义，即在我们的形成时期最为普遍深入和仍然有广泛影响的《圣经》宗教的这一形式，有强烈的反政治的、甚至反文明的一面。[1]国家和更大的社会被视为不必要的，因为被救赎者照料他们自己。甚至更棘手的是在新教这一相同线索中的那种趋向，即把那些被看成是道德上不值得的人——那些常常是由于他们缺乏经济成功而无价值（那种无价值的贫穷）的人——从全部社会机体中排除出去的倾向。这种态度受到其他新教徒，特别是天主教传统的反对，在那里，对共同善的强调不允许将任何人排除在社会的照料和关怀之外。由于反对新教一味将工作看作个人证明他们自己的一种方式，而这种不同的观点把工作看作是一种对共同努力的贡献，其中大家各尽所能，却无一人因为无能而被拒绝。还有，我们不能忘记，美国的《圣经》宗教中的一个有影响的线索鼓励脱离公共生活而不是公民结合，甚至试图把最易受伤害者谴责为道德上最无价值的人。

进而，我们从18世纪起所继承的一个有影响的共和主义类型，即我们的英国辉格党传统的版本（以其反联邦主义的早期形式著称），是反国家和反城市的，并把它全部独立的自耕农理想化。杰斐逊关于把国家首都放进沼泽地的主张不是偶然的。杰斐逊—麦迪逊的共和主义敌意地看待的不仅是城市，而且是征税和实质上作为国家的任何功能。对国家的一种偏执狂般的恐惧不是新东西，可以从共和国最初的岁月中看到。[2]

我们还低估了我们称为功利主义的那种个人主义的道德意义。在至少一个功利型个人主义的版本中，真正的焦点是在道德自律和自助上，而主要不是在外在的奖赏上。世间的奖赏仅仅是良好道德个性的表征，这是一个在加尔文主义传统中逐渐发展起来的想法。个人主义者关注青春期的独立性，这一点的确是我们强调的；对一个胡乱干预的、强有力的父亲的持久恐惧，会把一个人推回到天真的依赖中去；恐惧容易转化为一个家长式国家，它被看作是去胁迫自由的公民降低为无助的臣民。[3]这一道德功利主义被用阶级的术语表达了出来：富人是独立的成人，穷人是依赖的孩子，因而他们只能或者去感恩，或者去指责。美国的个人主义是抵制过多的成人干预的，比如对于照管和生育，就更不用说独立思考了，因为为个人独立而斗争是要自己全力以赴的。

个人主义这一复杂文化在边疆[*]——尽管它在那里也会有破坏性的后果，比起在我们今天这个已经变得复杂、相互依赖的社会中，发挥着更大的作用。如果某些《心灵的习性》的读者把我们看成对理想化的过去的怀旧，那么我们愿意做出解释。我们仍然相信，《圣经》的和共和主义的传统对于功利型的和表现型的个人主义在许多方面是更为优越的，而且，没有任何一种我们能够毫无批判地借用和毫无保留地肯定的个人主义形式。

公民成员资格的危机

激进个人主义的种种后果，在今天甚至比 10 年前《心灵的习性》出版的时候，更显而易见。在《心灵的习性》中，作为与异化的个人主义形成对照的、有用的术语，我们谈到了承诺，谈到了共同体，谈到了公民身份。进行适当的理解，这些术语对我们当前的认识仍然是有价值的。但是，今天我们认为，"公民成员资格"这个惯用语，表达出了这些术语尚未完全抓住的某些东西。而在我们批评被扭曲的个人主义的种种形式时，我们从不打算忽略个体的个人的核心重要性，或者失去对我们社会中个

---

[*] 指美国西部开发时期的牛仔精神等等。——译者注

人本身面对的困难的同情。"公民成员资格"指明了个人身份与社会身份的那种关键性的交互作用。如果我们面临一种公民身份的危机,它就不仅是社会的危机,它也是个人的危机。

我们用这种"公民成员资格危机"一词所指的是,在美国生活的每一层面上和在每一重要群体中,都存在脱离更大的社会的诱惑和压力。由此导致两个结果:社会资本(一个我们将会在下一个部分定义的术语)耗损殆尽,而个人身份也受到威胁。那种来自于某一社会成员资格的自信感(这是一个我们信任和安全地归属于它的社会,在那里我们信任和被信任),恰恰是公民成员资格危机所威胁的东西。公民成员资格危机不完全是政治幻灭的问题,尽管政治幻灭已是够糟的了。政治幻灭牵涉到一种更根本的分离,与导致孤立的政治异化相比,它是对社会一致性更大的威胁。

因为我们认为,公民成员资格的危机在不同的社会阶级中采取不同的形式,作为理解该危机的一步,必须思考我们的阶级制度中那种正在扩展的不平等。美国人时常感觉不舒服的是谈论阶级。我们的社会是一个大体上无阶级的社会吗?不,离无阶级社会还很远。因为该书把重心放在由大多数美国人分享的中产阶级身份的文化理想上,所以在《心灵的习性》中,对阶级的考量很大程度上是含蓄的。但是,在过去10年中,我们的阶级结构变化已经产生了严重上升的道德问题,因此对阶级的清晰分析现在已经变得不可避免。

全球市场经济的压力正在撞击世界各国社会。这些压力的首要后果,是在全球市场中赢家和输家之间日益上升的不平等。其结果是不仅收入两极分化,以及富人更富和穷人更穷,而且正在萎缩的中间阶级越来越忧虑它的未来。让我们来看一看这些全球压力正在到处制造的一些趋势,以及这些趋势在美国具有的特殊尖锐性。首先是出现了罗伯特·瑞克（Robert Reich）称为"符号分析师"的那些人组成的无根的精英，那是一些知道如何去运用正在改变全球经济的新技术和信息系统的人。[4]这样的人在网上感觉要比住在社区里更自在和安全，对分布在全世界的、和他们相类同的人，他们是容易委曲求全和妥协。在优秀大学和研究生院那种高度竞争的气氛下，这样的人已经学会了淡化与家庭、教堂、地方甚至国家之间的关系，独来独往。正是在这里，虽然并非只是在这里，我们清楚地看到了我们在《心灵的习性》中所研究的个人主义化的文化轮廓。

在这些权力精英中，公民成员资格危机被表述为公民意识的丧失，即一种对社会其他人的责任感的丧失，它导致了与社会的分离，变成被保卫的、有门禁的住宅圈子和超现代的办公室、研究中心和大学。关于我们大家都是同一机体的成员的那种理念，它的社会契约意义，令人无法理解地式微了。

关于这种知识/权力精英，比它脱离社会更令人困扰的，是它对社会其他人的掠夺态度，即它那种旁若无人的对自身利益的欣然追逐。莱斯特·瑟罗（Lester Thurow）谈到了民主建制和寡头政治之间的区别。[5]他说，日本有一种民主建制，而拉丁美洲许多国家不幸处在寡头体制下。两个体制都是有特权的精英；根本的差别是，民主建制通过致力于整个社会的善寻求它自己的善（贵人应有的品德），而寡头政治则通过剥削社会的其他人追求它自己的利益。提出这一问题的另一方式是，民主建制带有某种很强的公民成员资格感，而寡头政治缺乏这种东西。主要区别之一是必须进行征税：寡头政治向它自己征税最少，民主建制向它自己征税最多。在美国历史中，我们已经拥有过若干民主建制（最突出的是建国的一代和在第二次世界大战之后的时期），但是我们也曾有过寡头政治。理解我们的现在所拥有的东西并不困难。

最近瑟罗指出了当寡头政治取代民主建制时收入增长的不平等:"以前,当国内人均生产总值正在增长的时候,大多数美国工人从来没有遭受过实际工资的降低。"在1973年到1993年间,国内人均生产总值增长了29%。与前20年相比,那是一个更低的增长率,但是它仍然是一个有意义的增长。然而,国内人均生产总值的那种增长没有得到平等分享:80%的工人或失去工作,或几乎不能养活他们自己。"在男人中,20%的顶级收入劳动力,享有着国家的全部工资增长。"这不是所有高技术经济的特征。可以与我们相比的其他国家,如日本和德国,人们平均地分享了他们的国内生产总值增长。[6]而且如果我们看看美国20%的顶级收入的工人,就会看到过度的差别。正是顶端的5%的人,尤其是最顶端的1%的人,已经赚得了工资增长的最大部分。

伴随着这些知识/权力精英的增长,已然是一个贫困的下层阶级、即精英们最渴望与他们相脱离的那些人的增长。40年前,住在都市内少数族裔穷人区的人们可以夜不闭户。他们是贫穷的,并且他们被隔离了,但是他们相对很少失业,也相对很少有非婚生子女。他们不是瑞典社会分析家贡纳尔·米达尔(Gunnar Myrdal)所说的下层阶级(即他在1963年创造的术语,专指那些遭受极大的贫困和隔离的人。他小心翼翼地用连字符号连接这一术语并把它放进引证中去)。[7]下层阶级这个术语起先只有少数政策专家知道,20世纪70年代后期,它已经广泛地成为一般公众甚至成为少数族裔穷人区的居民自己所承认的一个术语和一个问题(虽然本来是一个用于社会科学分析的中立术语,它最后变成了蔑视——一个因为穷人的贫穷而去谴责穷人的方式。我们希望这一点是清楚的,我们仅仅是在其分析意义上使用该术语)。

在我们对有关种族的语言已经变得很敏感的时期，下层阶级这一术语作为色盲有极大的好处。然而在大多数美国人中，这一术语主要用来指黑人，的确只有那些仍然居住在人口锐减的少数族裔穷人区的黑人，那里现在没有任何类似的人，甚至于那些曾经是兴旺繁荣的社区的、遭受轰炸而无家可归的幸存者。值得记住的是，在美国的6个穷人中有5个是白人，而且贫困滋生毒品、暴力和不稳定的家庭，这些与种族无关。

所有这些为什么能够发生，而我们为什么任由它发生？部分答案在于我们城市的去工业化。许许多多蓝领的工作岗位和成千上万白领的工作，都已经在这最后30年间迁移出我们的主要城市。受过充分教育的、进入专业或专业的熟练劳动力中的那些非洲裔美国人，已经可以离开旧的少数族裔穷人区。这并不是因为有了种族融合的住房——住房的种族隔离过去30多年在大部分地区仍未改变——而是因为新的黑人近郊居住区与有可比收入的白人近郊居住区同样舒适宜人。因此，少数族裔穷人区人口锐减，新的黑人近郊居住区现在接纳了少数族裔穷人区当初拥有的一半或1/3的人口。[8]

那些滞留下来的人取决于制度支持的、有组织的撤离，包括公共的和私人的。离开的中产阶级非洲裔美国人带走了陪伴他们的、他们始终不离不弃的许多教堂和俱乐部。城市在日益增长的财政压力下，在少数族裔穷人区中关闭了学校、图书馆和医疗站，甚至警察局和消防站。留下来的最易受伤害的人不得不在一个霍布斯式的世界中照料他们自己，在那里，就连让整个月有足够的东西吃都时常是个头疼问题。脱离开原本依赖的福利供养，生活在今天的少数族裔穷人区，迫切需要一种自立精神。不同于一些精英阶层，下层阶级遭受到的公民成员资格危机不是因为其成员已经选择不加入公民社会，而是因为他们已经被经济和政治力量排挤了,被否定了公民成员资格——对这些力量来说,他们只是多余的。较少被文化个人主义蒙蔽的其他社会,比我们的社会对这些问题更敏感。例如,在法国,失业者已经开始被称作"被排斥者"(les exclus),并同样已经变成全社会的关注重点。[9]

这不是一个精英们想要听的故事,而某些新闻记者、甚至某些社会科学家却已经另外强加给他们一个故事,一个被我们的个人主义意识形态构造的貌似真实的故事。依照这个置换了的故事的说法,下层阶级不是在经济和政治支持下有组织地撤出了最贫困和被分割的地区;正是他们自己抗拒所有帮助他们的努力而造成了这类问题,因此只能让下层阶级的成员们去自我谴责。或者,按照另一个被广泛相信的关于下层阶级的故事的说法,下层阶级实际上是由于帮助其成员的那些努力——首先是由"伟大社会"的福利计划*——造成的,该计划引发了使计划本身无法取消的、旷日持久的福利依赖。福利支出,包括对有依赖性儿童的家庭援助,最近20多年来因美元的实际价值而系统地下降了,而且福利支出在20世纪80年代期间已经单方面减少了一半。这些事实被讲这个故事的那些人所忽略,事实是连续享受福利的人70%以上不足两年,而连续享受福利不到8年的则达90%以上。

这个涉及指责作为受害者的下层阶级的故事,胜过承认美国社会的灾难性的经济和政治失败,还可用于安慰富人的良心,而这些故事甚至让他们在扩张赤字的时期加大对福利成本的愤怒。但是,更重要的是,下层阶级的故事可用于恐吓和警告所有不是那么富裕的人,这些人已经看到他们所受到的侵蚀,他们只是为了保持平等不得不进行斗争。下层阶级概念从反面给人们某种东

---

* 该计划由约翰逊提出。——译者注

西去定义他们自己；下层阶级定义告诉他们，他们尚不是下层阶级，而变成下层阶级是最可怕的，而且它把这种东西让人民去谴责。萎缩中的中产阶级由于全球竞争的压力，全面丧失了其战后的就业安全，被引诱去把那些生活境况更糟的人污蔑为我们国家问题的来源。如果成功和失败是个人努力的结果，那些处在顶端的人几乎不可能受谴责，当然，除非他们是政客。

罗伯特·瑞克曾详细地说明了我们当前社会经济生活的这三个阶级的类型学，当时他把我们的三个阶级说成：一个是住在安全的精英郊区的"上层阶级"，"一个是被隔离在不可言喻地令人沮丧、并往往是暴力的环境中的下层阶级"，一个是被引诱进入了"为了保持他们的身份而开始了疯狂努力"的新的"焦虑的阶级"。越来越多的家庭正在试图共同拼凑两份甚至更多的工薪支票，去填补正在拉大的收入、健康保险和退休金等的差距，这些差距正在加速历史上已被定义的中产阶级的"瓦解"。[10]在焦虑的阶级中，这种公民成员资格危机采取了对于政治梦想幻灭的形式和一种关于其经济未来的不确定感，它是如此普遍，以至于对个人生存威胁的关切取代了对社会团结的关切。[11]

在20世纪70年代，在几乎每个人都分享了25年的经济成长之后，美国达到了其近期历史中收入平等的最好程度，并且拥有一种有活力的公民文化。60年代的挑战是令人深深不安的，但也是有刺激性的，而公民的成员资格感持续地表现了社会的整体特色。1995年，25年之后，其间的经济增长利润完全归于顶层的20%的人口，我们已经达到了近期历史中收入不平等的高点，而且我们的公民生活步履蹒跚。我们已经看见了迈克尔·林德（Michael Lind）所称的"富人的革命"和赫伯特·甘斯（Herbert Gans）所称的"反对穷人的战争"。[12]一个人口的大多数正在踏进水中、底部正在沉没、而顶部正在上升的社会，是一个公民成员资格危机清晰地显现在每一层面的社会。[13]

衰减的社会资本

描述我们称为公民成员资格危机的社会生活和公民承诺实践的弱化特征的一种方式，是谈论衰减的社会资本。罗伯特·普特南（Robert Putnam），最近已经带来了公众关注的术语，将社会资本定义如下："根据物质资本和人力资本——增强个人生产力的工具和训练——的概念类推，'社会资本'提出了社会组织的特征，诸如网络、规范和信任，它促进了互惠的合作。"[14] 社会资本存在一些可能的指标；普特南已经最广义地使用的两个，是协会的成员资格和公众的信任。

普特南已经选择了一个极好的形象化比喻作为最近一篇文章的名称：《孤独的保龄球：美国正在衰减的社会资本》。[15] 他报道说，在1980年到1993年间，美国打保龄球的人的总数增加了10%，而保龄球团体减少了40%。他指出，这并不是一个微不足道的例子：将近8000万个美国人在1993年至少去打了一次保龄球，几乎超过1/3的人在1994年国会的选举中投了票和大约同样多的人称他们定期去教堂做礼拜。但是普特南只用保龄球作为美国人协会生活衰微的一个象征，自托克维尔19世纪30年代访问美国以来直到现在，美国的这种活力已经被视为我们公民文化的核心。

在20世纪70年代，成员人数引人注目的减少打击了与妇女相联系的有代表性的组织，比如家长会和女性选举团体，即在这些通常已被解释为女性大量进入劳动力大军的结果的地方。在20世纪80年代，成员人数下降也打击了像狮子会（the Lions）、麋鹿会（Elks）、泥瓦匠协会（Masons）和施赖纳斯国际（Shriners）这些传统男性的协会组织。协会的成员人数自从20世纪50年代中期到达顶峰以来,已经下降了一半。我们所有人都知道实际前去参加选举投票的符合条件的投票人数量的持续衰减,但是普特南提醒我们,当问到他们是否在最后一年中参加了一次城镇的或学校事务的公众集会时,美国人回答"是的"的人数从1973年以后已经跌落了超过1/3。

几乎唯一正在发展的团体,是罗伯特·伍思瑙(Robert Wuthnow)最近研究过的如十二步团(twelve - step groups)这样的支持团体。这些团体对他们的成员所作的最低要求和主要定向,是面对个人的需要。伍思瑙把这些团体的特点描述为影响那些"面对他人的存在却只关注自身"的人,我们可以认为这是共同的独处。[16] 普特南认为,书面上有成员资格的各种组织,比如美国退休人员协会(AARP),虽然已经发展到庞大的比例,但却拥有很少,或者没有公民的重要地位,因为他们的成员虽然有共同的利益,但却没有任何有意义的相互作用。普特南还担心互联网、电子乡镇会议和其他很多大肆宣传的新技术装置可能造成公民政治的空洞化,因为它们并不维系公民的团结。例如,脱口秀广播电台热衷于私人见解和基于焦虑、愤怒和不信任等的各类交流,而不是关注公众舆论,这种情况对于公民文化都是致命性的。宗教看上去是正在抗衡一般趋势的一个领域。从20世纪50年代的宗教繁荣走向衰落以后,宗教的成员人数和教堂出席的人数,仍然是相当持续恒定的,虽然与教堂相联系的组织的成员人数,自20世纪60年代以后已降至大约1/6。

与社会的相互包容一同走向衰微的是公众信任的衰微。如果我们碰到这种事不要吃惊:美国人表示只是偶尔相信华盛顿政府的比例,从1966年的30%上升到了1992年的75%,而且这种趋势绝不会逆转。但是我们更不愿意听到的是,认为大多数人值得信任的美国人的比例在 20 世纪 60 年代降到了 1/3 强；当时 58% 的人认同这一判断，而到了 1993 年，就还剩 37% 的人认为能达到 1/3 强这一比例了。

对于社会资本衰减的观点，不是一个我们在《心灵的习性》中制造出来的观点。《心灵的习性》本质上是一项文化分析，关于语言的分析超过了关于行为的分析。我们担忧个人主义的语言可能会渐渐破坏公民的承诺，但是我们指出了历史上美国种种高水平的社会成员资格，和这里与其他发达工业国家的那些人相比的这种成员资格的相对强大。是否真的已经存在这样一种衰减，仍然是有争论的，但是我们倾向于相信，那些衰减趋势在 20 世纪 80 年代早期写作《心灵的习性》时还不是完全清晰的，现在则是清晰可辨的和令人困惑不安的。[17]

我们相信，个人主义的文化和语言影响了这些趋势，但是也存在对于这些趋势的种种结构上的原因，这许多原因来源于我们已经提到的经济方面的变化。社会资本的衰减在不同阶级中在各种不同的方面都是显而易见的。例如，在上层阶级中公民结合的下降是由他们撤进有门禁和警卫的社区所显示的。这种衰减也与公司兼并和破产过程的持续运动相关联。罗莎贝丝·坎特（Rosabeth Kanter）最近已提出了这一运动的一些后果：

> 对于共同体和雇员的公司身份的这种持续混乱是令人困扰的，而它的后果极其深刻。城市和乡镇仰赖私人部门增加公共服务和支持社区事业。在这种捐赠中有一种强烈的"总部偏好"：建立在一个城市的公司愿意为这个城市做更多的事，平均一年贡献给当地的联合募捐达到 75000 美元以上，超过总部设在其他地方的同样规模的公司。[18]

坎特指出，企业总部从一个中等规模城市的撤离，能在那个城市的社会结构中撕开许多口子。不仅是失去数以千计的工作岗位，而且失去的也是企业主管这一公民领导阶层。当地慈善团体失去的不仅是金钱，而且是董事会成员。

企业的短暂性可能在金字塔的顶端导致一类无固定位置的人："从社会中脱身，富人可以摆脱内疚和责任，扮演他所选择的角色"，迈克尔·刘易斯（Michael Lewis）陈述道。"他变成美国神话的那个伟大人物——漫游边境的男人。这些年，已经挣了一笔财富的男人能够把更多钱花在他的漫游方式上，超过花费在他家里的钱：私人飞机是他最大区别于我们其他人的所有物。……地方旧贵族的自负已经让位于一个显赫的无固定位置的人。"[19] 旧富人的住宅大楼无疑地是表现着惹人注意的消费，但是他们也鼓励了对他们所居住的特殊地方（城市、州、地区）的一种责任感。温德尔·贝瑞（Wendell Berry）已提到过"到处游历的职业破坏者"[20]，他们与德国的"符号分析家们"并无太多的不同，根本不依附于任何地方，因此他们的行动超出了民主建制，更像一个寡头一样进行活动。

转到收入谱系的另一端，李·瑞因沃特（Lee. Rainwater）在他的经典著作《金钱买什么》中表明，贫乏的收入不足以维持一种可接受水平的生活，不足以操纵物质资本（也包括社会资本）去剥夺穷人。在传统的等级制社会中，低度的物质小康，能够与向委托人的权利让渡利益的、已确定的地位状况相联系。在我们的社会类型中，以其根本的平等主义意识形态和它对自立的强调，地位、甚至个人身份，主要靠一个人与该经济的关系所赋予，靠一种源自于他的工作的劳动和收入。缺乏一种社会可接受的收入和达到一种收入的任何可能性，对于人们想成为的那类人和人们想要过的那种生活，具有长期的后果。正如瑞因沃特对它的说明：

> 在人们长大成人的过程中，他们致力于进行一种对于他们的可能机会的不断的固有评估，寻求拥有维持一个有效的身份认同感所必需的通道和资源的机会。特别是作为孩子、青少年和较年轻的成人，人们关于他们的未来机会的预期，似乎相当显著地影响他们与其他人保持良好关系的方式，和他们运用他们可利用的资源的方式。当那些个体做出他们将来参与确认活动的可能性是低的那种评估的时候，特别是当那个估计在他们的世界（老师、警察、父母）中不断被他人确认的时候，那么，寻找确认导致偏常行为的潜能的替代方式的那个过程，在运行中被设定。当人们把他们在生活中的位置定义为他们"没有失去任何东西"的时候，他们更少去回应由他们邻居中的那些人非正式地执行的、由社会规定的官方代理机构正式地执行的那些社会控制的努力。[21]

由于缺少社会资本，长久的贫困阻碍了经济的和政治的参与，结果是弱化了发展道德个性和维持家庭生活的能力。

当我们把贫困的各种后果叠加到居住的种族隔离的后果上去的时候，形势就变成破坏性的。我们应该记得，尽管有公平的住房法，最近30年对美国黑人的居住种族隔离在我们较大的城市中仍然没有改变。[22]已经改变的是，有最高贫困率的地区失去了零售业场所、政府公职、政治影响力，并失去了所有这些之中最坏的、能提供适当生活的就业机会。那些被剥夺社会资本的人已经逐渐被有效地限制在周边社会外缘的"保留区"。

赫伯特·甘斯在他的《中产美国人的个人主义》中提供了一幅我们社会的中间地带生活的画面，帮助我们了解，在那个焦虑的阶级中社会资本正在发生什么变化。[23]甘斯因为《心灵的习性》对中产美国人的个人主义过于吹毛求疵而批评这本书。甘斯说,毕竟,中低的和劳工阶级区的居民,挚爱他们的家庭和朋友超过献身于公民生活,他们离开那种难捱的贫困,远离他们的移民祖先遭受的体力劳动和故国农民的非常辛苦的农业劳作,仅仅是一代或两代人。那些并不遥远的祖先的社会状况,是一种脆弱的依附状况,一种被驱使他们做事的人所虐待的状况。当一个人离开工作场所时,拥有一个自己的家,在他想要的地方度假,自由地决定该去看望谁或该买什么东西,这些就是所有的自由,尤其是他们的祖先从来不曾拥有的、他们所珍爱的自由。在这样的环境下,虽然低调的郊区*不是开放的边疆,但却是其中的一个合理摹本。

然而,在至少相当数量的这些中产美国人的生活中,有许多具有反讽意味的事,其中之一是工会的成员资格必须更多地需要他们实现相对的富裕和伴随富裕而来的独立性;然而对于他们之中的许多人,工会已经成为一个更异化的机构,他们想要从中获得自由。依照甘斯的说法,中产美国人不仅怀疑政府,他们也不喜欢任何类型的组织。相对于中上阶级(我们所称呼的上层阶级中较低的梯级),他们不是社团活跃分子,只属于一个或最多两个协会,最普通的是属于一个教会。在继续强烈地认同这个国家的同时,他们越来越怀疑政治,他们发现它令人困惑和令人沮丧。他们的政治参与度稳定地下降。

作为这些趋势的一个结果,甘斯在要求我们了解的方面或许是正确的,中产的美国人今天正在失去曾让他们最早获得他们可贵的独立的社会资本。首先,劳工运动的衰落这一点是真实的。

---

* 指城郊中产阶级居住区。——译者注

这一衰落源于最后 20 年中已经剥夺了工会的许多力量和改变立法的影响力，源于国会自 1991 年以来拒绝提升 1 小时 4.25 美元的最低工资。但是，当我们在法国和其他欧洲国家看到对工会的忠诚仍然幸存时，这些进攻是有可能击退的。在美国，工会大会，即使那里也有工会，最多只有 5% 的成员参加。缺少了工会成员资格可能会提供的社会资本，焦虑阶级的美国人在走向他们以为他们曾经逃脱的专制统治新方式时，是易受伤害的。如果一个人的工作被小型化，而且唯一可能的其他就业是达到最低工资，那么他甚至有可能失去他的家和他的汽车。

如果我们考虑在我们的政治参与中已经发生的事，在美国，社会资本的衰减就变得特别令人痛苦。在《发言权与平等》中，西德尼·维巴（Sydney Verba）和他的同事最近已经为我们做了一个关于美国政治参与的广泛检讨。[24]虽然随着时间的逝去，关于趋势的数据并不很精确，但是他们确实指出了特定的趋势。在最近 30 年间，美国民众的平均教育水平已经稳定地上升，但是通常与教育有关的政治参与的水平，却没有上升。这一事实可被视为一个指标：因为遏制教育，政治参与度已经下降。而更重要的是变化的性质。当对国会议员的竞选献金和写信均已增加的时候，政党的认同和成员人数已经下跌。当一个人写一张支票或一封信的时候，这两类上升中的活动通常是在一个家庭中私下发生的。维巴和他的同伴注意到，这两类活动都不产生与政治参与的更多社会形式相关的个人满足。

进而，进行金钱捐献与收入高度相关，而且是我们的社会最不平等的参与形式。作为一种政治参与形式的金钱捐献逐渐凸显，伴随着政治参与和收入、教育和职业相关的一般趋势，导致了《发言权与平等的》的概括性结论：

意义深远的民主参与要求公民在政治中的发声是清晰、大声和平等的：清晰得以至于政府官员知道公民所想要的和需要的，大声得以至于官员有一种激励去注意他们所听到的，平等得以至于对所有偏好和兴趣同等回应的民主理想是不被侵犯的。我们关于美国政治中的自愿行动的分析提出，公众的声音常常是大声的，有时是清晰的，但很少是平等的。[25]

尽管教育、职业和收入的不平等程度有利于有原初优势者稳固政治参与的资源，但是也有一个重要的例外。维巴和他的同伴注意到这一点：

唯有种种宗教机构对这一积累资源的过程提供一个平衡。它们通过对将可能会是其他方面的资源——那些贫困的人去发展公民技能提供机会，从而在美国的参与制度中扮演着一个不寻常的角色。把美国政治的特殊个性归因于工会的缺点和基于政党的阶级的缺位——政党能够动员处于不利地位的人，尤其是工人阶级去参与政治活动——是老生常谈。美国社会例外的另一方面，是在于美国人如此经常地去做礼拜——结果是在其他地方通常由工会、劳工和社会民主党履行的动员功能，更有可能是由宗教机构来履行。[26]

为了总结社会资本的衰减和政治参与的关系，我们可以思考如何在几个社会阶级中计量这一关系。整体来说，除了活动被集中在宗教机构中，政治参与也已经从需要公民结合的那些形式离开，转向本质上是私人的那些形式，而最重要的是募集金钱捐赠的形式。维巴和他的同事指出，不平等的发言权是一个标志，说明焦虑的阶级有严重的代表性冷漠，而下层阶级几乎没有代表性。甚至在上层阶级中，参与已经从社会结合的各种更积极的形式，转变成写支票和写信等更孤立的形式。最后，维巴和他的同事指出，金钱在政治生活中逐渐上升的重要性成为公众犬儒主义的因素："简言之，一个金钱在其中发挥更显著作用的参与制度，是一个不可能离开积极分子和那些对政治普遍更感兴趣的公民的参与制度。"[27]

个人主义和美国的危机

大多数的美国人同意，我们的社会中许多事情出了严重的毛病——正如民意测验中经常提出的，我们并不是"引领了正确方向"，——但是他们在为什么是这样和关于社会应该做什么的问题上意见不一。我们已经在公民成员资格危机和社会资本衰减的标题之下描述这一问题，我们已经去寻找这些结构性问题的答案。还有哪些其他的解释？也许最普遍的其他可能的解释，是将我们问题的根源定位在家庭危机中。我们社会所最需要的是"家庭价值"的呼声，它不是一个可以轻松化解的问题。我们描绘的几乎全部趋势都威胁了家庭生活，并常常在家庭内被最剧烈地经历。失业和因为失业不能结婚，或没有充足的收入去支撑一个现有的家庭，应归于小型化或者兼职工作，伴随着这些状况造成的紧张，无疑可以被理解为家庭危机。但是，为什么这种危机被说成家庭价值观的失败？

除非我们再度思考个人主义文化，否则我们将不可能了解这里正在发生什么。如果我们把由于小型化而失业或减少收入看作一个纯粹的个人问题，而不是一个结构性的经济问题，那么我们将会寻求了解，对于失业者或未充分就业的个人来说，什么是错误的。如果我们还看到，这样的个人倾向于有婚外的孩子、办离婚或无法挣到孩子的赡养费，我们可以总结，其原因是被削弱的家庭价值观。在《心灵的习性》中，我们强烈地肯定了家庭的价值，并在《心灵的习性》和《好社会》两本书中，我们为复兴对婚姻的承诺和家庭责任而争辩。但是，想象那些根源于我们的经济结构和政策的种种失败引发的问题，却可以被主要追溯到有不恰当的家庭价值观的个人的失败，在我们看来是糟透了的错误。它不仅增加个人罪过的程度，它还转移对集体责任的更大失败的注意力。

在文化个人主义和强调家庭价值观之间的关联，有一个更进一步的结果。家庭在传统上由男人付出的劳动支撑。支撑一个家庭的失败，可以被视为不充分成年的标志。很容易得出这样的结论：如果美国男人只要表现得像个男人，那么家庭生活就会改善，社会问题就会解决。当我们分享这些运动的许多价值观时，我们怀疑：增加男性的责任将会证明是对我们的深层结构的经济和政治问题的适当的解决办法，甚或它会比轻微地减少美国家庭的严重的紧张状态做得更多。这种如果男人只要是男人、那么我们的社会就一切都好的观念，在我们看来是一个可悲的文化骗局。

对我们的困难的另一种通常的可替代的解释，是把它们解说成共同体的失败。我们相信，这的确有效，但唯有如果我们对共同体的理解是足够广泛的和深入的。然而，在术语的许多当前用法方面，共同体是指由个人的自愿努力而形成的面对面的群体。运用这种方式，共同体的失败作为我们问题的根源是指：如果有更多的人会自愿在"流动厨房"、"人类栖息地"或"上门送餐服务"帮忙，那么，我们的社会问题就会被解决。如在家庭价值观的例子中，《心灵的习性》强烈地肯定面对面的社区和志愿团体能够对社会作出的有价值的贡献。但是我们不相信，我们面对的整个社会的深层结构问题，能被这种狭义的对社区的热爱的增加而有效地减轻。我们会同意，增加个人的自愿结合从长远来看可以增加我们的社会资本，并因此增添我们能够带来的、与我们的问题有关的资源。但是，为了了解我们的问题的根源，这些资源必须用于克服那些志愿者的单独行动所不可能直接从事的制度上的困难。

我们看到了在小规模的和自愿捐助主义的意义上理解共同体、强调以这种社区作为我们问题的解决方法的另一种困难。如我们在讨论维巴和他的同事的工作中注意到的，志愿行动容易与收入、教育和职业相互联系。"社团活跃分子"在上层阶级中比在下层阶级或焦虑阶级中更容易找到（宗教团体再次是重要的例外）。这意味着自愿行动常常较少去策划帮助最受剥夺者，尽管我们超出对富人兴趣的顾及，不想忽视最受剥夺的那些人。正如维巴和他的同事已经总结性地表明的，这是特别真实的政治自愿捐助主义。因此，拆除对最受剥夺者的种种公共储备，希望志愿部门将会来接管，在三个重要方面是被误导的。第一个理由是，志愿部门没有任何资源去拉紧松弛部分，如教堂、慈善团体和基金会近年来一直反复指出的那样。第二个理由是，我们较富裕的公民可能觉得，他们已经通过提供时间和金钱实现他们对社会的义务，使自愿行动始终"很重要"，却没有考虑他们几乎没有注意大多数美国人面对的现实问题。第三个理由是，如我们注意到的，志愿部门是由我们境况较好的公民不按比例管理的，而很多的自愿行动对保护小康者比对赤贫者做得更多。

如果我们认为对这些问题的解决办法在于复兴共同体，而共同体只是作为邻里关系或地方的社区的概念，那么也存在着共同体的另一种意义展现出的困难。《心灵的习性》鼓励强大的邻里联系并支持乡镇和城市的公民结合。但是住宅的隔离在当代美国是一个生活事实。即使搁置城市少数族裔穷人区高度紧张的种族隔离不谈，由不同的住房价格产生的阶级分离正在美国市郊变得逐渐明显。因此，完全可能的是，一个人与他的邻居、与他的郊区城镇"发生联系"，他将永远不会遇到不同种族或阶级的一些人。一个人将不会对处于不同于他自己的环境的人暴露其生活现实。一个人甚至可能屈从于天然的人类诱惑，认为不同的人，特别是社会地位较低的那些人，是下等人。焦虑的阶级不想让它自己受下层阶级的困扰。上层阶级、包括其较低层级的、有教养的中上阶级，他们最令人不快的特性之一，是他们不想与中产的美国人，与"无所事事，抱着六瓶瓶装啤酒闲坐着喝酒的人"，以及缺乏适当的文化属性的其他人交往。即使在下层阶级中，不依赖福利的那些人看不起依赖福利那些人，而暂时依赖救济的那些人看不起长期依赖救济的那些人。[28]在这样的环境下，关于邻里团结的单一强调实际上可能促成更大的社会问题而不是解决这些问题。

对我们的社会问题的解释强调家庭价值观的失败和社区的失败，这些解释的共同点是：我们的问题是个人的或仅仅是狭义上的社会的（即，包括家庭和当地社区），而不是经济的、政治的和文化的。分享我们麻烦的这些共同解释的一个相关特征，是对政府和国家的作用的敌意。如果我们能照顾我们自己，也许有一点来自我们的朋友和家庭的一些帮忙，谁还需要国家？的确，国家时常被看作一位不承认他的孩子已经长大并且不再需要他的碍事的父亲。[29]他无助于解决我们的问题，因为这些问题大部分是他造成的。

相反，在这种状态中，市场似乎是良性的、一个通常是中立的竞争舞台，其中成就得到奖赏而无能受到惩罚。然而，也有一些人觉察到，市场不是中立的，一些人和组织有巨大的经济力量，并有能力做出对许多公民有不利影响的决定。从这一观点出发，大企业和大政府的结合成为问题的根源，而不是问题的解决办法。在美国，超过在大多数可比的社会，人们仍然倾向于认为，市场比国家更公平。

个人主义和新资本主义

那么，个人主义的文化，对我们在《心灵的习性》的第十章中所称的新资本主义观念的崛起，已经作出了不小的贡献。在那里，我们描绘了一幅已经变得完全不适当的美国政治形势图。我们提出，福利自由主义和它的反向运动——新自由主义之间的对峙局面正在结束，而两种替代选择，行政管理的社会和经济民主的社会，正在出现。当这个观点产生出来时，这两个当初的替代选择并没有实现，或至少它们正在持续着一个长久的等待。相反的，新自由主义已经在意识形态上和政治上成长得更强大。对"大政府"和"征税和花钱的自由主义"的批评已在上升，正巧此时挑剔的选民，总体上大多数的公民，特别支持那些有益于他们的公共储备的形式，同时反对他们不接受的利益。

我们相信，我们10年前看到的新自由主义公式正在为这个国家制造严峻的紧张状态的预见是正确的。今天，那些紧张状态比以往更为明显。但是我们明显地低估了这种意识形态的热情，新资本主义的愿景能够流行——对于我们是讽刺的，因为如此之高的热情起源于我们在我们的书中聚焦的同一来源：个人主义。新资本主义的愿景唯有达到那种程度才是可行的：它能被视为对我们的主流观念个人主义的表达，甚至是道德的表达，连同它对独立性的不由自主的强调，它对弱者的轻视和它对成功的谄媚。

个人主义在经济试验年代强势崛起，此时"努力工作和遵守规则"的个人不可能找到他们感觉他们应该得到的奖励。

因此，至少到目前为止，新资本主义已经能够将甚至它的政策失败变成意识形态的成功。它已经说服许多美国人，新资本主义已经造成的那些问题，诸如自 1980 年以来四倍的国家债务，实际上是福利自由主义的结果，即便福利自由主义并没有设立 20 年内的美国政策议程。它设法将起源于对穷人的公共储备剧烈减少的问题，解释成是由可怜的不适当的福利制度所引起的，尽管削减数十年，该制度仍然打算幸存下去。它坚持认为，削减福利制度放松了穷人对国家的"依赖"，对于穷人实际上是仁慈的。

从新资本主义的观点，具有经济竞争力的服务业的私有化，是对几乎所有的困难的解决办法。卫生保健"产业"最近的种种改革，在某些方面是新资本主义对公共问题的解决方案的典例。在关于卫生保健的严重危机的情势中，覆盖每个人并控制费用的政府投资和再分配的积极作用，已经被支持谋取利润的健康维护组织的大幅度增长所否定。各种服务由相同的人以许多相同的方法所提供，除了少数由收入较差的医生所提供，他们所受的训练更多是不断操心削减费用，而较少担心病人的福祉。非营利的医院被管理者和投资者以利润最大化的系列健康计划买断。这些大联合企业的首席执行官，接受着 8 个甚至 9 个大人物的年薪，同时将继续保留能使健康医疗更多产、更有效和（苍天不容！）更正确的新投资。当保险公司提高额外费用，而雇主需要他们的工人的更大贡献时，更多的人全部被推向私人医疗体系。被打压的公立医院即使实际上不关闭，也是在危险的情况下运行，将会让纳税人花费昂贵的治疗费用。从新资本主义的个人主义观点出发，那些发现他们自己掉进了根本没有任何健康医疗的深渊的人，只有责备他们自己，而吮吸健康医疗制度资源的富人却被赋予任其攫取的权力。

新资本主义的意识形态旨在说服我们，所有政府的社会计划都是灾难性的失败。国家医疗保障制度（MSS）的无数受惠者发现，尽管有它的意识形态要求，其立场却难以信任。然后，那些社会计划，不是因为本质邪恶，而是因为花钱太多，因为为了较年长的美国人抵押我们的儿子和孙子的未来而受到攻击。没有得到充分承认，恰恰说明这些计划实际上是多么成功。

65 岁以上的美国人，主要是因为国家医疗保障制度，是全世界他们的年龄段中最健康的人。要不是因为社会保障，50% 的 65 岁以上的公民会生活在贫困线以下，就像他们生活在 1940 年一样生活在当下，而不是他们只有 10% 的人目前是贫困的。因此，社会保障制度一直阻遏了 40% 的较年长的公民的贫困。我们对贫困的战争基本上是一个悲惨的失败，不是因为我们为穷人做得太多，像新资本主义的空谈家曾指责它的那样，而是因为我们几乎根本做不了任何事，导致赫伯特·甘斯称它为一场"关于贫困的小打小闹"。[30] 从来不花肯定必须花的钱，为那些处于长期贫困的人提供一种教育基础结构和经济机会（在这样花钱的西欧，对贫穷的战争通常打赢了）。巨大的额外开支是为了社会保障。即使我们不是处于国家和公共储备受到流行的攻击的形势下，关于"世代正义"的观点也可能会被更认真地采纳，尽管大部分关于提升应得权益的灾难性设计走向破产，没有考虑到将可能为这一提升付账的、生产力的可期待的增加。我们的确阻止了大多数老年人的贫穷，同时，穷孩子的数字继续上升。但是，在目前情况下国家医疗保健制度和社会福利的削减，将不会用于帮助贫穷的年轻美国人。他们将只会去为富人减税。

在第二次世界大战之后的第一个 10 年期间，高水平的社会开支与高水平的经济增长相配合。在最近20年中，当新资本主义的意识形态已经取得统治地位之时，社会开支已经显著地减少。如我们已经看到的，当物质和社会基础结构的开支已经衰减之时，经济增长率已放缓，而经济的不平等已迅速增加。人们会认为，任何一个曾经学过《经济学》第1册的人都会知道，如果我们不投资于未来，未来将会是黯淡的。但是在新资本主义意识形态的庇护之下，美国经济已经选择了短期高增益率，不择手段地投机，结束对长期增长投资。其结果是一目了然的，即使这样做的原因是观念上受到新资本主义意识形态的阻碍，不接受非确定性超过了不接受最教条的马克思主义。

近几十年来已经在美国发生的经济和政治变化，在西欧（虽然不是在足以令人感兴趣的东亚）发生着平行的变化，但是在美国的变化比其他任何地方都更极端。在这里运行无疑是结构性的原因，其中一些原因未得到深入理解。然而，我们被说服，美国与其他国家相比的极端立场，依照诸如收入不平等和对公共储备攻击的程度，应归于美国重要的个人主义文化，以及它对理解政府的能力和责任的无能为力。

我们从这里走向何方？

我们相信，新资本主义提出了一个有致命缺陷的政治议程。它要求反对国家，然而它却运用国家无情地实行"市场规则"。它造成了单独的市场只能加剧的问题，而为了问题的解决方法，需要有效的政府干预和一个强大的独立部门。当我们撰写《心灵的习性》时，社群主义的术语还没有成为时尚，也还没有对公民社会的关注，这一关注是由于共产主义的垮台和对后共产主义民主基础的关切。《心灵的习性》以种种方式被牵扯进超出我们预期的辩论。因为我们在《好社会》的序言中指出，如果社群主义意味着反对新资本主义议程和理论上的自由主义，为此自治几乎是唯一的德行，那么我们就是社群主义者。但是如果它以19世纪的小城镇作为它的样板，意味着对小规模和面对面的关系的着重强调，那么我们就不是社群主义者。[31]正如我们在《好社会》中提出的并在这里重申的，唯一有效的制度——经济的、政治的和社会的——是使复杂的现代社会适合生存。

假设单独的小规模的共同体不能解决我们的问题，紧张状态仍将继续存在于期待解决方案的各个地方。在当代共和主义甚至民族主义观点中，迈克尔·林德的《下一个美国》表示说，国家共识和国家行动对于超越我们目前的困难是有实质性帮助的。在反对派立场中，复杂微妙的社群主义和协作主义支持首先强调向较低层次的协会转移功能（尽管这是不可避免的国家责任），如乔纳森·鲍斯韦尔（Jonathan Boswell）在《社群和经济》[32]和保罗·赫斯特（Paul Hirst）在《协会民主》[33]中所表述的。然而，我们拒绝把这两个方面看作是对立的，因为我们相信，只有国家共识能够以一种不削弱公共储备的方式使责任转移到协会。

虽然公民社会关于政策讨论的内容是非决定性的，公民社会讨论的活力仍给我们留下了深刻的印象。[34]使我们赞同民主的社群主义和民主的协会主义的，正如鲍斯韦尔和赫斯特的提议那样，是他们认为，公民社会没有被国家和经济严密封锁起来。相反地，他们把共同体和协会的生活看作是与政府和经济相互贯通的。他们将会在两个领域赋予协会治理功能。赫斯特预见到，正如在某种程度上我们的社会中已经发生的，协会实际上承担着社会福利储备的功能。他们两人都希望看到民主治理在经济中的运作。他们想象，国家和经济假如是为人民服务而不是其他的方式会怎么样，正像一切看起来太平常了，以至于不会是今天的情况。鲍斯韦尔的经济观是我们想要肯定的观点：

> 如果追求均衡的、可持续的经济表现，希望它主要是为了它自己的利益似乎是不智的，甚至是不利于自己的企图的，且不论道德上的荒谬。如果我们极其想要它，它表现出我们应当想要别的多得多的东西，即一种特别充分延展的、尽管对经济制度本身来说不是唯一的社会变化。我们愿接受企业，只是因为它在共同体中、与共同体一起以及作为共同体，有着充分的实践的和伦理的意义。我们愿承认经济的健康和共同体的复兴是不可分割的，而且在二者之中首先到来的将是共同体的复兴。[35]

在《心灵的习性》结尾，我们使用了一个社会生态学的概念，以呼唤一个更大的共同体的愿景，它从多种多样的较小的共同体中形成，每个共同体都有它自己的议程和需要，但是每个共同体都影响着全体并仰赖全体的幸福安康。社会关系的各种形式在每个层次上是不同的；每个层次应该有它自己的权利和责任，其性质应当是通过公共辩论不断修正的。在我们论社会公共机构——对《心灵的习性》是一个结论——的书中，我们没有使共同体成为我们的中心概念，但是取代这本书在《好社会》中说到了。我们强调，在这个社会的每一层次上，必须在尊重它的每一个成员的尊严的同时，寻求共同的善。我们相信，这一方法能够为社群主义者和公民社会的理论家们提供一个有帮助的架构。

只要新资本主义意识形态维持其霸权，所有这些问题可能看起来都是学究气的空话。它正是决定论的新资本主义愿景的危险之一。它意味着不存在任何制度性的选择，唯有市场决定。的确,当代个人主义的谜局之一是,它能够将一种对个人的自由选择的绝对信仰与市场决定论结合起来。但是我们相信,这一决定论是一个意识形态骗局:既不是全球经济,也不是股票市场,更不是利润边际能够决定我们的制度选择,除非作为公民的我们允许它们发生。但是,进行制度选择的能力依赖于文化资源,它连同物质的和社会的资源一起受到了严重损耗。《心灵的习性》是补充那些资源作为基础、为了将我们的社会转移到新方向的一个号召。根据这一导言中所提出的议题,重新叙述那些观点是值得的。

公民成员资格的意义和复兴

共同体的理念,如果限于邻居和朋友,对于适应我们当前的需要是一个不充分的基础,我们希望把共同体确认为一个文化主题,它呼吁我们达成越来越广泛的忠诚圈,最后全面包容 H. 理查德·尼布尔(H. Richard Niebuhr)所说的那个"所有生命的普遍的共同体"。[36] 我们应该记得那一刻,当时救世主被问,"谁是我的邻居?"他以耶稣(路加 10:29—37)的寓言来回答,在那里,真正的邻居变成一个撒马利亚人,是以色列被轻视的群体的一个成员。这并不是耶稣认为,一个生活在隔壁的人,或一个他自己村庄的居民,或一个他自己的族群成员可能不是邻居。而是当被直接地询问时,他将邻居确认为一个陌生人,一个异族,一个被憎恨的族群的成员。任何达不到那种普遍共同体的共同体,都不是爱的共同体。

在我们的社会中发生的很多事,一直在每个层次上逐渐瓦解我们的共同体感。我们正面对着威胁我们与他人的基本团结感的种种趋势:与接近我们的那些人的团结(对邻居、工作中的同事、其他公民同乡），而且也与那些住得离我们很远的人、那些在经济上处于与我们自己非常不同的状况中的人、那些其他国家的人的团结。然而，这种团结——这种连接感、分享的命运、相互的责任、共同体——现在是比以往更至关重要的。它是让人类共同体去处理各种威胁和利用各种机会的团结、信任和相互的责任。我们怎样才能加强这些濒临危境的能力，这些以特定的方式思考的、所有文化中第一位的能力？

当我们考虑该如何在我们的社会被划分为三个阶级的每一个之中，为共同体和团结去更新文化能力的时候，记住我们已经提到的某些东西，将会是有益的：在美国，社会宗教性的协会具有对他们成员的最强烈的控制，而且几乎独自具有影响每个阶级中的个体的能力。我们能够阐明对一种根本的重新定位的需要：将共同体和团结作为一种转变，意识和意图的一种转向。在《圣经》的传统中，转变意味着远离罪过的一种转折和走向上帝的一种转折。远离自己的偏见和走向某些更大的认同的理念，是人类大多数伟大的宗教和哲学的特征。转变不可能单独来自意志力，但是如果它使之能够，我们就必须用它使之有意义的那些术语去恢复各种传说和象征。

如果我们的上层阶级认为，对我们社会中欧洲裔美国白人男性的统治长达30年的批判，尚未在实践中极大地削弱那种统治地位，可是批判却已证明了处于统治者的那部分人的公民责任感的衰落和走入金钱增值的自私的撤退。在一个开放社会中，我们可以运作去为更包容的领导阶层让出位置，并不贬损较年长的精英的贡献。如果我们将要去处理我们的庞大问题，我们至少需要一部分上层阶级担当一个真正的民主建制。如果那些上层阶级的成员能够克服他们自己的焦虑，他们就能够认识到，他们在属于一种民主建制中，要比属于一种寡头政治赢得更多的自尊。他们能够逐渐理解到，那种公民的结合——对共同善的一种关心，一种关于我们全都是相同团体的成员的信仰——将不仅仅促成更大社会的善，而且也将促成对他们自己灵魂的拯救。唯有某些更大的结合能够克服目前我们的上层阶级的破坏性文化和心理自恋。回归公民成员资格，回归对社区和团结的承诺，对于上层阶级的那部分人将会是有益的，不仅有益于社会整体，而且也有益于它的个体成员。

指出这一点将是适当的：我们在《心灵的习性》中访问的大多数人属于上层阶级较低的层级，对于普遍地被称为中上阶级，他们许多人（我们也属于相同的阶级）无论如何会对那个用词感到不舒服。当然，这些人不是做重大决策和从当前经济中得益最多的人。用皮埃尔·布迪厄（Pierre Bourdieu）的尖锐措辞，他们甚至可以被称作"统治阶级的被统治的分子"。[37]但是，当我们在《心灵的习性》中提出的时候，他们是我们社会的象征性中心，他们的生活方式是大多数美国人渴望达到的那种生活方式，而且他们的确比80%的其他公民伙伴要成功。他们的资源远比其他阶级的那些人要多得多：他们有文化资本与社会资本以及影响我们社会前进方向的公民才能。问题是，他们能恢复一种有凝聚力的、将会允许他们为了共同善而不是为了他们自己的扩张去使用这些资源的世界观吗？

这个焦虑的阶级面临同等严重的挑战，因为它的问题不仅是文化的和心理的，而且是严酷的物质的。一个白人男性的平均收入在1992年已经慢慢地从一个空前的高度飘落下来，从1973年的34231美元到1992年的31012美元。[38]比工资下降甚至更糟的——这在相当大的程度上被工作场所日益增加的女性参与所弥补（虽然那也造成它自己的问题）——是同时相伴提高的经济不确定性。我们正在变成一个已经被称作"发达的不安全"的社会。小型化、兼职工作和利益的损失已经变成一种生活的方式。

由剧烈的经济焦虑产生的愤怒和恐惧，容易被转移到"福利皇后"和非法移民身上。这些感觉还促成投票和协会的成员人数、甚至工会的成员人数的下降，也促使离婚的上升。虽然经济的焦虑是现实的，而且最后必须得到结构性的处理，不过在焦虑的阶级中的公民承诺因而产生的衰落，只能加深它的犬儒主义和沮丧绝望。恢复与更大的社会的结合——对于许多人，首先通过教堂与工会，然后通过公民组织——是面对社会最大的群体、解决那些非常实际的问题的最有可能的方法。而且在它的顶端的物质问题上，焦虑的阶级承受着较多的上层阶级心理和文化问题，对此，将凝聚力赋予团结和社区的理念，给它一种更新的意义感，将会是最好的矫正方式。

解决下层阶级的问题并尝试将它的成员重新结合进入更大的社会团体，是全部工作中最具挑战性的任务。这一基本问题起源于已经完全致使2000万到3000万个下层阶级的成员成为冗余的经济发展（和，我们不应该忘记，已经致使许多焦虑的阶级变成了仅仅是边缘化的相关人群），唯有公共政策的基本改变才能开始改变这种形势，而在现在的氛围中，这样一种变化几乎是无法指望的。

但是即便公共政策的绝对必要的变化，也不可能单独解决这一情形。哪里的社会信任是有限的且人心是被摧残的，那里最紧迫的需要之一就是恢复自尊和唯一能够来自参与的代表意义，这二者能够使人们归属于并且成为更大的社会团体的成分。参与的正义，要求每个个体必须付出社会所必需的全部，给予社会的共同的善。它按顺序强制社会去指令它的机构，以便每个人能够以尊重他们的尊严和恢复他们的自由的方式工作，为公众利益作出贡献。[39] 不仅单独通过转移支付，而且通过社会工作者的同情，下层阶级的问题将会得到解决。

在回应下层阶级的问题方面，也许我们需要转向辅助性原则，它起源于天主教的社会教导。该理念是，最接近一个问题的群体应该处理它，接受来自那里必需的更高层次的群体的支持，但是，无论在什么可能的情况下，不被那些更高层次的群体所取代。这一原则隐含着对最接近那些处于危难中的人的群体的敬意，但是它不使那些群体变成绝对的，或者使他们脱离适用于任何层次群体的道德标准。下层阶级的社会重建的过程将需要巨大的公共资源，但是，地方只要可能，这些应当被导向由第三部门代理机构去关注。与它的基本意义正相反，今天的辅助性语言被用在了证明削减政府开支的合理性上。事实上，只有当公共储备是充足的时候，辅助性才不是对公共储备的替代，而是有意义的。

从根本上，下层阶级所需要的与上层阶级和焦虑的阶级所需要的并不是多么不同。下层阶级的社会资本更为衰竭，而它的士气被击碎得更为彻底，但是像其他每个人一样，它的成员最需要的，是团结和共同体的清晰意义和与社会的其他人分享未来的意义。

分裂的家

在结论中，把我们现在的情形放在与美国历史中两个更早期重要时刻的关系之中，可能是有帮助的。第一个是在19世纪50年代的共和国危机，在那个将导致内战的黑暗年代。大卫·格林斯顿（David Greenstone）已说明，那个时代的美国政治已经被划分为他所称的由林肯（Abraham Lincoln）所代表的改革的自由主义，和由道格拉斯（Stephen Douglas）所代表的功利型自由主义。[40] 林肯—道格拉斯辩论，发生在 1858 年伊利诺伊州参议院竞选活动期间，这是定义美国历史的一刻。其议题是奴隶制是否应该被延伸到西部的领土。道格拉斯采取普遍主权的路线：如果他们想要奴隶制，让他们拥有奴隶制。换句话说，要你所想要的自由，在这种情况下，就是要白人多数想要的自由。道格拉斯立场的基础，是一种仅仅寻求偏好总计的功利型自由主义，与偏好的道德质量无关。

但是林肯说奴隶制是错误的，无论那里的多数可能想要什么，奴隶制与国家最基本的原则相悖，不应当被延伸到那些领土上去。换句话说，自由是做在道德上被证明是正当的那种事的权利。林肯立场的基础，是一种在新英格兰清教有其根基的改革自由主义。它利用《圣经》和共和主义的来源，并且不仅受客观的道德秩序的观念（"自然的法则和自然的上帝的法则"）所约束，而且是受个人生活在一个具有超越个人善的总和的共同善的社会中的观念所约束。"一个分裂的家庭难以持久"，[41] 林肯说。"我相信这个政府不可能长久地忍耐一半是奴隶和一半是自由人（的状况）。"[42]

如果我们把林肯所说的话应用到我们的情形，我们可以说，这个家今天不是被奴隶制所分裂，而是被深化的阶级分化所分裂。道格拉斯没有家的分裂问题，因为他把社会看作没有任何事情能够超过个人选择的总计和它们的结果。然而，林肯断定，特定的条件在客观上是错误的，并认为社会应对改变它们负有责任。我们今天的情形在历史上与林肯当时所谈论的情况相连接，因为虽然奴隶制已经被废除，但是平等对于非洲裔美国人还没有实现。但是我们相信，那样的问题并不与种族歧视同样多，虽然那些问题继续下去足够严重的，但是，不如说是阶级等级制的种族化——"美国的巴西化",如迈克尔·林德所称呼它的。[43]

种族差别在我们的社会中是现实的,但是我们不应该让它们遮蔽了我们拥有的如此之多共有的东西。珍妮弗·霍克希尔德(Jennifer Hochschild)最近在《勇敢地面对美国梦》中已经分析了这些方面,其中美国人由于种族而有差异。[44]她说明,黑色的和白色的美国人分享美国梦的大部分观念——她以此所指的不仅有物质的而且有道德的强烈愿望——尽管他们谈论非洲裔美国人已经在什么程度上实现美国梦是有差别的。孤立地聚焦在种族差别上,遮蔽了我们社会的一个重要的事实:种族差别植根于阶级差别。阶级差别超越了种族,并分裂了所有的美国人。

我们相信,在林肯相信奴隶制是错误的这一同样的意义上,今天阶级差别的程度是错误的:它剥夺了无数的人充分参与社会和将他们自己理解为个人的能力。这是美国人不情愿面对的那个衰败中的秘密。当区分为生活在奢侈中的一小撮精英和生活在不安全和悲惨的各种场合的大量民众的时候,许多国家仍然坚持不改变,但是这个国家,有着持续220年的理想和希望,不可能永远这样忍耐下去。

这就把我们带到了我们的第二个历史参照点:约翰·温思罗普(John Winthrop)的布道书"基督仁爱之楷模",1630年发表在轮船甲板上,正好是在马萨诸塞海湾殖民地居民登陆之前。在那个布道书中,温思罗普警告,如果我们追求"我们的快乐和利润",我们无疑会毁灭掉这块好土地。然而,温思罗普,通过重新解释使徒保罗,所告诉我们的是,我们必须"以兄弟般的友爱彼此拥抱,我们必须愿意节略我们自己拥有的我们多余的东西,为了补充他人的需要。……吾辈务须互悦互爱,为他人设身处地,有愉同欢,有哀共举,同劳作,共患难,视他人为手足,待全民如一体。"[45]

在美国今天的状况下，我们被诱惑不去理睬温思罗普的忠告，忘记我们对团结和共同体的义务，让我们的心变得冷酷和只关心我们自己。在希伯来人的《圣经》中，上帝经过先知伊齐基尔（Ezekiel）对以色列的孩子说话，他说，"我将会拿出你的肉石头的心和给你一颗肉心"（伊齐基尔36：26）。我们能祈祷上帝在今天的美国为我们做同样的事吗？

1996年1月

注释

[1] 在《基督教堂的社会教导》（艾伦与昂文出版社1911年版）第2册第810页上，恩斯特·特勒尔奇写道：禁欲的新教"注意来自一种纯粹功利的立场的国家"并否认"国家在本质上是一个伦理目标，它是自己显现到远古世界，并已再现于现代世界。"这是"所有现实的生活价值观进入宗教领域的转移的天然结果，它意味着，即使被最舒适的阳光照耀，其他的那些生活价值观也只被看作是实现一个目的的方法。"虽然这是一个"共同基督的理念……加尔文教派走得更远，大大超过路德教或天主教"。

[2] 斯坦利·埃尔金斯和艾利克·麦基特里克：《联邦主义的时代：早期的美利坚共和国，1788—1800》（牛津大学出版社1993年版），见各处，但尤其是第四章。

[3] 乔治·莱可夫：《道德政治学》，芝加哥大学出版社1996年版。

[4] 罗伯特·B.瑞克：《各国的运作：为21世纪资本主义准备我们自己》，诺普夫出版社1991年版，第三部分，《符号的阿里乌斯主义的兴起》。

[5] 莱斯特·瑟罗：《头对头：在日本、欧洲和美国即将到来的经济战争》，华纳出版社1992年版，第266—267页。

[6] 瑟罗：《公司兼并；家庭瓦解》，《纽约时报》1995年9月3日第11版。

[7] 贡纳尔·米达尔：《对富裕的挑战》，众神庙出版社1963年版。

[8] 威廉·朱利叶斯·威尔逊是关于这些问题的最值得信赖的学者。见他的《真正的穷人：市内人口稠密地区、下层阶级和公共政策》芝加哥大学出版社1987年版；《政治经济和都市的种族紧张状态》，《美国经济学家》1995年第39期春季号；《新穷人：工业民主的社会政策和日益上升的不平等》，即将出版；以及其他即将出版的著作。

[9] 该尝试是通过提供给他们充分的收入而避免谴责失业者，以便他们不失去社会成员资格。法国较大的天主教中心，连同一个不同类型的共和主义一起，部分地解释了这种差别。

[10] 如在《劳工领袖责难中产阶级的挤压》中所报道的，《旧金山主考者》1994年9月25日第A2版。

[11] 约翰·格雷最近已经描述了"自由主义个人主义的主流美国文化"，将我们的富裕的、有教养的精英的特点表现为一种"其中个人选择和自我实现是唯一无可争议的价值观"，将"公共配置"和"公民结合"演示为个人选择和市场交换的混合菜单上可选择的额外之物，这种文化的后果是混杂的。如格雷对它所指出的，"它以巨大的社会断层、都市的荒废和中产阶级的贫困为背景，产生出超凡的科技和经济的活力。"格雷正在有效地表述的，是对自由的一种错误信仰的结果，自由是去做你想要做的无论任何事、而不是去做道德上被证明是正当的事这种自由信仰，正在从根本上渐渐瓦解我们的社会团结。见约翰·格雷《民主政治有未来吗?》，《纽约时报书评》1995年1月22日，第25页。

[12] 见赫伯特·J. 甘斯《反对穷人的战争：下层阶级和反贫困政策》，基础读物出版社1995年版，对那套关于穷人的陈词滥调和污蔑指责论述得特别好。也见迈克尔·林德《下一个美国：新民族主义和第四次美国革命》，自由出版社1995年版，第五章，《富人的革命》。

[13] 对美国不平等的最好的新治疗，是克劳德·S. 费舍尔、迈克尔·豪特、马丁·桑切斯、詹科斯基、塞缪尔·R. 卢卡斯、安·斯威德勒和金·佛斯的《有意制造的不平等：粉碎钟型曲线的神话》，普林斯顿大学出版社1996年版。

[14] 罗伯特·D. 普特南：《繁荣的共同体：社会资本与公共生活》，载《美国的前景》1993 年第 13 期春季号，第 35 页。普特南从詹姆斯·S. 科尔曼的《社会理论的基础》（哈佛大学出版社 1990 年版）第 300—321 页衍生出这一概念，他按顺序将这一概念的引进归于格伦·洛维。

[15] 载《民主月刊》1995 年 1 月，第 65—78 页。

[16] 罗伯特·伍思瑙：《分享旅程：支援组织和美国对共同体的新探索》，自由出版社 1994 年版，第 3 页。

[17] 西摩尔·马丁·李普塞特，在对普特南有关美国人参与自愿组织的衰落的观点以及相关数据的一个审慎的评论中，总结道：它"不是已证明的，而是有可能的"。见他的《在美国的不适和弹性》，《民主月刊》1995 年 7 月，第 15 页。

[18] 罗莎贝丝·莫斯·坎特：《高端化，小型化》，《纽约时报》1995 年 9 月 27 日，A23 版。也见罗莎贝丝·莫斯·坎特《世界阶级：全球经济中的地方性繁荣》，西蒙—舒斯特出版社 1995 年版。

[19] 迈克尔·刘易斯：《闲暇阶级身上发生了什么？》，《纽约时报杂志》1995 年 11 月 19 日，第 69 页。

[20] 于是，在《家政学》（北点杂志社 1987 年版）第 50 页中，温德尔·贝瑞写道："一个到处游荡的职业破坏者强大阶级，现在正在掠夺这个国家并损毁它。因为它的巨大收益率（对一些人）和它的等级的高贵，他们的恶意破坏行为没有被用那个名字称呼"。

[21] 李·瑞因沃特：《收入的不平等及其社会意义》，基本读物出版社 1974 年版，第 31 页。

[22] 道格拉斯·S. 梅西和南希·A. 丹顿：《美国种族隔离政策：种族隔离和下层阶级的形成》，哈佛大学出版社 1993 年版。

[23] 赫伯特·J. 甘斯：《中产美国人的个人主义：自由主义民主的未来》，自由出版社 1988 年版。应当注意，甘斯正在讨论提到的中产美国人中大约占收入分配的 40% 的中产阶级，而我们定义焦虑的阶级大约为 60% 的中产阶级。

[24] 西德尼·维巴、凯·雷曼·斯克罗斯曼和亨利·E. 布雷迪:《发言权与平等》,哈佛大学出版社1995年版。

[25] 同上书,封底。

[26] 同上书,第18—19页。

[27] 同上书,第531页。

[28] 卢瓦克·J. 维克昆特在《城内'地域':隐秘的少数族裔穷人区中的皮条客的社会技艺》,(罗素·塞奇基金1994年工作文件)中写道:"它是比我更坏的人的作为",通常是评论少数族裔穷人区的居民,包括大部分无依无靠的人。文件作者仿佛为了安慰自己,创造两倍的最高级词汇,去讨论那些详尽阐述了社会最底层的有细微差异的各种微型等级制的卷宗。

[29] 莱可夫:《道德政治学》。

[30] 甘斯:《反对穷人的战争》,第178页,注释1。

[31] 我们相信社群主义这个退步的概念很大程度上是对它的批评的产物;认为他们自己是社群主义者(这是国内对communitarian的一般译法,从本义上说,社群主义译为"共同体主义"更为准确,可从广义和狭义上理解,狭义即社群或社区。——译者注)的那些人,并非受怀旧病或对现代世界的恐惧的刺激。见阿米塔伊·奥尼《共同体的精神》,标准出版社1993年版。

[32] 乔纳森·鲍斯韦尔:《共同体和经济:公众合作的理论》,茹特利吉出版社1990年版。

[33] 保罗·赫斯特:《协会民主:经济和社会治理的新形式》,麻萨诸塞大学出版社1994年版。

[34] 关于公民社会的新出现的文献是数量极其庞大的。重要的理论叙述包括:恩斯特·格尔纳的《自由的条件:公民社会及其对手》,企鹅出版社1994年版;约翰·基恩的《民主政治和公民社会》,沃索出版社1988年版;亚当·B. 塞利格曼的《公民社会的理念》,自由出版社1992年版和珍·柯亨、安德鲁·阿雷托的《公民社会与政治理论》,麻省理工学院出版社1992年版。作为一种明确的宗教观点,见公民社会通讯研究院

的出版物,由德国新教学会、晚祷协会、南非全基督教基金会和普世教会协会赞助。

[35] 鲍斯韦尔:《共同体和经济》,第201页。

[36] H. 理查德·尼布尔:《负责任的自我》,哈泼—罗出版社1963年版,第88页。考虑到我们的观点是从 H. 理查德·尼布尔的儿子理查德·R. 尼布尔那里学来的,是十分有趣的,他说:"在20世纪30年代早期,我感觉到了、虽然几乎还不理解我父亲对当时发生在我们不幸的国家的、他所描绘为'阶级苦难'的日益增长的忧虑"(来自理查德·R. 尼布尔为 H. 理查德·尼布尔的《神学、历史和文化:未出版的主要著作》所写的序言,耶鲁大学出版社1996年版,当时在《哈佛神学报告》第25期,1995年第1期第8页被报道)。阶级的苦难是普遍共同体的对立物。

[37] 皮埃尔·布迪厄:《区隔:对品味判断的社会批判》,哈佛大学出版社1979年版。

[38] 瑟罗:《公司兼并;家庭瓦解》。

[39] 一份关于这一观点的特别雄辩的陈述,在一封信中被发现,即《为了所有人的经济正义:关于天主教的社会教导和美国经济的牧师的信》(天主教主教全国会议,1986)。当然,天主教徒并没有垄断这一观点。它植根于回归希伯来人的《圣经》的、有契约义务的传统中,同时在加尔文教中作为被表现型的合作主义证实,例如,在来自约翰·温思罗普的布道书"基督仁爱之楷模"的那个段落中,被引用在下面。但是,天主教社会教导的现代传统已经以特殊的活力对它做了肯定。

[40] 大卫·格林斯顿:《林肯劝诫:再造美国自由主义》,普林斯顿大学出版社1993年版。应该注意到,格林斯顿自己的用词略有不同。他对改革自由主义的有差异的术语是人道主义的自由主义,称人道主义的,因为它还没有超越的参照点。编者用格林斯顿自己的话将人道主义的自由主义定义如下:"人道主义的自由主义提出了一系列信念,将主要的着重点放在'公正满意的个人欲望和偏好',和关于实现'作为他或者她定义它的每一个人类的福利'之上"(第36页注1)。我们相信,那是一种功利型自由主义的正确描述。根据格林斯顿将自由主义改革为"人道主义的"

特别创造,人道主义看上去是描述这一立场的一个特别不幸的方法。

［41］ "而且如果一个家庭本身发生内讧,那个家庭不可能存在下去。"标记3∶25,金·詹姆斯译本。

［42］ 亚伯拉罕·林肯:《演讲和作品1832 – 1858》,美国图书馆1989年版,第426页。

［43］ 我不是用巴西化指种族引起的文化分隔,而是阶级引起的种族分隔。如在巴西,共同的美洲文化可能是不确定地与一种模糊的和非正式的社会等级制度相匹配的,在其中,处于社会等级制顶层的那些人大多数是白人,而大部分棕色和黑色的美洲人是在其底部——永远地。参见林德《下一个美国》,第216页。

［44］ 珍妮弗·L. 霍克希尔德:《勇敢地面对美国梦:种族、阶级和国家的灵魂》,普林斯顿大学出版社1995年版。

［45］ 约翰·温思罗普:"基督教仁爱之楷模",载康拉德·切利编《上帝的新以色列:美国命运的宗教性解释》,普伦蒂斯—霍尔出版社1971年版,第42页。拼写已经现代化了。

1991年中文版译序

这是一本全面介绍美国社会的一般状况、深层结构和运动态势的书。在书的第十一章一开始就讲到：心灵的习性就是指社会习俗，"它包括人们的意识、文化和日常生活实践活动"。作者通过对美国社会的各层次、各领域、各种典型人物及其思想观点的考察，通过对美国传统的渊源及其沿革的分析，向我们展示了美国社会的立体画面，从开国元勋的志向到里根政府的作为，从经济结构的演变到宗教含义的转化，从"原始的丰富"到文明的灾难，从苦恼之处到希望之光，无不述及，同时又以"个人主义"和"公共责任"这条主线贯串之。

需要指出的是，本书所谓的"个人主义"，或美国意义上的个人主义，与我国人民通常所说的"个人主义"含义稍有不同。我们所说的"个人主义"是相对于集体主义而言的，其含义大抵是"利己主义"。而本书中的"个人主义"一说却不尽如此。注意对"个人主义"概念的歧义性理解，搞清楚美国意义上的"个人主义"的内涵和外延，恰恰是理解本书的内容（或者说是本书内容所要达到的重要目的）从而了解美国社会的关键所在。当然，就根本上说，个人主义的原则是同社会主义不相容的。我们希望读者通过本书进一步了解美国社会，以利我国的改革开放和中美人民的相互理解，而不是认为个人主义也应当是中国读者所应完全遵循的生活准则。这一点，切望读者注意。

  本书的第三、四、五、六章由翟宏彪翻译。第一、二、八、九、十章及前言、附录由周穗明、翁寒松翻译；李青原、肖风分别参加了第十一章、第七章的翻译工作，肖风还参加了注释部分的翻译工作。全书由翟宏彪校对，最后由周穗明、翁寒松统稿。在此，我们对李青原、肖风两位同志的帮助表示衷心感谢。

  本书译稿得到邓蜀生先生的校阅和张沧江先生的指点，在此一并致谢。

译 者
1988 年 9 月

前　言

　　我们应该怎样生活？我们对怎样生活的问题是怎么想的？我们美国人是些什么样的人？我们的国民性是什么？这是我们向生活在美国各地的公民们提出的问题。我们请他们谈他们的生活，谈生活中那些最要紧的事，还谈家庭、社区；谈他们的疑虑、困惑，以及对社会的期望和忧虑。我们发现，他们都热衷于讨论什么是正确的生活方式；如何教育我们的孩子；什么应当是我们的公共责任和私人责任等，但又不无茫然。这些问题对于同我们交谈的人来说虽然很重要，但其间涉及道德问题时却往往只止于私下的担忧，好像这些事公之于众未免令人难堪似的。我们希望本书将有助于把这种通常只在知己间窃窃私语的道德议论变为公开的讨论。在本书中，美国人同我们、并通过本书间接地相互探讨一些深深关系到我们大家的问题。我们将看到，不少人怀疑我们美国人之间是否有足够的共同点，使我们彼此有能力讨论我们的根本愿望和忧虑。本书的目的之一，就是要使他们相信，这种共同点是确实存在的。

　　我们提出的、同时也是人们一再向我们提出的根本问题，是如何维护或者创造一种具有道德一体性的生活。而我们希望实现什么样的生活，又取决于我们是什么样的人，即取决于我们国民的个性。因此，我们的调查，看来可以纳入关于个性与社会的关系这场旷日持久的讨论的范围。柏拉图（Plato）在《国家篇》的第八册中，概述了一种关于一个民族的道德个性与其政治共同体的性质之间、即同他们自我组织、自我统治的方式之间的关系的理论。美利坚合众国的缔造者们在革命时期采纳的正是柏拉图这一理论的比较新近的翻版。既然对于他们来说就像对于我们与之交谈的那些美国人一样，自由可谓是至高无上的价值，那么开国元勋们特别关切的，当然就是创建一个自由共和国所必需的国民素质了。

19世纪30年代，法国社会哲学家托克维尔对美国国民性与社会的关系提出了有史以来最透彻的分析。在《美国的民主》一书中，他基于对美国人的敏锐观察和同他们进行的广泛交谈，描述了他时而称之为"心灵的习性"的习俗观念，并说明这些"心灵的习性"是怎样作用于美国国民性的形成的。他认为，是我们的家庭生活、宗教传统和对地方政治的参与造就了美国人，使我们能够保持同更大范围的政治共同体的联系，并进而维护自由制度的生存。他还警告说，美国国民性中的某些方面——即他首开先河称之为"个人主义"的东西，可能最终会使美国人彼此孤立从而破坏自由的必要条件。

本书的主题，正是托克维尔既钦羡、又担忧的美国人的个人主义。在我们看来，横贯美国历史进程的是个人主义，而不是托克维尔认为的平等。我们担心这种个人主义今天已经发展得像癌症一样危险了——它也许正在摧毁那些托克维尔视为制约个人主义恶性潜能的社会表层结构，从而威胁着自由本身的生存。我们想要知道，美国的个人主义是什么样的；它给人以怎样的感觉；它又是怎样看待世界的。

我们的兴趣也在于那些能在不损害个性的情况下，限制和约束个人主义破坏性的一面,并为美国人应当怎样生活提供可供选择的模式的文化传统和习俗。我们想知道,从托克维尔的时代以来,这些传统遭遇如何,它们延续的可能性有多大。

我们虽然以人们在访谈中的言论为主要研究材料,但同时也清楚地意识到,美国人生活方式的种种,往往是无法用语言表达的。正是在我们的生活方式和描述这种方式的文化语言的局限的矛盾中,我们既发现了对美国社会所面临的两难境地的一些最富洞察力的见解,也发现了人们对寻找描述这一困境的共同语言所寄予的希望。

按照托克维尔的思路,我们确信:自由制度生存与否的关键之一,在于私人生活和公共生活之间的联系,即公民参与或不参与公共事务的方式。因此,我们决定集中研究私人生活和公共生活在美国是如何展开的:私人生活在多大程度上是人们进入公共社会的准备阶段;在多大程度上使人们认为只有私生活才有意义。公共生活在多大程度上使个人抱负得以实现;又在多大程度上使我们灰心得无意卷入。

由于研究人手和经费有限,我们决定以中产阶级的美国白人为主要研究对象。我们做出这一决定,除了无法囊括美国人千姿百态的生活的考虑而外,还有几点理论上的根据。自亚里士多德(Aristotle)以来,共和派理论家们一直强调诸中间阶级对于民主制度的成功的重要性。这些中间阶级历来积极参与公共事务,从而使自由制度得以运行。尤其在美国,中产阶级更是社会的中坚力量。如我们在本书第二、五、六章中将要讨论的,美国自始创以来一直是一个"人的中等状况"具有头等重要性的社会。过去大约100年以来,现代意义上的中产阶级支配我们的文化到如此程度,以致真正的上层阶级和真正的工人阶级文化都未能真正发展成形。每一个美国人都主要用中产阶级的观念范畴来思考问题,甚至在这些范畴并不合适的时候也是如此。因此,着重研究中产阶级,对达到我们的目的是颇有道理的。不过,我们也访问了一些工人阶级的男女,其中部分人的情况本书作了笔录;书中还有不少角色是出身于工人阶级家庭的。虽然本书兼顾到了不少种族的人的情况,但未能从整体上充分说明作为美国国民生活一个重要组成部分的多民族性的特点。

为了充分把握私人生活和公共生活的性质,我们决定进行四个项目的研究,每个项目都由研究小组指派专人负责。这些项目的会合点是今天美国私人生活和公共生活最有代表性的形式。在私人生活方面,我们决定研究爱情与婚姻——形成人们私人生活形式的最古老的方式之一;还有心理治疗,这种中产阶级美国人寻找私生活意义的新颖的但又日渐重要的方式。在公共生活方面,我们决定研究公民参与比较早期的形式,诸如地方政治和传统的志愿性社团;以及某些产生于60年代、但在"制度内部"运作的新形式的政治活动。

每个实地研究者各自按照自己项目要点的要求,选定一些社区、集团和某一类个人作为研究对象。在可能的情况下(这种情况在公共部分比私人部分更多),除访谈记录外另外附有参加者的评论。从1979年开始到1984年结束,访谈人数达200名以上,其中有些人不止谈过一次;我们还观察了其中许多人实际参加社区活动或事件的情况。我们绝不是说我们访谈的对象都是"典型的"美国人,也不是说我们的选择完全是随意的。我们曾阅读过大量的调查材料和社区研究资料,深信我们的研究对象决不是些"例外者"。我们研究的中心不是心理学的,甚至也主要不是社会学的,而是文化的。我们想要知道:美国人用什么来使他们的生活产生意义;他们怎样看待自己和社会;他们的观念与行动之间关系怎样。为此目的,着眼于有代表性的社区的有代表性的问题,看来是最好的选择。我们在访谈中既讨论了大家有共同体验的美国生活中的各种问题,也谈到了每个访谈对象所遇到的特殊问题,以充分揭示美国文化传统的潜能和局限。

安·斯威德勒(Ann Swidler)负责研究私人生活领域爱情和婚姻对人们生活的形式和意义的影响,她访问了住在加利福尼亚州圣何塞及几个近郊地区的不少男女。圣何塞是个发展很快的地区,"硅谷"的电子工业更助长了这一地区的迅速扩展。访问对象来自全国各地,只有极少数土生土长的加利福尼亚人。他们有的是中产阶级,有的出身于比较富裕的蓝领家庭,基本上都是成年人(年龄为27岁至55岁不等,但三四十岁的人居多),正值面对现代社会爱情、婚姻、家庭生活现实的年龄。大部分人已婚,将近半数人离过婚,其中半数已再结婚,大多数人有子女。斯威德勒从对一些人的访问中了解到,当地有人组织了一种婚姻介绍活动,并亲往参加了一次这样的周末聚会,对一些积极参加者作了访问。

史蒂文·蒂普顿(Steven M. Tipton)探究私人生活领域的另一个方面,他访问了住在南方某大城市和旧金山海湾地区的各类心理治疗专家、心理学家和精神病医生;参加了临床心理学博士生的课程和临床实习;还多次实地考察了一些私人开业的心理学家和一所公立精神健康诊所的心理学家们分析病例的会议。此外,他还访问了一些新教牧师和正在学习用心理治疗方法主持忏悔的神学院学生,并亲自与他们一起上课。最后,他访问了不同情况的接受治疗者,以便了解心理治疗的体验和观念,是怎样影响这些人的自我认识、社会责任感以及对工作、爱情和公共生活中的各种关系的看法的。

理查德·马德逊(Richard Madsen)负责了解美国人怎样参与公共生活。为此目的,他研究了两个社区的情况。一个离波士顿不远,是250多年前形成的一个小镇;另一个是圣迭戈附近的一个郊区,几千年前才有人陆续来此定居,至今仍未形成一个统一的社会体。两个社区的居民都以中产阶级为主,但波士顿郊区住有许多蓝领家庭。马德逊着重研究志愿性社团(如基督教青年会、扶轮社*、地方商会等)和地方政治的情况。他向人们了解他们对自己社区的意识,参与公共事务的理由,以及这种参与给他们的生活带来的意义和目的的程度。在了解出于公民意识的志愿精神的过程中,他不仅研究了一般的日常活动,而且研究了恰好他在现场时发生的几次引起激烈争论的事件。

威廉·沙利文(William M. Sullivan)试图通过研究两个政治组织来了解公共生活的意义。公民价值研究所是在费城专门从事社区组织的一个团体。经济民主运动则是加利福尼亚圣莫尼卡影响最大的一个团体。这两个组织都继承了60年代政治运动力图在政治上组织起来以改造社会的传统。它们都卷入了选举政治,它们的一些领袖人物最近被选进当地或州政府任职。萨利文访问了这两个团体的领袖和成员,以了解他们对更大范围的社会以及这个社会应如何改变的见解,同时了解他们是怎样将自己的公共活动与私人生活融为一体的。这两个组织主要由中产阶级组成,但费城的那个公民价值研究所在工人阶级和少数民族住区也开展活动。

虽然本书主要以上述4项研究为基础,但绝不仅仅是一份研究报告。有许多体会是从多年的阅读、反思,以及同许多并不是我们正式研究对象的人的交谈中积累起来的。我们4个人都是训练有素的社会学家,其中沙利文曾获得哲学学位。我们都深受社

---

* 扶轮社(Rotary Club)——一个国际性的企业界人士的服务性组织,1905年由美商人保罗·P. 哈里斯创立于芝加哥,分会遍及世界各国。——译者注

会科学和社会哲学的熏陶,并力图延续哺育了我们的社会反思传统。书后简短的附录阐明了我们的这一出发点。

在研究过程中,那些允许我们进入他们家中同我们坦率交谈的人,在很大程度上也是本书的作者。他们的原话几乎在每一章里都有记录。他们促使我们思考了以前不曾思考过的许多问题。然而,我们不仅努力理解研究过程中的所见所闻,而且试图认识我们自己一生作为美国社会成员的体验。我们讲述的故事并不仅仅是这些访问对象的故事,同时也是我们自己的故事。

本书并不是按照4个单项研究报告的形式构思的。4位实地研究者已就各自负责的题目另外写了专题论文。本书几乎每章都同时从4个项目中选用了材料。头两章介绍整项研究的情况和方向。第一章介绍了分别取自4个研究项目的4个人的情况,代表通过私人生活和公共生活发现当代美国生活意义的不同方式。第二章从历史入手,重点描述我们认为在美国人的自我解释中具有重要意义的四大传统。第三章至第六章论述私人生活,从对自我进行思考的方式到婚姻、家庭和个人关系的其他形式,包括心理治疗。第六章总结美国人的个人主义意识形态,提出了不同于个人主义的其他可供选择的社会意识。第七章至第十章叙述公共生活。第七章至第九章讨论地方政治,公民志愿精神以及公民生活和宗教的更广泛的含义。第十章论述对国民社会的阐述所经历的几个历史阶段,以及这些阶段怎样关系到我们谈话对象的观点。最后一章试图就我们的研究对于美国社会未来的意义做一个总结。

在从事这项宏大而持久的研究过程中,照例有许多提供了关键性帮助的人和许多值得感谢的人。当时在福特基金会任职的理查德·萨普(Richard Sharpe)于1978年首先建议我们进行这一研究。研究经费主要由联邦政府的一个支持哲学、历史文学和人文社会科学研究的机构——国家人文学科基金会提供。其余部分由福特基金会和洛克菲勒基金会赞助。这里谨向国家人文学科基金会、福特基金会和洛克菲勒基金会的慷慨支持顺致谢忱。此外，安·斯威德勒和罗伯特·贝拉愿借此机会向提供"研究基金"的 J. S. 古根海姆纪念基金会鸣谢。斯威德勒在担任该基金会 1982—1983 年度研究员期间曾花了部分时间从事本书的写作。贝拉则作为该会 1983—1984 年度的研究员花了部分时间用于本书的最后定稿。

在我们进行这项研究的最初几年内，曾受到戴维·雷斯曼（David Riesman）、雷尼·福克斯（Renée Fox）、拉尔·波特（Ralph Potter）和罗伯特·科尔斯（Robert Coles）组成的顾问委员会的卓越的理论启发和方法论的指导。他们经常与我们碰头，其中一些人，尤其是戴维·雷斯曼还对我们的研究提出了书面意见。迈克尔·马科比（Michael Maccoby）、S. N. 艾森施塔特（S. N. Eisenstadt）和阿拉斯代尔·麦金太尔（Alasdair MacIntyre）曾参加过我们的研究会议，并提出了建议。其他许多同事和朋友不仅给了我们一般性的鼓励，而且还为我们提供了参考材料。我们所在的校、系也给了我们全力支持。通读或部分阅读过本书手稿的人有：约翰·乌基尔（John Magnire）、巴巴拉·梅特卡夫（Barbara Metcalf）、萨缪尔·柏普金（Samuel Popkin）、戴维·雷斯曼和爱利·沙根（Eli Sagan）。我们十分感激他们的意见和校正，尽管我们并不是全都接受的。参加校阅具体章节的学生和同事为数众多，这里无法一一提及。他们提出的问题和疑惑进一步澄清了我们的思路。约翰·钱（John Chan）见解独到，并与丽塔·嘉拉里（Rita Jalali）一起为我们的研究提供了宝贵的协助。劳拉·赫朗内卡（Laola Hironaka）承担了全部打字工作并给予了其他多方面的支持。

我们感谢梅兰妮·贝拉（Melanie Bellah）（她也审读了最初的手稿）和爱利·沙根审读了新的导言并向我们提出了有益的建议。我们还要感谢加州大学出版社社长詹姆斯·克拉克（James Clark），他鼓励我们为新的平装版撰写导论。

导　论

第 一 章
追求幸福

布赖恩·帕尔默(Brian Palmer)

过好日子,是一种挑战。布赖恩·帕尔默是一个成功的商人,住在圣何塞环境舒适的郊区,是一家大公司的高级经理。他理所当然地以他在公司中的迅速升迁为荣,但更令他感到自豪的,却是他的成功观最近发生的深刻改变。"我的价值体系",他说,"由于离婚一事以及对生活价值的重新审视,近来发生了一些变化。两年前,面对我现在担负的工作担子,我一定会留在办公室一直干到半夜,然后回家、睡觉;早晨6点再爬起来,回到办公室,再干到半夜,直到干完为止。现在,我干脆扔下手中的活,一走了之。我懂得了,工作可以放一放,家庭生活更要紧。"新的婚姻生活和一群孩子,已经成为布赖恩的生活中心。然而,这种新的价值观是在经历了痛苦的挣扎之后才确立起来的。

布赖恩今年41岁,身材修长,看上去浑身有使不完的劲。他回忆自己年轻时,喜欢胡闹,性事频繁,一心赚钱。他24岁结了婚。承担起了婚姻和子女的责任,此后数年一直奉为生活的唯一原则。无论布赖恩对自己的生活是否感到满意，他都一心希望能在事业和家庭责任两方面都获得成功。为了养家糊口，他同时干了两份全日制工作，而对他自己说的"我从15岁到二十二三岁的大部分时间都用于寻欢作乐"这样的青少年时代的逝去，显然并无抱怨。布赖恩相当简要地叙述了他婚后拼命工作的原因。他说："当时似乎就该这么做。我受不了手头紧的滋味，加上妻子不能给家里增加收入，这样做就好像是天经地义的了。我想，自助是我价值体系中的一条很重要的原则，是我的第二本性。我从来没有产生过疑问，只知道走出家门去工作。"因此，布赖恩和他妻子之间除了协调的性生活、孩子以及对他的工作的献身以外，婚后几乎再没有什么共同点。在妻子的支持下，他决定在"强队"中"检验"一下自己；他成功了，但是在婚姻和家庭生活方面却付出了昂贵的代价。"我对构成合理关系的东西怎么看呢？我想我有义务从物质上关怀、照顾我的妻儿，我有义务让他们习惯我心目中的那种生活方式。从物质上供养家庭，这很重要，共享生活却并不重要，分享我的时间也不重要。我的工作时间极长，大概每周平均工作60—65小时。几乎每个星期六都得工作。早上七点半就到办公室了，晚上却很少在六点半以前离去。有时我甚至干到十点半或十一点。工作是第一位的。但作为对此的补偿，我就说，我有这部漂亮的汽车，这栋漂亮的房子，还参加了郊野俱乐部。你现在有了你可以去的地方，往那儿一坐，喝点什么，然后跳进游泳池游游泳。账单我来付，工作由我干。"

对于布赖恩的妻子来说，这种补偿显然是不够的。在结婚近15年之后，"有一天我回到家里。当时我们正准备卖房子，已有一个买主。我妻子说，'在你卖掉房子之前，我想应该告诉你，我们一旦卖了这栋房子，我们就将会住在不同的房子里了。'这是她打算同我离婚的正式通牒。"

离婚"是我生活中的两三件出乎意料的大事之一";离婚导致了布赖恩重新估价自己的基本生活方式,促使他开始探索自己一向追求的那种成功的局限性。"我的生活就是制订计划。但我从未有过打光棍儿的计划,离婚给了我大量时间进行思考。在思考的过程中,好多年来我第一次开始读书了,而且自从离开学校后又第一次听起古典音乐来。我出去买了一套巴赫的曲子和一套音响设备放着听。大部分想的事是自己的孤独和关于孩子们。"

后来,孩子们选择了同布赖恩一道生活,布赖恩更感到不得不改变过去那种自我观和生活优先目的。"我发现,单亲带孩子并不像有人吹得那样神,干的事上不了台面。你看我早晨去上班,手下有私人秘书、一群经理同事、几百个为我干活的人,可一回到家里,马上就和天下的每一个张三李四一样了,跟在我那3个大小子屁股后面捡垃圾。做晚饭和洗洗涮涮就得两小时,还要洗衣服、叠衣服、扫地,都是些最低级的体力活。但儿子们选择同我一道生活这件事对我却是非常重要的。这使我觉得自己好像在'家长部'的事务方面积了什么德似的。"

尽管妻子已经离他而去,并且他后来发现她一直有外遇,但索居生活使他重新估价了自己在这次婚姻关系中扮演的角色。"我是一个有解决问题癖的人,我分析了这次失败。我不喜欢失败,是个很好胜的人,我喜欢赢。所以,我回过头去重新审视我们的关系,看看问题究竟出在哪里。我发现,我们的关系之所以完蛋,我有50%的责任,或者说有99%的责任,就看你怎么说了。我老在问自己:我为什么要这么做?为什么要那么做?工作上为什么要这样做?在家里为什么要那样做?答案在于,过去我一直围绕着一种对我好像是至高无上的某种价值在运作,也许这就是成功欲吧,也许是恐惧失败吧。但问题是我太渴望成功,为了工作、事业、公司，置一切于不顾。我说见鬼去吧，根本就不该这个样子的。"

布赖恩思想上的革命，产生于对幸福的真实源泉和生活满足感的一次再检验。特别是当他与一个与前妻判若两人的女人结婚之后，他获得了一种新的自我意识，他对生活的企望变化了，爱情观也是如此。他现在认为：爱情"就是能够自由地接受和给予感情，是付出自我并且知道这种付出是完全对等的。它是一种轻松愉快的心理感觉，因为人与人之间可以如此难舍难分，有如此之多的东西可以共享；追求共同的目标，有共同的情感，为解决问题一起努力，等等。我认为真正的爱情关系，丈夫和妻子之间的爱情关系，应是一种建立在相互尊重、相互敬慕、相互爱恋、自由地接受和给予基础上的关系。"布赖恩的新妻子，一个与他年龄相仿的离婚女人，结婚时带着4个孩子，再加上布赖恩自己的3个。现在还有5个住在家里。两口子精力旺盛，相互奉献，相互关怀，足以创造快乐的家庭生活。

从许多方面看，布赖恩的故事是个人成功的故事。他在物质上获得了成功，同时还不失时机地实现了超越于物质成功的更为充实的生活目的。然而在他的成功故事中，仍然存在着某种难以捉摸的东西，某种显然未获解决的难题。

当布赖恩解释为什么他现在的生活比过去那种单单追求事业成功的生活要好时，这一难题就变得更加突出了。他对改变自己生活方式的理由的解释，以及对他现在享有的幸福的描述，归根到底，似乎在于他对何者能令他幸福的观念发生了变化。他的新目标——献身于婚姻和孩子——看上去也像他过去所追求的物质成功一样，是武断和未经检验的，两种生活目标的根据都在于个性倾向，而不是一种更高的生活目的感的体现。布赖恩认为，他自己始终都在追求功利的——献身于自我利益的目标,只不过现在他的个人优先选择系统发生了一种几乎无法解释的变化而已。在叙述这一变化的原因时,他说:"我认为我只是重新安排了我的生活优先目的。"有时,他似乎是在否定自己过去的生活,但有时他似乎又在说自己只是对过去的生活感到厌倦了。"我现在觉得单单追求成功不是好的生活方式,那对我来说并不是最重要的东西。我已经满意地向自己证明,我能够获得我想获得的东西,因此这种目标的实现再不像我一度想象的那样神秘了。我发现,参与孩子的生活,我自己也得到了许多报偿。"

美国的文化传统,是通过把个人高悬在无比荣耀却又极其恐怖的孤立状态中,来界定个性、成功和人生目的的含义。这是我们的文化的自身局限,是我们继承下来的思维方式和思维范畴的局限,而不是生活在这种背景下的像布赖恩这样的人的个人局限。实际上,如同我们通过布赖恩的例子以及其他许多例子所看到的,人们生活中的目的感,要比他们能用理性语言解释的来得充实。

布赖恩那种不竭的精力、对挑战的喜爱和对优越生活的欣赏,基本上构成了美国文化内核的主要特征。这些素质非常适合布赖恩所处的艰苦进取的工商界。然而,当布赖恩叙述他如何选择生活目标时,他不断提到"价值"和"优先目的",但这两个概念却未得以在更高的目的或信仰的框架中论证。好的东西就是个人觉得有报偿的东西;如果个人的倾向性变了,好的东西的本质也随之发生变化,甚至连最深刻的伦理美德也被证明是个人偏好的产物。更确切些说,最高的道德律条无非是:个人可以追求任何他感到可以受益的东西,只要他不干预到别人的"价值体系"就行。"我想,生活在这个星球上的每个人都有权拥有一点点空间;凡是减少别人空间的东西,就不那么好了，"布赖恩说，我以前常说，加利福尼亚的生活有一个特点，这也是住在加利福尼亚令人感到愉快的一个原因，就是人们基本上不受别人的价值体系的干扰，也不侵犯别人的价值体系。总的来说，那里不成文的规矩是：只要你赚到了钱，亲爱的，你可以为所欲为，只要你不破坏别人的财产、搅了别人的睡梦、妨碍别人过私生活，就成。要是你想在自己屋中吸大麻，注射麻醉剂，搞得云里雾里，昏天黑地，那是你自己的事，只是不要在光天化日之下干，别当着我孩子的面干，干你的去好了。这倒也挺干脆。

在一个各种自我利益之间存在潜在冲突的世界上，谁都不敢说某一种价值体系比另一种价值体系好。既然如此，布赖恩就只能乞灵于一个基本原则——诚实和沟通的重要性。正是通过沟通，人们才有了消除分歧的机会，因为已经没有能够据以解决争端的道德理想了。"沟通不仅是男女关系的关键，我认为还是我们在这个星球上存在的本质。有了开诚布公的沟通和思考分析问题的能力，大部分问题都是可以解决的。"解决矛盾成为解决问题的技术性事务，而不是道德裁决。说谎会严重妨碍准确地交流和解决人际矛盾，因此是错误的。但是，即使是在这种情况下，对错误的论定也基本上是从实利出发——劳而无功，所以有错。"我个人价值体系的基本原则也适用于我处理公务的方式。我的前任是一个声名狼藉的、习惯性的、不由自主的说谎大王，要我学他就难了。这大概是他倒台的一个原因——他说的谎势将一个个被戳穿，于是他在彻底露馅之前溜掉了。"

不说谎，是布赖恩教育子女的主要内容。"为什么诚实是重要的，说谎是不好的，我不知道。它就是这样的，就是这么带根本性。我懒得对这个基本点提出质疑。它是我的一部分，我不知道它来自何处，但它非常重要。"布赖恩认为"价值"

是重要的，强调对自己孩子进行价值教育的重要性。但除了严禁说谎之外，关于价值是什么，他却含糊其辞。"我想之所以有些东西被认为是坏的，主要是由于犹太人基督教伦理对现代社会的影响。"就连那些"绝对错误"的事情，诸如杀人、偷窃、说谎，也可以只是个人倾向决定的——至少反对做这类事的禁戒，是脱离了能赋予这些禁戒以更广泛意义的社会文化基础而存在的。

天下是否有绝对错误的东西呢？布赖恩回答说："我想我不会摆出一副绝对正确的架势，断言我能为全人类确定价值，尽管我还是要冒昧说一句：假如世界上其他人愿意按我的价值体系生活，那这个世界会更好。"他提出的论据很简单："我觉得我的价值相当好。"然而，价值一用到布赖恩那里就变成了个人偏好，他所面临的唯一伦理问题就是如何按照个人偏好作去抉择。而布赖恩目前的选择是增强他对家庭和子女的责任，而不是致力于物质成功，这一选择本身似乎并无任何实质性的根由。"我只是觉得选择方针乙比选择方针甲能获得更多的个人满足；这个选择使我的自我感觉好些，把个乱哄哄的家搞出个模样来，搞得像个家的样子，这可是个挑战——也许更因为是两家合一家吧。相信我说的：这真是个挑战。也许这就是使我醉心的东西，也许这就是它之所以对我十分重要的原因。"

尽管布赖恩对妻子温存、钦佩，对子女尽心尽力，对自己信心十足，但他这样生活的原因却建立在一种脆弱的基础上。从道德上讲，他目前的生活似乎比被事业心支配时具有大得多的整体性，但是，从他的谈话中可以看出，即使他那最深刻的依恋他人的动力，也只是来自一时的欲望，并没有更坚实的基础。他缺乏一种用以解释构成自身生活内容的各种真正的责任的语言。由于这一问题，他所选定的各种责任本身就是不牢靠的。

乔·戈曼(Joe Gorman)

乔·戈曼大概会说布赖恩·帕尔默的成功观很幼稚。他住的地方离圣何塞3000英里远，从未与布赖恩谋面。但当他谈到自己镇里那些一心追求个人成功的布赖恩式的人物时，说他们是"返老还童"。他所说的返老还童，是指人们看不到自己对家庭和社会的责任，一心只想着从家庭和社会中得到些什么，而不想应对家庭和社会给予些什么。乔认为，成功意味着实现家庭和社会的目标，而不是利用家庭和社会去实现自己的个人目标。

乔·戈曼与布赖恩·帕尔默年龄相仿，但他不像布赖恩那样，为了寻求个人成功而多次迁居，他一直住在父母亲度过了大半生的马萨诸塞州的萨福克小镇。这是一个人口不到两万的小镇，离波士顿约半小时行车时间。萨福克镇形成于1632年，在我们派人访问乔·戈曼之前的半年，这个小镇庆祝了它的250周年生日[*]。乔当时负责组织这次庆典，尽管起初没有要求他主持。在庆祝活动的早期筹备阶段，镇长指派了一个由当地知名人士组成的委员会，其中没有乔。但问题是委员会成员中谁也没有筹备过这种复杂的活动。更糟的是，据乔说这帮人中约有一半主要是想借此在报纸上扬扬名，而不是想干实事。结果，在拟定的一套又一套周年庆祝活动中，第一次活动就捅出了娄子——一次大型社区宴会，准备的食物只够一半人吃。乔知道，自己有组织好这次庆祝活动的能力，并感到自己也有责任尽力提供帮助。于是他毛遂自荐进了委员会，并成了委员会的有实无名的负责人。

---

[*] 如果萨福克镇形成于1632年，那250周年后的1882年不可能是本书作者等访问该镇的时间，可能是350周年之误。——译者注

在乔的指导下，周年纪念活动大获成功。整个庆典持续了九个月，有游行、音乐会、狂欢节目、比赛、宴会、舞会，还有全基督教的宗教仪式，等等。所有活动参加者都很踊跃，组织得有条不紊。乔认为，这次庆祝活动的主要意义可用一句话概括："我们是在同庆。"用他的话说："努力让尽可能多的人活跃起来，是多么重要。"另一个主题是家庭的重要性。很多种类的活动的举办，是因为那一年恰好是联合国宣布的"家庭年"。对乔来说，庆典的最精彩一幕，是一次由不同大家族成员组队对垒的垒球锦标赛。"一共有8大家族参赛——萨福克的8个大家庭。有一个家族的成员为了代表本家族参赛，特意从康涅狄克州赶了来。你知道，对我来说，整个庆祝活动的最美好时刻，就是在垒球赛后，同参赛的家庭成员们一起，背靠露天看台而立，一边谈论他们的家庭，一边喝香槟酒。我认为这就是极致。在家族队比赛期间，许多人多次前来观看自己家族的人打得如何。"

周年庆祝活动的另一件鼓舞人心的大事，是专为老年人主办的活动日。"我们告诉人们，这是他们走到一起、见见对本镇作出过贡献的人的机会。这些老人花了一下午时间在公共广场上卖烤食，还挣了不少钱哩"。这次的庆祝活动，"个个都非常成功，活动一结束大家就说：'我们干吗不每年来它一次？'"结果，镇里的元老们果真决定每年举办一次庆祝活动，并让乔·戈曼担任下一年庆祝活动的筹委会负责人。

在乔的词汇中，"成功"是一个非常重要的字眼。但是，在我们与他的交谈中，成功自始至终未被用来形容他取得的地位，也不是指他的任何个人成就。他所说的"成功"，指的是通过他的个人努力促成的社会集体意识的体验。"我们在组织周年纪念活动时，吵过好多次，也听到了不少抱怨，这些问题不解决，活动就无法展开。但活动一完，全镇的人都说好。就连很多反对过某些活动的人也来向我说，他们完全同意明年再搞一次。所以说，这是一件大事，是一次伟大的成功，它使全镇的人走到一起了。如果今年再次搞好了，我们准备年年办下去。这的确是一大成功，是全镇的一件大事。但功劳不在我，功劳是整个萨福克大家庭的。不错，是萨福克这个大家庭的功劳。作为它的一员，我很幸福。"

当然这并不是说，乔不在乎社会对他个人努力的奖赏。他自认为的自己一生中最重大的事情，发生在萨福克周年庆祝活动结束了几个月之后，他荣获了"萨福克本年度的好人"的称号，商界和镇里的行政领袖们为他举办了一个大型庆祝会。"这是我一件意外喜事。他们为了得到我的合作，说是为我的一个工友安排一次义演。当时我还训了人，因为我觉得他们干得太少了。现在想起来真不好意思。后来我一去，才知原来是为我办的。"乔对这次社区集体感情的体现是非常称心的，但对他来说，好就好在他事前并不知道——他所体验到的是一种未曾去刻意争取的奖赏。

除了享受社会"自发地"给予他的荣誉之外，乔还从他为社会所做的工作中得到一份收入。事实上，在社会上做个"好人"，是他职业的一部分。他是设在萨福克的一家大型制造业公司的公共关系部主任。像大部分这类公司一样，乔所在的这家公司希望与本镇市民保持良好的关系，并为此出钱资助社区的娱乐活动和其他慈善事业。协助公司决定如何对该镇提供最佳赞助，就是乔·戈曼本职工作的一部分。然而，尽管这在很大程度上恰好属于乔的职责范围，但乔为社区服务显然仍是一种自己乐于去干的工作。公司要晋升他到休斯敦总部去工作，但他拒绝了，因为对他来说，他在社区中的地位，比他在公司中的地位更重要。在他看来，他之所以如此为他的社区卖力，是因为他是萨福克的"天然公民"。"我在这里出生。我父亲在萨福克中学开设了体育课。就凭我同这里的交情,我也会留在这儿。我们将永远住在这里,这里是我的家。"

由此可见,乔和布赖恩不同,他不是根据眼前的"优先选择"来确定成功生活的目标的。他的目标是家庭和社会传统赋予他的。但是,乔对生活目标问题的解决,也有自身的问题。

乔如此挚爱的萨福克——一个由具有强烈的公民意识并且有 250 年传统的过往甚密的家庭组成的社会共同体——实际上并不存在。萨福克此时的 3/4 人口,是在最近 25 年间迁移来的,其中大多数人参与社区生活的程度并不深。如果全镇 9000 个注册选民中有 500 人出席镇上的某次会议,这个比率就算是相当之高了。大部分居民都不在本镇工作,他们有的在波士顿工作,有的在波士顿周围某个工业区任职。就是那些碰巧在萨福克工作的人,也往往是在镇区的某个工业区工作,它们通常都是跨国联合企业所属工厂。他们住在萨福克,是因为它恰好地点方便,而且这里的房租也恰好适合他们的经济水平。许多人坦白地承认,他们其实想住在当地某个更加富裕的小镇;他们选择萨福克,是因为负担不起富人区的房租。这种人不会把萨福克当成"家",而只是当作一个方便的郊区而已。他们大概无非是把周年庆祝活动当成一套古雅新奇的庆典仪式来观赏,以换换周末下午的口味罢了,而不会认为这些仪式表现出他们生活中含有什么了不起的意义。

为了肯定萨福克传统的重要价值,乔虚构出一个被现代发展侵蚀了的小镇的黄金时代。他相信,昔日的精神能够复活,而使这种精神再生的努力,能够给人们的现实生活带来意义。"在我的努力背后有一个潜在的动机,即我希望在萨福克恢复这样一种气氛:15 个人聚在一起,不需要球衣之类的东西就可以组成一个棒球队,到公园去打打球,消遣消遣。现在的人打球,又是要球衣,又是要组队,又是这规矩那规矩的,互相之间还不信任。

现在需要的是过去那种精神。"

这种乔孩提时代体验过的自发的、相互信任的共乐精神，今天已经丧失殆尽。乔认为，这部分地是由于该镇的新居民被波士顿这个大城市的气氛腐蚀了。当地政治之所以出现分歧，是因为"波士顿来的人太热衷于个人收益，太固执于政治家都是腐败的人的成见"。而且他们只关心个人在镇里的投资，而不关心公共利益。"他们关心的一件事是，住的房子要新，设备齐全，他们对房子的投资要有保障。"但是，除了城市生活的直接侵蚀外，还有一种潜移默化的侵蚀，这就是现代教育的影响。"就像是现在的人都想重新当小孩似的。过去是父母管教孩子，教孩子该做些什么。而现在的学校设了各种各样的专家，心理学家，他们分析孩子的心理，说孩子需要这样，需要那样，当父母的不管教孩子，自己反倒变成了孩子。孩子是需要管教的，现在却尽对他们做些心理分析的勾当。"

当然，过去肯定不像乔记忆中的那么自在，那么质朴，即使过去真是这样，想要把乡镇与大城市隔离、或者根除现代心理学在学校一切课程中的影响，人为地回到过去，也是极不现实的。乔的美好生活看来似牢牢植根于社区客观传统之中，但归根结底却是非常主观的。也许，他还不得不隐藏起他那回到美好的昔日去的希望，因为甚至连他自己也明白，他的大多数同辈镇民会认为这些希望实在是有些荒唐。

而且，即使乔·戈曼的美好社会的理想能够实现，乔本人也未必会愿意在其中生活。用戈曼的话说："我们需要加强家庭关系；大家庭成员之间应该加强联系。我出生的地方一共有9户人家，这9家人又都有亲戚关系。我们最隆重的事是过劳动节*的

---

* 美国的劳动节是9月份的第一个星期一。——译者注

周末。到了那天,9家人聚在一起搞大型野餐。那时多好啊!"可是,乔刚刚描绘完这幅家庭一体的昔日美景,马上又改了口,说他自己需要同他的家庭分开过。"孩子们长大后必须走自己的路。所以,我现在比过去的人离家庭远了。我认为这是必要的。不过我还是抽空和家人团聚。但独立门户,分开生活,也很重要。"

最后,信奉小镇价值观念,可能会产生十分危险的、狭隘的社会正义观。例如,萨福克250周年庆祝活动结束刚刚两个月,镇里就爆发了一场气势汹汹的地方沙文主义活动。镇房管当局一直打算为老年公民提供廉价住房。为了建造这批住房,需要联邦政府的拨款。联邦住房和城市发展部最后同意拨给萨福克一笔五百万美元的款子,但作为条件,萨福克必须同时建造少量供穷人家庭居住的廉价住房。镇上许多人担心这些住房会被波士顿来的黑人和古巴移民占据。在一次情绪激烈的全镇大会上,他们拒绝了发展部的拨款,并援引罢免程序,撤换了申请拨款的几名主管官员。他们以维护基于传统的社区的统一和正义的旗号,为其种族隔离主义政策辩护。

乔·戈曼并不同意拒绝发展部的拨款。他慷慨的本性使他对许多市民畏惧少数族裔集团的现象深感不安。然而,由于他对神话般的过去缅怀不已,他无法认识到萨福克如何才能解决它当前的问题,也无从把萨福克放在一个更大的社会背景下去考虑。

玛格丽特·奥尔德姆(Margaret Oldham)

玛格丽特·奥尔德姆是个心理治疗专家,她正是被乔·戈曼指责为破坏了家庭和学校纪律的那种人。然而,在一个安宁、舒适的中产阶级家庭长大的玛格丽特一定会说,乔的美好生活观是不现实的，没有考虑到人性和现代社会生活的各种现实。她会说，人们的价值观和经历有极大的差别，如果一个人刻板地坚持自己的标准，他只会把自己与其他人隔绝开来。玛格丽特认为，重要的是要对人宽容，乐意从新的经验中学习；相对来说，戈曼渴望重建的那种自成一体、均匀划一的社会群体，缺乏的就是这些东西，这样的社会群体对她来说，不仅封闭得令人窒息，而且太没有挑战性了。这简直就像设法永远舒服地躺在母亲的肚子里，而不愿降生到世界上。玛格丽特·奥尔德姆把个人实现置于对家庭和社会群体的依恋之上。

玛格丽特30出头，是个很文静的女人。她严于自律，学业优秀，事业上也很成功。她觉得从她父母那儿学来的最重要的东西之一，就是艰苦工作的价值——"不仅工作，而且要为你的工作自豪，对你的工作负责，尽心竭力，能做多好就做多好，并且尽量多做。"她还把她强烈的责任感大部分归因于她的父母，说他们以"必须尊重别人及其财产和权利"的教诲培养了她。但是，她已在关键性的一点上偏离了父母的轨道。"我认为，那种纯粹道德的、十分刻板的东西并不重要，"她说。"我想，我父母谁都没有能像我那样容人。"她对他人的宽容，使她比父亲更容易与各种各样的人友好相处。她对他人的兴趣和接受他人的能力，是她生活得有趣味的根本原因，更是她在一个南方大城市当心理治疗专家工作得兴味盎然的根本原因。"我学心理学，主要是因为我实在对人和人的心理活动规律很好奇。我想知道，为什么人们做他们所做的事，为什么他们的想法跟我不同？我有许多朋友，都很聪明，但他们从学校退学了，后来又遇到很多麻烦。我总想知道这是为什么？他们的动机是什么？是什么东西促使他们作出生活中的那些决定的？"

玛格丽特时常要与不同于自己的各种人接触，这一挑战是推动她不断向前的动力。作为治疗专家,她"有折中主义背景——受过身心交感论,格式塔心理学和罗杰斯理论的影响。"正是这种思想流派和心理体验的多样性,使她的职业生活充满了趣味。"不论你是治疗哪类疾病的专家,到了那里你就可以始终干你那一行,你可以从你所有的病人那里学习到许多东西,使自己真正充实起来。从事心理治疗不仅对病人有好处,对我自己也有好处,像这样的补偿的确是很大的。我觉得接触不同的人的思想、观念和问题,了解他们的生活是什么样子,这本身就能使人思路开阔起来。每逢我的病人到我这儿来聊一会儿,我过后都要通盘重新考虑一下我的世界观,因为病人会带来许多不同的观念,还会天真地对我认为是生活中最基本的东西提出质疑,我就得回家去好好思考一阵。"

玛格丽特认为,生活中最重要的事情是把自己选择要做的事尽可能做好。她在总结自己对生活意义的看法时说:"世界是什么样,就是什么样,我不怎么去想它。指导自己行动的观念是:我想要做的,我喜欢做的,就是我应当做的。我认为,宇宙对我之所求,就是要获得自己的价值,无论这些价值是什么,我都要尽量按这些价值行事。如果我能完全按照自己的理解尽量做个好人,那就会有好事情发生。我觉得,从很多方面来说,这样的生活本身就能给人奖赏,本身就是一种奖赏。"玛格丽特同布赖恩一样,认为"价值"是既定的,而"不论这些价值会是什么"。

玛格丽特想在专业上勤奋工作、帮助别人,并在她的个人关系中给予爱和接受爱,包括她与一个十分聪明、事业成功的工程师的婚姻。但她认为,令人满足的幸福生活如果没有作出努力并付出代价的现实的意愿,是不可能获得的。例如,一个人要想维持一种关系,就必须准备给予。但她觉得,她的许多病人所要的,是一种完全被人所爱而无须回报的理想关系。"要有这么一个人，想说话了就听你说话，想出去了就陪你出去，或者干脆就要有这么一个人存在，随时都能理解你的。一般人都不愿意直愣愣地把他们的感觉告诉你，而是希望你去意会。能够意会当然再好不过。他们需要的就是这样一个不用说话就能透彻理解他们的人，而且随要随到，总能使他们真正感到安全，感到……呃，不孤独。"人们必须接受的是：他们有责任说出他们的需要和他们的感受；有责任认识到不能指望别人魔术般地给他们带来幸福。"人总是希望别人给他幸福，而不去自己争取幸福。"

给一个清醒而成熟的病人以忠告，正是玛格丽特的作用之所在。她作为一个治疗专家，解决不了人们的问题，而只能是帮助他们加深自我认识，以便更现实地、也许是更富有成效地应付生活，更好地实现他们的个人选择。她懂得，人们的关系必须是有予有取的。一个人必须为实现生活中期望的满足而努力工作。而且，归根到底，人是要对自己的生活负责的。但是，这种人最终必须依靠自己的一清二楚的见解，往往没给相互依赖关系留下多少位置，而且迎合了那种相当冷酷地看待个人在社会上的位置的观点。自立这个美德同时又包含着孤守独处的意思。"我认为一个人必须对自己负责，我的意思是说，别人是不可能真正对你负责的。当然，人们的确有互相关心，互相帮助的时候，你知道，比如谁病了，就会这样，这当然是好的。但从本质上说，人是孤独的，人必须对自己负责。假如你最终没有得到想要的工作，或者没有遇到自己意中的人，至少部分是你自己的责任。我是说，你的白马王子不会在大街上与你邂逅，也不会满世界为你留言，不会有这种事的。"

因此，承认个人的责任是成人的行为；指望别人为你解决烦难，则是孩子气的行为。然而人生在世，他人既然不能助你，或者不愿帮你，因为人到头来就是孤独的，而且谁也无法帮你消除

"孤独感"，那么，你就只能独自在世界上撑下去。玛格丽特心目中的世界，极大的限制了人与人之间，甚至最亲密、最具有承诺关系的人们之间能够互相提出的要求。甚至婚姻纽带、父母关系，也克服不了每个人命中注定的最终的孤独："我对自己的行为和所做的事负责。"当问到她是否对他人负责时，她回答说："不"。问她是否对她丈夫负责，她说："我不负责。他自作决定。"孩子们呢？"我……我想，我对他们负有法律责任，但在某种意义上，我认为他们同样要对自己的行为负责。"至于说到其他关系，如更广泛的社会关系，"每一个人都喜欢各行其是。"因此，力争"公平"是与人建立关系的唯一途径，就是说，"不是总让一个人作出牺牲或者总是给予，而应在给予和自行其是之间达成相对平衡。"

但是，既然不存在证明其共同价值的更大框架，个人所能要求别人的，无非是清楚地表达他们的需要，同时认清自己的需要和愿望。如果别人不能满足你的需要，你就得情愿走开，因为这可能是保护你的自我利益的唯一方法。如果人们离开那个能够通过直接交往，讨论分歧、保证公平的面对面的个人世界，无能力向别人提出合法要求的情况，就变得更加严重了。例如在政界，协同致力于共同目标的希望是必然会破灭的：在这种人人都在追求自己的个人利益的场合，凡是从共同利益的角度考虑问题的人统统都是"傻瓜"。"每一个人都想出人头地，我行我素，就像在个人关系中一样。当我想到政府政策时，我想我不希望他们把对心理学研究的资助全砍了，除非他们也做些其他应做的事。我是说，我不想当唯一的受害者。我不想当唯一的傻瓜。我不想替那些不愿承担自己责任的人当替罪羊。"

由此看来，玛格丽特·奥尔德姆虽然对实现自我有自己的见解——它涉及深刻的自我认识、对人与人之间差别的大度宽容和承认对自己生活的责任的成熟意愿,但她也陷入了她的信条中所包含的矛盾。她虽然对自己负责,但无论是对她的丈夫和孩子,还是对她必然作为其中一员的更大的社会共同体和政治共同体,她都未提出可将她自己的实践与他人的实践联系起来的可靠方式。

韦恩·鲍尔(Wayne Bauer)

韦恩·鲍尔大概会对玛格丽特·奥尔德姆坚持认为个人必须从心理上与家庭常规和传统限制决裂的看法,持相同意见。韦恩是一位社区活动组织者,在加利福尼亚的"争取经济民主运动"工作。他三十四五岁,自认为他目前的生活观是20世纪60年代的产物。他说,"在60年代,我们看到了一个梦,抱定了一种理想,认为在很多层次上,事情都会变得好得多。我的意思是说,60年代既是个人成长也是政治变化的一个时期。而使人激奋的是,个人的变化最终会导致国家政治的极其重大的变化。"个人变化就是和家庭决裂。"我们当中很多人都是工人阶级或中产阶级出身,相信人生在世,有些事情是必须做的。比如说现状。你知道,像你父亲是怎么做的。他是怎样度过了他的一生。你们无非是上高中,上大学,结婚,安顿下来,组织个家庭,在社会上确立受人尊敬的地位。而我认为,我们在60年代所看到的,是我们家庭里的一种空虚,这不是我们自己要追求的东西,我们要得到更美好的东西。"

韦恩与家庭的决裂和对"更美好的东西"的追求发生在1965年,当时他17岁,在海军陆战队当兵。"你知道,我是受约翰·韦恩式的美利坚爱国主义教育长大的。当时我们美国人全都戴着这么一副爱国主义面罩。"新兵训练后,他来到勒任兵营驻防,时常去纽约市休假。"1965年纽约大学爆发了游行和焚烧征兵卡事件,人们突然产生了政治意识。他们还蓄起了长发,戴起了耳环。当时把我惊呆了。我是说我不能理解。我当时在海军陆战队。"在这段时期,他的一些在纽约上大学的朋友开始同他争论越南战争的问题。争来争去,争了三四个月,"长话短说吧,我意识到,我最有力的道理变得站不住脚了。我对我自己和对我周围的看法彻底变了。就好像你在照镜子,镜子碎了,结果看到你所有的价值、信仰,你看到的一切你认为真实的东西,不过是些碎片。这使我没有一丝价值观了,我感到可怕的孤独,因为没有一个我能求助的人。我感到信任过的所有人实际上都在骗我。"

后来韦恩接到前往越南的命令,他开了小差,隐姓埋名,过了8年流浪全国的地下生活。1972年他向部队自首,被关了4个月禁闭,但未受军法审判,最后海军陆战队按一般退役释放了他。韦恩回到父母身边,发现他们完全不能理解他对生活的认识,便从新泽西州搬到了加利福尼亚的凡尼斯。

但是,韦恩同家庭和社会的常规决裂——这些常规对乔·戈曼那类人仍然是至关重要的——并未像对玛格丽特·奥尔德姆的情况那样,随着潜心于专业和个人生活而终结。假如韦恩认识奥尔德姆,他一定会批评她缺乏对社会正义问题的认识。正是通过激进的政治活动,韦恩将他那块支离破碎的生活镜子重新粘在了一起。在他与过去决裂后,"道德对我成为一个问题。就好像我想用更加坚固的材料、一种能抗压力的东西,将原来的东西重新组合起来"。投身政治,便成为这种坚固的材料。"观察政治就是观察文明的斗争和演进,这是非常令人激奋的,而且也很有个人色彩,因为只有自己亲身参加斗争,才能逐步进入这场斗争,才能以某种方式进入斗争的历史画卷。"70年代中期,韦恩住在圣莫尼卡一个讲西班牙语的地区,他卷入了一些邻居同房东之间的一场争端。"我当时强烈地感到,他们是在受人压迫被人利用。那些该死的房东拿移民法当枪使,弄得这些人整天担惊受怕。我对这些人很有好感。我确实喜欢这些人,他们都是些了不起的人。"

他组织住户的工作使他与"争取经济民主运动"发生了联系。"我对自己做的事感到蛮不错。我觉得我所参与的工作能够给他人带来利益。这里又涉及价值的问题。你可以用你所有的时间来看你能积累多少物质财富,看你能赚多少钱;也可以用你的时间和别人一起互相帮助,一道工作。你知道,我们可以采纳想要采纳的任何一种制度,就说社会主义,共产主义,或者随便什么主义吧,但我们采纳的制度本身并没有任何意义,除非我们能够教育人们改变自己的思维和行为。我认为自己所做的,是在社区中的一种教育工作,虽然组织住户的工作看起来只是帮助他们摆脱眼前的困境,但实际上是在帮助他们对自己的生活产生出一种力量感。"

当他们有了掌握自己生活的力量时,每个人都会产生出更大的效能感,这正是韦恩本人经历过的那种个人成长过程中妙不可言的感觉。"他们从来没有公开表露过自己的观点,彼此不交换意见,总是觉得自己软弱无能,无力对任何事发生影响。现在我看着他们站起来了,天哪,他们的感觉完全不同了!我们到底对某些事情产生了影响!下一步就是让他们明白,他们能够在社会上做各种各样的事,能够创造各种东西。但他们必须是作为一个集体去干,去赞同,去培养敢于赞同敢于反对的能力,然后形成某种协商一致的意见。这是一种惊人的壮举。我是说,这是件很壮观的事,能够亲身参加更令人激动不已,因为你所看到的是一种意识的进化。"

然而，这些新近获得解放的人们在社会上具体应该创造什么样的东西呢？对此，韦恩奇怪地变得含糊其辞起来。只是说，他们将使社会"更好"。但他所说的"更好"，究竟意味着什么？他回答说："也许这个问题最好不要问我。"即使是在他熟悉的住户权利这个领域，对于一旦住户们有了和房东同样的权利，他们应该做出什么样的提供住房的社会安排，他也只有一个模糊的概念。"只要我不违法，不损坏东西——这可是个敏感问题，因为它涉及私人财产，他人的权利，投资的权利——我就有权住在这个地区；不过，我认为这也可以变，你可以控制局面嘛，他赚他的钱，只要合理；你过你的日子，当然要过得好些——我想是这样的。天哪，我好像说得不大清楚。"

看得出，韦恩对他反对什么比对他赞成什么要清楚得多。因此，正义的观念虽然是他终生责任意识的有力核心，但它的实质内容却是空虚的。当他谈到正义时，他讲的是个人的权利，和能够为每个人提供行使这些权利的公正机会的政治法律制度。他所使用的语言，对在一个复杂的社会中、当不同的个人都公正地提出占有稀缺商品的要求时、这些商品应当如何分配的问题，几乎没有提出任何概念*。不过他认为通过积极投身政治活动，他的责任感得到了增强。

韦恩由于受到一个试图将拉丁美洲的"解放神学"观点应用于美国情况的神父的影响，逐步回到了罗马天主教会。他正在认真考虑从事法律工作，以献身于公共服务法的事业。尽管这些举动能够给他的政治热情带来更多的内容和比较明确的方向，但

---

* 本章关于韦恩的讨论以 1980 年对他的访问为基础。从那以后，他关于公平分配和公共政策的思想有了很大程度的澄清。1983 年 6 月，他被选入圣莫尼卡房租管理委员会。——原注

他的政治词汇充其量也只能部分解释和阐发他自己的正义感和责任感。我们将会看到，他的问题是所有美国人，无论是保守派、自由派、还是激进派，所共有的典型问题。

共同传统下的不同声音

布赖恩、乔、玛格丽特和韦恩各自代表的声音，都是我们所熟悉的美国人的声音。假如他们碰到一起，我们假定在他们之间爆发的各种争执，正是今天美国人公开或私下进行道德问题探讨时经常出现的各种争论的焦点。之所以存在这些分歧的一个原因，是因为人们汲取的传统不同，这一点将在下一章论述。然而，在这种尖锐的分歧底下，人们在个人与社会的关系、私人利益与公共利益的关系等问题上，则存在相当程度的一致。这是因为，美国人之间尽管存在分歧，但他们都在一定程度上使用同一种道德词汇，我们权且将它叫作美国个人主义的"第一语言"，以区别于我们大多数人同时具有的另一种道德词汇，"第二语言"。

本章介绍的4个人，分别选自本书的4个研究项目。至于他们是否有典型性，我们不很关注。我们更注意的是，他们各自代表着美国人通过私人生活和公共生活去认识人生意义的方式。这是本书的中心论题。布赖恩·帕尔默在婚姻和家庭中找到了他生活的首要意义；玛格丽特则在心理治疗中找到了她的生活意义。因此，他们两人关心的主要是私人生活。乔·戈曼的生活意义建立在对本镇生活的积极关心上；韦恩·鲍尔则从积极投身政治活动中找到了自己的归宿。公共生活成了他们两人生活中不可或缺的一部分。无论他们的首要关注点在公在私，这4个人都牵扯到对他人的关心。他们都是尽责的，在许多方面甚至是令人欣羡的成熟的人。然而，当他们运用共同的道德词汇，也就是我们称之为个人主义的第一语言讨论问题时，他们却苦于不能清楚地表达他们自愿承担的种种义务的丰富性。在他们使用的语言中，他们的生活听起来比他们的实际情况（如我们观察到的）显得更加任意，更为孤立。

因此，这4个人的谈话给人的印象是，美好生活的目标有某种任意决定的东西。对于布赖恩·帕尔默，美好的生活目标就是实现自己为自己确立的优先目标。但是，你怎么知道你现在的优先选择比过去的好、或者比别人的好呢？那是因为你只是直觉地感到，这些目标现在是正确的。对于乔·戈曼，美好生活的目标是密切地融入他所出生的家庭和社会群体。但是，你又怎么知道在这个复杂的世界上，你所继承下来的常规和社会习俗就一定比其他家庭和社会群体要好、要重要，并且因此更值得你付出忠诚呢？说到底，你只是在一厢情愿地认为它们更好，至少对你来说更好。在玛格丽特·奥尔德姆看来，美好生活的目标恰恰是从乔·戈曼所珍爱的那些习俗常规中解放出来。但一旦你自由了，你又追求什么目标呢？只能是自认为最好的东西。韦恩·鲍尔则认为，美好生活的目标就是参与政治斗争去创造一个更加公正的社会。但是政治斗争应该把我们引向何方？引向一个所有的个人，而不只是富人，都将拥有支配自己生活的权力的社会。但是他们应该怎样运用这一权力呢？无非是个人爱干什么干什么，只要不伤及别人。

这4个人在论证道德上的美好生活目标时遇到的同样的困难，反映出处于我们文化中的人民所特有的困难。对于我们大多数人来说，考虑如何去获取我们所想要的，比确切地知道我们应当要什么，要更容易。因此，布赖恩、乔、玛格丽特和韦恩分别以自己的方式，对于如何认识成功的实质，自由的含义和正义的要求，表现出了种种混乱。这些困难在很大程度上是由他们——也就是我们所共有的关于道德的讨论的传统局限所造成的。本书的主要宗旨，就是深化我们对我们的传统所提供的和未能提供的各种思想源流的认识，使我们能够清醒地思考我们美国人当前面临的各种道德问题。我们还希望尽言本章人物所未能尽言的那种追求，以求找到一种能够超越其激进个人主义的道德语言。

虽然我们有关美国人道德讨论的传统的表述，是以与200多个情况不同的美国人的谈话为基础，但本书的主题已经包括在本章开始时所介绍的四个探索生活的故事里面了。这些主旨实际上是这样一个问题：我们美国人应该怎样看待现代社会成功的实质、自由的意义和公正的要素？我们对同胞们的访谈加深了我们的信念：虽然我们必须依靠传统去解答这些问题，但同时必须比以往更带批判性地去分析这些传统，这样才能认识我们所生活的这个急剧变化的世界提出的各种挑战。

成功

如上所述，美国人倾向于把美好生活的最终目标看成是个人的选择。他们往往认为，实现个人选择的方式取决于经济的进步。然而这样一种占统治地位的思想传统无助于我们把经济成功与个人的和社会的终极成功联系起来。

一个半世纪以前，当大多数美国人还住在乡间小镇，经营小生意或家庭农场的时候，经济成功的种种要素与人们对家庭生活、公民生活的成功的理解，也许是比较容易一致起来的。在这种背景下，管理一个有利可图的农场的成功，生意的兴隆，往往同优秀的家庭成员和具有公共精神的公民的好名声分不开。至于什么叫做好，则因人们所在地区的习俗而定。从乔·戈曼的经历看，我们尚可窥测到这一传统的遗风：一个人工作上要取得成功，就得按照他所在小镇的传统智慧来规定个人生活成功的含义。

但是现在只有很少一部分美国人仍在小镇里经营小本生意。大多数人都在大的公司官僚机构中工作。工作中的成功，意味着通过帮助公司获得高利润逐步往上爬。但是，这种成功同人生更基本的成功有什么关系？就连乔·戈曼现在也在一家全国性的大制造业公司里任职；他之所以能在社区生活中扮演特别活跃的角色，是因为这个角色同他在公司中作为公共关系人员的工作相适应。万一乔的公司决定把它在萨福克的工厂从新英格兰搬到一个廉价的劳动市场去，或者公司愿意破格提拔戈曼到休斯敦总部去工作，那么，乔就面临在经济成功的需要和对家乡的忠诚之间作出抉择的严重困境。

当然，像布赖恩·帕尔默这样的人已经遇到过这种困难，我们已经看到他苦苦思索怎样才能把攀登公司阶梯的抱负和实现美好家庭生活的愿望结合起来。这给他带来一些问题，不仅是因为工作压力有时使他不能有足够的时间与家人在一起，还有一个更复杂的原因就是他的成功观，它虽然可以帮助他一步步沿着公司的阶梯上升，但对于充分理解美好家庭生活的目标来说，却是不合适的。虽然布赖恩至少认识到了成功的工作生活与美好的家庭生活如何结合的种种问题，但他却似乎过于轻率地漠视了其工作所具有的更广泛的政治和社会意义。

在本书中，我们将自始至终同布赖恩·帕尔默和许多其他人一起深思，共同探讨这样一个问题，即在我们集中的、官僚化的经济中，经济上的成功，同私人生活和公共生活的终极目标的成功之间，究竟是什么关系。

自由

自由也许是美国人最响亮、最根深蒂固的一种价值。从某些方面来说，自由规范着个人生活和政治生活中一切好的东西。然而自由在现实生活中的意义却是不让别人过问自己的事；不许别人把他们的价值、想法、生活方式强加给自己；以及在工作、家庭生活和政治生活中不受独断专制的统治。但是，有了这种自由之后怎么办，这个问题对美国人来说就困难多了。如果组成整体社会的每个人都具有不顾他人要求的自由，那么在这个社会中人们就难以建立互相依赖或共同合作的关系，因为这种社会关系必然要求接受一些有损个人自由的强制性义务。例如，玛格丽特·奥尔德姆一心想成为一个自主的、对自己生活负责的人，同时也承认其他人跟她一样，也可以有他们自己的价值，可以按照自己选定的方式去生活。那么，出于同一道理，如果她不喜欢别人的所作所为或生活方式，她就只有走开的权利。在她看来，不让别人过问的自由，本身就有一点孤守独处的味道。

对玛格丽特和其他受现代心理学观念影响的人来说，所谓自由，不单纯是不让别人过问自己的事，而且还有认识自己的个性、维护自己的个性、决定自己的生活目标，尽量不受家庭、朋友或社会追求一致的倾向所影响等内容。从这种观点出发，争取心理上的自由，就是争取同由人们的过去或社会环境强加于人的价值观念决裂，以便发现自己的真正愿望。这便是布赖恩·帕尔曼的经历的转变。他逐步觉察到，他一度追求过的成功，是无法适应他自己的需要的虚假目标，于是他放弃了这个目标，并从中获得了一种自由感，因为他能够不再理会公司的要求，而开始实现他自己理想中的幸福。当然，困难在于：这种自由，作为不受制于他人要求的自由，没有提出任何可供布赖恩、玛格丽特或其他美国人方便地讨论共同概念以及协调与他人的合作行为方式的语言。布赖恩指出，他喜欢加利福尼亚的一点，就是人们各行其是的自由；只要待在自己家里，不侵犯别人就行。这里体现的，当然是一种自给自足的形象，仿佛布赖恩凭他自己的力量，或者在自己小家庭的天地里，就可以用与他的邻居在自己家里做的事毫无关系的"价值"来教育孩子。布赖恩所持的自由观，实际上早就把自由更应包括人们共有一种好的生活、好的社会的理想、对这一理想展开讨论、并达成一致的能力这一更高希望，基本上架空了。

乔·戈曼和韦恩·鲍尔不仅珍惜个人自由，而且十分重视民主的自由。但是，就连他们那种比较政治化、社会化的自由观，如言论自由、社会参与的自由、个人权利受到尊重的自由等民主政体下所珍惜的自由——而主要不是个性实现的自由，也是极其个人主义的。乔作为一个传统型的美国爱国者，深深珍爱美国的自由理想，尽管从许多方面来讲，使他无法实现联合萨福克家族的梦想的，恰恰就是这种自由理想。他发现，萨福克的家族精神能否成功，完全仰仗于一些像他这样的人的自发的、不计报酬地维持社区生活的意愿。同时他也承认，在萨福克，愿意担负组织社区生活重担的人实在太少，常常就只他一个人，这样下去总有一天会力所不支，身心交瘁的。

而且，正是乔·戈曼所珍惜的自由——如个人选择居住地的自由、行为自由、信仰自由，当然还有尽量改善物质条件的自由——使得社会关系的纽带如此脆弱。正是自由创业意义上的自由，把萨福克变成了一个靠低廉的房价招徕住户的"寝室共同体"；也正是这种自由造成的各种经济机会，诱使萨福克的儿女们纷纷弃它而去。乔·戈曼心中无比珍爱的自由理想，甚至严重阻碍了对现代环境里什么才是建立公正的经济程序或美好的社会程序的最好方式这一问题的讨论。对乔来说，自由和社会生活的统一，只存在于对理想化了的过去的梦怀之中。

虽然韦恩·鲍尔认为自己的社会政治理想与乔·戈曼的怀旧梦根本不同，但他实际上对美国人的自由理想信得更深。他当然会愿意限制大公司的自由，但是他的指导思想无非是恢复他认为的其他人失去了的自由。他想帮助人们恢复一种信念，即他们是有力量的，并且能够在一定程度上驾驭自己的生活。但是他对经济和政治民主的满腔热忱，结果却显得格外空洞无物。他可以从他认为的当前经济剥削形式中构想出自由的图景，但他的自由实际上本身成了一种目的。他的自由传统仍然是人人都感到自己的力量、人人都可以自由地为自己想要得到的东西奋力拼搏的权利。韦恩的政治用语显然打上了社会主义的烙印，但骨子里却是地道的美国货。他大声疾呼，说目前的政治经济结构限制了个人自由，但是他也想象不出一个比较合作、比较公正、比较平等的社会秩序应该是什么样子。一如其他美国人，他心目中的自由，是一种独立性的自由，即独立于那些拥有凌驾于你之上的经济实力的人、独立于那些试图限制你的言行的人的自由。这种自由理想已经历史地赋予美国人尊崇个人的习惯。毫无疑问，它激发了美国人的主动精神和创造力，有时甚至使美国人能够对一个多样化社会的差异宽容大度，并抵制公开的政治压迫。但是这样一种自由理想同时也使美国人顽固地害怕承认在一个由大公司和日益加强的国家统治下的充满复杂技术的社会里，确实存在着权力结构和相互依存的人际关系。这种自由理想只能使美国人怀旧，却无法为他们的共同未来提供思想养料。

公正

我们美国的传统促使我们认为，公正就是每个人都有追求自己心目中的幸福的均等机会。机会的均等是由公平的法律和政治程序，即以同等方式应用于每一个人的法律和政治程序来保障的。然而，这种公正观本身并不能使我们看到，如果每个人都有追求自己利益的同等机会，一个社会中的物品分配最终该如何进行。因此，在一个公正的社会中，只要每个人都有找一份收入好的工作的同等机会，不同职业的人的收入就可能存在很大的悬殊。但是，正像现在令人痛苦地变得明显起来的那样，在僧多粥少的情况下，平等的机会足以确保公正吗？还有那些处于不利社会地位的人，公平的赛跑对他们没有用，因为他们还在远离起跑线的时候就被甩下来了，他们怎么办？

我们的社会已试图建立一种起码的水平，不允许让任何人降到这个水平以下。但是我们还没有有效地考虑怎样才能使被剥夺者更积极地进入职业的和公共的生活。我们也还没有考虑，给相对少数的人以过度的奖赏，是否有益于我们社会的健康。我们必须对分配上的公正达成一致的认识，即确保经济资源能够合理地进行分配，而分配上的公正又必须建立在实质上公正的社会的观念基础上。不幸的是，我们现有的道德传统远不能像帮助我们思考程序上的公正那样，为我们提供思考分配上的公正的思想方法；至于实质上的公正，那就更少了。

甚至连自命为激进分子的韦恩·鲍尔，要想超出程序公正的概念，也是十分困难的。他之所以感到愤怒，是因为圣莫尼卡的政治权术是有利于富裕的房东，而不利于贫苦的住户的。他想把住户们从这种不公平的制度下解放出来，让他们享有同富人一样的遂行自己意愿的机会。但是，当问及一旦住户们有了公平的机会，他们打算创造出一个什么样的社会，用什么样的办法来分配财富时，他就变得茫然了。说到底，南加利福尼亚沿海一带没有足够的土地供给每一个想在那里生活的人。如果不再由自由市场机制来决定谁应当生活在像圣莫尼卡那样的地方，那么由什么来决定？简而言之，在一个由解放了的住户们创造的新社会秩序中，稀缺资源应当如何进行分配？公正的社会究竟是什么样子？为了回答这些问题，韦恩就不能只考虑如何通过建立公正的秩序来保证个人有能力行使自己的生活权利。他需要有某种实质性的目的感，某种关于公正分配的思考方式。然而正是在这里，在这个问题上，他的文化资源使他力不从心，也使我们大多数人力不从心。

我们现在就来看看铸成了我们的语言和生活的各种传统，看看这些传统同我们目前的困境有些什么关系。

第二章
文化与国民性:从历史谈起

对美国读者来说,第一章叙述的充满在那四个人中的个人主义,乍一看似乎与文化传统并无关联,而只是一般的就事论事。然而当我们深入观察,就会发现这四个人物之间有着微妙的差异。就连他们每个人自己的语汇,也不无矛盾。以布赖恩·帕尔默为例。他曾一门心思献身于个人事业的成功,为此目的不惜牺牲一切。后来,他逐渐珍惜别的东西,如听古典音乐、读书、注重人际关系、享受眼前的生活乐趣等,而把对事业的全部献身抛在了脑后。这两种方式都具有个人主义色彩,但却植根于迥异的传统,并具有不同的含义。我们可以把前一种方式称为"功利型个人主义",把后一种方式称为"表现型个人主义"。乔·戈曼和韦恩·鲍尔在他们的个人主义里面揉进了公民责任方面的内容。玛格丽特·奥尔德姆则把帕尔默式的个人主义表述得更为明确。

这些差异是历史造成的,只是这四个人并未充分意识到而已。在我们这个一切向前看的社会里,人们一般只顾瞻前而无意顾后,并往往把个人之间的差异看作主要是眼前利害冲突的产物。然而,即便在我们探讨未来的时候,我们的文化传统,我们传统中的几条主要线索,仍然无时不在地施加着影响。如果意识到这一事实，我们的讨论或许就更加切题。

一个民族的文化传统——它所特有的象征、理想和情感方式——只要是活的东西，就必然对该民族成员共同命运的意义产生影响。[1]文化，是文化参与者对自己利害攸关的事物进行激烈思辨的总和，美国文化自不例外。建国伊始，一些美国人就把建立一个符合古老《圣经》宗旨的公正、友爱的社会，看作美利坚民族的立国之道。另一些美国人则以共和国公民制度和公民参政的理想为依据，努力塑造美利坚的民族精神和国家法律。还有一些人则极力煽起命定扩张论和民族辉煌论的梦想。而自由即进取精神、自由就是为个人聚富谋权的权力的观念，历来就有它的信奉者，甚至不乏狂热之徒。我们在第一章里看到的成功、自由和公正三个主题，都可以在《圣经》宗教*、共和主义和现代个人主义这三条文化主线中找到渊源，但这三个主题在每条传统线索内产生的意义却是不同的。只要探索尚存，激战依旧，美国文化就能保持它的生机。

《圣经》宗教和共和主义线索

历史学家大多认为，《圣经》宗教无论在殖民地开拓时期的美国文化还是在当代美国文化中，都占据着重要的地位。对"美国试验"这种宗教"出发点"，强调得最甚者莫过于托克维尔。他断言说："我可以从登陆的第一个清教徒身上看到整个美利坚的命运。"既然我们已从个人入手介绍了当代美国文化的一

---

* 《圣经》宗教（biblical religion）指的是信奉《圣经》（包括旧约和新约），信仰上帝的宗教。在美国，殖民地时代清教徒占主导；18世纪新教徒各派人数大增；19世纪，大批天主教徒和犹太教徒移民进入美国。这些都属《圣经》宗教的范围。参见本书第九章。——译者注

些方面，则不妨也从几个有代表性的人物入手，去探寻美国文化的早期线索。

约翰·温思罗普（1588—1649），是登上美洲大陆的"第一批清教徒"中的一个，也是科顿·马瑟（Cotton Mather）、托克维尔、P. 米勒（Perry Miller）[2]等美国文化评论家视为代表美国文化发轫期的一个典型人物。早在英国移民离开英格兰之前，他就被选任为马萨诸塞湾殖民地首任总督。他当时四十出头，出身高贵，教养良好，笃信宗教，决心与志同道合的教友一起，在蛮荒旷野上开创新的生活。1630年，他在塞勒姆港弃舟登岸之际，在船上宣读了一篇题为"基督仁爱之楷模"的布道书，描述了他和他的清教徒同道们旨在创建的"一座依山傍岭的城市"的图景。他下面这番话至今仍是认识美国初民生活的一面镜子："吾辈务须互悦互爱，为他人设身处地，有愉同欢，有哀共举，同劳作，共患难，视他人为手足，待全民如一体。"这些清教徒对物质繁荣并非不感兴趣，而一旦品丰物裕，又不禁把它误解为上帝圣颜大悦的征象。但他们衡量成功的基本尺度不是物质财富，而是创建一个享有真正的道德和精神生活的社会共同体。在他担任总督的十二期任内，温思罗普这个当时的富翁，为全州的福利呕心沥血，全力以赴，还经常自己解囊资助公共事业。垂暮之年，他田园荒废，几近破产，不得不辞官而去。17世纪的清教徒移民社会，可以被视为在美国建立乌托邦式的社会共同体的多次尝试中的最初尝试。虽然美国社会流弊甚多，但这些尝试给"美国试验"打上了永不磨灭的乌托邦的印记[3]。

对温思罗普来说，成功即明确意味着建立起某种道德社会体，而这种观念在今天大多数美国人心目中早已淡漠了。同样，他的自由观也不同于我们的自由观。他谴责那种他称之为"原始自由"的东西，即那种不分善恶、为所欲为的自由。他认为，真正的自由——即他所说的"体现了上帝和人的誓约关系的""道德的"自由——是一种"唯善良、唯公正、唯诚实"而行的自由。他说:"这种自由,必须用苦难来灌溉,用生命来捍卫。"[4]侵犯这一自由的任何权威都不是真正的权威,必须加以抵制。在这个问题上,温思罗普给自由的核心思想增加了一层伦理内容,这也是美国传统中其他一些线索所没有认识到的。

同理,温思罗普视公平为一项实质性大于程序性的原则。科顿·马瑟对温思罗普的理论方式作了这样的描述:"他的确是位深得治国书之精微的总督,这本'书'虽以治国术告天下,却拢共不过三页,每页上都只写着一个词,这个词就是'仁厚'。"有年冬天,又长又冷,别人告诉他说,有个穷邻居偷了他家的柴火。温思罗普就把那人叫来,对他说,考虑到今年冬天特别冷,他又有这个需要,所以特许他以后自己每日去温思罗普家的柴堆上取柴,挨过严冬。后来温思罗普对朋友说,他就这样有效地治愈了那个人的偷窃行为[5]。

马萨诸塞的自由民人士并不总是能够体谅温思罗普力行仁厚的苦心的,因为这样做显得只有总督的意愿,而无法律的依据。结果他在选举中落选,安安静静地做了几年小官,然后又被推选当了总督。要是地处边界的那些小头头被贬了职,恐怕就不会都这么老实了。温思罗普信奉仁厚为主的实质性公正(即便带有个人主观色彩),同时也适当接受自治体系的程序性原则,以限制个人偏见[6]。即便温思罗普不像托克维尔所说的体现了美利坚民族的"整个命运",但我们民族传统中某些极其重要的东西无疑是从他和他的清教徒同道那里承继下来的。

美利坚合众国创业的一代,涌现出一大批难以尽书的共和主义传统的典范人物。乔治·华盛顿(George Washington)在他同时代人眼里,简直就像罗马共和国早期的某个人物。虽然他宁愿守在自己庄园里过安静生活，但还是响应了国家的召唤，担任了革命军总司令，后来又出任美国第一任总统。马萨诸塞的约翰·亚当斯（John Adams），一个清教徒的后裔，哈佛毕业后即以一个年轻律师的聪明才智献身公务，用宪法捍卫移民同胞的合法权利，后来又投身了革命。托马斯·杰斐逊（Thomas Jefferson）（1743—1826）作为《独立宣言》的作者和人民事业的领袖，更是共和主义思想的杰出代表。

杰斐逊出身于西弗吉尼亚种植园主阶级。[7]他从威廉—玛丽学院毕业后，很早便积极投身到弗吉尼亚殖民地的政治活动中去了。33岁时起草《独立宣言》，"人人生而平等"成了表达他毕生致力于平等事业的不朽名言。杰斐逊并不认为人在各个方面都是平等的。他所说的平等本质上是指政治平等。他认为没有人生下来就背负着任人坐骑的鞍套。因此，无论他在解放奴隶的具体问题上做过多少妥协，但在原则上他是坚决反对奴隶制的[8]。

虽然杰斐逊认为平等是适用任何时代、任何地方的普遍原则，但他是一个真正的共和主义传统的追寻者，因为他认为平等只有在一定的时间和地点，在实现了难能可贵的必要条件之后，在政治上才是有效的。政治平等只有在公民实际参与的共和政体中才能真正实现。他说，"偏离公民直接的、持续的控制越远，政府的共和主义成分就越少"。的确，一个全体参与、相对平等的自治社会的理想，是杰斐逊一生奋斗的指南。在同欧洲作了比较之后，他认为他的这种思想在美国是能够实现的。这主要因为美国人，至少是美国白人并未分化成少数豪门贵族和广大赤贫群众。杰斐逊的理想人物是既能各自谋生又能参与公共生活的独立自主的农人。他极其担心城市和制造业，怕它们会造成巨大的阶级不平等，腐蚀一个自由民族的道德[9]。

后来他看到，如果一个民族不想失去它自身的自由，就必须发展制造业。但与此同时，他比以前更加执著地强调公民参与的原则。他建议把县再分为选区，每区大致由 100 个公民组成。一个选区就是一个"小共和国"，每个公民都是"公共事务活跃的管理人，亲自行使大部分权力，履行大部分义务；虽是从属性的，但非常重要，而且也是每个公民力所能及的。"[10] 这些小共和国的存在，有助于维护大共和国的机体健康。在这种社会里，杰斐逊"爱邻人如同自己，爱国家胜于自己"的训谕，就能对公民产生直接的意义。但杰斐逊又担心："我们的统治者会腐化变质，我们的人民会变得漠不关心"。他说：如果人们"在挣钱的唯一机能中"忘记了自身，那么共和国的前景就是暗淡的，暴政就相去不远了。[11] 杰斐逊同温思罗普一样，离任时一贫如洗，光景大不如前，晚年甚至面临破产的威胁。

杰斐逊的自由观并不像温思罗普那样同实质性道德紧密相连。确切地说，杰斐逊的自由要义第一条宗教的自由，目的就在于不让温思罗普那样的人享有将自己的观点强加于人的法律权力。总的来说，杰斐逊主张不受国家武断行为侵害的人身自由和不受任何形式检查的新闻自由。同时他认为，自由的最坚强的堡垒，是受过良好教育的人民积极参与治理国家。对那种为所欲为的形式自由观——如一心只顾赚钱——杰斐逊和温思罗普一样，也是感到厌恶的：无论形式自由对他们两人的重要程度如何，自由只有在一定的社会形态和生活方式下才能产生真正的意义。失去了这一点，杰斐逊认为很快也就失去了自由本身，最后必然招致暴政[12]。

杰斐逊在首次就职演说中历数了他的主要治国原则，第一条就是："人人得以享受平等而严格的公正，而不论其宗教或政治地位及信仰如何。"他一方面确信美国法律制度的程序公正性，同时也不忘另一种凌驾于人类正义之上并对人类正义进行裁判的公正法则:"自然的法则和自然的上帝的法则"。当杰斐逊想到奴隶制仍然存在的时候,他写道:"我一想到上帝是公正的,就不禁为我的国家颤栗;上帝的审判是不可能永远沉睡不醒的。"一个正在为自己的自由而战的民族同时奴役着另一个民族,这种深刻的矛盾并没有逃过杰斐逊的眼睛,只要这个矛盾不解决,杰斐逊就对我们的未来充满了忧虑[13]。

功利型个人主义和表现型个人主义

本杰明·富兰克林(Benjamin Franklin)(1706—1790)长期以来一直被国内外人士看作是美国人的典型。虽然家乡波士顿的清教主义并不令他感到自在,但富兰克林还是从恰好与他同为22岁的科顿·马瑟那里学到了清教教规的大量实际用途。作为美利坚共和制的创始人之一,富兰克林常常表现出他的共和主义信念。然而,最初让富兰克林名扬天下的东西,既不是他似信非信、若即若离、与其说信其终极真理、不如说信其社会效用的基督教思想,也不是他倒有几分真信的共和主义,而是他一个穷孩子走上发迹之路的现身说法。富兰克林的不灭印记,深深刻在他那本叙述自己如何取得社会成功的《自传》里;刻在他编写的那套教导别人走上成功之路的《穷理查年鉴》的警句格言里。

富兰克林是一个肥皂和蜡烛工匠的儿子,他不像亚当斯,也不像杰斐逊,付不起大学的学费,只好走自学的道路。为了学得一门像样的手艺,他曾随兄长做印刷工,并由此开始了他坎坷的一生。《自传》的读者对此早已熟知,这里不再赘言。简而言之,富兰克林42岁时便已成了费城有名的印刷商和出版商。家资既足,他便放弃了对生意的日常管理,把自己有生之年的精力全部献给了他所热衷的政治、慈善和科学事业。

富兰克林年轻时深受约翰·班扬（John Bunyan）的《天路历程》的影响，他的《自传》可以说是《天路历程》的世俗翻版。《自传》塑造了一个穷苦孩子凭借自己辛勤劳动和精心筹划，最终获得成功的原型故事。其中最著名，也最能说明问题的一节，是富兰克林记述他如何通过编写一本"小书"，来实现自己充满德行的生活。他把每一种美德都记在一张纸上，每有进步，就流水账似的对号入座记上一笔。12个原自古典基督教的美德，在他笔下不知不觉发生了变化，渐渐朝着功利主义的方向发展。如"贞洁"，就被他或多或少加上了新义："房事宜少，非为健康和繁衍计不可用；为无聊计不可用；为意志薄弱故不可用；毁自身或他人安宁名誉者不可用。"[14]

《穷理查年鉴》中的警句格言影响比《自传》来得更大，实际上已经成为美国人谋财致富的常识："睡得早，起得早，致富、聪明、身体好。""自助者天助"。"机不可失，时不再来"。"穷迪克有言：懒汉睡觉你耕田，秋后打得好苞米，又吃又卖又赚钱。"总之，富兰克林对18世纪以及18世纪以来许多美国人认为是美国最重要的东西作了经典式的表述：个人凭借进取精神获得成功的机会。富兰克林在对考虑移居美国的欧洲人提出告诫时把这一点说得十分明确："如果他们穷，则必须先做仆人，打短工；如果他们头脑清醒、手脚勤快、生活节俭，则很快可居人之上，在商界立足，成家立业，成为受人尊敬的公民。"[15]

富兰克林对自由和公正的看法，同他对成功的认识一脉相承。1756年他在一篇捍卫宾夕法尼亚殖民地人民政权的文章里写道："本州人民一般诸为中产状况，且目前皆属同一层次，主要是勤劳的农人、工匠和商人；他们崇尚自由，热爱自由，就连他们当中最平庸的人，也认为自己拥有受到最伟大的人礼遇的权力。"[16]富兰克林和杰斐逊一样,认为只有在一定的社会形态下,普通公民才有可能获得维护自己的权力、在法律面前享受平等待遇的机会。但是,许多深受富兰克林影响的人,一心扑在个人的自我发展上,根本不把大于个人的社会放在眼里。18世纪末,有人提出了这样的论调,认为在一个每个人都强烈追求自身利益的社会里,社会福利可以自行实现。这是一种纯粹的功利型个人主义。尽管富兰克林本人并不相信,但他的形象对人类生活的新的方式起了极大的推动作用。[17]自富兰克林以来,功利型个人主义同基督—犹太传统、共和主义传统一样,成了美国传统文化的主要分支。

至19世纪中叶,功利主义在美国大行其道,终于引发了一系列反动。许多美国人,包括妇女、牧师、诗人和作家,开始感到一生算计追求个人的物质利益似乎有些问题。富兰克林严格的自我约束"美德",似乎根本没有爱情、人类情感和自我深层表现的地位。被F.O.马西森(F.O.Matthiessen)誉为"美国文艺复兴运动"的一代伟大作家纷纷起来,以各种方式对这种个人主义的旧的形式进行抨击。[18]1855年,赫尔曼·梅尔维尔(Herman Melville)发表了《伊斯雷尔·波特》,用小说形式对富兰克林本人作了辛辣的讽刺。爱默生(Emerson),梭罗(Thoreau)和霍桑(Hawthorne)等人,则把追求财富置之一旁,主张培养深层的自我修养。但真正把"表现型个人主义"发挥得淋漓尽致的,或许要数惠特曼了。

惠特曼(Walt Whitman)(1819—1892)同富兰克林一样,也是工匠的儿子(他父亲是个木匠)。因为穷进不了大学,多靠自学,后来成了印刷商,当过新闻记者。但自此便和富兰克林"分道扬镳"了。惠特曼36岁那年发表了题为《草叶集》的一扎小诗,此后便倾注毕生精力,在拮据的生活中一版再版地修改充实他的《草叶集》。《草叶集》的第一版第一首诗,就是他后来恰如其分地改为《我的颂歌》的那一首,第一行开宗明义:"我歌颂我自己。"富兰克林并非不想歌颂自己,只是他不想把话说白就是了。到第四行,富兰克林大概就绝难首肯了:"我吟游天下,寻觅我的灵魂。"[19]

对于惠特曼,成功几乎与物质利益无缘。一个阅历丰富的人生,一个对各式各样的人开放心扉的人生,一个纵情感官、放荡智能、喜怒哀乐、无所羁绊的人生,才是惠特曼眼中成功的人生。惠特曼的自我,是在与他人,与一定的地点,与自然,乃至与整个宇宙的关系中确立的自我。这种强烈而深沉感觉的自我,是生命的真正源泉,如在《通向印度之路》中所表述的:

> 啊,心灵的归程,通向思想始原的路,并非仅为纵情山水,而是要展开你,
> 清新的思绪,如雏鹰试翅,如花蕾迎春,回到鸿蒙初启的知识王国去。
>
> 啊,无羁无绊的心灵,我伴着你,你伴着我,
> 一起开始这环世的旅行,放眼人事,复归心灵,
> 回去吧,回到理性的最早天国,
> 回到智慧的原始光明,回到直觉的清白境地,
> 再去创造美好的新生。[20]

惠特曼的自由,首先是不受任何传统习俗制约的表现自我的自由。

> 抬起脚,放宽心,我踏上坦荡的路,

身强体健，野鹤闲云，世界在我面前展现，
长长的路，褐色的路，任我走遍天涯独行。[21]

惠特曼对肉体生命包括性爱的大胆赞颂，给19世纪的美国人造成了强烈的冲击，自此责难纷起，掣肘重重，但惠特曼并未因此放弃表现的原则。他诗中朦胧地但明确无误地表现出同性恋意识，是他拒斥当时男性中心社会狭窄意识的又一种方式。

虽然惠特曼一生惊世骇俗，但他身上仍然存在强烈的共和主义传统，这一点在他的杂文集《民主的远景》（1871）和其他杂文中表现得尤为突出。[22]自主自立同时又能参与公共生活的农人和工匠，不仅是杰斐逊和富兰克林的理想人物，同时也是惠特曼的理想人物。因此，可以把他们的公平观视为一类。然而，对惠特曼来说，美国人独立性格的终极目的，在于造就和表现自我，开拓自我广阔的社会特性和宇宙特性。

美国文化的早期分析

克雷夫科尔（J. Hector St. John de Crèvecoeur）是法国移民，1782年发表了他的《一个美国农人的来信》，第一次把美国性格作为一种明确的国民性加以探讨。他指出，美国人具有比欧洲人大得多的个人进取精神和自立精神，很少受社会地位和传统习俗的影响，从而为以后的研究定下了基调。他描述了欧洲移民变成美国人的转化过程："从无到有，白手起家；从仆人变为主人；从某个专制王公的奴隶变成自由人；拥有自己的土地；得到社会的祝福！这是何等的巨变！由于这种巨变，他就成了一个美国人。"[23]

克雷夫科尔受18世纪法国启蒙运动哲学思想家的影响，毫无困难地把典型的美国人评价为一种"新人"、一种获得解放、思想开明的个体,自信地把自己的精力投向环境,包括自然环境和社会环境,旨在向环境索取一份安适的幸福。克雷夫科尔勾勒的这种典型个性,十分接近启蒙思想所倡导的那种关心自己福利的理性个体的典范个性。无独有偶,这种个性当时也得到亚当·斯密(Adam Smith)等政治经济学家的一再强调。克雷夫科尔写道:"在美国,个人勤奋的报偿和个人的劳动热情成正比;美国人的劳动是建立在自然的即自我利益的基础之上的;还有什么东西比自我利益更有推动力呢?"[24]这种理性的、以自我利益为动力的个人后来形成了所谓的经济人。在一个贸易活动行将作为新的社会生活协调机制取代旧的等级观念和忠诚意识的竞争性市场环境下,经济人找到了他最自然的生存条件。正如克雷夫科尔所说,"我们大家都因为一种无羁无绊的勤奋精神而充满活力,因为在这里,人人都是为了自己而劳动。"[25]

显然,在我们提到的4个有代表性的美国人里,只有本杰明·富兰克林——至少是传说中的富兰克林,才是最接近克雷夫科尔的美国性格典型的。实际上,富兰克林在当时许多法国知识分子眼里,不仅是一个理想的美国人,而且是一个理想的哲学家,富兰克林侨居巴黎期间,一些法国知识分子甚至搞起富兰克林的个人崇拜来了。然而,克雷夫科尔一味强调美国文化和美国性格的这一方面,因而蒙蔽了他对其他方面的认识。他认为美国的宗教正在按照启蒙思想认可的方向,逐渐蜕变成为一个只谈宽恕、不问世事的空壳。克雷夫科尔没有认识到温思罗普所代表的美国传统;读克雷夫科尔著作的人万万不会想到1800年左右即将开始一系列宗教复兴运动。他也完全忽视了美国革命一代奠定的旗帜鲜明的共和主义政治文化。他没有看到许多同时代的美国人已经看到的东西,即纯粹的经济人跟受传统等级制度束缚的人一样，都不适合自治社会的需要。所幸另一位法国人托克维尔于19世纪30年代访问美国，提出了充分得多的看法。尽管如此，克雷夫科尔关于美国社会和美国国民性的基本特征的看法，长期以来产生了巨大影响，最近在刘易斯·哈茨（Louis Hartz）和丹尼尔·布尔斯丁（Daniel Boorstin）不断被人引用的著作中又再次出现。[26]

对托克维尔来说，启蒙时代的乐观主义又蒙上了法国大革命的阴影；而早期政治经济学家的预言，则在英国城镇工业的炼狱中得到了令人可怖的消极体现。托克维尔是作为一个抱同情态度的观察者来到美国的，他渴望能在第一个真正的现代国家的头50年中找到某些对精明谨慎却举棋不定的欧洲人有益的东西。他接触了共和主义的思想，又对宗教在人生中的地位有着深刻的敏感，因而对这个崭新的社会表现出了比克雷夫科尔透彻得多、全面得多的认识。

在《美国的民主》（全书分两部，分别于1835年和1840年出版）一书中，托克维尔试图揭示各地正在成形、而在美国最为清晰的民主社会的性质。他最为关心的是，这些民主社会究竟能否维持自由的政治建制，或者会蜕变成某种新的专制政体。他很赞赏克雷夫科尔强调的商业精神和企业精神，同时又认为这种精神对美国式自由的未来，其影响如何一时还看不清楚、值得深思。

托克维尔认为，虽然美国的自然环境有利于维持民主政体，但法律的作用则超过了自然环境，而道德习俗又超过了法律。[27]实际上，他在书中一直强调：美国人的道德习俗是他们建立和维护一个自由共和国的成功关键，因此，破坏美国人的道德习俗，就必然会逐渐破坏美国的自由民主制度。他对道德习俗一语的使用并不十分严谨，有时说是"心灵的习性"；有时又说是"形成思维习惯"的各种观念、意见和思想；或者"社会上人的总的道德和智慧倾向。"[28]道德习俗不仅涉及有关宗教、政治参与和经济生活的各种思想、观念，而且也包括各种习惯行为。

总之，托克维尔跟克雷夫科尔不同，他认识到持续不衰的宗教传统和共和传统即温思罗普和杰斐逊分别代表的传统在当时美国人的道德习俗中占据着重要的地位。同时，他也非常清晰地看到了本杰明·富兰克林所代表的传统对美国人的生活方式产生的巨大影响。在描述这种影响的时候，他促进了一个新词语的流行。"个人主义"，他写道，"是新近造出来用以表达一种新观念的词语。""我们的父辈只知道利己主义。"个人主义比利己主义温和，有条理，但终极结果与利己主义基本一致："个人主义是一种冷静的、经过思考的情感，它使每个公民孤立于自己的大众同时代人，缩进家庭和朋友的小圈子里；人们有了这种按照自己的趣味组成的小社会，便乐得让大社会去自己照顾自己"。[29]他写道：随着民主的个人主义的发展，"越来越多既不富裕也无力控制他人的人获得或拥有足以照顾好自己的需要的财富和知识。这些人既不欠任何人的任何东西，也不指望得到任何人的任何东西。他们养成了孤立地看待自己的思维习惯，并认为自己的整个命运都掌握在自己手里。"结果，这些人渐渐"忘了自己的祖先"，也忘了自己的后代，同时把自己与同代人隔离开来。"人人从头到尾必须依靠自己，这就产生了闭锁在自己孤独的心灵里的危险。"[30]托克维尔所观察到的主要是富兰克林代表的功利型个人主义，而对即将由惠特曼代表的表现型个人主义却极少发现。

托克维尔认为，美国人的自我孤立倾向是美国自由前景的不祥之兆。因为恰恰是这种孤立总是受到专制主义的青睐。因此，托克维尔特别注重那些可以把人们从孤立状况拉回到社会聚合的反向趋势。埋头于个人的经济利益会削弱人的公民意识。而参与公共事务,则是消除个人主义孤立状况有害后果的最好方法。"要求公民参与公共事务,可以促使他们不光埋头于自己的私利,时而把眼光也投向自身以外的其他事务。"[31]道德习俗的重要性就在于此。心理习惯、宗教实践和民主参与的习俗可以教育公民开阔眼界,看到纯私人世界里所不能看到的事物。传统习俗的教育作用不能完全脱离自我利益,但只有当自我利益在一定程度上被超越之后,它的教育目的才能实现。

托克维尔认为,建立各种活跃的公民组织,是美国民主的关键,杰斐逊对此一定十分理解。通过积极参与公共事务,公民能够克服由于日益商业化的社会生活无保障而造成的相互隔绝感和无能为力的心态。人民结社加上分散化的地方治理,可以提供公开地、理智地形成意见的讲坛;潜在的公共意识和责任意识可以由此发扬光大;个人与中央化国家的关系,可以因此得到缓冲调节。托克维尔认为,公众结社生活,是防止他最担心的一种情形发生的最坚固的堡垒,即出现一个由相互敌视的个人组成并必然成为专制主义盘中之物的群众社会。这些中层结构可以遏制、约束、限制中央政府不断扩大行政控制权的倾向。

在托克维尔所说的仍然是一个农业社会的美国,甚至在整个19世纪,人民最基本的结社单位,以及个人尊严和公共参与的实际基础,就是当时的地方乡镇。在这些乡镇里,社会习俗和个人关系长期受人们普遍信奉的基督教新教教义的哺育,逐渐形成了一种建立在个人主动性基础上的公民文化;托克维尔所强调的道德习俗当时仍然拥有强大的势力。虽然人们已经普遍开始关心经济利益的改善,但这种活动仍然局限在关心邻人利益的宗教教规范围之内;在美国的乡镇社会里,被商业风潮唤醒的个人竞争意识仍然受到根本上属于平均主义伦理的社区责任意识的制约,并使之温和化、人情化。

19世纪中叶美国社会出现的这些小型自治性社区,主要由自由共和国的典型公民组成。这些人处于中产状况,具有相似的社会经济地位;社区内较为贫穷的成员则把加入他们的行列当作奋斗目标,并通常能够如愿以偿。大多数居民都是自劳自食;受雇于人者大多为了积累资本,以便有朝一日自立门户。如托克维尔指出的,开发西部的时候,这种分散的、平均主义的民主模式又被搬到了本土的全部地区。美国的公民政体是建立在关系密切的乡镇社会的思想风貌和机构建制的基础上的。[32]

独立的公民形象

第一章中乔·戈曼所说的个人理想,正是来自托克维尔为美国乡镇社会勾勒的形象。对于19世纪美国的共和主义者来说,这种乡镇社会如果组织得当,可以成为疏导公民个人及家庭的蓬勃精力、使之造福集体的道德法网。他们认为,乡镇社会的道德生活,既可以增进物质福利,又可以培养公共精神。然而,乡镇生活是一种严格的封闭型生活,既然它可以为了公共利益压制个人的主动性,它也可以排斥异己,窒息独创。刻板的乡镇道德,部分产生于公民们在疲于应付开疆拓土、人口增多、经济扩张的潮流的同时,力图建立共同社会生活的不安心理。正如托克维尔所说,美国人——一种新型的人——具有不确定的性格:一方面他受到传统价值的影响;另一方面,他又必然打上开疆拓土时各种挑战的印记。

一个有代表性的人物就是一种象征。[33]是我们通过一个浓缩了的形象,综合人们在特定的社会环境下如何组织生活并赋予生活一定的意义和方向的一种方式。实际上,有代表性的人物并不是各种个人习性品格的集合体,而是指导一个社会群体培养什么样的优秀习性品格的公共形象。有代表性的人物形象提供的是一种理想,一个参照点,聚焦点;是生活理想的活的榜样。如在今天的美国社会,运动明星是青春活力的化身;科学家则是客观能力的表率。

托克维尔时代的美国,可以被看作是各种社会角色的连锁网络:丈夫的角色,妻子的角色,孩子的角色,农人的角色,工匠的角色,牧师的角色,律师的角色,商人的角色,乡镇官员的角色,等等。但是,这是社会区别于其他社会而作为一个独立"世界"存在的基本特征,却是通过作为其社会成员的推动力的精神面貌和道德规范来体现的。[34]当时美国的精神风貌集中反映在我们可以称之为独立的公民形象的代表性性格里。这也便是托克维尔所描述的新的民族形象。这个独立的公民形象在许多方面都继承了温思罗普和杰斐逊的传统。他具有强烈的宗教意识,知道公民的权利和义务。但在他的性格形成中,本杰明·富兰克林这个自我造就的人物形象发挥着更大的影响。亚伯拉罕·林肯或许是19世纪中叶美国独立公民形象的最崇高典范。他的伦理语系超过了温思罗普的宗教雄辩;他对民主共和制的认识,比他一直奉为师表的杰斐逊还要来得深刻。然而,真正使公众动心的,既不是那个社会神学家的林肯,也不是那个民主主义哲学家的林肯,而是当过伐木工、从小木屋入主白宫的林肯。

总之,有代表性的人物形象不是抽象的理想,也不是没有面目的社会角色,而是通过这些人物比较成功地把个人素质与公众对他们充任的社会角色的要求融为一体的生活来实现的。正是这种形象的活生生的再现,给了文化理想组织生活的力量,有代表性的人物也因而成了划分不同社会和历史时代的标志。由于乡镇社会和国家扩张的双重规范,19世纪新生的美利坚共和国必然标志着一个独立公民的时代。

一个社会的代表人物是该社会与其特定文化认识系统规定的各种问题发生遭遇的焦点，因此这些人物便常常成了神话和大众情感的主要来源。不言而喻，具有强大感召力的各种美国式神话，都是围绕自立的、道德的个人建造起来的。他的社会基础是小农场主或独立的工匠的生活；他的精神则是理想化了的乡镇精神。这些神话是使本书叙述的几个人物生活产生意义的重要源泉，而且近来开始在国家政治辞令中扮演重要的角色，尽管这种角色难辞矫饰之嫌。神话通常能够揭示人们体验的心理压力的重大真相，以及他们试图消除心理压力、或者变压力为建设性创造的愿望。

托克维尔曾经描述过民主公民一方面追求个人发展和个人安全，另一方面又关心宗教和参与地方政治的心理冲突。他追溯了伴随新生商业资本主义而来的个人主义新精神使一切私人化的倾向和属于共和主义及《圣经》传统的关心公益的渊源。

新的民主文化的中心是男性的作用。然而，男性人口中高唱的成就至上观却是靠妇女塑造的道德环境来维系的。在工匠和农人阶层，家庭单位起着至关重要的经济作用；男人和妇女在家庭中的地位虽然有权力和威信上的不平等，但基本上是相互补充的。但在较大的城镇，特别是知识和工商阶层，妇女越来越多地丧失了她们的经济作用，日益成为专事母亲表情作用和抚育作用以及家庭美化者的角色。家庭本身，也日渐被看成是躲避世俗纷争的场所，而不再是尘世生活的一部分了[35]。随着妇女对这些新的压力作出了不同的反应，妇女的不平等地位在美国第一次为人们所认识并遭到反对。到19世纪末，妇女不是"独立公民"的事实，成了当时社会紧张的一个主要原因。

克雷夫科尔和托克维尔的分析，在本书的几个研究对象身上得到印证,说明他们各自的分析对我们认识美国文化的现状具有指导意义。布赖恩·帕尔默个人中心、乐观进取的倾向,印证了克雷夫科尔的观点;而乔·戈曼的忧虑和玛格丽特·奥尔德姆的隔绝感,似乎证实了托克维尔对隐私观念的某些担心。韦恩·鲍尔的当代公共热情,则至少部分抵消了托克维尔的估计。为了认识今天美国人的国民性,我们必须在继承托克维尔精神的同时摆脱他的时代局限,找出美国人在应付美国变成一个世界性工业强国的过程中形成的新的民族性格。

企业家形象

托克维尔所发现的美国公民形象,的确比早期宗教型和共和型美国人更接近于"闭锁在自己孤独的心灵里"的个人形象[36]。然而,这种形象较之19世纪末"镀金时代"的工业家和20世纪的官僚经理和心理治疗主义者,就远不是那么孤芳自赏的了。

托克维尔对他认为威胁了杰克逊式民主的道德平衡的两个现象,表示了极大的忧虑。一个是南方的奴隶制社会。它不仅惨无人道地对待黑人,而且正像托克维尔和杰斐逊指出的那样,也贬低了白人。[37]另一个是危险来自首先在东北部出现的工业体系。工厂的建立将大批贫穷无靠的工人——其中多为妇女和移民,集中在迅速发展的工厂城镇里。托克维尔担心这里会出现新的贵族统治,把工厂主和经理人员送上小霸王的宝座,而迫使工人成为机械地组织起来并依附他人的操作人员,而这种状况与充分民主的公民政治原则是背道而驰的。[38]正如南方的种植园制度把自耕农置于从属地位一样,工业组织的普及必然会使经济控制权集中在极少数工厂主手中,同时摧毁19世纪民主生活的中坚力量——独立工匠的地位。具有讽刺意味的是,南北战争的暴风骤雨虽然摧毁了蓄奴制度,却大大推进了最终将从根本上颠覆美国传统的分散化乡镇自治社会格局的工业结构的生长。

从南北战争促使工业增长和疆土迅速西移,到第一次世界大战美国登上世界舞台这段期间,美国社会经历了建国以来、包括当代在内最迅速、最深刻的变革。时代变迁,造就了一个根本不同于19世纪的崭新的社会,一个我们至今仍然生活在它的结构里的社会。19世纪末叶,新技术,特别是交通、通信和制造技术的发展,把为数众多的半自治乡镇社会拖进了广阔的全国性市场。这种新的扩张虽然得到联邦政府的多方扶助,但主要是由一些个人和私人财团来实现的,他们聚集的私人财富和控制权,达到了前所未闻的规模。[39]

19世纪末出现的新的经济一体化社会,逐渐形成了它自己的新的社会组织形式、政治控制形式和文化形态,包括新的代表人物。这种新的社会组织便是能够把一小群投资者的控制权扩展到广阔的资源、庞大的雇员队伍并时常实行远距遥控的工商业公司。宾夕法尼亚铁路系统触角遍及全国,拥有管理有素、等级森严、服装统一的工人大军;运作精确,扩张垄断,雄心勃勃,成为注定最终影响几乎全部美国人生活的一种崭新制度的典范。钢铁、石油、银行、金融和保险业也纷纷起来仿效,迅速采纳了这种新型的公司官僚体制。[40]

传统的地方政府和地方组织缺乏处理日益全国化的各种问题的能力。在这样的条件下,乡镇社会的传统社会生活和经济生活形式便至少在现实中——如果不是在象征意义上——失去了统治地位;传统的美国公民观也成了问题。新的工业秩序集中体现于同乡镇秩序和乡镇风范截然对立的大城市。工厂、贫民窟、移民和选区政客等名堂,令人视为"异己",望而生畏。在那些岁月里，一种新的利益政治，随着公司、银行及其投资者的强大的全国性经济利益，以及后来居上的劳工运动同传统的地方利益、种族利益和宗教利益的抗衡而诞生出来。这些发展改变了联邦政府中政治党派的活动方式。到 20 世纪初，进步党人运动为了使动乱的社会政治变革进程"合理化"，开始呼吁大规模经济组织同各级政府建立较为和缓的伙伴关系。如果说历代美国人都必须面对"未来的震荡"，那么，20 世纪初的那一代所面临的就是最严峻的挑战。

旧的经济体制和政治体制迅速解体，带来了狂暴的政治冲突和繁复的文化变革。其中一个变化就是美国社会历来有人信奉的一种可能性的加速实现：把成功的企业家从传统乡镇道德的束缚中解放出来。"镀金时代"是"白手起家"的经济辉煌时代：工业巨子们可以无视喧哗的公众舆论，单纯凭借经济力量上升到国家权力和荣誉的巅峰；[41]掠夺成性的资本家给那个时代染上了浓重的暴发户的色彩。早期共和主义道德家最为担忧的事情似乎部分得到了证实：工业资本主义一旦释放出它不顾社会公正要求、肆无忌惮地追求财富的能量，就会毁坏民主社会的机体，激发阶级对抗，造成社会动乱。因此，许多人都在思考：在地方自治社会的废墟上，怎样才能重建对个人追求的限制和方向呢？旧的道德秩序无法有效地囊括新的社会发展，这就是我们作为一个民族至今仍在进行的一场文化辩论的基本内容。[42]

20 世纪美国社会最突出的特征，就是人的生活被分割成若干个相互独立的职能部门：家庭和工作场所、工作和闲暇、白领阶层和蓝领阶层、公共生活与私人生活。这种划分恰好满足了作为我们社会组织楷模的官僚化工商业公司的需要，因为在这种大型工商业公司里面，各"业务部门"之间的关系，正是通过使其既相互制衡又相互联系的方式来实现公司的整体职能的。而最能左右当代美国人观念的东西,就是对人生的一分为二:一方面是学校、公司、政府和各种知识行业规定的各种"成功之道";另一方面则是与之抗衡的家庭、个人关系和"闲暇"等私人生活的部门。所有这些,同19世纪的普通格局形成了鲜明对照,因为那时至情主义的家庭农场内部,这些职能划分并不明确。家庭生活、爱情、亲昵关系,日益成为对抗工作竞争激化的"避风港"。

随着经济的工业化,从业生活变得专门化了,其组织形式也更加严密。同时,工业化使得各个经济职能部门——各行各业和整个的地理区域——变得比过去更加互相依存。然而,部门组织形式和全国性市场的竞争压力,又使得这种相互依存关系难以被人们发现,竞争的压力和私人生活的圈子是有形的、具体的;整个社会的相互关系却是无形的、抽象的。因此,现代美国社会的部门性格局,时常得以通过把不同行业的人分开而又不致破坏整个经济各部门间经济联系的办法,来抑制潜在矛盾的爆发。[43]

在这种情形下,生活中的重大问题表现为本质上属于个人的问题,属于只需在个人生活所涉及的不同生活部门之间协商达成可靠的、和谐的平衡即可解决的问题,这就一点也不令人惊奇了。由于成功的参照点取自经济状况和职业状况各不相同的地方社区和虽然住地分散但职业相同、个人竞争也在其间展开的部门,所以,一个人成功与否,逐渐就用职业上的标准来衡量了。"同等的人"这个概念,在意义上也随之发生了微妙然而是重大的变化。它渐渐用来意指那些从事同类活动组合的人,开始是指职业和经济地位,后来则越来越具有了相同的态度、趣味和生活方式的含义。[44]

20世纪初明确出现的上述潮流引起的各种反应,一直左右着我们对美国社会的看法和认识。这些反应也始终同一些新的代表性人物形象交织在一起,同过去的人物形象一样,逐渐成为对待共同生活条件的典型态度,并赋予个人生活以道德意义和方向。

经理形象

自主自立的企业家性格坚毅、喜欢竞争,因富有而不受外部条件的限制,这是美国社会一种新的人物形象。当然,自我造就的人在道德上的吸引力,在于他享有显而易见的自由,不仅不受传统制约,而且可以免去现代工业生活中几乎处处存在的严格的组织约束和各种各样单调、严肃的烦琐事务。然而,企业家的主要历史作用,恰好在于他创造了现代工业体系,这不能不说是非常滑稽的。歌颂创业的艰难,赞美自我造就的富人,已经成为某些跃跃欲试的中产阶级人士的身份象征。然而在实践中,百年不衰的美国成功梦,基本上仍是过去那种既养家又做公民的传统形象。19世纪末20世纪初的那些暴发户,时常通过参加公共慈善事业和担任公职来寻求社会承认;他们所借鉴的形象要显得谦卑——批评他们的人则说他们更加"封建"。不过,行动主义的个人企业家形象虽然仍是美国国民生活的一个持续的特点和强有力的象征,但他并不代表经济社会发展的主要方向。

工商业公司的官僚化组织,才是20世纪冠盖群雄的力量。这些公司的专业经理人员,则是公司内部举足轻重的人物。[45]在他们眼里,现代生活中毋庸置疑的现实不是企业家热烈追求"进步"的信仰目标,而是竞争性的、分门别类的、以追逐利润为动机的工业秩序。虽然公司经理实际上是在企业家成就的基础上造屋建樯,并具有同企业家一样的进取闯劲和解决问题的积极性这些传统美国人的素质,但二者之间在社会地位和世界观方面存在重大的差异。

经理的根本任务,是为雇用他的组织管理归其所有的人力和非人力资源,以改善该组织的市场地位。他的作用在于劝导、启发、支配、诱哄、威胁手下的人,以使他的组织达到按企业控制者直至所有者的愿望具体规定、并最终由市场定导的效率标准。经理看待事物的眼光,极其接近工业社会典型的技术人员工程师的眼光,只不过在他运筹规划以求效率的过程中,还必须把人事关系和包括他本人在内的每个人的个性特征考虑进去。[46]

经理也跟企业家一样,享有另一种生活,包括同配偶、孩子、朋友、住地社区和宗教的关系,以及其他一些非职业性关系。在这里呈现的,是一种不同于工作场所精于策划、着眼成就的做法的个性;展现这种性格的社会环境,则与美国早期家庭和乡镇社会形态一脉相承。不过,作为工业生活的一个显著特征,各个生活部门内部原来被强调的个人品德和道德认识已经与过去发生了根本的断裂。"社会"角色与"个人"角色通常呈现出鲜明的对照,最突出的表现,就是每天从郁郁葱葱的郊外住地那种令人想起昔日乡村生活的氛围,到工业化、技术化的工作氛围的变化。

公共生活和私人生活的分化,同适用于经济领域和职业领域的功利型个人主义和适用于私人领域的表现型个人主义的分化,是相互关联的。美国人生活中的这种分化经历了一个很长的萌发期。早在19世纪,确切说从18世纪开始,为自己精打细算的实利态度,就已经染上了情感或感情的色彩。杰斐逊受18世纪苏格兰哲学家的影响,就认为人具有某种促使人们向善的天生"道德情感"。清教神学家爱德华兹(Jonathan Edwards)(1703—1758)也认为宗教是植根于"爱的情感"之中的。当科学成为解释自然界的主要方法之后,道德和宗教便退缩到人的主观世界、人的感觉和情感世界里去寻找安身立命的场所。而在惠特曼那里,道德和宗教则与典型的感觉王国的美学同出一宗。19世纪,道德逐渐变成妇女和家庭作用的维护者;宗教则主要成了一种复古的感情。这时美国社会功利意识与表现意识的分化日益扩大起来。然而,神学家和道德学家认为,人的感觉具有一定的认识内容,是认识外界的一条通道。惠特曼无疑相信他的诗作表现的不仅是他内心的真实,而且是外界的真实。但是,随着19世纪末20世纪初心理学进入学术殿堂——更重要的是成了大众议论的话题,表现型个人主义的纯主观的立论基础,便宣告完成。

可以说,传统乡镇社会曾经提供过这样一种道德生态环境:其中的公私之分,男女之别,被普遍接受的行为准则统一了起来。工业化前的美国性格是摆动于事业型"男性世界"的功利倾向和家庭型"女性世界"怡情养德的价值之间的一种性格。但当时的文化结构使得这种摆动以及由此而生的冲突得以协调。

随着经理化社会的出现,工作的组织形式、居住地和社会地位逐渐由经济效率标准来确定了。也是这些经济标准,进一步促进了全国性大规模商业活动的增长,消费者的选择余地也随之扩大。传统的社会准则和道德标准在许多方面对直接卷入新体系的美国人的生活影响日益减少。既然经理可以为提高效益重新组织资源,20世纪富裕起来的美国人也可以为了建立更加令人满足的私人生活而尝试改变自己的生活习惯和生活方式。在这一过程中,美国人逐渐提高了他们对新的、不同的消费愿望和消费方式的适应能力。

心理治疗医生同经理一样,也是从事调动资源、促成有效行动的专家,所不同者,他所调动的资源主要是个人内心的东西;他衡量效率的标准,是个人满足这样一种不确定的标准。[47]同样,心理治疗医生也把工业社会的职能组织形式看作想之当然的东西,是毫无疑问的生活环境。生活的目的,就在于实现某种经济上可能的、心理上可容的、"行得通"的职业和"生活方式"的统一。他同经理一样,对目的从不质疑,而只专论于手段的有效与否。

公司经理和心理治疗医生的合流,基本上形成了20世纪美国文化的主要特征。这种文化的社会基础,是已经压倒或渗透了大部分传统地方经济的消费资本主义世界。经理和心理治疗医生文化不用传统道德的伦理语系说话,而是自立门户,建立了一套包容个性理想、美好生活的形象以及实现它的方法的新的生活规范体系。然而,这一认识生活的体系基本上是敌视有关道德秩序的传统观念的。它的中心是自主的个人,并推定个人有能力选择自己扮演的角色,承诺自己选定的责任;选择的标准并非什么高于生活的真理,而是个人判断的生活效率。

这种功利——表现个人主义文化的伦理语系和道德理想几乎影响了本书所涉的所有研究对象的生活。以后各章的一个主要任务,就是区分和认识这种文化的各种表现形式,我们将会看到,这种经理加心理治疗的认识观的后果,并不总是良性的;即便按其自身的标准也并不总是成功的。更确切说,"治疗"一词本身,就意味着一种以治疗需要为中心的生活。但治疗什么呢?究其根源,需要治疗的是自我组成的现状同现实工作关系、亲密关系和意义关系不相适应的地方。而治疗的形式,则是强化、充实自我,以使其能够同社会上其他人建立成功的关系,在获得某种满足的同时,不致被他人的种种要求所压倒。根据它自己的认识,我们文化中的表现主义成分是为了个人的解放和个人的实现而存在的。它的奇妙之处在于,它能够促使个人从加强自身利益感的角度而不是从道德责任的角度,去思考个人的各种责任,包括婚姻、工作、政治和宗教的责任。

因此,经理—心理治疗文化既是早期美国文化形式的延续,又区别于早期的文化形式。最明显的相同点在于对个人独立性的强调。如我们所见,自立是一种传统的美国价值,但它只是我们所继承的复杂的文化经纬中的一条线索。表现主义文化与功利主义文化紧密结合之后,表现出它与早期文化形态的区别,因为它愿意把规范性责任看作自我实现的多种备选方法中的一种方法。被它筛去了的是对生活意义的传统的规范性期望。随着在多种特征中重新确立自我的自由的产生,带来了我们借以发现他人美德的共同认识的衰竭。

事实上,这种新文化自身有着深刻的含混。一方面,它增加了对他人行为的宽容,抛弃了种种教条主义的偏见,同时,又把冷峻的、操纵性的管理方式理想化了。在我们这个截然分成不同生活部门的社会里,这种文化可以帮助处于时常冲突的公共生活与私人生活的交织压力下的个人,找到与之对抗的出路和方法。但是,它是通过把精心算计的管理方式,运用到原来由道德准则体系主宰的生活领域如家庭、亲密关系和社会生活,来实现这种对抗的。

对美国文化的近期分析

罗伯特·林德(Robert Lynd)和海伦·林德(Helen Lynd)所写的《中等城镇》(1929)和《过渡中的中等城镇》(1937)两本书,是迄今为止以美国的一个社区(印第安纳州的曼西)为对象所作的最为广泛的社会学研究。林德夫妇试图揭示在工业化影响下美国所发生的事情以及随之而来的社会变化。他们以1890年为基准线,同他们亲身经历的20年代和30年代的美国作了比较。他们发现,曼西在1890年时仍然是一个典型的19世纪小镇的地方,三四十年后变成了一个不断迅速变化着的工业城市。尤其是,他们注意到工商阶级和工人阶级的分化,前者处于统治地位,后者则多方遭到排斥,不得充分参与社区生活。从两本《中等城镇》和罗伯特·林德1939年发表的《为什么要有知识?》这本有关美国文化的更带全局性的书中,我们清楚地看到,林德夫妇给当时已经成为社会批评家们老生常谈的一个话题——即随着工商(管理)阶级及其压倒一切的功利型个人主义精神风貌的崛起,独立公民文化及其强烈的《圣经》和共和主义传统日渐衰微——提供了丰硕翔实的社会学资料并使之文献化了的林德夫妇,预感到这种变化的不祥之兆,认为保持平衡才是美国民主的未来。[48]

凡是读过戴维·里斯曼那本传诵一时的《孤独的人群》(1950)的人,大凡也会得出同样的理解。[49]传统型"自我支配"的独立的美国人,正在为新型的"他人支配"的公司型美国人所取代,其结果是可悲的。如果细读,就会发现,里斯曼的论点其实比这要复杂得多,他的评价同林德夫妇也有相当的距离。里斯曼实际上提出了四种个性类型,而不止两种。传统支配的人是大多数前现代社会的产物。在美国,主要是来自农业社会的移民。里斯曼所说的自我支配的人代表美国传统文化的典型性格,并且似乎是美国的《圣经》宗教传统、共和主义传统和功利型个人主义传统的三合一产物。也许,自我支配的人就是传统式的独立公民,他的行为依据主要是自己的道德观,而不是邻人的意愿。[50]但是,里斯曼远非赞同这种自我支配的人,因为自我支配的人的超我本身,仅是对幼年时体验的社会权威的摄取。自我支配的人同屈从于直接社会环境的同一性压力而受他人支配的人一样,缺乏真正的自主精神。自主人格——里斯曼提出的第四种类型,才是他真正赞赏的人格。里斯曼关于自主人格的概念,显然同弗罗姆(Erich Fromm)的某些思想有关,并且似乎很接近我们所说的表现型个人主义人格，尤其是这种人格比较纯粹的精神分析类型。的确，无论里斯曼的书最初遭遇如何，它似乎预示着表现型个人主义人格在战后美国的日益崛起，而他人支配的人格或因循顺从的人格相对来说仅是稍纵即逝的人格。后来，里斯曼对他的研究造成的影响以及某些读者对他的著作的理解，越来越感到震惊，为此他在再版前言中曾一再作过说明。但里斯曼后来的踌躇，丝毫也不影响《孤独的人群》作为美国人国民性转变研究的里程碑价值。

我们认为，在认识20世纪美国人和美国社会方面，作出了重大分析性贡献而能与林德夫妇和里斯曼的著作等量齐观的，只有瓦汉恩（Hervé Varenne）的《聚在一起的美国人》(1977)。[51]瓦汉恩对威斯康星州南部的一个小镇所作的经典性研究，是迄今对近代美国文化和国民性的相互作用所作的最为精妙的描述。他清楚地看到了功利型个人主义和表现型个人主义作为人格形态和文化相互作用形态的主导地位、特别是二者之间的微妙平衡和相互依存的关系。争取独立、自主的意义，恰恰在于个人同时能够找到作为自己最深切的感情和欲望的爱和幸福的表现结构。松散的社会共同体凑在一起，是为了满足个人的功利和表现需要。传统的《圣经》思想和共和主义思想在这里被搁置一旁，影响寥落，所剩无几。瓦汉恩认为，这种平衡是又一种能够限制、均衡内部矛盾的成功的文化模式。虽然我们翻开美国现代史时会对这种均衡是否成功感到极大的怀疑，但我们仍然非常感激他的远见卓识，除了他的法国同胞托克维尔这位文化巨子而外，瓦汉恩的见识对我们的研究施加了最大的影响。[52]

今天的美国文化

美国人生活中经历的最根本的变化，或许是从19世纪的乡镇生活——其中的经济关系和社会关系是有形的、在道德上是被解释为更大一体生活的组成部分的，而无论这种解释是多么地不完善——到经济上、技术上、职能上实现了远为广泛得多的相互联系和一体化的社会转变。然而在这个社会里，个人却极难认识自己，极难认识他的活动与其他不同于自己的美国人的活动，在道德意义上的相互联系。今天的经理—心理治疗文化，不是主张将文化和个人的能量引向自我与社会环境的联系，而是主张尽力把我们每个人特定的生活变成一个独立的小天地。

然而，经理观和治疗观的文化霸业还远未完成。它植根于战后社会科学技术的蓬勃发展，但科技的兴旺发达既没有得到公平分享、也没有被普遍接受。这种精神风尚已经遭到了多方面的挑战，既包括被科技繁荣排斥在外的人、也包括一些虽为科技繁荣的受益者但因它的道德缺陷而批评它的人。有时，批评似乎出于意欲固守自治社会及其独立公民理想的最后残余的愿望。有时，批评则是来自改造整个社会、尤其是它的经济，以利一个更有效率的民主体制出现的理想。这两种情况都表现出对经理—心理治疗时尚的强烈拒斥。我们由此不仅能够看到对现行经济和社会制度的不满，而且也能看出《圣经》和共和主义文化传统在美国政治生活中持续不断的重要影响。

在今天的美国，我们仍能看到一些传统的独立公民理想的残余形式。我们看到一些我们称之为"认真的公民"，他们在过分宽容的心理治疗文化和对社会情感既不了解也不负责的行政官员和经理人员的决策面前，致力于捍卫自己住地社区的道德信仰和生活习俗。我们还看到一些我们叫作公务志愿人员的人,多半是知识职业者,他们一心希望帮助各自的住地社区在不致破坏传统和民主参与的情况下适应新的挑战。还有一些运动积极分子,他们的主要目标是建立一个有组织地进行讨论和采取行动的新的公众体。这些积极分子在现行政治秩序的范围内开展活动,同时也希望影响和推动社会认识,使其朝着重大变革的方向发展。然而,这些独立公民理想的现时代表,无一能够避免功利型个人主义和表现型个人主义这种无孔不入的经理和心理治疗医生的世界的影响。但他们证明了传统的文化观念并没有终结,我们传统中的所有线索依然存在,仍然是反映我们时代需要的一种声音。也许,我们现在看得比较清楚了:布赖恩·帕尔默,一个经理;玛格丽特·奥尔德姆,一个心理治疗医生;乔·戈曼,一个认真的公民;韦恩·鲍尔,一个运动积极分子,他们所使用的伦理语系虽然都深深打上了个人主义的烙印,但他们思想的传统源流,却要比他们自己认识到的复杂得多。

注释

[1] 阿拉斯代尔·麦金太尔最近强调了这样一种思想,即传统就是一种现存社会辩论:"一项现行的传统就是一场历史上延续下来、体现在社会中的辩论,一场从某种程度上讲完全是关于这一传统各部分内容的辩论。……传统,当它还具有生命力的时候,意味着冲突的继续"(《德行的探求》;南本德圣母大学出版社 1981 年版,第 207、206 页)。还可参阅爱德华·西尔斯的《传统》(芝加哥大学出版社 1981 年版),以及即将出版的亚罗斯拉夫·佩利坎编辑的杰斐逊论宗教传统讲演集。

[2] 《美国的民主》第 279 页,阿·德·托克维尔著,乔治·劳伦斯译,J.P. 梅耶主编,道布尔戴铁锚丛书 1969 年版。约翰·温思罗普生平的著作《美国的尼希米》很恰当地作为附录收在沙克万·帕考维奇著的《美国自身的清教徒之源》一书中,见 187—205 页(耶鲁大学出版社 1975

年版)。前引《美国的民主》第 46 页引用了温思罗普的话。在《自然王国》(哈佛大学出版社 1967 年版) 一书第 6 页中佩里·米勒说温思罗普是"站在我们思维意识的起点上"。同时还可参阅米勒在《投身荒野》一书(哈佛大学出版社 1956 年版) 和其他著作中关于温思罗普的论述。

[3] 在许多清教徒文献选集中都有温思罗普写的《基督教博爱的典范》一文。常见的有爱德蒙·S. 摩根主编的《1558—1794 年的清教徒政治思想》(波利斯博布斯—梅里尔出版社 1965 年版)。该书第 92 页刊有上述文章。温思罗普的生平简介可见爱德蒙·S. 摩根著的《清教徒的困境:约翰·温思罗普的故事》(利特尔—布朗出版社 1958 年版)。

[4] 见摩根主编的《清教徒的政治思想》第 139 页,托克维尔在梅耶主编的《美国的民主》一书第 46 页中引用该段话时作了重要的省略。

[5] 见帕考维奇著的《清教徒的起源》附录第 190 页,193 页。

[6] 见摩根著的《清教徒的困境》第八章。

[7] 托克维尔认为杰斐逊是"在美国民主运动中涌现出的最伟大的民主主义者"(前引《美国的民主》第 203 页)。

[8] 温思罗普·D. 乔丹的学术论著《白人统治黑人:1550—1812 年美国人对黑色人种的态度》一书(北卡罗来纳大学出版社 1968 年版)第 475—481 页认为杰斐逊对黑色人种的观点前后不一。加里·威尔斯著的《创建美国:杰斐逊的独立宣言》(道布尔戴出版社 1978 年版) 在第十五和二十二章中澄清了事实,表明杰斐逊反奴隶制观点的绝对一致性,同时也表明了为什么当时他认为立即解放奴隶不是解决问题的办法。

[9] 见托马斯·杰斐逊著,索尔·K. 佩多弗主编的《杰斐逊全集》(迪尤尔—斯隆—皮尔出版社 1943 年版) 中的《弗吉尼亚笔记》(1785 年),第 673 页问题 19。

[10] 前引《杰斐逊全集》中 1824 年 6 月 5 日致约翰·卡特赖特的信第 293—297 页和 1813 年 10 月 28 日致约翰·亚当斯的信第 282—287 页。

[11] 见前引《杰斐逊全集》中的《弗吉尼亚笔记》,第 676 页问题 17。

[12] 见威尔斯的著作《创建美国》第三部分。

[13] 见前引《杰斐逊全集》中第 386 页 1801 年 3 月 4 日第一次就职演说和第 677 页《弗吉尼亚笔记》问题 18。

[14] 见本杰明·富兰克林著,伦纳德·W. 拉伯里主编的《本杰明·富兰克林自传》,耶鲁大学出版社 1964 年版,第 150 页。

[15] 本杰明·富兰克林著,拉尔夫·克特切姆主编:《本杰明·富兰克林的政治思想》,博布斯—梅里尔出版社 1965 年版,第 341 页。

[16] 前引《本杰明·富兰克林的政治思想》,第 134 页。

[17] 尽管富兰克林对个人自我完善的概念有种种功利主义的阐述,但归根结底还是同大众精神和社会责任的主题联系在一起的。见约翰·G. 卡维尔缔的著作《自我造就者的倡导人:美国成功概念的变迁》,芝加哥大学出版社 1965 年版,第 13—24 页。

[18] F. O. 马西森:《美国的文艺复兴》,牛津大学出版社 1941 年版。弗朗西斯·帕克曼和詹姆斯·F. 库帕对"自我造就者"的驳斥以及惠特曼和爱默生关于"自我修养"理想的新综合体问题见卡维尔蒂的著作《自我造就者的倡导人》,第 77—98 页。

[19] 惠特曼:《诗歌散文全集》,美国图书馆 1982 年版,第 188 页。

[20] 同上书,第 537 页。

[21] 同上书,第 297 页。

[22] 同上书,第 929—994 页。菲利普·瑞夫发展了一种类型学,与我们的很相似。他将人分为"宗教型、政治型、经济型和心理型"。然而,他倾向于认为他说的"心理型人"(我们说的是表现型个人主义者)取得了比我们看到的更彻底的"成功":"美国人不再按照基督徒和希腊人的模式来塑造自己。但他们也不是欧洲人心目中把他们当成的那种经济型的人。希腊的政治家,希伯来和基督教的信徒,以及 18 世纪欧洲开明经济人士都已被一种新的生活方式所取代。在我看来,美国文化虽然表明它来源于清教徒思想,但心理型的人同这一文化的关系更近"(《治疗学的胜利》,哈泼—罗出版社 1966 年版,第 58 页)。

[23] 克雷夫科尔:《一个美国农民的信》,企鹅丛书 1981 年版,第

83 页。

[24]　克雷夫科尔的《信》，第 70 页，着重号系原文所加。

[25]　同上书，第 67 页。

[26]　路易·哈茨：《美国的自由传统》，收获出版社 1955 年版；丹尼尔·布尔斯廷：《美国人：立国时期的经验》，兰登出版社 1965 年版和《美国人：民主时期的经验》，兰登出版社 1973 年版。认为美国文化全在于自由的见解的局限性，见多萝西·罗斯《重温自由主义的传统，再谈共和政体的沿革》一文。该文收在《美国思想史的新动向》一书的第 116—131 页中，由约翰·希海姆和保罗·K. 坎京主编（约翰·霍普金斯大学出版社 1979 年版）；以及罗伯特·E. 夏罗普的《走向共和的综合体：在美国的编史工作中出现的对共和主义的理解》一文，《威廉和玛丽季刊》第 29 期（1972），第 49—80 页。

[27]　前引《美国的民主》，第 305—308 页。

[28]　同上书，第 287 页。泽维尔·苏比里通过评述帕斯卡有关"心"的概念，清楚地表明了托克维尔的用法，因为托克维尔一生都是帕斯卡的学生："在帕斯卡那里，我们部分地见证了少数充分实现了的理解包含人类某些重要方面的哲学概念之尝试的一例。例如，他关于心的概念，尽管非常模糊，但却是真实的，不过由于概念模糊导致了理解困难和运用不当。虽然它不意味着与留卡尔纯理性相对立的盲目的情感，但却意味着知识的基本要素是人类的日常生活和本性"（苏比里的《自然，历史，上帝》第 123 页，小托马斯·B. 福勒泽；马里兰州美国大学出版社 1981 年版）。在这一意义上，心的含义最终是符合《圣经》的。无论是在《旧约》或是在《新约》中，都说到心不仅包含了感情，也包含了理智、意志和目的。也许"心灵的习性"的概念最终可以追溯到写在心中的法则（《罗马书》2：15；参阅《耶利米书》31：33；《劝善篇》6：6），有意思的是儒教和佛教也有关于心的概念并且多少有点相似。

[29]　前引《美国的民主》，第 506 页。

[30]　同上书，第 508 页。

[31]　同上书，第 510 页。

[32] 有关19世纪中叶美国村镇社会重要性的论述见托马斯·本德尔著的《社团和社会的变迁》（拉特格斯大学出版社1978年版），以及理查德·林基曼著的《小城镇的美国》（普特南出版社1980年版）。

[33] 有关代表人物见麦金太尔著的《德行的探求》，第26—29页。

[34] 有关独立自主的公民的论述见马文·迈耶斯著的《杰克逊式的信仰》（斯坦福大学出版社1960年版）和詹姆斯·O.罗伯逊著的《美国的神话，美国的现实》（希尔—王出版社1980年版）。

[35] 对家庭生活的迷信见卡尔·德格勒《争执：革命以来的美国妇女和家庭》，第26—51页，牛津大学出版社1980年版；巴尔巴拉·韦尔特：《1820—1860年对纯女子气质的崇尚》，美国季刊1966年第18期，第151—174页；理查德·森纳特：《家庭与城市的对立：1872—1890年工业城市芝加哥的中产阶级家庭》，哈佛大学出版社1970年版；以及柯克·杰弗里：《乌托邦式的家庭从城市退出：19世纪的贡献》，《共鸣》1955年第55期，第21—40页。

[36] 凯里·W.麦克威廉斯描述了旧式城镇民主在新英格兰的衰落（波士顿于1822年废除了市政会议）以及西部城镇重振新英格兰制度的失败，从而把"个人交给了他自己的意志"（《美国的博爱观》；加利福尼亚大学出版社1973年版，第228页）。

[37] 前引《美国的民主》第一卷，第二部分，第十章。

[38] 前引《美国的民主》第二卷，第二部分，第二十章。

[39] 见彼得·D.霍尔《1700—1900年的美国文化结构：私营机构、精英分子和美利坚民族的起源》，纽约大学出版社1982年版和伯顿·J.布莱德斯坦《职业化文化：美国的小产阶级及高等教育的发展》，诺顿出版社1976年版。

[40] 见阿尔弗雷德·D.钱得勒的著作《有形的手，美国商业中的管理革命》（哈佛大学出版社1977年版）。有关更广泛的文化内容见艾伦·特拉顿伯格著的《美国公司：黄金时代的文化和社会》（希尔—王出版社1982年版）。

[41] 与个人主义思想意识的联系——现在则是处于它的更不加修

饰的功利主义形式之中——依然是很紧密的:"对巨大的神话式的公司的倾慕在增长,因为美国人认为在这条章鱼的中心部位只有一个大脑在控制——贪婪而野心勃勃、苦干而自主独立的、单一的美国个人。"(见罗伯逊《美国神话,美国现实》,第177页。)不过有关如何将公司放置在一个道德允许的范围内的讨论见第十章论述创建思想的部分。

[42] 商人们批评他们的早期评论家是"前进中落伍的老顽固",认为这些人是从"破落的小城镇"来的。(见罗伯逊《美国神话,美国现实》,第178页。)

[43] 在南北战争之前,这种思想就已表现出光靠它是不能使国家团结一致的,于是就出现了另一种综合制度。"这是一种技术上的新型联合体。……技术联合体通过职能作用而不是靠普遍的信念使人们结合在一起。"(见约翰·海姆《紧紧绑在一起:美国历史上迥然不同的联合》,《美国历史杂志》1974年第61期,第19页)。

[44] 有关新兴职业中产阶级的论述着重见布莱得斯坦《职业化文化》。

[45] 关于管理类型见麦金太尔发展了马克斯·韦伯理论的论述(《德行的探求》,第24—31、70—75、81—83页)。有关以经验主义为基础对管理类型的讨论见M.迈科比的《策略家》(西蒙—舒斯特出版社1976年版)。

[46] 有关将效率作为管理的基本作用的讨论见塞谬尔·哈伯的《效率及其提高:1890—1920年发展时代的科学管理》(芝加哥大学出版社1954年版)。对自给自足的村镇社会衰落、松散社会结构形成时期的社会内聚力问题的广泛讨论见罗伯特·威贝的著作《分裂的社会:美国之含义的历史开端》(牛津大学出版社1975年版)。

[47] 对治疗型人的论述见麦金太尔的著作《德行的探求》,第29、70—71页。关于美国治疗学在文化范围内最初的兴起主要参见T.J.杰克逊·李尔斯的著作《优雅无处容身:1880—1920年的反现代主义和美国文化变迁》(万神殿出版公司1981年版)。

[48] 林德夫妇:《中等城镇——现代美国文化研究》,哈考特·布

雷斯出版社1929年版,特别是第496—502页;林德夫妇:《过渡中的中等城镇——对文化冲突的研究》,哈考特·布雷斯出版社1937年版;罗伯特·S.林德:《为什么要有知识?社会科学在美国文化中的位置》,普林斯顿大学出版社1939年版。

［49］ 戴维·里斯曼、内森·格拉泽、路耶尔·丹尼:《孤独的人群:变化中的美国性格研究》,耶鲁大学出版社1950年版。

［50］ 对比约瑟夫·费瑟斯顿的文章《约翰·杜威和戴维·里斯曼:从失落的个人到孤独的人群》;见赫伯特·甘斯主编《论美国人的造就:纪念戴维·里斯曼论文集》,宾夕法尼亚大学出版社1979年版。

［51］ 赫维·瓦伦尼:《生活在一起的美国人:一座中西部城镇在结构限制下的多样化》,师范学院出版社1977年版。

［52］ 在本书大部分已经完工的时候,我们收到了理查德·M.梅雷尔曼的著作《造就一些我们自己的东西:论美国的文化与政治》(加利福尼亚大学出版社1984年版)。然而,我们对这本书中同我们类似的分析感到吃惊。梅雷尔曼分析了文化的形式以及电视、广告和大众教育的内容,发现它们不同程度上证明了他所谓的"松散的文化"正日益占据主导地位。他指出,较早的美国文化以清教徒、民主主义和社会阶层的形式,具有比较紧密的关联。他将关联松散之占据主导地位的状况与个人主义的兴起联系在一起。

第一部分

私人生活

第三章
发现自我

自立精神

在我们的历史进程中,自我,日益与第二章所讨论过的传统的社会和文化环境发生分离。作为大众现象的为发现真正的自我而做的紧张探索,以及由此产生的各种言过其实的结论,或许是最近的一种社会现象。[1]不过,现时对从社会离析出来但作为一切判断之源的自我的关注,则可以追溯到美国人当初的自我意识的某些方面。自立精神是19世纪出现的一个术语,因爱默生一篇以此为题的著名论文而风行一时,至今仍从我们的许多研究对象嘴里脱口而出。各种类型的自立精神,都能在我们讨论过的诸传统中找到共性。如果没有这种精神,清教徒们——其中许多人情况与温思罗普相似——怎么会放弃财富和舒适,登上小船,冒着危险,去到"荒野中从事差使"呢?他们虽然感到了上帝的召唤,但必须依靠自己。杰斐逊在他的《独立宣言》草稿中,特意提到了自立精神,他说,到美国移民定居,"靠的是我们自己的血汗和宝藏,而不是大不列颠的财富和力量。"[2]他故意略去了不久前英国帮助(北美)殖民者对抗法国人和印第安人的事,这正是为了表现一种真正的美国人的态度。

《圣经》传统和共和主义传统下的自力更生精神,显然是一种集体形式;它具有我们作为一个民族独立自主地采取行动之含义。然而,随着功利型个人主义和表现型个人主义的崛起,集体精神的色彩大大淡薄;自我造就的印刷商或歌颂自己的诗人所关注的只有个人。爱默生在1841年发表的论文《论自助》中,甚至宣称个人与社会是对立的。他说:"社会处处阴谋破坏每个社会成员的人格。"爱默生的这番话是针对独立公民的世界而发的,他坚持认为,美国乡镇社会因循同一的习气完全是压制性的。他的朋友梭罗更通过他著名的沃尔登湖畔的生活,把此言推到了极端。但爱默生论文中也表达了一种比较俗气的依靠自身力量的观点,自此为千百万美国人的道德生活定下了基调。爱默生说,我们只是干多少得多少,反过来说,我们只对自己负有基本经济义务。"因此",他写道,"不要像今天的好人那样,对我说我有义务帮助所有的穷人过上好日子。难道他们是我的穷人吗?"[3]

我们在访问对象中发现,自立精神是他们共有的思想倾向。心理治疗专家玛格丽特·奥尔德姆明确用"对自己负责"的话表达了这层意思。但是,一般认为经济自立乃是整个人格自立的基石。在第一章里,公司经理布赖恩·帕尔默在回答为什么第一次婚后他要工作得那么辛苦来养活妻子和孩子的问题时说:"我想自立是我的价值系统中最重要的原则之一。"布赖恩作为一个年轻的丈夫和父亲,觉得"自己面临着要么自己养活自己,要么就从人类的行列里被淘汰出去的严峻现实。"

有些批评家认为,美国人的"工作至上观"江河日下,"自恋"倾向正在取而代之。我们在谈话中发现,强调勤奋工作、强调自助,会与隔绝性的自我关注同时发生,而这恰好是托克维尔担心的情况。确切说,工作在美国人的自我认识中仍然占据关键地位,它与自立的要求是紧密相连的。问题并不在于"工作至上观"存在与否,而在于工作的意义以及工作把个人相互联系起来或隔离开来的方式。

走出家庭

本章试图分析与我们谈话的美国人是怎样认识自己的——他们具有什么样的自我意识。此外还将描述他们的人生历程意识——如果有的话。人生果真有宗旨或目的吗?如果有,需要经历一些什么阶段?

在一个强调个人自主和自立的文化里,儿童时代经历的首要问题,是有些心理分析学者称之为分离或个性化的过程——确切说,儿童时代主要是为走出家庭这件头等大事做准备。虽然分离、个性化和走出家庭的问题集中表现在青春期后期阶段。但在美国人一生中,这些问题会重复出现,甚至极少有人能够在一生中真正地彻底摆脱它们的困扰。

分离和个性化是整个人类必须面对的问题,但这并非美国意义上的走出家庭。在许多农民社会,问题是要留在家里——与父母生死相守,一生崇拜父母,崇拜祖先。在传统上的日本,"出家"一语意即入寺参禅,遁入空门。但对美国人来说,走出家庭是正常的期望;儿童时代在许多方面仅是走出家庭的准备阶段。

虽然走出家庭有时显得像一场反抗父母权威的激战,只有勇敢者和叛逆者才敢为,但一般说来,在世界上奋争自立,是美国父母对子女灌输自我观念的一个部分。一位年轻的心理治疗专家回忆他作为南方一个医生的儿子的成长经历时说:"我小时候受到的教诲之一,就是做人要谦恭,要对别人充满尊敬。另一个教诲是:你是独立的,要自己照顾自己。因此常在我心里转的一句话就是:'你的主心骨呢?'遇到倒霉事,你自己设法解决,不能求助于别人。所以,从某种意义上说,你通过待人礼貌,关心别人、尊重别人而与他们建立了真正的关系。但从另外一些方面说,你又是非常独立的,而且愿意争取变得非常独立。"

自立的自我观,恰恰突出表现在那些子女同父母感情纽带最为密切的家庭。有一个这样的人回忆说:"母亲在我的儿时记事册里,说我好冲动,喜欢刨根究底,固执,快活,好奇心重,独立,自主性强。我看我基本没变。"他们都说,自己成熟的过程就是摆脱对父母的依赖、转为依靠自己的过程,尽管他们当中许多人都与父母保持了密切的关系。

这种变化在美国并不新鲜。据卡尔洪(Daniel Calhoun)记载,18世纪中叶以后,教育孩子的做法开始发生变化,由强调家庭和睦和秩序,变为强调培养"独立的自给自足的个人。"[4]有意思的是,这一变化同约翰·洛克(John Lock)《教育漫话》中有关儿童教育思想的普及有些关系,那时他的政治思想也开始在美洲各殖民地广为传播。在政治上,洛克坚决反对家长制,认为父权不可能产生王权,政府是平等的成年人的缔造物,因而必须取决于他们的同意。但在儿童教育问题上,洛克并不要求父亲放弃自己的权威,而是主张在孩子儿童时代及早有力地行使父权,以培养孩子日后获得独立所需的自律性。洛克认为,孩子进入青春期后,父母应该放弃使用强制性权威,把孩子当作自律的朋友看待。这样孩子走向社会后就能照顾好自己;父母与子女间的良好关系就能在孩子成年后保持下去。虽然过去200年中我们教育子女的观念发生了很大变化,但洛克的这一基本思想仍然保存下来了。[5]

对我们在第一章中遇见的几个人来说，有的人走出家庭的过程相当顺利，有的却遇到很大的冲突。正如瓦汉恩指出的，遭遇冲突并不意味着走出家庭的文化规律发生了问题。[6]围绕这一问题出现一定的冲突，在一定程度上是预料之中的。无论走出家庭的过程会给父母和子女带来多大的痛苦，但对于两者来说，真正可怕的事情是孩子永远无法走出家庭。

在4个人当中，乔·戈曼是最没有戏剧色彩的一个。从某种意义上说，他根本就没有走出家庭。这是他一心扑在新英格兰的小镇生活上的必然结果。然而从大的方面来看，就连他也不得不走出家庭。他没有继承父业去中学当球队教练，而是在当地一家公司工作。他甚至离开了原来的家庭环境，认为一定的地理距离，哪怕是同一个镇子的不同地区，也是非常必要的。不过，乡邻故里、家人亲戚，仍然是他视野的中心。虽然随着新的一代自立门户，过去的统一变得松散了，但这些人仍然被镇里的"自然公民"世代传继的友谊、工作以及地方经济和公共参与活动的网络维系在一起。乔·戈曼所代表的道路，若在旧时，是一条比较容易、比较普遍的道路。走出家庭无非是获得经济独立，自立门户，生儿育女，但个人的自立生活本质上仍和父辈的生活相去不远，同父母的和睦关系继续存在。

玛格丽特·奥尔德姆避免了她周围许多人的反叛性做法，基本上实现了父母对她的期望，但她走出家庭造成的与父母生活方式的差异，大大超过了乔·戈曼。她的情况，以及她身边某些同事的情况，是很值得研究的，因为她们的情况很能说明即便在实现父母的期望而不是使父母失望的情况下，这些不断向上发展的人，在地理上、文化上和心理上能够走得多远。

玛格丽特的父母非常严格，他们"知道什么是对的；知道我应该做什么。"同时，他们也很爱她，她也很听父母的话，完全按父母的教诲为人处世："待人礼貌，体谅他人，尊敬父母，爱劳动爱整洁——这可是件大事——反正当个好孩子，别惹祸。"玛格丽特家有两个孩子，她是老二，在纽约州北部一个中等城市长大，从小为整理房间、帮做家务，不知挨了多少个"重头来"。她学业很好，喜欢交男朋友，但很有分寸——她笑着说——"从不卷入年轻人都免不了意欲一试的那些性勾当。"

玛格丽特的母亲在乡下长大，"受的是正统清教教育"，即便现在，"她如果不找点属于自己本分的事做，或者帮别人做点事，心里就不踏实。"她父亲"虽然一进教堂就不舒服，但的确有自己的一套想法"，出身同妻子相似。他工作极勤奋、极认真，对自己要求很高，凭着高中毕业的文凭和在军队学到的技术，进了一家老字号企业，从事制作光学仪器的精巧工艺，后来越升越高，负责监督方面的工作。问到她依家里所学，什么是生活中重要的东西时，玛格丽特脱口而出："工作"。

玛格丽特上中学时勤奋努力，聪明过人，赢得了进入州里一家第一流公立大学的机会。上大学后，她同一些跟她一样聪明、一样能干的人交上了朋友，这些人一般都来自大城市和大都市的市郊地区，父母都是大学毕业生。许多朋友后来对学业不那么专心了，生活中碰到的麻烦事倒不少，因为他们成年之际，恰逢70年代初校园里又闹政治，又闹吸毒，又闹文化风潮——一个不得安宁的年代。另一些朋友中途辍学，后来出了麻烦。所有这些事玛格丽特都小心翼翼地试过。"我有两个朋友，尽干些自我摧残的事，还有一个已经不在了，"她说。为了弄清朋友们究竟发生了什么事情，为什么他们会对事物作出如此不同的反应，玛格丽特对心理学产生了浓厚的兴趣，并决定进研究生院深造，专攻心理学。玛格丽特自己没有走上反叛的道路，而是把弄清她的同辈们的反叛行为的根源，作为她选择毕生事业所需的原动力。

玛格丽特是个很孝顺的孩子，从小亲近父母，以父母为楷模。然而，正是她从父母身上学到的勤奋工作和自律的美德，使她离开父母的社会圈子，进入了一个教育水平高的、城市的、流动性大的社会。在玛格丽特大部分学生朋友和医生朋友生长的中产阶级市郊地区和城市里，人们谈论的不是传统，而是怎样适应社会生活；不说权威或权威的崩溃，只说他们属于知识阶层的父母当年如何"劝告他们"，希望他们顺应或者采纳"比较灵活的价值观"，以求得到父母的欢心。

"做人要精，办事要行，判断要准"——这就是他们提倡的价值，玛格丽特的一个在纽约长大、父亲是教授、母亲是社会工作者的女同学回忆说，"重要的是思想、读书、旅行，尤其是思想。他们还一再要我做好孩子，听话，做逗人喜欢的事。我父母经常在一起评价各种事物，所以我就产生了一种凡事都有自己的味道的感觉。饭有饭味，酒有酒味。凡事都得对味，不对味就讨人厌。"问到一个人为什么应该具备这种能力，这位心理治疗医生回答说："不行别人就不爱你啦。其实我也没问过为什么，但这就是我得到的不言而喻的信息。就是说，如果你不精，不乖，办事不得体，你就得不到别人的爱。"这种想法与她当时的成败观有什么关系？"我觉得这种观念弄得我很矛盾，"她回答说，"一方面，我希望做个好孩子，又聪明又守规矩之类的。另一方面又想试试别人，假如我不管那一套的话，他们是不是还会爱我。"

在这些出身于宗教信仰不强的专业人士家庭、本人又很听话的孩子那里，父母之爱被狭隘地理解为对成功的奖赏，道德准则让位于中产阶级上层着眼于成就的美学情趣的技术素养。所谓"好"，变成了事情做得好；所谓"对"，变成解决问题的答案对。这种孩子不是父母自我的翻版——这正是乔·戈曼理想中的孩子——而是一些夹在追求成功与爱的矛盾中、为同时达到两个目的不惜斗胆偏离父母道路的人。这些孩子应该明白，父母以及父母施加的压力，并非真正的自我的一部分。

布赖恩·帕尔默与乔·戈曼以及玛格丽特不同，他在开始寻求自己向往的自我之前，同父母、尤其是父亲发生过十分激烈的冲突。布赖恩家有3个孩子，他最大，在克利夫兰长大，家就住在中产阶级上层富家子弟上学的校区边上。"我家没有多少钱，"他回忆说，"全家住房面积大约1000平方英尺。读高中时我到一个朋友家过夜，光他家的门厅就有我家住房面积那么大。一幢高大的别墅，四周是漂亮的石柱，耸立在山顶上。我想同那些孩子比赛。"为了赶上他们，布赖恩十几岁就开始拼命干活，帮人家收拾院场、背高尔球棒，在航运部门做杂工，后来还卖过男人衣服。"我很小的时候就尝到了好日子的滋味，决心自己也要过上好日子，"他解释说。他5美元10美元一盘地玩扑克，"16岁前就在扑克牌桌上有过1000美元的输赢，不过钱都是我自己挣的。"

就在布赖恩同他的伙伴们一起"像王侯一样"玩钱的时候，他家里却过着入不敷出，十分拮据的日子。他父亲在第二次世界大战的风云中毕业于大学建筑系，后来因找不到本行工作，改行做了房地产经纪人。他挣不到几个钱，心理也得不到满足，倒落了个胃溃疡。孩子们一上学，布赖恩的母亲就去给人家当秘书，以维持家计。他父亲工作不称心，在家里时常发脾气，很早就同儿子发生了冲突。"我不听他的话他就拼命揍我。他最讲究守时，可我那时吊儿郎当得很。"后来年轻的布赖恩离家去州立大学读书，父子自此天各一方、"分道扬镳"了。"他丝毫没帮助过我。我读书全靠自己挣钱，要不就借。"布赖恩的母亲夹在当中——她老是这样，"有时会在我只剩下最后一碗爆玉米花、最后一瓶花生酱的时候,给我寄张 10 元的支票来,尽管我冰箱里可能放过 24 罐啤酒。"布赖恩上大学时,在"学术鉴定上获得优异记录"的令人愉快的过程中,终于实现了自己的独立。然而,布赖恩作为让一位在世上生活得很费劲的父亲感到失望的人的儿子,力求进取,他实际上很早以前就已经走出了家庭。或许,布赖恩的"自立精神",与父亲对他早年的训练不无关系,但他切身的生活经历——这一点比起玛格丽特的情况还有过之而无不及——却把他带进了他的父母无从企及的领域。

最后,我们来看看韦恩·鲍尔的情况。他是一个完完全全的文化反叛的典型,摒弃了儿时在家里学到的"约翰·韦恩"*式的美国生活形象,走上了激进政治组织者的生活道路。尽管如此,他与上述其他几个人的情况仅有程度上的不同。这也是美国人走出家庭的一种方式。韦恩认为,他的青年时代,是从美国中产阶级的"既定秩序",步入 60 年代社会冲突频仍、政治运动迭起,生活方式更替无穷的动乱世界中过渡。他说,从传统看,你一生的作为,"就是你父亲的作为;就是你父亲的生活方式。"不过我们已经看到,对于当代大多数美国人来说,走出家庭并非如此简单。其实,韦恩自己早年的生活,也不尽符合他自称属于他的过去的那种千篇一律枯燥无味的市郊美国的形象。他的父母还在他很小时就离异了:"我根本不认识我父亲。"母亲再婚后,由于继父频繁调动工作,韦恩"总是学校那个新来的小孩"。他在新泽西一所很大的中学里结交了"许多穷人、工人阶级的子弟和天主教徒。我自己是新教徒,我家的'沃斯普'(白种—盎格鲁—撒克逊—新教徒)意识很强。我经常和这些朋友在一起,

---

* John Wayne,美国电影明星,从影 40 年,生前获金像奖,死后获自由勋章,因其扮演的角色成为传统美国中产阶级既定秩序的化身。——译者注

家里人总对我说：'听着，交些对你有用的朋友不是一样容易嘛。'我很小就觉得有些不对劲，我家属于的那家游艇俱乐部以及与此有关的整个社会态度，实际上都有点说不出的虚伪。"后来，韦恩同他的几个"邋遢"朋友一起参加了海军陆战队。但他的假日却总是同他在纽约市读大学的兄弟的同学一起渡过的。他同这群大学生踯躅在格林威治村，为越战问题争执不休，结果认定战争和军队统统都是错的，后来干脆开了小差。

韦恩自小父母离异，后来又随继父走南闯北，乃至青年，又广泛接触各种社会阶层相互冲突的态度和行为，横跨文化"代沟"，他的成年之路，吻合于美国复杂的社会现实的某些分界线，而这些复杂的社会现实证明美国的市郊加小镇形象是错误的。

许多跟我们交谈过的人都认为，家庭似乎增强了自立精神作为个人基本美德的重要性。矛盾的是，我们作为独立的个人观念，凡事自己争取，不接受别人的施舍馈赠，摆脱家庭束缚的观念，结果恰好是把我们联结在一起的观点之一。同美国文化其他核心因素一样，自立的个人走出家庭的理想，是通过玩，以爱的方式又以独处的方式把我们联结在一起的各种纽带，子承父志地在家庭内部培育起来的。[7]

走出教堂

主张自立的美国人不仅必须走出家庭，而且必须走出教堂。当然，这在字面意义上不一定发生：人们可以继续留在父母的教堂。但正常的期望是，人们在青少年时期的某个时候，将自行选择愿意隶属的教堂。如果认为这仅仅是父母的意见，那是站不住脚的。相反，这一决定必须是完全属于自己的决定。从传统看，新教正宗要求每个青年人经历完全属于自己的独特的皈依过程，虽然对这一经历的内容或多或少有过明确的规定。现在我们则期望有更大程度的自立性。

同样，这些思想今天虽然可能传播得比过去广泛了，但在美国也不是新的思想。爱默生在《论自立》中，除对经济独立表示重视外，更加注重思想独立和宗教独立。他写道："我们归于摩西、柏拉图、弥尔顿的最大功绩，是他们蔑视经典，轻慢传统，不以人立传，而以思想立传的做法。人皆应努力捕捉、注视自己心灵深处迸发的一现闪光，不必为诗仙哲圣们的光辉弄得眼花缭乱。"爱默生认为他的同类也能接受他对个人灵魂的信心："相信你自己：每颗心灵都随这琴弦跳动。"[8]

今天，宗教已经成为自我的有形无形的重要参照系数。具体说，据查90%以上的美国人"相信上帝"；每10个人中有4个按期上教堂[9]。乔·戈曼就是一个例子，他每个礼拜天都虔诚地带着家人去教堂做弥撒，完了还要流连一阵，向同区教友致意，找教区牧师攀谈。但相对来说，中产阶级的城里人极少把自己看作是按上帝的形象和外表缔造出来、受上帝戒律、为上帝所爱而产生灵、性的"上帝的子民"。对《圣经》道德的开明阐释，常把神权和人的义务的主题，置于人性固有的善之下，因为，如同一位开明的牧师所说，"上帝是不会造出废物的。"他们还十分强调人类选择的量和自我接受的可能性，因为，如同保护生态积极分子、唯一神派教徒卡西·克伦威尔（Cassie Cromwell）女士那句常被人引用的话所说："你是宇宙的孩子。"她的信条是：

要对自己温存。你是宇宙的孩子，一如树木和星辰。你有在这里生存的权利。无论你是否清楚，宇宙无疑是在按自己的规律展现。同上帝讲和吧,无论你眼中的上帝是什么样子。在纷繁喧闹的人世上,无论你有多少劳苦、多少欲望,都应保持灵魂的平静。世间固然有无尽的虚伪,百般的无聊,无数破碎的残梦,但世界仍然是美好的。

这里以孩子自喻的自我,折射的是生态学、唯美主义和自然神秘主义的声音,而非《圣经》的启示。正如玛格丽特说她的自我实现就是完成"宇宙企及于我的东西"一样,这个信条确认的是个人的权利,而不是要求我们服从上帝的权威。宇宙的展现,不再像对乔·戈曼之类传统天主教徒那样,提供自然法则下行为的理性准则的基础。相反,它向我们确认:我们有选择自己的上帝、自己的劳苦、自己的终极目的的绝对自由。

随着开明宗教宽松的责任感、权威感和美德感的出现,接踵而来的便是对制度化的宗教本身的拒斥,理由是它在道德上"是虚伪的"。布赖恩·帕尔默在建立了他自己的"价值系统"之后,解释他为什么要离开抚育他长大的新教教会时说:"我觉得很荒唐,现在居然还有人每个星期天花上一个半钟头,大谈如何信奉某种价值系统,然后又亲眼看见他们的实际生活明明证明他们是在撒谎。我听见他们说话就认真听,我觉得讲得很在理,其他人也一边晃脑袋一边说'对','阿门',诸如此类。然后一出教堂门,拐个弯,行为就180度大转弯了。真虚伪。"基督教的道德教诲本身是合理的,只是因为教徒们不能身体力行,所以就落空了。接着布赖恩开始称赞他的妻子玛丽安伦(Maryellen),说她是一个罕见的"过时人物","名副其实的基督徒"。他特别敬佩妻子的宽容:她甚至对原来一个专横跋扈的上司也讲恕道。"她说那人就那样——他会受到上帝的惩罚"。布赖恩由此讲到自己的态度:"我说如果我在那儿工作,会把那家伙狠揍一顿。我受不了这个,容不得他乱来。我要控制局面,我想上帝让我来世上走一遭,是要我自己照顾自己,不是帮上帝干应该他干的事。大事让他老人家自己去解决,小事我帮他解决好了。"

布赖恩认为基督徒言行不一,玛格丽特的父母却"从未真正宣扬过"基督教,也不主张上教堂。他们只强调做善事,帮助别人。特别是她母亲,"差不多真做到了,而且希望我也同她一起做。"玛格丽特的母亲常带她去教堂,父亲却只在圣诞节和复活节才陪她们一起去。玛格丽特直到大学二年级才改变上教堂的习惯,不过她早就对宗教产生了同布赖恩相似的"疑问"。"想想真觉得不公平,"她说,"就因为一个人碰巧生在中国,长在中国,不知上帝为何物,于是乎就进不了天堂啦。就因为我有幸生在一个正宗的宗教环境里,难道这就使我强过信奉孔教的10亿中国人吗?"玛格丽特在大学学习心理学专业,她反复琢磨将杰斐逊引向自然神论的文化专制主义,最后得出的结论是杰斐逊自然理性论经过稀释的翻版。她现在认为,上帝是"授予我的某种具体功能的名称,即充分发掘生命的潜力。"她把这种功能比作"宇宙的物质权威——我是说有些法则是真正的法则。"

有史以来,宗教一直维持并强化阶级、地位和种族的分化。即便到了今天,以阶级划分的宗教界线仍然是有形的。韦恩·鲍尔,作为一个一心想激怒他那"沃斯普"出身、属于长老会的父母的人,年轻时便同高中时的几个出身工人阶级的下层朋友一起,投向了意大利的天主教会。他从海军陆战队开小差后相当长一段时期内,开始在教会以外的激进政治和艺术中寻找寄托;而现在,如我们所见,他又开始进天主教堂了。

美国人对自我自主性的认识,把对自我作出最深刻的认识的重担,扔到了自我选择的身上。对某些美国人来说,即使在爱默生写下《论自立》150年后的今天,传统和作为传统载体的社会生活依然存在。然而，人要在传统和社会生活中通过它们发现个人最隐秘的信念的观念，对于美国人来说并不是十分能够接受的。大多数美国人认为，自主的自我是独立存在的，它完全独立于任何传统，任何社会氛围，它是在独立的基础上对传统和社会生活做出的选择。

如果我们也用同样的方式选择家庭，就不那么容易了，因为我们投生到某个家庭完全是天意。然而，即使在家庭问题上，心理分析的方法也时常旨在把我们同父母隔离开来，以便我们能够自由地选择，或者貌似自由地选择父母的哪些方面我们可以学，哪些方面不可以学。走出家庭从某种意义上说就是一次再生，我们自己给自己的再生。如果对家庭是这样，对我们的终极界定性信念就更是如此了。不过这里的矛盾在于，就在我们认为最自由的地方，我们恰好受到了我们文化中主导信念的最大的压制。因为一个强大无比的文化神话告诉我们，我们不仅能够，而且必须通过隐秘的自我，在隔绝中确定我的最深刻的信念。

工作

在工作中"有所作为"，是正在成年的美国人自己常说也常听人说的一种要求。它包含几种不同的工作概念，以及工作对个性发生影响的几种不同的关系。若从"职业"的意义上说，工作是赚钱谋生的一种手段。它所支撑的自我，是由经济收益、经济安全以及金钱所能买到的一切决定的。若从"事业"的角度看，工作是个人一生在某个行业中取得成就和进步的全部记录。它所产生的自我，是由比较广泛的成功决定的，包括社会地位和社会声望，并通过扩大权力和增长才干的感受，把工作本身变成一种自我尊重的源泉来实现。若取其最强烈的"天职"意义，工作则构成了使工作与人生从道德上不可分离的活动和性格的切实理想。它把自我统摄在一个实践有律、判断有理、其活动本身就具有意义和价值的群体里面，而不仅仅包容于群体活动产生的产品或利益之中。[10]天职不仅使个人与其他个人相连，而且使个人与整个社会相连，其中每个人尽其天职，都是对全社会利益的贡献。圣公会《通用祈祷书》劳动节短文祷说："主啊，请引导我们工作吧，让我们不仅为自己工作，而且为共同的利益工作。"天职是连结个人与公共社会的关键纽带。天职意义上的工作，绝不仅仅是属于私人的。

虽然天职思想与美国传统中的《圣经》线索和共和主义线索关系密切，但随着美国社会日益复杂化，功利型个人主义和表现型个人主义日益占据主导地位，对天职思想的认识也变得日渐艰难。在19世纪中叶的乡镇社会里，人人为我，我为人人的工作观，以及工作不单纯是物质和心理收获的来源，而且是人与人之间的一种道德关系的思想，是十分明显的。但是，随着大规模工业社会的出现，把工作看成对全体的贡献变得日益困难；把工作看成是一种分别的、自我利益的活动，则日渐容易。但是，虽然天职观念逐渐淡薄，基本属于私人的"职业"观和"事业"观取而代之，但类似天职思想的某种东西——不一定作为职业和事业的对立物，而是作为它们的补充——是依然存在的。在少数经济意义很小的但象征意义很大的行业里，我们仍然可以看到天职的本来面目。如芭蕾舞演员，献身于一门报酬低微的艺术，但它的舞蹈习性和范式本身是美的，是从事芭蕾舞艺术的人们根据活的传统世代相传的东西，是使公众生活丰富起来的宝贵财富。总而言之，无论我们给工作下何种定义，它都同我们的自我意识紧密相连。我们"做什么"，常常会变成我们"是什么"。

我们的每一种道德传统，都必然根据它对职业、事业和天职之间关系的独特认识,给在工作问题上的自我意识染上相应的色彩。虽然温思罗普、杰斐逊、富兰克林和惠特曼的生活无法完全适用现在的情况,但他们的自我认识和我们的自我认识,在面对人生必须有所作为的要求的时候,都是源自许多相同的文化范畴。为了实现这一要求,今天的中产阶级美国人走出家庭,进入学校,然后开始工作。对有些人来说——像玛格丽特·奥尔德姆,他们的在校所学,很顺利地把他们引向了本职工作。玛格丽特在谈到自己的论文研究时说:"有时我觉得好像一辈子都在当学生。等我把论文写完了,除了看病,我还想抽空继续搞点研究和教学工作。"但对于大多数研究对象来说——如布赖恩,在校所学与工作实践相比,就不那么重要了。布赖恩在中西部一家州立大学主修英语专业,自称"成绩不佳",大部分时间花在聚会、打牌和"石榴裙下"。不过,倒是英国文学、写浪漫诗和其他一些事,使他和他的第一位妻子走到了一起。布赖恩毕业后,为养活妻儿,找了份按部就班的白领工作干了几年,又回校学了一期会计,然后就进了一家大公司举办的工商管理培训班。"我学的是资源管理专业,同学大多是工程院系的毕业生,而且十有八九原来都是班上的高材生,结果让我得了第一名。结业后派我到预算部工作,部里都是同行中百里挑一的人才,我想在这个行当里我也算百里挑一了。没关系,我适应得了这群人。结果证明我果然不错。那好,现在我可以出去为自己扬扬名了。1972年时,按我们公司的等级算,我还是4级,1978年就升到了14级。工资涨了3倍。"在这里,文学的自我表现让位于公司"培训班"的阶梯上你争我夺的自我攀缘。对布赖恩来说,掌握一门专业不如在班上争个第一,因为学业本身主要是一种手段,目的是要爬上由一系列管理权限和工资级别组成的组织的顶点。

我们不妨把大学教育与公司培训的这种情况,同乔·戈曼回忆的他家乡中学的情况做一番比较。"当时的精神是：'凡是我们该做的事，都应该一起去做。'"那时，"当个校队队员可是件了不起的事"，因为校队代表全校，而不是某个想独出风头的明星。乔·戈曼抱怨说，后一种情况正是"今天全国的通病"，小时候被父母督促当自家的小强队队员，长大了被合同追着当见钱眼开的大强队队员。"现在不是教孩子练球，而是教孩子练球能得到什么。"

乔·戈曼刚开始给他现在的雇主干活时还是个流水线工人。后来公司人事部部长发现了他这个当地中学球队教练的儿子、受欢迎的业余运动员和夜校班主任，便立即把他调到业务办公室，给了他一份全职工作。戈曼在这里稳步上升，一直干到当地工厂的公关部部长，后来又要他升任他职，他因不愿离开萨福克而拒绝了。

布赖恩的情况则相反，通往公司经理室座的道路引导他四处奔波，"收拾东西，卖房子，搬到一个陌生的城市、陌生的州"，隔不了几年就来一次，刚刚交上新朋友，又把他们丢在身后。即使现在，他对下一步怎么走、怎么升，仍然颇为踌躇："我在当地大概还可以再动一次，然后或许就要换换地方。接着我必须作出抉择：是回东部去迎接更高一级的挑战呢；还是留下来继续享受加利福尼亚的阳光和生活方式？"

无论布赖恩最后怎么决定，他成功生涯中的分岔口，则鲜明地表现出公共生活与私人生活的分裂——即公我承担的责任与私我享受的欢愉之间的挑战。然而，工作对于布赖恩来说，不单是谋求物质利益和社会地位的手段。最重要的是，它通过比较他和其他人的"表现"，确定了自己的人格。"我不喜欢输，"他说，"我喜欢竞争。喜欢赢。"他在公司同辈中名列前茅，后来又接连跃升，于是有了今天的工作地位。他是这样描述他的工作的：

"我被称作商业经理,对今年销售量可达5000万美元买卖的盈亏负责。手下有60名职员。担任现职前,是现在这个部门的财务经理。"他作为商业经理,负责制订销售战略,确定赢利和亏损的基线,就这些。他对自己工作性质的看法,是根据他在公司的地位,数字化的总收入赢利额、职员多少和控制权限来确定的。

事业的进展确定了布赖恩的个性。仍然朝着这个事业的巅峰上升的他,在回顾自己二三十岁时为求事业发展牺牲婚姻和家庭生活的经历时坦白地说:"我当时被自己事业的进展,一次又一次的提级,一笔又一笔的收入冲昏了头脑。"但即使现在,布赖恩的成功观仍然是围绕一个不断上升、前无止境的事业展开的,丝毫没有社会责任的天职意识。他自己的话就是证明:"我要不断进取,永远保持受到挑战的境地,直到接近自己能力的极限为止。这就是成功。"这也便是一个功利主义的自我,在行使自身不断膨胀的权力、在不断从他人的牵制下解脱出来和不断超越他人的过程中,寻求自己独特个性的声音。

中年,尤其对于像布赖恩这样的美国中产阶级男人来说,一般标志着由"已经具有自己的人格"并继而"潜心"追求事业发展所确立的功利主义自我的"梦想的终结"。[11]专业顶峰日渐陡峭,公司金字塔的塔尖立足点越来越窄。想成为"天字第一号"——诸如所有者经营者集于一身,公司总经理,高级合伙人,诺贝尔奖金获得者,已变得日益困难,甚至根本不可能。随着这些梦想的幻灭,自我以工作和工作报偿作为验证自己超凡品质的模子的可能性日趋衰微。当个人事业的轨道平缓下来、个人也明白自己最终无法攀上顶峰的时候,事业攀缘便失去了意义——这跟从事一项天职,或者当律师、当木匠、当学者不一样,这些人即便不能居万人之首,却可以尽自己最大的努力。对许多中年人来说,工作的世界失去了昔日的光彩,整个公共世界也随之失色。对于厌倦了事业的人中的幸运者,家庭和朋友这个私人天地开始变得光彩夺目,一个偏重表现的自我日渐抬头。[12]

工作作为一种天职的思想,显然是布赖恩的成功观中缺乏的东西。布赖恩是从工作给自我带来报偿、而这个自我又同实际工作活动对他的要求发生脱离的角度,来看待工作的价值的。在这种颠倒了的形象里,自我同自己的活动分离开来,"它"的承诺是经过计算的,并以承诺所得收益的大小为前提。天职则不然,从事天职者全心全意地学习和实践各种活动,而这些活动反过来又规定着自我,左右着自我特性的形成。如果一个人的自我一心要成为一个"好的"木匠、手艺人、医生、科学家或艺术家,那么,这个自我就是植根在一个从事木工、医学或艺术实践活动的群体中的自我。它不仅把自我同那些教导、示范、评判这些技能的人联系起来,而且在我们与这些技能的服务对象之间连结起纽带。[13]

那么,献身高级知识行业的人会不会有比较明显的天职意识呢?玛格丽特·奥尔德姆读大学时一直是班上的尖子,并且击败了几百名对手,赢得了学习临床心理学的机会。她在个人意义上看待本职工作的角度,是与布赖恩不同的。我们在第一章里已经看到,玛格丽特之所以选修心理学,是出于了解其他人、了解为什么他们不同于自己的愿望。在这里,一个寻求认识人们的思维和行为方式的自我,进入了一个其实践要求似乎可以加强自我个性的行业。然而,由于学术研究概念繁杂、形式拘谨,"等你把一个本来引人入胜的问题梳理成一个研究项目时,原来令人感兴趣的复杂现象和丰富内容往往已经基本上架空了。"即使意义没有在方法中丧失,玛格丽特"仍难摆脱我在这里搞的研究对任何人的生活都不会发生影响的想法。"她希望成为一个能够帮助别人改善生活境遇的人的愿望,把她引向了心理治疗的事业。然而，她的努力时常是非结论性的，有时甚至毫无希望，特别是如果她的病人不是那种"年轻、求助心切、表达力强、聪颖、敏感"的人，即使"你真干得不错，他们也不会认为是你帮的忙，而是自己努力的结果——从某种意义说他们是对的。"

根据大部分社会学标准，玛格丽特的工作比起她父母来，在声望和意义上要有报偿得多。然而她认为，她要求从工作中获得的和归于自己的东西，也远远超过她的父母，因此这可能是她觉得自己工作的"成就感"不如父母的一个原因。她认为，"工作就是他们全部的生命。只有通过工作，他们才感觉到自身存在的价值。"她同意父母的看法："人应该因劳而获"；"一旦工作得入了迷，工作便不仅是一种挣钱谋生的手段，而且本身似乎也变成了目的"。不过，她并不完全赞同父母把工作看成"我们应该做的事"、工作本身就是好的信条。她也并不总是像父母表现的那样，觉得"工作本身就是一种乐趣"。她最后说："我不像父母那样，认为工作具有压倒一切的重要性。有时什么也不干，轻松轻松，对我也是重要的"。因此，她生活中一个重大转变就是："为自己多做点事；跟我父母相比，也要比他们为自己花的时间要多一些。从这个角度看，我也是拜倒在'我的10年'脚下的一个。"她玩笑是这么开，但心里自然明白，比起她的同辈，她拜倒的程度是微乎其微的。

不过，跟传统的宗教和共和主义代表人物相比，玛格丽特的天职意识就不那么十足了。她并未放弃澄清心灵、改善世界的梦想，但她有时也不禁要想：心理学"究竟是不是我最有作为的所在？"她不无惆怅地回忆做学生时干过的制陶工艺给她的那种感受：有形的创造，按部就班的工序和完成一件作品时的欢愉。从事心理治疗也能给她带来成就感："心理治疗过程中同别人的心灵贴得那么近，这个机会本身就妙不可言，你自己也会成熟好多。你越来越懂得怎样才能想别人之所想，把自己的感情奉献给他们。"但问到心理治疗对更大的社会范围和社会群体有什么贡献时，玛格丽特摇摇头苦笑说："我想我能稍尽绵力的唯一群体，就是那些来接受治疗的人，他们说话也像是心理学家似的，这也很难说是什么贡献。"

对有工作的美国人来说，工作不仅是体面的物质生活的基础，而且也是个人自尊的基础；对于那些找到什么工作就称捧上饭碗的人，失业的痛苦是难以忍受的。然而，即便像布赖恩和玛格丽特这样成功的美国人，工作作为职业或事业似乎还不够。就算更高的报偿不受获得高级职务的机会日益缩小的限制，完全从实利的角度认识工作也会令人窒息。缺乏天职意识，即意味着缺乏道德意义的感受。当人们无法从工作中体验到各种感受时，我们大概可以想到，像布赖恩和玛格丽特这样的人，就会和志同道合者和亲爱者一起，从某种形式的表现型个人主义中寻求道德意义。不过，人们通过表现型个人主义寻求意义而形成的人际关系，并非天职的道德群体的人际关系，而是我们不妨称之为生活方式圈子的人际关系。

生活方式圈子

许多美国人到了中年的某个时候，会一改过去与人争雄的做法，开始与人亲密地分享一些东西。因此，年近40的布赖恩在经历了一次突如其来的婚变之后，猛然发现："我不喜欢独处。我要和什么人在一起"。他做了一段时期的单身父亲。那种夜晚独与音乐和书籍为伍的孤寂生活使他认识到："自立对我虽然十分重要，但我并非一个孤岛，作为人，我不满意孤居独处的状况"。接着就是同一个"有独创性、挑战性、完全自立的"女人

"分享的、开放的、沟通的"第二次婚姻,就仿佛是照着那本妥善解决"中年危机"的手稿那样办似的。据格尔·希西(Gail Sheehy)那本极受欢迎的书《过渡》所说,中年是"离开角色进入自我"、以便发掘"珍爱自己、拥抱他人的巨大潜能"的过渡时期。[14]

据认为,表现的自我经青春期浪漫情感熔炼成形后,中年开始复苏,并在退休之年趋于成熟。目前,越来越多的美国人似乎认为,这一过渡开始得越早越好。截至1981年底,男性退休人员65岁前开始领取社会保险养老金的占57.1%;全体退休人员中60%的人是自愿退休。

大规模退休只是近年才能做到的一件事,它由现代福利国家的保险制度组织起来、并以国家工业经济宽阔的背脊为基础。一位洞悉兴旺发达的"退休社会"生活的观察家报道说:极少有人对离职退休表现出遗憾情绪。他们虽对自己一生作为高级经理、政府官员、学校教师或小本商贩的事业感到自豪,但一旦具备了足够的经济能力便马上退休了,因为他们"厌烦工作";讨厌"压力";已经"尽了自己的一份力量",希望"从老鼠打架中解脱出来"——最后一点,因为他们"从不认为工作具有社会的必要性。"菲茨杰拉德(Frances Fitz Gerald)最后总结说:他们的工作,"似乎仅是实现令人满意的私人生活——或者按某些人的说法,一种生活方式的手段"。他们"有过职业,但从未有过终生志趣意义上的工作",或者天职。那么,这些爱自由、重隐私的人最喜欢什么样的消遣活动呢?高尔夫球和桥牌,这两种游戏是既爱规则又爱竞争的社会问题解决能手们所钟爱的;他们企望得到的是"一个固定了的社会秩序中的安全",规规矩矩,整整齐齐,如同高尔夫球场上和谐的景观。[15]

"生活方式"一语,最初是菲茨杰拉德在佛罗里达州的太阳城中心听来的，这个词在我们的访谈中也频频出现。因此值得探究一下它的含义。菲茨杰拉德认为，它是私人生活的一个用语，这无疑是正确的。它与娱乐和消费关系甚密，通常不涉及工作的世界。生活方式使社会上、经济上和文化上类似的人们走到一起，其主要目的之一是享受同那些"生活方式相似"的人们在一起时的愉快。

虽然"社会群体"一词美国人用得很广，很滥，并通常与生活方式有关，但我们这里所用的"社会群体"，有它特定的含义。社会群体是一个企图囊括一切的包容性整体，力倡公共生活与私人生活以及全体成员的不同天职之间的互为依存的关系；生活方式却本质上是分割性的，倡导的是同类之间的自恋倾向。它通常明显地涉及与"生活方式不同"的人的对照。基于这一理由，我们不用生活方式群体的提法——虽然此说在当代用语中流传甚广，而采用生活方式圈子一语。生活方式圈子的分割性表现在两方面：第一，个人分割性，仅包容私人生活，尤其是娱乐和消费；第二，社会分割性，仅接纳生活方式相同的人。生活方式圈子并不一定歧视生活方式不同的人，甚至愿意容忍他们。但谈到自己的生活方式圈子，他们就与别人毫不相干，甚至是隐蔽的。

从其重要方面看，生活方式圈子是第二章叙述的作为工业化和全国市场的产物的美国生活部门化的衍生物。过去很长一段时期内，传统社会的私人生活以及私人娱乐和消费的方式，一直是与社会阶级关联的社会地位的表现，然而，随着社会地位和社会阶级越来越依附于全国性的职业体系，同时越来越与地方乡镇社会发生脱离，私人生活中的自由，逐渐达到了原来的乡镇社会、甚至传统城市中的上层人物难以想象的程度。到 20 世纪 20 年代，美国社会比较富裕的阶层对表现生活方式的特点呈现出十分明显的关心，尽管公众舆论对此毁誉参半，莫衷一是。

19世纪末20世纪初，随着美国工业化的浪潮，操外语的异族移民大量涌入，在美国人眼前展现了文化的多样性，这或许也是造成当前生活方式圈子现象的一个原因。虽然移民群的存在确实使美国人习惯了文化不同的人的存在，并最终对这些在道德上与自己毫无渊源的人采取容忍态度，但这些族裔集团本身却是社会群体或半社会群体，而不是我们所说的生活方式圈子。他们企图在农村、可能的话甚至在城市地区，重建一个运转的社会的全部复杂机能。

当代生活方式圈子是以一定程度的个人选择为基础的，因而不受传统的种族和宗教的限制。在我们访谈过的人中——他们大多属于中产阶级，职业相仿——我们发现了各种各样的生活圈子。较新的一种大概出现于第二次世界大战之后不久，是所谓"青年文化"的产物。由于娱乐方式、衣着打扮，还有对诸如音乐或食物兴趣品味的不同，青年人当时形成了基本上独立于任何种族或阶级出身的自己的风格。有人认为，这些正在成形的青年风格，是对旷日持久的教育"压力"和不能参与成人世界的反应。至于中年人和退休者当中出现的生活方式圈子，能否也被解释为对成人职业体系形成对年长者的"压力"的反应，这个问题还有待进一步探讨。当然，我们已经掌握了一些证明情况的确如此的证据。我们不妨把生活方式圈子看作是极端个人化社会的一种合乎时宜的集体支持形式。或者换个方式说：由于个人化的宗旨一贯同发现能够衬映和确辨自我的他人的能力相关，因此，我们或可把生活方式圈子看作在像我们这种社会里私人生活不可或缺的社会形态。

虽然生活方式圈子在大城市表现得最为明显——因为大城市各类人之间除消闲方式外几乎毫无共同之处，但今天美国生活中的许多方面都可以被看作是生活方式圈子的萌芽。男女情爱是表现型个人主义的集中体现。当男女情爱不仅作为选择终身伴侣的基础,而且成为维系婚姻的条件时,它往往就会把婚姻本身变成一个生活方式圈子。布赖恩·帕尔默的第二次婚姻就有这么点味道。许多过去曾是名副其实的社会群体,现已名存实亡,已在朝着生活方式圈子的方向迈进。如乔·戈曼所在的萨福克,早已不再是美国传统乡镇社会意义上的社会群体了。对于当地居民来说——其中大多是新近搬去的——萨福克主要是一个住区,是他们选来追求合适的私人生活方式的一个场所。从这点意义出发,萨福克同美国其他千百个市郊地区已经毫无区别。

韦恩·鲍尔的圣莫尼卡远非一个典型的市郊地区。他对自己以及自己工作的感觉,同社会群体的理想密切相关。他把自己的生活,看作是为社会群体作出贡献的职业积极分子的生活,为的是通过组织社会成员共同建设一个比较平等和公正的社会。韦恩认为,由职业或事业成败确定的自我,模糊了"决不会遗弃任何人的、真正有意义的、并且能够导向一个比较强健、比较清醒的世界的价值"。他"视政治为一种生活方式"的热诚,集中表现在他对一度破碎了的生活的重建——他认为这些至少复燃了"我们60年代的梦想",并为他眼中的终生天职奠定了基础。不过,他并不因此否认圣莫尼卡是个像他一样的人云集于斯的非常特别的地方。更能说明问题的是,经济民主运动的积极分子们具有同样的生活方式,甚至对音乐、喝酒、吃饭的趣味都十分近似。因此,即便那些热衷从有机共同体的角度理解我们社会的人,也无法避免生活方式圈子这一个人生活的有效的社会表现形态。

为了找到相反的例子,我们访谈了许多保守的福音派教徒,他们对相互依存的有机共同体应该如何自有一番解说,但最后证明他们同韦恩的经济民主运动朋友一样，也是不折不扣的生活方式圈子的成员。当然，这并不是福音派教徒和政治活动分子的全部情况。当严肃的职责召唤他们超越私人生活、进入公共努力的时候，他们的确能够摆脱生活方式圈子，表现出真正的群体精神。但是，当代美国生活的趋势，是把我们大家统统拉入这样或那样的生活方式圈子中。

然而，我们也不应过分夸张这一趋势。或许，今天美国人中的大多数群体既含有生活方式圈子的韵味，也含有社会群体的内容。两者之间的区分与其说是明确具体的，不如说要靠分析才能鉴别。当我们听到"同性恋群体"或"日裔美国人群体"等说法时，我们还需作大量的分析了解，才能确定他们在多大程度上属于真正的社会群体；在多大程度上属于生活方式圈子。

当"青年文化"的存在第一次被发现的时候，人们认为它的功能之一，是为正在经历走出家庭过程、但不具备作为成人开始工作的条件的青少年，提供个性象征。这些象征使他们有别于其他人——无论多么表面化，从而表现出自己独特的个性。在我们这个工作不再是天职，也极少有人能够作为公民通过公共参与产生群体意识的时代，生活方式圈子，无论其多么脆弱，多么肤浅，正好弥补了我们大家共有的缺憾。

落实自我

我们已经分析了今天美国人把自我观念从家庭、宗教和工作中分离出来，以及通过形成不同的生活方式圈子，发现自己在生活其他方面失去的自我表现的各种方式。我们也已经看到，他们的先驱们如何离开家庭、诀别教堂、抛下事业，以求重新开始人生之旅。同过去决裂，是我们过去的一部分；抛下传统，更是贯穿于我们传统的始终。然而，这种分离的自我怎样形成又怎样落到实处呢？我们今天的答案是否同温思罗普的上帝说，杰斐逊的自然说，富兰克林的进步说，以及惠特曼的诗人情感异曲同工呢？几乎所有访谈过的人都以"价值"作答。其中一些人，如乔·戈曼，对什么是"真正的"价值慷慨陈词，直言不讳，并认为人人皆应有之。对于不懂的人，如对待孩子，应该要求他们"闭上嘴听我说！"对于懂的人，则应要求他们以身作则，力挽狂澜，"携手合作、造福社会。"另一些人，像韦恩·鲍尔，一再提到"这个价值问题"，以强调我们应该"相互帮助、共同努力"，而不是只顾谋求个人的成功。玛格丽特则对自己"价值"基础的脆弱性有比较明确的意识。"归根结蒂，这实际上是我说我给这些价值以多大权威的问题……它包括我为自己制定的全部目标，推动我、告诉我走哪条路、应该避免什么的那些东西。"

如果自我是由选择自己价值的能力所确定，那么这些选择本身的基础又是什么？对玛格丽特和许多其他人来说，选择一种价值或一种行动方针、摒弃另一种价值或行动方针，根本不存在任何客观衡量标准。个人特质上的偏好就是个人偏好的根据，因为真正的自我是由这些偏好所确定的。布赖恩·帕尔默在解释他为什么一反过去专注于工作为倾心于家庭时说，因为他从后者得到的个人满足比前者多。因此，正确的行为就是能够给行为者带来最激奋的挑战或最良好的自我感觉的行为。

既然自我由个人偏好确定，个人偏好又是随意的，那么，每个自我就构成了自己的道德天地，对于善本身是什么的相对立的理解，也就无从求得一致了。我们所能做的，只有根据自己的"价值系统"，从一连串的后果中判断我们的行为是否有用，是否符合自己的价值。在处理与他人的关系时，就只能乞灵于他们同样理智的自我利益，或者直觉同情。例如在心理治疗过程中，玛格丽特总是"试图帮助他们认识到,他们可能给对方造成了极大的痛苦,然后请他们自问:'你是否应该做点什么来改变这种情况?'如果遇到一个其价值"我真是不能容忍"的人,玛格丽特说:"我就不会给他治疗。"当同情心和相吻合的价值仍不足以解决我们同其他人之间的道德歧见时,就只能"走"为上计了。

由于缺乏判断是非善恶的客观标准,自我和自我感觉便成了唯一的道德指南。这个自我栖居的世界虽不断进步,却并无固定的道德目标可循,这是一种什么样的世界呢?在这个世界里,每个人都享有属于自己的"一小处空间":在这空间的疆界内,人人都有完全的自由。至少在理论上,这种公民权利和心理权利扩及每一个人,无论他是什么种族、什么血统、什么价值系统,只要他在行使这一权利时不损害别人同样的权利就行。

然而,虽然人人都有权享有自己的私人空间,但事实上只有那些有足够金钱的人,才够资格购买做自己的事情所需要的私人财产。因此,经济上的不平等必然会使自我实现的个人"权利"有所区别——或者说,不正当地亵渎个人权利,如同韦恩·鲍尔在他呼吁对富人居住的圣莫尼卡房租自由市场"爆炸"进行控制的政治斗争中所指责的。在布赖恩·帕尔默居住的硅谷郊区,容忍各种价值、各种"生活方式"的风气十分明显,那也是得力于房地产的价格(80年代早期平均每幢房子的价格为10万美元以上),除了中产阶级上层能在那里买房置地,其他人统统被排斥在外。他们的生计靠的不是对社区的忠诚或者在当地的声望,而是靠由大学学位和像布赖恩的公司计算利润那样的方法加以证明和衡量的技术才能。简而言之,布赖恩的独立自我的社会基础是与公众领域毫不相干的私有财产,但它表面的种种自由,又完全是靠整个社会的体制结构来维系的。

特德·奥斯特（Ted Oster）是一位没有任何制度化的宗教或政治信仰的律师，也住在硅谷。他的话把分离的自我世界比较极端地凸显出来了。他认为，"僵死的"道德标准干涉个人自由和生活享受，因为："人生就是一场大的弹球游戏，你要享受人生，就必须运动，必须不断适应环境。你必须认识到，大多数事物都不是绝对的。除了生与死，很少有绝对的东西。"如果自我要获得自由，就必须保持灵活，从容不迫地适应新的社会环境，变换新的社会角色，而不要试图把生活套入任何一种价值体系和准则体系，哪怕它们是自己的。事实上，一个人的价值并不真正是一个单一的"体系"，因为这些价值是随着社会环境和社会关系的变化而变化的。被看作"弹球游戏"的生活有它的规则，但这些规则无非是工具性的，本身并无意义可言，它们仅是让玩的人感到高兴的手段。只要玩的人满意，就可以让规则折腰。因此，奥斯特说，如果他和"一个对某些人极不诚实的"好友在一起，"为了享受同他在一起的愉快，为了理解他，我会对自己看问题的方式作一些妥协。""我不认为我会因此根本改变自己的为人。改变的只是做法，或者说法。这也是做人不能什么时候都讲绝对诚实的一个方面，我对某人不绝对诚实就能够多欣赏他一点。我会把自己的某些情感放在一边，在不改变自己的情况下努力适应他们看问题的方法。"

一个没有绝对价值或"僵死的"道德责任感的自我，可以改变自己的行为，以适应别人或者不同的社会角色。它可把这一切当作游戏来玩，同社会上的其他个性若即若离，但又决不会改变自己的"基本"个性，因为这种个性只需要通过发现和追求自己的个人欲望和内心冲动就可以保持。

如果个人的自我必须成为自身道德准则的源泉，每个个人就必须随时知道自己的欲望或直观感觉。必须按照产生最大限度的满足、表现最大范围的冲动的原则行事。温思罗普服从上帝意志和杰斐逊遵从自然法则的客观道德标准,在这里变成了得其所欲、享其所得的主观道德标准。功利取代了义务;自我表现倾覆了权威。"好"变成了"感觉好"。奥斯特说,"我一直很喜欢马克·吐温的一句话,他说道德的东西就是事后令你感觉好的东西;不道德的东西就是事后令你感觉坏的东西。这句话的意思是说,每件事至少得试一次。我想我这个人是非常注重效果的,凡能产生好效果的东西一定是对的;凡是产生坏效果的东西一定是错的"。这样一来,行为本身并无是非之分;行为的是与非,是由它产生的效果、产生或表达的感觉决定的。

在这种个人主义的道德构架内,自我变成为功利行为所产生、并激发表现行为的感觉的检验和探索基地。奥斯特说"每件事至少得试一次",正是为了提高这种检验的效率、扩大它的范围。自我,必须始终作为确定正确行为的欲望和冲动的直觉中心,作为衡量我们行为的效用及自我表现直觉深浅程度的无可置疑的裁判者,这些感觉有好有坏。一眼看去,对自我的这种描绘似乎人人皆知,毫无问题。一位人性主义的心理治疗专家说:"人们估量自己的欲望并不难。难的是他们担心争取一件东西会失去想要的其他东西。他们不知道如何同时应接各种事情。不过总的来说,我觉得人们对什么东西能使自己感觉良好,具有某种内在的惊人判断力。"个人能够很轻易地知道自己的欲望,因为他们本能地、"内在地"知道什么东西使自己感觉良好。一个以功利为中心的自我所遇到的道德问题,纯粹是战略问题或技术问题:满足一种欲望,可能会影响另一种欲望的实现,所以要会变戏法。

然而还有另一种困难,会减少个人主义自我认识的可能性。我们怎么能够确定自己的感觉和欲望不会与别人的感觉和欲望发生冲突、完全独立于别人的价值呢？这位治疗专家说："别人评价的依据，是那些'好'而不是'感觉好'的内在化了的观念。两者之间时常发生冲突。虽然我无法告诉你什么是感觉好，并且有些人极少尝过这种滋味，但我还是认为人们感觉好时是知道的，不过可能会被其他那些事情弄糊涂或者分心。就像恋爱，主观性很大，每个人的感受也不同，我无从告诉你恋爱是什么。但如果我自己被情所困，我就可以告诉你了。""自我感觉好"，现在已经成为"好"的对立面；而"好"，也不是什么道德客观状况，而被看作是是否符合别人的评价——自己的行为是否令他们满足，或者是否符合常规。感觉好的体验虽然无疑是存在的，有时甚至很强烈，但由于它像恋爱一样具有浓郁的主观色彩，所以它的根本特性仍然无以名状。个人主义自我认识的检验标准归根结底是不牢靠的，它对行为的指导作用令人难以捉摸。

自我同作为权威、义务和道德典范源泉的家庭、宗教和天职发生分离后，便试图通过自发追求幸福和满足自身愿望形成自己的行为方式。然而，什么是自我的愿望？自我采用什么标准或智能来衡量它的幸福？在这些问题面前，美国个人主义的主导精神似乎比以往任何时候都愈加坚定不移地奋力向前，把除了激进的个人本位价值而外的一切其他标准统统抛在身后。盖尔·希西在谈到中年时说：

放手吧。听任事情发生在你身上，发生在你的伴侣身上。放开感受。听任变化。

当你踏上中年旅程的时候，不可能将一切尽行带走。你是在飘然离去、离开制度的要求，离开他人的日程，离开外在的褒贬扬抑，寻求内在的自我价值。你从角色中脱颖而出，进入自我。假如我能赠给每个即将远行的人一份礼物，那就是一顶帐篷。一顶随遇而安的帐篷，一份浪迹天涯的礼物。

为了找到前途的光亮，我们必须冒不测之风云飘然远航。扔开一切因盲从人和制度造成的虚假安全。砸开内心守护神的禁锢。我们今后的旅程再也不受任何外力操纵，人人都将按自己的判断走出一条可行的路[16]。

然而，如果我们的伦理道德标准"独立于其他人的标准和活动日程"，那么，让我们在哪里和向谁来表达这些标准呢？个人主义的两个传统，仅为我们提供了外在成功的成本—利润分析，以及内心比较自由、比较舒服、比较真实的、作为落实自我认可的基础的直觉。自我内在膨胀的观念，并未揭示出道德人格应该具备的形态，自我应该遵守的界线以及自我应该为之服务的社会群体。至于潜能（干什么的潜能？）观念，也未告诉我们哪些任务和宗旨是值得追寻的，并且对诸如职业、事业和天职之间的区别视而不见。我们为什么做一件事而不做另一件事，尤其当我们恰巧不喜欢做它或者认为做了无利可图之事的时候？

现在我们应该清楚了："价值"，这个我们访谈过的人几乎无人不提的用语，本身并不是答案。当个人抛开了外在影响的最后一点残余、达到纯之又纯、空洞无物的自由境界时，"价值"也便成了个人选择的、不可理喻的、没有理性根据的东西。借用米歇尔·桑德尔（Michael Sandel）的说法：绝对自由状态下的理想自我，是完全"无羁无绊"的。[17] 即兴随意的自我选择一些价值以表现自己，但自我本身又并非由某个预先存在的价值来源所构成。这种无羁无绊的自我观，不仅产生于生理疗法，而且根本上是来自现代哲学，来自笛卡尔（Descartes）、洛克（Locke）和休谟（Hume）；他们对我们的影响比我们想见的要大。洛克是最早从现代意义上探讨个性问题的人之一。他说："同一个人的个性，无非是在同一机体内通过有条不紊地，持续不断地、迅速地消耗物质颗粒来参与同一个持续的生命。"[18]

这种长期纠缠着现代思想的自我观也存在若干没有解决的问题，我们访谈过的人至少部分意识到了这一点。其中一个问题是：这种本质空虚的自我在受到外界侵犯时靠什么来保障它的自主性？激进的经验主义以自我的自主性为出发点，然而正如洛克所说，如果自我不是印刻在"白板"上的连贯经验又能是什么？心理学的社会化概念和条件制约说也持同样的结论。因此，玛格丽特虽然声称自我的自主性和终极孤独性，但她同时认为"价值是靠自幼所受教育的方式，靠年轻时的背景和经验形成的"。这一观点的极端形式，有时可在欧文·戈夫曼（Erving Goffman）的著作中看到，那就是根本不存在自我。[19]貌似自我的东西，实际上仅为一系列随情势变化而变化的社会面罩。因此，一个绝对自主的自我，同一个完全由社会情势决定的自我，实际上并不是对立物。我们访谈过的人一时用这套语言，一时用那套语言，根本没有注意到其中的区别。

通用的"价值"语言的自相矛盾的地方，恰好在于它不是一种道德语言或道德选择语言。它假定一个绝对虚无的、无羁无绊的、即兴随意的自我的存在，模糊了个人现实、社会现实，特别是联结个人与社会的道德现实。因此，本书除了引用访谈中的原话，极少使用价值一语。

事实上，我们访谈过的许多人，包括心理治疗专家在内，对"价值"和其他关于自我的流行想法也感到不安。有些人虽然确信脱离社会、先于社会、孑然独立的自我，但同时认为存在某些"基本的需要"，它或许植根于生物学，是人人共有的东西。当问到人生值得追寻的是什么，一位心理治疗专家列举了"人生十大基本愿望和需要：健康，衣，食，住，性生活，爱情和亲密关系，工作和驾驭能力，娱乐，精神意义和安全"。这位治疗专家手握这份清单，就可以对个人的欲望作出自然法则似的判断了："健康的"需要相对"病态的"需要；"低级的"发展任务相对"高级的"发展任务。然而，这种推理仍然植根于一种非社会、非文化的现实观，对于私人生活和亲密关系以外的东西几乎没有指导意义。

极端个人主义的死胡同还有一条出路，一条从华兹华斯、爱默生及其他浪漫主义大师那里继续下来、目前为一些人性主义和超个人主义心理学家所选用的出路，这就是：假定在每个个人的核心，存在一种不仅使其与他人相连而且与整个宇宙相连的本质的精神和谐。这种看法对外部权威、文化传统和社会机构也闭口不谈，从而使质朴纯真的自我得以保存。但是这个自我一旦被发现，便莫名其妙地同宇宙合为一体。实际上，浪漫主义和心理学说上的泛神论，同我们以后将要谈到的宗教遗产的一个分支有关。总之，浪漫主义的个人主义在我们如何在现实社会中生活的问题上，除了提出一些虚无缥缈的规劝外，其他就不攻自破了。

最后希望说明一点，我们并不是说跟我们交谈过的人的自我是空虚的。他们大多数人都很严肃，很认真，并且深深涉足于现实世界。然而，只要他们把自己局限在极端个人自主的伦理语系中——他们很多人的确如此，就必然只能把自己和他人看作武断的意志中心，就无从表现原本属于他们的存在的丰富内容。

生命历程的意义

发现自我，除其他意义外，意指发现使个人生活产生连贯意义的故事或解说。生命历程及其主要阶段，已经成为大量社会科学研究的对象；关于生命周期的各种书籍，更是畅销一时。儿童时代的分期说，至少早在30年代，就已令美国人神往不已，50年代末至60年代，青春期作为人生一大关键阶段以及青少年"个性转变期危机"的说法，再度引起人们广泛注意。近年来，我们又听到许多有关中年危机和老龄过程的说法。既然美国人抱定了一个如我们在本章所述的、根本上无羁无绊和即兴随意的自我的理想，为使本来杂乱无章、随意组成的生活图景呈现出连贯性，他们再抓住一个有关人生各种阶段和危机的系统说法，或许是不足为怪的。

如果生命历程的思想要产生一点意义，就必须把它置于世代、历史，甚至宗教的大参照系之内。然而，有关生命历程的大量通俗著作（如盖尔·希西的《过渡》），以及一般美国人的普遍想法，都把生命历程看作与社会或历史无关、只同孤立的个人有缘的东西。在这种情况下，每一次人生危机——不单是青春期危机，都是分离的危机，个性化的危机，至于那个越来越自由、越来越自主的自我，自由所为何？也就越变越不清楚；若从这个角度去思考生命历程，非但不能解决个人生命意义的问题，反而会增加解决问题的困难。

纵观世界历史，在大多数社会里，个人生命的意义在很大程度上产生于个人与其父母子女的生活关系。对于高度个性化的美国人来说，父母同子女的关系，总有那么一点异常的味道，因为儿童生理上对成人的正常依赖，被认为在伦理上是不正常的。我们已经看到，美国孩子必须走出家庭，确立自己的宗教信仰和思想信仰，自己谋生，找到自己的同辈等等。这一进程往往造成人们对父母养育之恩的健忘症。例如，我们曾与马萨诸塞州一位汽车商交谈过，他认为自己是个自我造就的人，从来什么都是自己干，但却轻而易举地忘记了一点：这家商号是他父亲创立的，他不过继承下来了而已。更为重要的是,忘记父母之恩的倾向,扩而广之,就成了对整个历史遗产的健忘(我们已经指出过杰斐逊忘记拓殖者欠英国人的情的例子)。从另一方面看,许多美国人也不大情愿对孩子负责。当询问玛格丽特她是否对孩子负有责任时,她犹犹豫豫地说:"我……我想我对他们负有法律责任,但另一方面我认为他们应该对自己的行为负责。"菲茨杰拉德发现,太阳城中心大多数退休老人同子女关系相当疏远,尤其害怕依赖子女。托克维尔说过,美国人终会变得忘掉祖宗,忘掉子孙,看来许多人情况的确如此。由于缺乏积极看待家庭连续性的能力,美国人目前对"昔日家庭"的普遍的凭吊之情,便格外痛切了。

显然,对于大多数美国人来说,人生的意义在于使自己成为自己的自我,几乎就是给自己再造新生。如我们所见,这一过程基本上是一个否定的过程。首先是挣脱家庭,然后是摆脱社会和传统观念。至于如何绕过通向自主的、自己负责的自我的蜿蜒曲折之路,我们的文化并未给我们提供多少指南,不过确也分出了两个重要的领域,其中之一就是工作这个功利型个人主义大行其道的领域,传统上男人——现在女人也在其内,必须证明他(她)们在职业世界能够站稳脚跟,自食其力。另一个便是生活方式圈子,这个表现型个人主义施展身手的领域;我们必须找到一群趣味相投的人,或者至少一个这样的人,与他们一起在相互接受、充满幸福和爱的气氛中打发清闲的时光。

毫无疑问,许多美国人认为这种工作和私人生活方式的结合是令人满足的。对于那些一生辛苦的人来说,"退休社会"的生活——与同类人一起做同样的事,可以是令人愉快的。一位在佛罗里达州太阳城中心住了14年的妇女告诉菲茨杰拉德:"这里的生活就像我们一生梦求的长长的假日"。[20]

但从另一方面看，一个主要由缺乏内在意义的工作和靠高尔夫球和桥牌消遣的人生，又的确有它的局限性。在这种人生里，很难找到连贯的故事或解说——无论是天路历程，还是尘世的寻觅，找到这些许多文化一直用以连接公私，贯串过去、现在、未来，融汇个人生活与社会生活以至宇宙意义的东西。

我们不应忘记，乡镇社会和戒律森严的教会，虽然提出过比较贯通的解说，但它们常常是狭隘的，胁迫性的。我们目前的极端个人主义，部分就是对这种实行无理压制的社会和习俗的正当的反动。回到50年前或100年前的道德习俗，即使做得到，非但解决不了我们面临的问题，反而只会使其愈加恶化。不过，就在我们奋力挣脱传统桎梏的同时，我们扔下了太多的东西，忘却了不能忘却的历史。

当然，并不是所有的美国人或者所有我们访谈过的人，都相信有一个无羁无绊、随意选择其"价值"、"完全独立"于他人的自我。我们曾找过一些基督徒和犹太人，他们认为自我只有在同又责罚又许诺又安抚的上帝的关系中才有意义。访谈中甚至还有人认为"自我"这个词不能完全取代"灵魂"。我们还同那些认为自我离开了社会和历史就毫无意义的人作过交谈。他们认为，一个有价值的自我，只有通过与别人携手共力、参与创造一个正义友爱的社会才能产生出来。但我们发现这些人时常处于守势，一方面搜索枯肠，找些能够表达他们意思的《圣经》的和共和主义的语言；另一方面却时常无意中用他们有意识反对的典型的心理治疗辞藻来表达自己的思想。这种辞藻培育了美国的中产阶级，并通过电视和其他大众传播媒介，日益成为所有美国人无法躲避的东西。然而，即使是那些在孤立的自我词语里陷得最深的人（"归根结蒂你是孑然一身"），也为他们在其中觉出的虚无情调感到苦恼，急欲找到能够填补纯随意"价值"的空虚的方法。

我们认为,受过教育的美国人关于自我的大部分思想——这种思想几乎已经完成了它在美国大学和大部分中产阶级中的霸业,是建立在不健全的社会科学、贫困的哲学和空洞的神学的基础之上的。当我们采用极端个人主义的语言时,有些真理我们就无法看到。我们不是脱离他人或制度,而是通过它们发现自我的。光靠自己,永远无法进入自我的底层。我们是在工作、爱情、学业中,与他人面对面、肩并肩的交往中发现自我的。我们的一切活动,是在制度结构规定的、并由有意义的文化结构解释的各种关系、群体、社团和社区中得以延续。我们的个人主义本身,就是这样一种文化结构。个人主义的积极方面——个人尊严、个人价值和道德自主意识,同负载我们——尽管难以捕捉它的奥秘——社会的、文化的、制度的基础之间,有着千丝万缕的依存关系。生活中许多东西非人力所能控制,也无从对其"负责",只能作为恩宠来接受,或者作为不幸来面对,而这些东西,美国人习惯上不愿意去想。最后,我们无论作为个人还是社会,本身都不是目的。我们只是一个既不能忘记,也不能按自己的形象去想象的更大的整体的组成部分,忘记了这个整体,就要付出沉重的代价。如果我们不希望拥有一个悬在空中,随风飘零的自我,就必须正视这些问题。

本章主要讨论了美国人"发现自我"的核心任务。通过讨论我们看到,无论美国人如何赞美个人的自主自立精神,但并不认为能够在孤立中过一番好日子。凡跟我们交谈过的人大概都会同意:个人在工作、爱情及社会生活中同他人的联系,对于幸福、自尊和道德价值至关重要。在后面几章里,我们将进一步扩大讨论范围,先看美国人同对自己非同寻常的他人的关系:爱情与婚姻的世界。

注释

[1] 对我们所指出的一些变化，最好的文献性研究书籍是约瑟夫·维若夫、伊丽莎白·杜万和理查德·A.库尔卡合著的《内在的美国人：从1957年到1976年的自画像》（基础丛书出版社1981年版）。书中的研究基于相距20多年的两次大型全国性抽样调查。他们记录的发生在1957年到1976年间的一些变化是一种向"更加个性化或更具有个性特色的致富方式"的转变，也是向"对其自身调节更多地作出具有美国人自我表现和自我管理特色的反应方式"的转变（第529—530页）。着重号为原文所加。

[2] 托马斯·杰斐逊著，索尔·K.佩多瓦主编《杰斐逊全集》，迪尤尔—斯隆—皮尔斯出版社1943年版，第33页。

[3] 拉尔夫·沃尔多·爱默生：《论文和讲演集》，美国图书馆1983年版，第261、262页。

[4] 丹尼尔·卡尔霍恩：《一个民族的才智》，普林斯顿大学出版社1973年版，第143—147页。

[5] 有关洛克的观点见詹姆斯·L.阿克斯特尔主编，约翰·洛克著的《教育漫话》中"关于教育的一些想法"（剑桥大学出版社1968年版）。值得记住的是洛克《第一篇关于政府的论文》是为驳斥罗伯特·菲尔默的《族长》而作的，《族长》为君主制辩护，将君主制视为族长制的继续。见彼德·拉斯莱特主编，约翰·洛克著的《两篇关于政府的论文》（剑桥大学出版社1963年版）。受洛克影响，美国的儿童教养方式与菲利普·格雷文在他著的《新教徒的气质：儿童教养、履行宗教和美国早期的自我》（诺夫出版公司1977年版）第三部分中所说的"温和的新教徒气质"的那种东西很相似。

[6] 赫维·瓦伦尼：《生活在一起的美国人：一座中西部城镇在结构限制下的多样化》，师范学院出版社1977年版，第185—186页。

[7] 同上书，第八、九章。

[8] 爱默生的《论文和讲演集》，第259、260页。

[9] 盖洛普观点索引《美国的宗教》，普林斯顿美国公众舆论研究

所 1981 年版。

[10]　阿拉斯代尔·麦金太尔：《德行的探求》，圣母大学出版社 1981 年版，第十章。

[11]　见丹尼尔·J. 莱文森的著作《男人一生的四季》（巴兰坦出版社 1978 年版）第十三、十六、十八、二十章；特别是第 201—208、245—251、330—340 页。对比乔治·瓦兰特的著作《适应生活》（利特尔—布朗出版社 1977 年版），第 215—230 页。

[12]　盖尔·希依著《通道：成年人生活中可以预言的危机》，矮脚鸡丛书 1977 年版，第二十章。

[13]　见麦金太尔的《德行的探求》，第十四章。

[14]　希依的《通道》，第 364 页。

[15]　弗朗西斯·菲茨杰拉德：《太阳城中心》；《纽约人》1983 年 4 月 25 日，第 61、90—93 页。

[16]　希依：《通道》，第 864 页。

[17]　迈克尔·桑德尔：《自由主义和公正的局限》，剑桥大学出版社 1982 年版。对功利主义者和康德的伦理学所继承的有关具体道德品质、情感和目的自我剥夺概念，包括约翰·罗尔斯的契约论的哲学批判，见阿梅利·O. 罗蒂主编的《人的特性》一书中伯纳德·威廉斯的《人、个性和道德》一文（加利福尼亚大学出版社 1976 年版），第 197—216 页，以及 J. J. C. 斯马特和伯纳德·威廉斯合著的《功利主义：赞同与反对》一书中伯纳德·威廉斯的《功利主义批判》一文（剑桥大学出版社 1973 年版）。同时还可参阅罗蒂主编的《人的特性》一书中 C. 泰勒的《自我的责任》一文，第 281—299 页。

[18]　约翰·洛克著，彼得·H. 尼蒂奇主编《人类理解论》，牛津大学出版社 1975 年版，第二卷，第二十七章，第六节，第 331—332 页。

[19]　欧文·戈夫曼：《日常生活中自我的表现》，道布尔戴出版社铁锚丛书 1959 年版。还可参阅菲利普·雷夫著的《治疗学的胜利》（哈泼—罗出版社 1966 年版）一书中有关这一问题的论述以及该章的总论点。

[20]　菲茨杰拉德的《太阳城中心》，第 90 页。

第四章
爱情与婚姻

"发现自然"并不是仅靠个人就能实现的。对个人成长和自我实现的追求,必然导致个人与他人建立关系,而其中最重要的便是爱情与婚姻。然而,爱情和婚姻越是被看作丰富的心理满足的源泉,就越是脱离了社会角色和社会机制的客观格局的紧密关系。而随着自发的人际亲密关系日益成为人们普遍的理想,社会角色的正式责任和义务也逐渐被视为可能抑制这种亲密关系的消极的东西了。[1]如果主要从心理满足的视角看待爱情与婚姻,就可能无法继续发挥婚姻和爱情作为联结个人与社会的稳定的、相互承诺的纽带的传统功能。我们将从本章看到,种种不无冲突的爱情婚姻观所造成的紧张,已经成为美国社会的一个通病。

女性的领域

托克维尔强烈认为,爱情和婚姻具有积极的社会功能。他认为,家庭同宗教以及民主政治参与一起,形成了缓和美国式个人主义的三大屏障。家庭是他对美国人的"心灵习性"进行研究的一个中心课题,因为传统习俗首先就是在家庭内部进行灌输的。有时,他在谈到家庭这个领域对美国民主的成功的重要性时，甚至会变得得意忘形起来：

> 从我这方面看，我可以毫不犹豫地说，虽然美国妇女从不离开家庭的小天地，甚至有些方面附属性还很强，但她们的地位无处不使我感觉还是很高的……如果有人问我这个国家取得非凡的繁荣和蒸蒸日上的国力的主要原因是什么，我就会回答：这是应归功于美国妇女们的优秀素质[2]。

托克维尔认为，宗教在美国的作用部分取决于它对妇女的影响力。他说：宗教"的确引导着习俗，并且通过约束家庭生活对国家起约束作用"。美国习俗严苛虽源自宗教，但并不是通过宗教对人们的直接影响产生的。在美国：

> 宗教往往无力抑制人们被命运为他们安排的无数良机所诱惑。宗教并不抑制人们一心要发财致富的强烈欲望，但它对妇女思想的控制却是无可比拟的，而社会习俗的主要创造者却正是妇女。毫无疑问，纵观世界各国，只有在美国，婚姻关系才受到最大程度的尊重；也只有美国人，才具有最高尚、最真挚的婚姻幸福观。[3]

自托克维尔以来，世事已经发生了巨大的变化，本章将对这些变化作出探讨。不过，18世纪末19世纪初开始酝酿关于19世纪30年代日臻成熟的婚姻家庭观——即托克维尔准确把握的婚姻家庭观，虽然受到批评和替代性试验的挑战，但至今仍在许多方面保留了它作为美国人主导理想的地位。[4] 现代美国家庭的这种结构一直被称作"家长制的"家庭结构，但这个提法用在这里既不准确，也无补益，它适用的对象应为更早一段时期的家庭生活，即从殖民地时代到18世纪末（乡村地区还要晚一些）。那时，家庭是一个经济合作体，丈夫、妻子、儿女们并肩劳作，或耕耘于农场，或经营于商店，都是为了全家的共同利益。这种家庭结构中的丈夫兼父亲的确是一家之长，主持"家政"，负责家庭内部的和睦与秩序，决定孩子的职业和婚配，支配妻子的财产、甚至工资——如果有工资的话。诚然，19世纪初开始出现的新型家庭并不是平等型家庭，但家庭成员的自主性大大增强了。父亲对子女的控制权受到极大削弱，子女基本上可以自行选择职业和配偶。夫唱妇随的局面再也不复存在。在一定程度上，妇女有自己活动的天地——"女性的领域"，与丈夫是"分开但是平等"的。这种新的家庭形式是新兴工商业经济的直接产物，因为男人们必须离家外出，走进建功立业的男性领域。这一变化，使众多的女性丧失了原有的经济功能，无法继续为家庭事业直接出力，而局限在管理家庭内部经济的范围，但她们的地位却有了提高。随着财富的集聚，妇女学会了识字，可以接受正式教育（虽然主要是在"女校"就读），也可以参与社会上自愿性的结社生活（但一般只限于同宗教事务有关的社团活动）。[5] 19世纪30年代大量以妇女为对象的文字——作者多为牧师，反映出与托克维尔相同的态度，赞美"女性的领域"和谐、友爱、充满献身精神，是与自私自利、伤风败俗的"尘世"截然不同的天国。正是在这段时期，家庭作为"无情世界中的庇护所"的观念脱颖而出，逐渐取得统治地位。这种观念迄今仍是我们最近访谈过的人所共有的。

19世纪初开始截然分开，并在当代美国人心目中依然存在的两个"领域"，以及两者之间的鲜明对照，是我们组织我们的世界最根本的方式之一。戴维·施奈德（David Schneiden）和雷蒙德·史密斯（Raymond Smith）认为，家庭是一个"充满持久团结的"领域；是充满焦虑、竞争、成就至上的职业领域的对立物。[6]在家里，每个人都无条件地被接受，这在职业和政治的世界里几乎是闻所未闻的。美国人虽然知道今天的家庭往往并不像他们所期冀的那样牢靠，但仍然从这一对照出发看待家庭。家庭是爱和幸福的所在；是人人都可信赖的所在。在公众活动领域，家庭以及各种家庭式的关系，仍是人们极力推崇的东西。

如前一章所述，美国人是非常注重独立和自助的，而着重相互依存和互相接受的家庭居然能在这种情况下存活下来，真是难能可贵。从许多方面看，家庭代表的是一种历史比较悠久的生活形式。以家庭为单位的工作，与当代工商业信守的时间律不同，它仍然是以所干的活计为基准，工作性质随晨昏季节的变化而异，因个人需要及其变化而异，并将劳动和社会交往融为一体。[7]南希·科特（Nancy Cott）曾说过一番话，虽是针对19世纪早期生活而发，但她看问题的角度今天仍在一定程度上适用：

> 虽然成年妇女工作的社会环境发生了变化，但它基本上保持了此前男女两性共同的传统工作方式和工作场所。凡是必须接受时间律和专业分工的男人，大概已经开始觉察到他们的工作与妻子的工作是不同的。或许，他们会把眼光集注在"前现代"妇女家庭劳动残余的那些方面：由于那时的工作满足的是当前的需要，因而是易于把握、心里有数的；它所代表的并非严格意义上的"工作"，而是"生活"，是存在的一种方式。[8]

科特指出，家庭同时标志着一种较旧的道德结构："妇女的家庭服务，是家庭成员对等服务传统中唯一保留下来的东西。"[9]因此，在男人的工作日益变成事业或职业的同时，女人的工作仍然停留在传统的意义上，女人工作的成败，本质上仍以它对共同利益的贡献大小论定。美国牧师们和我们的法国哲学家所推崇的妇女作用，正是她们的无私精神和关怀他人的一面。他们以男人们自我膨胀的个人主义相对照，把女性的家庭式道德同基督精神和共和主义美德联系了起来。他们认为一个自由社会的未来，靠的是培养家庭式道德，并由母亲把这些道德传授给孩子，由妻子应用这些道德力量来约束丈夫。妇女道德优势在现代商业社会的代价，就是她们丧失了自身的自由，无法参与公共生活，这一点早在19世纪初期就已经十分明显了。托克维尔曾经赞叹过独立自助的美国少女，说她们在公共生活中具有比欧洲少女强得多的自立能力，却居然自愿进入婚姻这种终生性束缚制度，不怕婚姻把她们囚禁在一个虽不失高尚然则有所限制的领域。[10]也许，妇女作出这种选择，并不像托克维尔以为的那样轻松——"婚姻创伤"并不罕见；若伤至极处，还可能致使女性终身不嫁。[11]然而，美国妇女确实接受了大部分家庭生活和"女性领域"的观念。早期的女权主义者一方面要求妇女扩大对公共生活的参与，争取妇女的平等权利，同时又极力主张公共生活应该吸取更多的家庭美德。

家庭生活的核心是一男一女、一夫一妻、一父一母之间的关系。联结婚姻伴侣的夫妻之爱，逐渐生长为父母与子女之爱。正是这种爱的典型美德，致使家庭表现为某种高于现世道德的道德场。更确切说，妻子对丈夫、母亲对儿女的"无私的爱"，过去一直被视为道德本身最显明的典范。

男女情爱还可以产生出另一套引申意义，从而给我们这个发展中文化的家庭增添了一层新意。爱情不仅蕴含着家庭道德相对于职业世界不道德的意义，而且蕴含着感情相对于算计的意义。妇女作为家庭领域的首要居民，具有我们已经指出的各种部分属于表现主义而非功利主义倾向的特征。19世纪区分这一不同的典型办法,就是把女人比作心,将男人喻为脑。女人行事依情;男人行事据理。[12]然而心脑之分,并不完全是对女性的轻蔑,浪漫主义运动就曾高扬情感,贬抑理性,认为情感才是真正的人性的丰富源泉。据过去的说法,女性敏感、快活、富想象力;男性睿智、坚毅、耐劳苦。

无论男女角色的两种定型之间多么不同,——而且这种区别似乎在19世纪中叶最为突出,男性在一个至关重要的方面,必须参与其他方面完全属于"女性的领域"。爱情显然出于心,而不是发自脑;而爱情无论对于女性还是男性,都是婚姻的首要基础。即便在婚姻主要由父母包办的17世纪,男女婚后也必须相互培养感情;夫妇之爱,根据清教教义规定,"是上帝赋予所有夫妇的一项义务。"[13]到19世纪时,男女情爱已被当时的文化接受为选择配偶的基础;而理想婚姻中的爱情,则被认为是终生不渝的。或许,用表现型个人主义去概括19世纪的婚姻显得老一套,尽管我们今天区分表现型个人主义与功利型个人主义的完全不同的全套用语和概念,在当时已经开始使用。但是到了20世纪,婚姻在一定程度上与包容性的家庭生活发生了分离,因为婚姻这时对中产阶级相当一部分人来说,已不再是生儿育女的同义语。因此,现在的婚姻已经变成体现表现型个人主义的场所,或者如我们在前一章所说,变成了一个"生活方式圈子"。

总之,19世纪初以来美国家庭的变化可以归纳为亲属关系网的缩小和个人决策范围的扩大。这一归纳尤其适用于美国社会的中产阶级,甚至也包括今天的中产阶级,至于上层和下层的情况则不如中产阶级明显。"核子家庭"并不像这一比喻的某些过分热心的解释者所说的那样"与世隔绝",但同"核子家庭"以外的亲戚联系的疏密,不仅取决于地理的远近——在我们这个流动性很大的社会这可不是个想当然的因素——而且取决于个人的偏好。一旦孩子离家独立之后，就连父母同子女的来往也是需要通过各方商谈决定的问题。

家庭内部个人决策范围日益扩大。比方说，终生不结婚，已不再被看作是不光彩的事情。社会上对独身者的压力并非没有，但似乎比美国历史上任何时期都弱。大多数人仍然想结婚，但并不觉得非结婚不可。此外，谁也不觉得非生孩子不可。是否要孩子，要几个孩子，都是个人有意识地作出抉择。虽然多数美国人希望要一个以上的孩子，但除个别情况外，儿女成群的家庭已经成为历史的陈迹。最后一点，人们可以离弃自己不满意的婚姻。离婚作为解决婚姻生活不美满的一个办法，包括涉及年纪轻轻的孩子的婚姻，今天为人们所接受的程度，比以往任何时候都大得多。[14]

那么，若从托克维尔所说婚姻和家庭是抵御个人主义的屏障的角度看问题，这些变化究竟意味着什么？今天，爱情至上的家庭和金钱至上的世界之间的对照，理应只会比托克维尔时代更加鲜明。但个人主义不仅家庭外部有，内部也有。家庭中个人的自由选择，在托克维尔的时代就已经超过了从前，现在更成了家庭中仅除稚童外的所有成员决策的特征。"女性的领域"的观念虽然得以存留下来，但遭到了严厉的批评，特别当它被用来限制妇女参与职业世界或者在婚姻关系中否定她们的平等权利时，谴责尤其激烈。男人和女人都希望维护"家庭的价值"，但男女之间更大程度的平等的正义性，也得到普遍承认。上述各种变化对我们访谈的对象产生了什么影响？他们怎样看待自己生活中的爱情与婚姻呢？

爱情和自我

美国人认为，爱情是持久关系的基础，1970年的一次调查发现，96%的美国人抱有两人共同生活、共同组织家庭的理想。1980年再度提出这一问题时，持上述观点的人所占比例不变。但是，在1978年的一次全国性抽查中，对"今天大多数准备结婚的人是否期望他们的婚姻维持一辈子"的问题，60%的人的答复是否定的。[15] 看来，爱情和守约虽然理想，却并非易事。因为，美国人除了信奉爱情外，还信奉自我。确切说，如我们在前一章看到的，外在于自我的行为标准几近于零。维系我们婚姻的爱情既然以主观随意性为基础，就难怪我们认为今天的婚姻已非易事了。

然而，当一切顺利时，爱情显得是那么自然，根本不需要任何解释。爱情关系的好坏，取决于它是否"行得通"；是否让人"觉得对味"；是否让人觉得"又自在又舒服"。罗旺夫妇已经结婚十二年了，有两个孩子。他们是高中时的恋人。当问到他们是怎样决定结婚时，弗雷德·罗旺（Fred Rowan）说："当时也没怎么讨论过这事"。马吉（Marge）从一开始就"是我想娶的那种女孩"；"关系发展了一个阶段后"，他就认定"我们的关系终究会朝这个方向发展的。"一个人之所以跟另一个人结婚，终归有他的理由，无论是实际的还是浪漫的，但理由往往都是过后才去想的。关键是这种关系要越来越让人觉得自然、对头。与其说是选择，不如说是顺其自然，然后接受事实。马吉，弗雷德的妻子，说结婚前她就觉得弗雷德就是她的"意中人"。"就像他说的，谁也没说什么，但心里都有数。弗雷德一开始就是'我的那位'。他就是'我的'。"他们"从中学起一直就没断过"，就连她上大学时想试着跟别人约会,"我当时觉得自己很莫名其妙,因为我知道自己爱着弗雷德,根本不想同别的人在一起。"

如果一个人对某个关系"感觉够好",寻求"爱情的真谛"就变得毫无意义了,因为归根到底,人们所追寻的无非是要自己"觉得合适"。就像弗雷德说的:"它就让你觉着好,就像人掉进漩涡里身不由己一样。这种事就是那样。没有什么好决定的,所以也就没有什么不能确定的了。"弗雷德和马吉所叙述的那种关系看来是那样自然,那样质朴,因而给人一种势在必行、势不可挡的感觉。对他们来说,他们之间的关系体现的是一种深刻的自我个性感,从而也是自我在世界上找到了恰当位置的感受。爱情体现的是一个人真正的自我。在爱情这种自发的、自然的关系中,自我既落到了实处,又是自由的。

然而,并非每一对夫妇都能享受到弗雷德和马吉之间那种融洽确定的爱情关系。但大部分夫妇也都希望自己的婚姻关系既是自发天然的,又是坚实可靠的,既是自由的,又是亲密的。许多人认为共享——包括思想、感情、事物、价值和生活目标的共享,是爱情关系中最大的美德。南·普佛茨(Nan Pfautz),一个四十四五岁、离了婚的秘书,谈了她多年独居后又深深陷入情网的情况。"我觉得关键是共享,感情上真正的共享。我从未对别的男人产生过这种感觉。"南知道她之所以爱比尔(Bill),是因为"我解除了一切防范,跟他在一起我真能做到是怎样就怎样——非常、非常舒服。想使坏就使坏,想逗逗就逗逗。想发傻就发傻。我从不担心——也不必担心,反正我不担心他会怎样反应。我就是我,自由自在的我。"由此看来,自然地共享真正的自我,乃是爱情的真谛之所在。

然而,作为实现爱情的前提的共享本身,又可以对自我构成威胁,因为一个人如果过分地与人共享,就有可能"失去自我"。南上次结婚后一直为这个问题伤脑筋,现在仍苦于难以在共享与独立之间达成合适的平衡。"七八年前,那时我还没有同比尔的关系,我特别喜欢赖在别人身上,好像恨不得把人给吃了似的。我希望他们完全属于我,我也完全属于他们,根本没有个性可言。融合在一起……结果把我自己丢了,一点个性都没留下。"

又是怎样在爱情中"丧失"自我的?丧失自我后又会有什么后果?南说,她丧失"自己的目标"后就失去了自我。开始,她的婚姻"很好。那时候相互之间真是有予有受。真的。有一天我们第一次一起去滑冰,但我不喜欢滑冰。结果从那以后他就一个人去滑。我就干些我自己想干的事。"由此看来,不丧失自我同具有自己的兴趣感有关。失去的东西,是一系列互不关联的偏好以及追求这些偏好的意志。南生孩子后,一心一意扮演起妈妈的角色,再也无心伸张自我了。她变成了"一个可以不加理会的人,又呆板又乏味,对什么都提不起兴趣。唉,我那时真糟透了。连我自己都讨厌自己。"百般顺从他人需要的后果是具有讽刺意味的:你越是顺从,就越是变得平庸、乏味,就越会失去自己的吸引力。南的故事之所以别具意义,是因为她的行为完全符合早年关于"女性的领域"的思想,即无私的奉献是做妻子的理想行为。然而,放弃自我——注意从强调"无私"到"放弃自我"的微妙变化,对当代中产阶级来说,如南的例子所示,可能导致原来被人所爱的那个自我的丧失——弄不好连丈夫也保不住。

梅琳达·达·思尔瓦(Melinda Da Silva)比南·普佛茨年轻,刚结婚几年,也以类似的方式叙述了婚后头几年遇到的种种困难。她扮演的完全是个贤妻角色,不断地想讨丈夫欢心。"我所知道的唯一的行为方式,就是我母亲做妻子的方式。我认为既然你爱你的丈夫，就可以为他做一切事。这是你向他表示你爱他的方式——也就是当个好妻子，而且担心你不做这些事就不是个好妻子，甚至不爱自己的丈夫。"由于一心想做个好妻子，梅琳达忘了把"自我"放进她的婚姻里。她一心想"向托马斯（Thomas）表明我爱他，"结果"完全不顾自己想什么，一心琢磨他想什么。其他的一切统统扔到一边去了。"被梅琳达"扔到一边去"的，是表达自己的意见、按照自己的判断——包括怎样才能最好地讨丈夫欢心——行事的意愿。

后来梅琳达向婚姻顾问求教，终于认识到她的婚姻问题与其说出在丈夫身上，不如说是她丧失了自我造成的。"我老在想他要什么，想如果我按他的要求做了他就会更加爱我。直到托马斯和我一起去找顾问，我才开始意识到自己不愿意表达意见；我做的事情都是为了他，而忽略了自己的事。我原想做了让他高兴的事，结果反而使他把我越看越扁。"依此看来，自我意识和自我欲望意识的丧失，可以造成个人吸引力和魅力的丧失。要为之所爱，就必须伸张自己的个性。梅琳达只有在"自我感觉好了"的时候，才能"给我们的婚姻带来福音"。因此，具有独立的自我，是充分参与人际关系的必不可少的先决条件。

总而言之，爱情给美国人造成了一种两难境地。一方面，爱情是个性和自由的集中表现。另一方面，爱情有亲密、互补和共享的特性。在理想的爱情关系中，爱情的这两个方面是融为一体的——它既是绝对自由的爱，又是完全共享的爱。只可惜在自由个体中间这种完美的和谐实在很少。在有些人看来，爱情关系中共享和责任的成分，常常会吞噬个性，使得她（常常是她而不是他）看不到自己的利益、意见和愿望。不无讽刺的是，爱情既然理应是自由个体作出的自发选择，一个"丧失了"自我的人就不可能真正地爱，也不可能对真正的爱情关系作出促进，此外，丧失自我意识，还可能遭到亲爱者的利用，甚至为亲爱者所遗弃。

自由和义务

综上所述，美国人面对爱情作为个体内心自由的自发表现，作为一项本质上属于个人的、因而必然带有主观随意性色彩的选择，与把爱情作为超越于爱侣双方眼前的感觉和欲望之上而体现根基牢靠、相互承诺和承担义务的理想之间，显得左右为难，无所适从。为了找出这些概念的内在逻辑，我们首先对比一下两种认识爱情的方式，每种方式都只强调了左右为难的一个方面。一种方式是以义务为基础的传统的爱情婚姻观；我们发现某些福音派基督徒强烈地持有这一观念。另一种方式我们叫作心理分析观，主要是心理治疗专家及其治疗对象们的观念，但至少在整个中产阶级主流思想中，影响十分广泛。

福音派基督徒同持心理分析观的人一样，也对如何协调爱情的自发性和情感性的一面同爱情引起的义务的关系犯难。不过，对基督徒们来说，这一矛盾显然是通过偏重义务来解决的。拉利·柏克特（Larry Beckett），一位年轻的福音派牧师，在谈到他如何劝说那些找他来诉说有关亲密关系方面的困难的单身青年时说："我认为大多数人都是自私的，当他们用浪漫的眼光看待这种关系时，他们完全是从自己的角度出发的。这恰好是《圣经》坚决反对的东西。他们总在说，我也总在教：我们可以对他人有一种基本上属于无私的爱。我们必须学会它。它实际上是一种意志的体现。我必须决心走出去，用行动、用意志去爱人，去造福于人，这倒不是因为这样做总能给我自己带来乐趣，而是因为这是上帝的意旨。耶稣说过：'要爱你的敌人'。这是他的一句名言。他说这句话,并不是要支配我的感情或热情,因为他无从这样做。但是他可以支配我的意志、我的决策过程和行动,如果我愿意听的话。"这样一来,爱情就变成了意志和行动的东西,而不是情感的东西了。一个人虽然不能强制自己的情感,但可以学会服从上帝的意志,无私地去爱别人。并且,这种服从并不一定会与个人自由发生冲突。通过培养和造就个人的意志,基督徒们可以化义务为己之所欲。人们就能够"把自己的生命看作一个不断变化的过程",在这一过程中,只要他们奉"耶稣为典范",奉"耶稣的道德为自己的道德",就会"越变越无私"。"而且整个过程都是发自本心,而非迫于压抑的。到那时,他们对上帝的爱,就会变成爱他人的原动力",拉利接着说。根据基督教的爱情观,自由选择和义务可以结合,但义务是第一位的。而且,出于对上帝的爱,人可以把自己的义务变成自己的欲望。

由于基督徒认为爱情不单纯是感情的事,爱情的表达也主要不是通过内心的、感情的形式。而是通过行动来实现的。"《圣经》上一再说,如果你只爱在嘴上,不爱在行动上,那你就是个伪君子。"对基督徒来说,爱就是把他人的利益放在自己的利益前面。利害冲突的极处,也便是爱的典范的极致。

对福音派基督徒来说,持久的婚姻关系承诺的一个关键方面,既包括感情关系,也包括意志关系。感情作为建立持久关系的唯一基础,实在太不牢靠,所以基督徒们必须把感情放在第二位,或者驯服自己的感情,而听从理性的指挥。勒斯·纽曼(Les Newman),一位刚结婚几年的年轻商人,是一所福音派教堂的活跃分子,而且已经是两个孩子的父亲了。他在叙述他的婚姻情况时说:"原来我以为爱全是心里的事,全是身心感应的事。现在我知道了,身心感应可以是个好的开端,但唯一能够使爱情持久化、纯洁化并成为婚姻基础的东西,是迫使这种身心感应在相互之间持久不衰的思想上的决定。我认为真正的爱情应该是既有身心感应，又有两个人有意识地努力去做对两个人而不是只对其中一个人最有好处的事情的思想决心。"感情是可以通过有意识的选择得到维持，甚至进行培养的。有了这种"思想上的决定"，就可以保证光凭感情所不能实现的亲密关系的持久和稳定。

霍华德·克罗斯兰德（Howard Crossland），一位农村出身的科学家，拉利·柏克特的福音派基督教堂的活跃人物，也提出了协调感情和义务的问题。感情上和道德上的自我控制，是霍华德爱情论的核心。虽然他觉得他和已经结婚十几年的妻子关系良好，但说如果没有他的宗教信仰，他"现在或许已经离婚了"。只有在基督教信仰的前提下，才能"顺理成章"地说"终生相守，至死不渝"这句话。否则，"如果婚姻出了问题，干脆从法律上分手，各走各的路，比花上5年时间解决一个问题，以维持关系的持久，或许要容易些。"问题是任何关系都会出现危机，基督教信仰容许你"顶住风暴，等待平静的归来。如果你能理智地分析一下自己的感情，并且把感情推到后面去，我想爱总是存在的。有时被捂住了而已。"

虽然，一个人如果能够等待困难时期走去，那种爱的温馨、舒适的感觉通常还会回来，但这些感情上的反应本身并不是爱。爱，是为别人牺牲自己的意愿。"我在卧室里挂了一幅题字：'别人的需要重于你的需要时就是爱'。我想爱的意思大概就是这样了。这幅题字是有次我外出时为妻子买的。我觉得这是件很合适的礼物。"霍华德对自己的妻子，总是尽可能"设法表示我的爱"。他这句话的意思是说，他尽量做些他知道妻子想要他做的事情，尽管这些事情有时并不是他自己想做的。一般都是些小事，比如偶尔不带孩子夫妇单独出门，"即便手头紧、物价涨得厉害也不例外。""爱",就是"说你是第一位的,甚至尽可能排在我前面。"

因此,根据福音派基督徒的观点,爱,就是把职责和义务置于感觉的消长之上,并最终获得愿意为别人的利益牺牲自己的利益的自由。此外,这种婚姻观作为婚姻的持久性和义务性的基础的另一个特点,就是它对社会角色的接受。上文中引述过的青年商人勒斯·纽曼强调说,婚姻是一种持久的结合,但这种结合是以社会角色的实现为基础的。他对婚姻的唯一期望就是:"你跟一个人有了这种结合,那你们就一起生活吧。"然而,一起生活,终生不渝,还意味着一个人能够完全指靠自己的伴侣。"我想最重要的是,它应该是两个人之间终生相互支持、共同努力的一种持久的关系。"勒斯和他的妻子"在婚姻中各自扮演着自己的角色。"他是"挣钱养家的人和父亲的形象"以及"家里的精神领袖。"妻子苏珊(Susan),"则扮演持家人的角色,负责家中的大小事务。"这种社会强加的、干涉真正的亲密关系的限制,也就是这里所说的社会角色,可以不露痕迹地、自然地把人们结合起来,并且规定他们的关系。这位年轻的基督徒用持心理分析观的人一定会感到厌恶的语言坚持说:"我认为,一对已婚夫妇在一定意义上应该是一个人,凡是影响了其中之一的事情,无论好坏,就是影响了两个人。之所以是两个人,因为这样比较容易对付世界、应付变故,比较易于完成应该完成的事。"

最后,这些基督徒强调,至少在现代社会,除了基督教信仰本身,不存在任何其他持久婚姻承诺关系的基础。福音派牧师拉利·柏克特更是把话说到了绝处:唯一不变的东西,唯一可以成为生活的"唯一基础"的东西,就是"精神生活"。因为,"上帝是不变的。耶稣是不变的。"人们试图作为婚姻基础建立的其他价值,往往都是不堪一击的:"无论是事业中心说、家庭中心说还是男女情爱中心说，我认为这些东西都是先天不足的，都是堕落的。总有一天这些东西会变，会让人腻烦，会自行消亡。而只要上帝是中心，只要上帝不变，他就是永恒的。事实上，上帝才是我们的本源，才是我们的缔造者；上帝之为上帝，是不会变的。这有什么用？它能给家庭带来稳定。也就是说，家里人可以说：不错，我们现在是对家庭生活厌烦了，但这本身并不构成我说我不再爱你的理由，不构成认输撂挑子的理由。"当平凡的人事瓜葛和可变的感觉不足以维系关系的时候，信仰可以帮助人们渡过难关。勒斯·纽曼这位年轻商人还坚持说：以基督教信仰为根基的婚姻，比没有这种根基的婚姻要有意义，能给人更多的满足。"显然，许多人的婚姻都很幸福，关系都很融洽，但我认为这里有个很大的区别，就是抱定什么宗旨的问题。当然，他们之所以结婚是因为他们相爱，但除了相爱之外，你为什么要结婚？你为什么要像现在这样生活？我知道，许多不信教的夫妇无非是为了共同享受一点乐趣，享受相互在一起时的快乐。但我想苏珊和我，我们作为一对夫妇的首要任务，就是秉承上帝的意旨行事，这就为我们的生活和关系指明了我认为其他人所没有的方向。"

信教的人认为，以基督教为本的爱情，它的基础比个人幸福和个人享乐要牢靠。首先，它是一种责任，是顺从上帝意志的一种形式。其次，爱主要是决定，是行动，其次才是感情。有时，真正的爱甚至是对自我情感的否定，必须把情感推到后面去，以便履行个人职责。爱的关键在于认准自己的义务所在，并愿意在行动上履行这些义务，而不顾情感的消长起落。当然，在一定程度上，基督徒们也讲大多数美国人都讲的婚姻中的共享、沟通和亲密关系等爱情要素。但是，他们认为这些东西只是拘束性承诺关系中的锦上添花，而不构成守约的理由。他们认为，一个人只有在承担了某种高于个人偏好和自我实现的义务之后，才能建立持久的爱情关系。

这些福音派基督徒主张的婚姻观，似乎比我们访谈过的许多人的观念要旧。这些教徒们并非没有感受到妇女要求平等的压力，但他们仍然接受男女领域各异的传统划分。他们甚至为婚姻中的"角色"辩护，而这恰好是持心理分析观的人所反对的。他们信奉婚姻中的亲密关系和共同的感觉，但同时认为感觉本身是不够的。还需要有意志和意愿。他们从宗教观点出发，意识到了功利型个人主义和表现型个人主义对家庭构成的威胁，并且十分注意抵制这种危险。至于说他们对自己的传统认识上的局限是否会削弱其抵抗能力，我们将在第九章进行探讨。不过，托克维尔关于宗教、家庭和社会习俗的三位一体说，似乎仍在一定程度上适用于这些人。

精神沟通

美国人大多渴望得到相互承诺的、持久的爱情，但却极少有人愿意接受仅凭宗教权威缔结的不可解体的婚姻。他们一般不愿意作出持久的选择，然后听凭爱情感受起落消长，而是倾向于认为感觉规定爱情，认为持久的承诺关系只有在清楚地、诚实地、坦白地表达个人感觉的条件下才能实现。在与基督教福音派相对的另一个极端，可以看到一种以自我认识和自我实现为基础的观念；我们把这种观念叫作心理分析观。这一观念充分表现在许多心理分析专家及其治疗对象的思想上，但在美国中产阶级中影响十分广泛。

如我们在第三章所见，这种心理分析观是以自我而不是以某种外在的义务为出发点的。个体必须发现并伸张真正的自我，因为这个自我是与别人建立真正关系的唯一本体外在的义务,无论产生于宗教、父母、社会习俗常规,都只能干扰爱的能力和与他人建立关系的能力,只有通过认识并最终接受真正的自我,个人才能与他人建立有效的关系。

当问到她为什么寻求心理治疗时,一位妇女的回答概括了许多治疗专家和治疗对象一再提及的主要问题:"我无法同别人建立密切的关系;我不喜欢我自己;我不爱自己,也不爱别人。"根据心理治疗思想,缺乏这种能力,同不能充分接受自己、充分爱自己有关。

用心理治疗专家玛格丽特·奥德海娜的话来说,许多受过专业训练、属于中产阶级上层、又压抑又孤独的年轻成年人来找她,都是为了寻找"天底下无与伦比的美好关系——寻找那个完美无缺的人。"他们希望"有那么一个能使他们不再感到孤独的人"。然而,这种寻求完美关系的努力之所以不能成功,是因为寻求这种关系的自我本身就是不充实、不能自我维系的。希望与人建立关系本身,实际上就是自我不完备、自我的需要不独立的表现。

一个人必须先学会爱自己,才能具备爱别人的能力。心理治疗专家可以通过无条件地接受来传授这种自爱。一位罗杰斯派心理治疗专家说:"一旦你离开了父母,就再也不会有人对你说不管你做什么都接受你了。"他说:"我愿意作一个培育人——至少是人格中的某些部分,即他们让我看到的那些部分,把它们培育好。"另一位行为主义心理治疗专家也持同样的意见,他说他的工作就是"大量地从积极的角度强化他们的自我;不断指出他们身上好的东西,让他们时时都感觉到这些好的东西。"因此,一个健康、自主人格的发展,它的启蒙要素就是那些善于理解人、接受人,兼父母、情人、朋友的作用于一身的心理治疗专家的爱。不过，心理治疗专家这种爱心目的不同于情人和朋友，它不是要去建立一种持久的、相互承诺的关系，而是帮助人们从依赖状况中解脱出来，并最终形成对自己的爱。

变成一个自主的人，就是学会接受自己。虽然别人的爱或赞许不无助益，但要成为一个坚实自主的个体，就必须最终获得对别人的独立。为了充分享受爱情关系的益处，必须改变那种需要对方的爱来衬映自己的完整性的心态。一位住在加利福尼亚的40多岁的心理治疗专家说："我认为人必须感到自己基本上是完整的，这包括喜欢自己，也可以是讨厌自己——自己的某些方面；但必须全盘接受自己，并让自己觉得没有伴，一个人也能在世界上生活得好。如果你认为，所谓关系，就是你能靠个什么人，时不时对这个人说你需要他，我想除非你觉得离了这个人也行，否则你就不能说你需要他。如果你明明觉得自己离了他不行而不断用你需要他的话来掩饰，那你就有麻烦了。"

心理治疗是通过反复强调如实接受自己来帮助个人获得自主的。然而，心理治疗的接受论，即弗洛伊德以后的心理治疗主张的"无条件的积极态度"，它的终极目的是教导治疗对象摆脱任何其他人的标准。另一位治疗专家说："我认为人最终是希望知道自己行的。他们也希望有人告诉他们。但是，我认为真正要紧的是设法让他们自己亲口说：我，理查德，就是行。人真正需要的是自我确立，一旦人们承认自己是行的，尽管我有缺点，人人都有缺点，只要他们承认说：不错，我是有这些问题，但我终究是行的，这样，不知怎么，他们的情况马上就神奇般地好起来了。"由此看来，心理治疗的理想主张个人应该成为自己标准的本源；先自爱始可求人之爱；相信自己的判断，不顺从他人的判断。需要借用他人才能感到自己"行"，这是心理疗法试图根治的根本疾病。

发现自我感觉的过程，可以使人接近他人。一位行为主义心理治疗专家介绍了他如何通过提供积极的反馈，逐步引导治疗对象恢复自发性的情况。他对他们说："你比上一次变多了。你看起来放松多了；你愿意告诉我你的感觉了；你开始笑了；又笑了。"等他们放松下来，他"就赞扬他们，告诉他们对人袒露自己的感觉是件好事。"这种对人袒露感觉的能力最终会从治疗过程扩展到其他关系方面去。他接着说："这就是你接近别人的方式，因为你是放松的、自发的，你表现的是你自己，你对别人敞开了胸怀，把自己心里的事告诉别人，别人也会这样对你。"总之，在类同的、真正的、乐于表现的自我之间，即不需要别人就能感受自己的完整性、不需要凭借别人来确定自己的标准式愿望的自我之间，进行感觉的交流，就成了爱情的心理治疗理想的基础。

心理疗法不仅教导人们通过克服对自己所爱的人过分依赖或者提出不切实际的要求，来避免爱情关系中的种种问题，而且还改变了爱情本身的理想。梅琳达婚后头几年一直担心会"丧失自我"，于是就去找婚姻问题顾问帮忙。婚姻顾问教她不要总是顺从丈夫的意思，而应该伸张自己的意愿。她逐渐认识到，只有通过加强自己的独立性，才能真正去爱丈夫，并为丈夫所爱。因此，对梅琳达来说，爱情的理想形象从自我牺牲，变成了自我伸张。"我的自我感觉越好，就越觉得我能给托马斯好多东西，就能更加看重他，而不是把他当偶像膜拜。爱一个跟你平等的人要容易些。你可以'迷上'一个你所崇拜的人，但你不可能'爱'一个偶像"。因此，除非她能够真正作为一个十分独立的人去为这种关系尽自己的一份力量，而不是单纯按照"我认为他的愿望"行事，否则就不可能真正去爱。爱一个人，意味着主动地、自由地卷入，它与无可奈何、神魂颠倒式的"迷恋"是不同的。

这种存在于心理治疗意义上实现了自我的个人之间的平等爱情关系，也不同于自我牺牲。它必须以两个分别的个人的自主需要为基础，而这些需要有可能是相互冲突的。梅琳达说："总有一天，迷恋会成为自私的同义语。我的意思是指只为自己行事；我从前以为光想自己又想去爱，是根本不可能的。"当问到有什么具体例子时，她回答说："比方说吧，我光想我自己，抓住托马斯就叫他坐下来听我说。他回到家里不管他在外面一天过得怎么样，一进来就要他坐下来，说我有事要对他说，然后只管说我的。这种事以前我是绝不会干的。有时，我根本连想都不想他白天怎样，但我照样可以爱他。"根据心理分析的观点，稍有点自私，是爱情的关键要素。

心理疗法还重新规定了理想的爱情关系。更确切说，心理治疗本身在某些方面已经变成良好关系的典范：真正相爱的夫妇或伴侣之间的相互行为，同治疗专家对治疗对象的行为，是极其相像的。梅琳达——她自己正在接受婚姻顾问的专业训练，对心理治疗的婚姻理想作了部分介绍："好的婚姻关系首先要求两个人都能强能弱，但应是一种此强彼弱、彼强此弱的关系。我们的关系，我们的婚姻，随着我这方面的增强而发生了变化。这样一来，托马斯回到家里就能够说：'今天工作上糟透了'，或者'我心里真难受'；或者'今天碰到一件事，我又急了'。这时，托马斯就比我弱，我就比他强，于是就觉得平衡了些。"婚姻关系的双方在这种对等交流中都成了心理治疗专家：每一方都愿意听取、理解、接受对方的弱点；每一方都愿意把自己的焦虑、担忧告诉给对方。

纯粹的心理治疗观否定婚姻关系中任何形式的义务和责任，而以实现了自我的个人之间充分的、开放的、坦诚的交流作为它们的替代物。正如治疗对象对治疗专家的典型义务一样，从心理治疗意义上解放了的爱情一方，只需让另一方完全了解他的感觉就行了。一个离了婚的妇女——现在是社会服务管理人员，对"爱情"一词感到很不舒服："我当初之所以结婚，是因为我相信我自己爱上了他；我要为这个人做一切事情，并且我也的确为他做了很多事。自己却放弃了很多东西，还资助他上学。后来我开始意识到自己没有得到一点回报。"爱情一语所应诺的义务和自我牺牲精神，结果只是一种毫无意义的空头担保，一种危险的幻想，诱惑她放弃了保护自己的利益。现在，她所珍惜的是一种平衡的关系，她从中给予很多也获得很多。问她爱情关系中最糟糕的情况是什么，她回答说："假如我感到两个人之间再也无法沟通，关系就完了。如果我感到不能真实地表达自己的感觉，不再关心他对事物的感觉，那关系也就完了。我认为不能沟通就是关系的完结。"在由独立的个人组成的世界上，相互之间既然不存在必然的义务，各自的需要又不一定总是吻合，那么，爱情的中心美德——确切说有时甚至是取代了爱情理想的美德，就只能是精神沟通了。

对于心理分析意义上解放了的个人来说，任何义务都是爱情关系的障碍。有一个婚姻问题顾问开了个离婚女子心理治疗班，想帮助她们增强独立意识。她要求她们享受为自己并为相互做事的快乐；要求她们培养对自己独立生活能力的信心。当关系双方"不仅仅是依靠自己或者依靠对方"时，关系就会好起来。当追问到关系中的义务时，她回答说："我想，如果有谁硬是需要欠别人点什么，那就是诚实；诚实地让双方相互了解相互间的感觉。如果感觉变了，就老老实实地、胸襟开阔地接受这些变化——要知道参与关系的人不是水泥做的。"

心理治疗观是通过帮助个人在不受各种社会角色的强制性限制，不顾父母和其他权威的问心有愧的指导性要求，不理爱情一类虚幻理想的空洞应诺的情况下认识自己的欲望和利益，来实现个人的解放的。同样重要的是，心理治疗观还对真正的自我作了新的规定。金钱、工作和社会地位，不是真正的自我的中心内容；真正的自我是由感觉的体验和表现组成的。对于这种表现的自我来说，爱情就是真正的自我之间感觉的充分交流，而不是拘束性义务基础上的持久承诺。

思想观念的混乱

虽然我们把真正的自我认识概念基础上的心理治疗爱情观，同以绝对的、客观的道德义务为基础、并以其一种形式在某些福音派基督徒身上表现出来的爱情观作了截然的划分，但大多数美国人实际上却是夹在义务理想和自由理想之间，而莫衷一是的。

心理治疗观的语言以及一些推论至少已经深深渗透到中产阶级的主流文化中去了。即使像年轻的基督徒商人勒斯·纽曼，这样强烈主张把婚姻建立在更大的宗教真理基础上的人，在回答什么能使关系好的问题时也说："我认为最重要的无非是双方有了问题都能够理解、同情对方，相互设身处地考虑问题。无非是双方能够有话可谈，能够一起谈相互间的问题，相互能够做点劝慰工作。无非是互相帮助，应付世事。"在这里，互相帮助、互相支持的理想，同带有较多心理分析色彩的移情作用和心理理解——作为夫妇间能够相互给予的主要东西，掺和在一起了。

虽然心理分析观流传甚广，但它也遇到了许多美国人思想上的抵触，因为这些人希望褒扬持久的婚姻关系以及能够维系这种关系的各种义务；有时，它还会同这种抵触思想发生融合。以梅琳达为例。她对心理治疗意义上的爱情、理想如此推崇，根源还在婚姻应该持久这样的大观念上。她和丈夫通过婚姻问题咨询发展起来的比较丰富、比较平等的交流,实际上仍是坚持婚姻而不是遇到困难就溜之大吉的一种方式。"我和他结婚的时候,说过他是我意中的人,但没说过我非要和他过一辈子,但我至少还是准备作出某种社会承诺,愿意解决同这个人之间的问题,跟他建立一个家庭,同他作一家人。假如我没有结婚,就不知道我会不会去求助于什么婚姻咨询、夫妇咨询了。"在这里,超出了心理治疗观用语的责任推理,是由传统的婚姻社会形式提供的,产生于她同丈夫是"一家人"的观念,以及履行自己的社会承诺的自豪感。心理疗法不仅教导梅琳达"自私"是爱的一种方式,而且还教给她初次遇到婚姻困难时解决问题的方法。然而,梅琳达仍然无法充分解释她之所以愿意为持久婚姻努力的理由。她认为儿时体会到的"家庭是一项很重要的价值"的观念,对她影响很大,却又不愿意说这种价值在客观上是重要的,可以适用于每一个人。当问到人们一旦结婚,是否必须从一而终时,她说,不是每一个人……我不知道你有什么办法阻止人们求变的欲望。我认为很多离婚的事都是这些变化引起的。你没有"爱的浪漫感受"了,而"爱的浪漫感受"似乎对每一个人都那么重要。人一旦到了没有"爱的浪漫感受"的地步,就不知道还剩下些什么,于是最简单的办法就是扔下这头,再去寻找新的"爱的浪漫感受"。梅琳达认为,追求"爱的浪漫感受"不断更新,是不现实、不成熟的。但是,她之所以选择在婚姻内寻求更多的东西,归根结蒂,仍然是以她自己独有的经历为基础的个人偏好的选择。对梅琳达来说,心理疗法虽然使她接受了这样一种世界观:人都在变,种种关系很容易完结,自我最终是孤独的;但心理治疗仍为她提供深化她的婚姻关系的一种方法。

虽然,心理治疗观否定社会义务基础上的关系,但它却丰富了人们借以认识相互之间关系的语言。那些受心理治疗观影响的人，时常对义务和自我牺牲的理想表现出极大的矛盾心理，尤其是涉及他们自己父母的婚姻的时候。一方面，他们非常羡慕父母之间似乎存在的那种互不质疑的承诺关系；另一方面，又特别厌恶他们所认为的这种承诺关系所暗含的缺乏沟通、掩盖矛盾，甚至无可奈何的宿命态度。这些人既羡慕他们的父母，又发誓绝不效尤。

有时，婚姻的社会义务为另一种观念所取代，即认为婚姻关系的基础不仅包括个人最大限度地伸张自我利益并忠实于自己的真实感觉，而且也包括部分由于两人的共同经历而把双方联结在一起的共同历史。梅琳达在谈到她父母如何"根据他们自己对爱的理解"，虽然没有"爱的浪漫感受"，但"相互爱得很深"时说："直到去年我和托马斯一起接受了婚姻咨询那件事之后，我才理解了这一点。我们有共同的经历。这和恋爱不同。完全不同——因为我们有共同的经历，度过共同的时光，等等。"对梅琳达和其他一些类似的人来说，心理治疗观以它对爱情中的自我和这些自我之间可以共享的真实感觉的丰富描述，为一种共同的历史感带来了实质内容，即便这种历史只是个人感觉纠葛的历史，与任何大的积淀系统或意义系统毫无关联。

心理治疗观强化了美国文化中的传统个人主义，包括追求功利的个人最大限度地伸张自我利益的概念，但它强调的却是追求表现的个人最大限度地体验内感精神财富的概念。梅琳达由于融汇了产生于传统的、充满着爱的大家庭教育的责任意识，和心理分析观对个人伸张和精神沟通的强调，而更加充分地参与了自己的婚姻生活。然而，即便像我们在第三章简短引述过的特德·奥斯德这个一心追求成功的年轻律师，他的本质上属于功利主义的世界观，也不免染上了个人表观主义文化的色彩。就是他，曾以"大弹子球戏"假喻人生；为了"享受人生"，"必须灵活地顺应时势","必须认识到事物大多都不是绝对的"。他早已把自己家里的新教传统置于脑后，也不信奉自己的幸福以外的任何理想或行为准则。但这个结婚十多年、着眼心理感受的实用主义者，却感到自己娶了个对自己胃口的、"非她莫属"的妻子。他承认，理智地说："你可以看到很多人的婚姻都很成功；各种巧事碰到一起并不是天天都有的。"然而，他心里重情的一面又使他强调：即便"天下不止一个'非她莫属'的人"，或者"能够在不同的方面与你幸福相处的人有好几个，那你也只能是从中择一。"

特德·奥斯德跟梅琳达一样，认为精神沟通和共享感觉是好的婚姻的核心。而且，关系的维护需要努力。"如果你不作出很大的努力，就不可能享有像爱情关系这样好的东西。它是个极美妙的事物，但不会仅因为它美妙，就可以自己生长。你的意中人也不会仅仅因为你看中了她而永不变化。"特德·奥斯德与梅琳达不同的是，他没有拿家庭教育和婚姻的社会责任作为他希望建立持久关系的理由。在他的个人功利主义伦理语系中，他的根本理由就是他找到了能给他带来最大幸福的最好的伴侣。他无法确定的是，他之所以维持婚姻，是因为他对婚姻负有义务呢，还是仅仅因为他一直认为其他可供选择的对象都不如妻子好。即便当义务的问题被明确提出时，他立即又回到这样一番议论上去了："我想义务的因素是有的，但很小。从根本上讲，还是，你知道，还是这个人实在是好。我们的关系到现在一直都挺好的，今后也会很好，因为我期望能相处得很好，总的来说是很好的。"他认为：如果仅因为"觉得维持婚姻的努力失败了"就决心散伙，"那是一错"，"因为我知道你是必须努力的"；如果孩子们"不能在家庭的环境下成长"，"那又是一错"。然而，特德·奥斯德的语言虽是功利主义的，但他深深珍惜持久的婚姻。后来被问得紧了,他才终于说出一番既超出了说他与妻子德毕(Debby)如何"绝无仅有"的浪漫意识,也超出了离婚如何令人不快的实用主义心理的话来。他这番话主要汲取了共同历史的观点。问他:一个人如果对自己的配偶感到厌烦了,或者发现另一个人更有吸引力,为什么他不应该从一个关系走向另一个关系?一开始,他再次重申了自己的偏好,但很快就议论起共享的好处来:"这种事(变换关系)就是提不起我的兴趣。我亲眼看着我们的关系从一种共享……什么的良好关系,逐渐变成了一种深得多、深得多的关系。我是说,我们现在仍然有好的时候,有不好的时候,但关系是越来越深了。"这种"不断深化"的共享则标志着一种共同生活的价值,一种历史连续感和一种积淀系统。特德接着说:"你不可能在短时间内建立很深的关系,另外我想到了这个年纪,再跟一个新人建立这种关系恐怕会比较困难。两个人 20 多岁时一起过来的就比较好。像生下第一个孩子之类的事,你不可能跟别人再来一次。"最后,他从跟一个人共同生活乐趣大些的观念,转到有了共同生活的历史才有意义的观念上来:"我从与德毕一起成长、一起经历生活的各个阶段中得到了满足。这才是真正的乐趣。它给生活带来了意义,并给了我与人共享的机会,甚至可以说是一个基地,让我知道我自己在哪里。我认为这才是真正的关系。"

这种部分取自心理疗法、能够产生"深的关系"的共享理想,至少部分填补了特德·奥斯德功利主义占主导地位的伦理语言的空白。有时候,他好像只是在说,持久的婚姻之所以对他是件好事,是因为他个人从中得到了最大的满足;但同时又提出一个十分明确的生命历程的观点,最后牵扯到人生更大的目的感和方向感,来解释为什么从一而终的婚姻价值甚至高于他和一个"非她莫属"的人结婚的美德。这样,特德·奥斯德就机智地找到了解释为什么对他来说持久婚姻事实上是一种好的生活方式的方法，即：持久婚姻不仅在令他感到愉快的实用意义上是好的，而且从人性的角度、从成功的人生的角度出发，在美德意义上也是好的。然而，所有这些论点时时都有可能坠入这样一种说法，即：由于他自己的经历，或者由于他的精神的个体特性，所以这种生活方式对他来说乐趣更大。他的心理分析观只是部分地解释了为什么他与妻子的结合高于眼前的自我利益。由于缺乏一种有关义务和责任的广泛的共同语言，他就很难全面地论证为什么他会觉得持久的关系不仅仅是一个个人偏好的问题了。

现在我们再回过头来，简要地看看前面提到过的马吉·罗旺和弗雷德·罗旺这对高中时的恋人、多年的夫妇的情况。他们的情况，既表现出心理分析观和责任义务观的融合的长处，也表现出这种融合所造成的混乱。

马吉和弗雷德自认为是一对以婚姻和家庭为生活中心的传统型夫妇，也就是马吉说的"家庭中心型的而不是富豪生活型的人"；爱情关系对他们来说，"是生活的一种方式，是我们人格的一部分"。他们同许多加入了心理分析文化的人不同，并不坚持把自我放在首位，而是十分贪恋旧式的家庭和家庭生活。马吉说："我觉得我们的关系始终是我所做的一切的基础。有时我自己单独出去得多了，心里就感到内疚似的。"不过，罗旺夫妇的确认真接受过心理分析文化的入门训练：先是马吉、后是弗雷德，先后都参加过"艾哈德研习训练班"。特别是马吉，为了在婚姻中和更大的世界里更加充分地伸张自我，她曾经一心想"找到那点小小的东西，即我是行的"。她和梅琳达一样，认为通过伸张自我，更加充分地参与到婚姻生活中去了。马吉和弗雷德都强调说，通过参加艾哈德研习训练班，他们婚姻生活中的精神沟通得到了深化。弗雷德说，他和马吉一起探讨了婚姻中的重大问题后,产生了一种新的安全感:"我觉得安全多了,关系牢靠多了。作为一个人,我感到家庭对我的支持比以前大了。"

罗旺夫妇同达·休尔瓦夫妇、奥斯德夫妇一样,也找到了把心理分析对自我和关系的认识(即认为一个人必须首先认定自己"是行的",然后才能充分参与同另一个人的关系),同有关爱情与婚姻的传统观念结合起来的方式,对罗旺夫妇来说,自我发现与更新对婚姻关系的承诺是并行不悖的。心理分析语言确认了他们自中学起就产生了的"相互合适"的感觉。然而,即便对于这对关系稳定,相互承诺的夫妇,心理分析的语言由于是对开诚、自我发展和变化的强调,也破坏了责任的更加广泛的语言基础。弗雷德十分看重人的求变潜能给他们的婚姻带来的新的激情:"我希望我们的关系能够不断变化。我不希望这种关系老是一个样子。即使在对我们的关系感到极其满意的时候,我也不希望它一成不变。而是希望它有所不同。不希望它陷入呆滞,令人腻味。"马吉和弗雷德期望他们的"关系会永远保持下去"。但他们现在反对任何把婚姻的持久性建立在大于婚姻本身产生不满足的基础之上的语言。当我们谈到令他激动不已的变化可能会威胁他们的关系时,弗雷德说:"从理性上说,我相信这是一种潜在的危险,但我觉得我们的婚姻很牢靠。如果说这些变化中的某一种变化恰巧成了造成我的婚姻完结的东西,那或许说明我们的关系本身就在朝这个方向发展。假如发生这种事,那是因为我们的关系现在没有或者过去并没有它所应该具有的东西。"马吉接着他的想法说:"或者说,它并不是现在或过去不具备些什么,而纯粹是婚姻关系本身导致的结果。"

对于罗旺夫妇和许多其他夫妇来说,采用心理分析语言带来了一个矛盾。一方面,他们把人的求变潜能看作是恢复婚姻活力、分析并解决问题的一种方法；另一方面，他们又按照美国人的传统做法——即每一个人作为一个个体，在经过验证的、更加真实的自我感觉的基础上，对对方作出更加充分、更加自由的选择——来巩固他们对婚姻的承诺。马吉和弗雷德两人都不得不先去发现自己作为个人"是行的"，然后才能对婚姻作出真正的承诺——因为，无论对于他们还是大多数美国人，只有真实的自我自由选择基础上的社会关系，才是真正的社会关系。

对于传统的个人功利主义者来说，唯一有效的契约，是个人根据自己的个人利益进行谈判产生的契约。而对于个人表现主义者，一个关系的确立，则是通过充分共享双方的真实感觉来实现的。然而，无论是缔结契约的苦苦谈判，还是心理分析意义上成熟恋人之间的自发性共享，它们的原则基本上是同一条原则：任何拘束性义务和广义的社会认识，都不构成确立关系的合理基础。爱情与婚姻关系，仅作为关系双方自由自我的选择的表现形式存在。一旦这种关系不再满足他们的需要，就必须终结。

爱情和个人主义

美国人看待爱情的方式，是我们从与社会的关系角度确定自己生活意义的中心方式。对我们大多数人来说，与配偶和子女的关系，是最基本的社会关系。因此，美国人对待亲密关系的思维习惯和思维方式，是认识美国人在面对当代社会生活的各种挑战时所依靠的文化遗产的基本线索之一。然而，爱情固然十分重要，但它同时又是造成不安全、混乱和不确定的一个根源。[16]我们在思考爱情问题上的困难，是我们思考整个社会关系问题的困难的具体体现。

在当代对爱情的主要认识后面，潜藏着根深蒂固的个人主义。人们必须对确定自己的愿望负责,必须对找到能够满足自己需要的关系负责,这一观念是十分普遍的。根据这种不无冷峻之处的功利主义观念,个人可以有建立持久关系的愿望,但这种关系只有在满足关系双方的需要的前提下才能实现。个人所能为者,无非是弄清自己的需要,同时不要提出那种只求对方给予,不欲对方索取的不切实际的变态要求。

看来,各种功利主义态度对于那些正处于离婚的痛苦之中,或者试图在短暂关系的世界里跳来跳去的单身个人来说,是具有它的合理性的。在一个期望过大可能引起失望或者被人利用的世界上,它不失为渡过难关、保存自己的一个办法。这种观念意义上的爱情,无非是一种交换,除了开诚的、充分的精神沟通外,没有任何约束性的规律可循。一个关系要得以延续,就必须满足关系双方的需要;而一旦关系终结,关系双方至少都已从各自的投资中得到了合理的回收。

虽然心理治疗观包含着个人功利主义的成分,但它的丰富含义却存在于它的个人表现主义方面,存在于对自我的本质和可能性的扩大了的阐释上。在这里,爱情变成了双方对无限丰富、无限复杂、无限刺激的自我的共同探索。我们访谈过的许多人强调,他们的婚姻比其父母的婚姻要好得多。他们强调更大程度的亲密关系,强调双方共享感觉和共同"努力过难关"的意愿,而这在他们的父母是办不到的。

不错,我们访谈过的福音派基督徒和其他一些同某种宗教传统保持了关系的人——如自由新教派、天主教派和各种犹太教传统,他们发现自己的婚姻由于双方共有某种更大的宗旨感和意义感,而得到了深化。勒斯·纽曼和霍华德·克鲁斯兰德说,他们的婚姻之所以牢靠,是因为他们同妻子具有共同的宗教信仰。

然而,在我们的访谈对象中,把宗教权威作为克服个人生活中不确定因素和两难局面的一种方式的人，相对来说实在很少，正如也很少有人采用自我第一、关系第二的心理治疗观的极端形式一样。不过，我们发现心理治疗观的语言对美国的主流中产阶级影响十分广泛，就连那些同时保留了对于世界的其他思维方式和体验方式的人也不例外。心理治疗观在认识上与传统的美国个人主义的许多方面相吻合，特别是两者都推定：社会关系只有建立在个人自由的、从自我利益出发的选择的基础上，才是牢靠的。因此，就连那些不赞同追求自我实现的美国人，也发现不顾社会限制去爱、而不是根据社会限制去爱的思想，具有很大的吸引力。

总的来说，访谈对象中即使婚姻关系最牢靠、最幸福的，也难以找到一种语言去清楚地表达自我以外的承诺理由。尤其讨论到牺牲和义务的问题时，这种混乱特别明显。他们虽然希望维持持久的关系，但又不同意说这种关系可能会涉及超出关系双方愿望的义务。他们所强调的"义务"，就是婚姻双方必须坦诚地表达各自的愿望和感觉，共同努力解决婚姻中的问题。而对婚姻双方在相互关系中应该发展什么样的实质性义务，想法很少。特德·奥斯德说的那番话：你和某个人一起生活、有了共同的历史，于是你和她的渊源就超出了眼前的感觉等等，好像刚刚有了这么一点意思。他想说明的想法似乎是：在持久关系中，双方的利益，确切说是双方的自我，已经再也不能完全分开了；但他的个人功利主义的语言却使他无从作出这样的表述。最后，他只好游移摇摆于离弃婚姻可能在某种更大的意义上是错误的，和他与德毕是天生一对，因而愿意长相厮守的简单思想之间。

同样地，尽管福音派基督徒欢迎把牺牲作为基督爱心的表现的思想，但许多其他人对此却难以苟同，这倒不是因为他们不愿意向配偶让步，或者为配偶作出牺牲，而是因为他们对"牺牲"

一词所暗含的自我否定理想感到挠头。用他们的话说：如果你真想为你所爱的人做点事，那就不是什么牺牲。既然好的唯一标准就是对自我好，凡是对自我构成实在负担的东西就不可能是爱情的一部分了。与此相反，如果一个人真正了解自己的感觉，并且只在自己真正希望的情况下为自己所爱的人做事，那么，从某种意义上说它就不可能是牺牲。由此看来，人们没有一套广泛的文化传统作为依托，的确很难说明为什么真正的人际关系可能包含着受伤、受损，或者作出牺牲的危险。他们只能抱定这样一种乐观态度，即爱情需要作出艰苦的努力，但决不会对自我造成实在的损失。他们倾向于相信：通过对自我进行心理治疗式的分析，就可以把有些人眼中的牺牲化为自由选择的利益。我们的访谈对象最捉摸不透的一点，也是今天广义美国文化中最棘手的一点，就是用什么样的方式去认识世界，才能消除自我和他我之间的截然分别。

婚姻和道德习俗

我们已经看到，婚姻和家庭对于今天的美国人来说仍然是重要的，甚至在有些方面比以前更加重要了。我们也已经看到，人们从婚姻和家庭生活中获得的满足不断增大，尽管婚姻作为一种制度，已经变得比以往任何时候都更加脆弱，更加难以维持了。我们认为，家庭并不像有些人说的"正在退隐"，而是在经历着变化。

婚姻和家庭今天虽然仍是人们希求的东西，但从几方面看却不再是强制性的了。据《美国人的内心世界》的几位作者报道，他们最惊人的发现，就是1957—1976年间，"美国人对拒绝把婚姻作为一种生活方式来接受的人的宽容程度增加了"。30年前，大部分美国人认为独身是"病态"、"变态"或"不道德"的；但到了70年代末，只有1/3的美国人不赞成独身，15%的人认为独身好，多数人则认为独身与否完全取决于个人。[17]结婚、生子、从一而终，现在成了个人的选择，而不再是理所当然的事了，这就给婚姻造成了一个新的范围，给家庭生活带来了新的意义。在这种比较宽容的范围下，长期被剥夺了合法权利的其他形式的承诺关系，如同性之间的关系，正在变得日益为人们所接受。如果从这种新的范围造就了更加敏感、更加开诚、更加热烈、更具爱心的关系的角度来看——看来情况的确如此，那么，这应该是美国人理应感到自豪的一个成就。[18]但是，如果从这种新的氛围使这些新型关系变得脆弱、易夭折的角度看，那它就有破坏已经取得的成就的危险。

所有这些意味着：如果仍从"包容性的持久团结"和"无条件的接受"的标准看待今天的婚姻和家庭，不尽如人意之处实在很多。按照托克维尔的观点，今天的家庭较之他那个时代来说，显然不足以把个人牢靠地同持续的社会秩序联结在一起，尽管我们今天的家庭从许多方面看、无非是朝着他所说的随着服从和礼教的衰亡"自然感觉"逐渐上升的道路又迈进了一步[19]。

此外，今天的美国妻子和母亲，再要像托克维尔钦佩不已地那样充当道德楷模，也比较困难了。所有的研究都表明，妇女对家庭生活不如男人满意。[20]越来越多的妇女已经加入到劳动大军的行列，所以现在大多数已婚妇女和母亲都有工作。妇女离家工作，部分是为了表现自我价值感和公共参与的愿望；部分是由于今天许多家庭若没有两份收入就无法生存；部分则是因为她们无法确信她们婚姻一定会持续下去。丈夫作为永久"饭票"的时代已经过去，大多数妇女也都认识到了这一事实，无论她们对"妇女解放"持什么看法，然而，妇女从事的工作，大多地位较低，男女收入的差距也很大，尽管妇女正在日益挤进过去只由男人从事的行业。除工作低下，收入微薄外，工作妻子和母亲回到家里，男人们仍然期望她们承担绝大部分家务和照顾孩子的事。虽然人们对这方面的期望变化很大，但实际行为上却很少有什么变化。如果说妇女对婚姻的牢骚多些，那也是有道理的。如果说妇女在关心照顾别人方面超出了自己该做的一份，那倒不一定是她们喜欢这样，而是社会习俗和家庭力量逼迫使然。我们不应排除妇女形成了对社会大有裨益的女性道德敏锐素质的可能性。卡罗尔·吉林根（Carol Gilligan）和沙拉·罗迪克（Sara Ruddick）等人就持有这种观点。[21]但是，今天的妇女已经开始发问：利他主义是否仅是妇女应该具有的精神？

一个解决办法是：应该把传统上属于"女性的领域"的义务，看作是男女共有的人的义务。有些反对女权主义的人担心——并非毫无道理地，妇女获得平等，可能会导致传统上属于"女性的领域"的人的素质全盘丧失。我们已经看到，目前美国的个人主义意识形态在论证男女两性之间为什么一定要相互给予的问题上，存在着困难。传统上，妇女多从关系的角度考虑问题，极少从孤立的个人考虑问题。现在，我们大家都被要求首先考虑自我伸张。我们需要找到一种语言，通过它，我们大家无论男女，都能看到依赖和独立之间有着深刻的关系，都能看到我们无须否认相互之间的需要也可以作独立的人，而这项工作才刚刚起步。

今天，或许最令托克维尔惶惑不安的是，家庭已不再是联结个人与社会，个人与教会，个人与民族的大道德生态的组成部分了。今天的家庭，是私人领域的核心；它的目的不是联结个人与公共世界，而是尽可能地躲避公共世界。在我们的商业文化中，消费主义以它的种种诱惑，电视媒介以它的形象榜样，愈加强化了这种倾向。美国人其实并不像心理治疗观所鼓吹的那么自私。但是他们认真的利他主义精神,通常是不会超出家庭的院墙之外的。因此,托克维尔曾经极为担心的美国个人主义的倾向,即使得"每一个公民"养成孤立于自己的同类、龟缩在家庭和朋友的小圈子里的性情的倾向,今天确乎正在成为现实。"自己照顾自己"是一种可敬的动机。但如果再加上对公共世界的怀疑和避讳,那就构成助长托克维尔所担心的专制主义的一个条件了。

注释

[1] "一旦个人的幸福最终成为衡量一切的标准,承受能力、个性力量、社会地位、群体利益、模范而负责的成年人行为,以及儿童康乐都从属于个人幸福和'自我实现',社会的安排就削弱了。……生活美满——完满的经历和一个成年人在他生活的社会中能发挥一切可发挥的作用——就失去了意义。……实际上,作用和特定地位都成了怀疑的对象,正如他们不同于——甚至对立于——自我的核心、人的本质"(约瑟夫·维罗夫、伊丽莎白·杜万和理查德·A. 库尔卡:《内在的美国人:从1957年到1976年的自画像》,基础丛书出版社1981年版,第140—141页)。

[2] 前引《美国的民主》,第603页。

[3] 同上书,第291页。

[4] 卡尔·N. 德格勒:《争执:革命以来的美国妇女和家庭》,牛津大学出版社1980年版,第一章,特别是第8页。西奥多·卡普洛的著作《中等城镇的家庭:50年的变迁与持续》(明尼苏达大学出版社1982年版)表述了在当代印第安纳州的曼西,这种形式仍有多么强大。

[5] 见N.F. 科特的著作《成年女子的枷锁:1780—1835年新英格兰地区"妇女的地位"》(耶鲁大学出版社1977年版),有关"女子学院"见第114—125页;关于民间团体见第141—157页。

[6] 戴维·M. 施奈德、雷蒙·T. 史密斯:《阶级的差别和两性在美国亲属关系及家庭中的作用》,普伦蒂斯—霍尔出版社1973年版,第

14、103 页。

[7] 科特：《成年女子的枷锁》，第 58—59 页。

[8] 同上书，第 61 页。

[9] 同上书，第 71 页。

[10] 前引《美国的民主》第二卷，第三部分，第九章。

[11] 见科特《成年女子的枷锁》，第 80—83 页。

[12] 同上书，第 127—129 页。

[13] 埃德蒙·S. 摩根：《清教徒的家庭：17 世纪新英格兰的宗教和家庭关系》，哈泼火炬丛书 1966 年版，第 47 页。

[14] 见维罗夫、杜万和库尔卡合著的《内在的美国人》第 147 页中关于对独身的社会接受能力的增加；关于对离婚的社会接受能力的增加见该书第 151 页。有关类似趋势的统计资料可参见丹尼尔·杨克拉维奇的《新规则：在一个颠倒的世界中寻求自我完善》，兰登出版社 1981 年版，第 92—99 页。

[15] 杨克拉维奇：《新规则》，第 252、98 页。

[16] 同上书，第 103—105 页。

[17] 维罗夫、道万、库尔卡：《内在的美国人》，第 147 页。

[18] 同上书，第 192 页。维罗夫、杜万和库尔卡发现婚姻和父母身份相对于工作和娱乐而言是价值实现更为核心的源泉。在前后两次调查中他们发现多数美国人从婚姻中得到了幸福，1976 年甚至比 1957 年更为幸福。他们认为，同样在 1957 年到 1976 年间出现的离婚率的增加和对离婚现象的认可，实际上可以部分地说明为什么婚姻更为美满：因为不幸的婚姻已经解体。

[19] 前引《美国的民主》，第 567、587—589 页。

[20] 前引《内在的美国人》，第 178 页。

[21] 卡罗尔·吉利：《一个不同的声音：心理学理论和妇女的发展》，哈佛大学出版社 1982 年版；巴里·桑主编《家庭的反思：女权主义者的若干问题》一书中萨拉·拉狄克《母亲的思想》一文（朗曼出版公司 1982 年版），第 76—94 页。

第五章
一般人际关系

当我们把视线从爱情和婚姻转移到美国人相互之间的一般关系上时，便发现存在着许多与前一章相同的问题。美国人在人际关系的传统形式（如婚姻）上的困难，促使他们越来越多地转向了心理治疗。本章探讨的是心理治疗作为一种一般人生观的重要意义；这种人生观过去几十年中已经从人数较少的知识精英阶层，广泛传播到美国生活中的中产阶级主流中去了。[1]我们对心理治疗的兴趣，在于把它当作一种文化现象，而不是一门治疗技术，一种思维方式，而不是一种治疗精神疾病的手段。

今天，我们不仅会用心理治疗的眼光看待婚姻，还会用它来看待家庭、工作、社区以至整个社会。现在，对于人生的快乐、人生的深层意义和种种艰难，即便只与一代人以前相比，也很少有人将它们归因于物质条件，或者用传统道德加以解释了。现在，"人际"二字似乎成了大部分生活的关键。认识心理治疗作为一种有关自我和社会的主要思维之崛起，是本书的宗旨之一。但是，如果我们先来回顾一下一些比较传统的与他人联系的方式，以及产生心理治疗的种种条件，我们就可以对心理治疗方法产生更好的认识。

各种传统关系

亲属关系，乃是存在于一切社会的一种重要的关系形式，美国社会自不例外。不过，在比较单纯的社会，亲属关系高居于一切其他关系之上。而在比较复杂的传统社会，亲属关系提供了丰富的关系词汇，对不是亲属的人也可以广而及之。在这些社会里，年轻人管没有亲戚关系的年长者叫"叔叔"、"阿姨"、"爷爷"、"奶奶"，并非是件唐突的事。即便只是偶尔相遇，以亲属之名称呼，也可确立一种预期的相互作用的形式。在美国社会、尤其是在它的主体中产阶级当中，扩展了的亲属关系并不是相互关系的一种中心形式。然而即便是我们美国人，某些假称的亲属关系词汇仍然是重要的，乔·戈曼说萨福克是个"大家庭"，便是一例。

亲属关系的价值——有时也是它的责任，在于这种关系是独立于个人的意志而存在的，并且在很大程度上可以用理所当然的态度去对待之。亲属关系既是对个人的支持，也是对个人的限制。在我们这个个人主义的社会，我们对亲属关系的态度是矛盾的。我们一般非常珍视家庭，认为家庭是个人几乎可以无条件地指靠他人的一个少有的场所〔罗伯特·弗罗斯特（Robert Frost）说："家庭这个地方，当你必须去的时候，他们就必须让你去。"〕[2]。同时，我们对亲属关系隐含的对个人决策的限制，又是十分警觉的。因此，我们甚至在血缘关系中，也往往会选择那些我们特意培养的关系。毫无疑问，亲属关系和亲属关系的假称在提供美国人相互关系的基本格局方面，在殖民地时期显然比今天重要，不过美国从来就不是一个以亲属关系为主导的社会。尤其是世袭关系——主要指地位继承关系，在美国从来就不是决定性的东西；试图引进英国贵族制度的努力，在美国的土地上一次次惨遭失败。与此相应，美国从来没有欧洲意义上的农民，而只有自耕农——独立经营的小土地主。给人当佃工，一直被看作是一种暂时的状况，而不构成世袭的依赖地位的基础。

除亲属关系外，宗教信仰也可以成为社会团结的基础。约翰·温思罗普在《基督慈善的楷模》一书中指出：基督团体的成员可以构成一个社会群体的模范，它将在新世界中通过相互支持把个人紧密地团结起来。亲属关系为宗教团体的形成提供了重要的形象楷模：人民是"天父"的"子民"；是"基督门下的兄弟姊妹"。然而，基督教团体的基础，是对他人的爱和关心的普遍义务；它的扩展，可以超越、甚至先于实际的亲属义务。我们在第九章将会看到，宗教仍然是美国社会关系的一个重要策源地，同时也是思考整个社会及其在世界上的地位的象征的源泉。不过，今天宗教无疑已经失去了它在美国历史上左右人们相互关系格局的中心作用。

公民传统，也为思考美国的人际关系提供了重要素材。公民的身份本身即确定了权利和义务的概念，相互尊重和相互负有义务的概念，这在许多不同的情况下，决定了美国人相互关系的方式。我们将在第七、第八两章中看到，美国人迄今仍然花费相当大的精力，"主动参与"各种公民组织和公民团体。他们珍惜这些活动产生的各种关系和友谊，但他们今天已不能很好地理解曾经一度赋予这种关系的道德意义了。

由亚里士多德提出、经西塞罗（Cicero）详述，并在几个世纪内为基督教的人格观所理解的友谊观[3]，是殖民地时期和共和国早期的美国人所熟知的观念。既然当代的友谊观染上了浓重的心理分析观的色彩，值得记住的是，传统的友谊观是由三个基本成分构成的：朋友之间必须享受相互的信任；必须相互有用；

必须具有对善的共同承诺。今天，我们确定友谊的标准主要是第一个标准：朋友即为我们乐意与之相处的人。对我们来说，有用一说，似乎在一种以自由、自发为重的关系里面，显得有些文不对题，尽管我们大家都明白，对那些今后可能用得着的人持"友好态度"，是很重要的。我们最难理喻的是第三个成分，即对善的共同承诺，因为这看来似乎与友谊的事并不相干。在一个表现型个人主义和功利型个人主义占统治地位的文化里面，我们很容易理解乐趣和用途的成分，却难以看到从共同的道德责任角度看待友谊的意义所在。对亚里士多德及其追随者来说，正是友谊的道德成分，使友谊成了一个好的社会的不可或缺的基础。由于朋友的主要义务之一，就是相互帮助，共同成为更好的人，所以个人必须持有自己交友的标准，并指望真正的朋友也会这样做。传统上，朋友的反面就是阿谀奉承者，对人说话投其所好，决不吐半句真言的人。这种爱朋友、但首先是爱朋友之德的深刻的友谊观，也包括夫妇之间的友谊的概念。"无条件的接受"，这种据认为属于真正的爱情和友谊的概念，并不意味着放弃道德标准，就连最亲密的关系也不例外。人有宽恕的义务；确切说，宽恕，特别是基督教意义上的宽恕，乃是真正的爱情和友情的标志。然而，宽恕并非迁就。宽恕与更好地体现善的努力，是并行不悖的。

传统上，作为"心灵的习性"的中心的，正是这种与友谊结下了不解之缘的各种美德。传统观念还认为，友谊以及与友谊有关的美德，不仅仅是属于私人的：它们对于一种公民秩序来说是公共的，甚至是政治的；所谓"城市"，首先是一个由朋友组成的网络。没有这种公民的友谊，一个城市就会蜕变成不受任何公共团结节制的、竞争的利益集团之间的角逐场。

传统的友谊观，更加适合于作为美国社会的早期特征的面对面的小乡镇社会，而不太适合于我们今天的情况。在这种小的乡镇社会里，人们明显地不仅互相帮助、乐于相互为伍，而且共同参与各种有助公益的事业。对他们来说，传统意义上的友谊观是完全可以理解的，尽管实行起来绝非易事。

在早期的美国社会，友谊绝不仅仅局限在地方社区内部。尤其当共同的事业把人们团结起来的时候，背景大不相同的人也可以成为朋友。反抗英国的革命斗争和新国家的创建，尽管存在种种紧张、敌对和争斗，但仍然使各殖民地的人民走到了一起，并产生了一些异乎寻常的友谊关系。亚当斯和杰斐逊之间的友谊，或许便是一个卓越的典范，这在他们一生的大批信件往来中逐年记载，有案可稽。18世纪80年代，两人鸿雁往返，乐此不疲；及至90年代，双方在共和国日渐抬头的党争之中各树一帜，相互为敌，书信往来日渐稀少。1800年，杰斐逊击败了亚当斯竞选连任的努力，一场苦斗，致使双方书信全无。后来朋友们插手调解，1812年，两人又恢复了书信来往，而且内容越来越丰富，此后几乎一直持续到1826年7月4日建国50周年两人同时去世的那一天。他们在相互仇视了一段时期之后能够和解，说明他们具有把对公共利益的共同关心，放在党派分歧之上的能力。1820年——当时两人都已是垂暮之年，杰斐逊在写给亚当斯的一封信中阐述了他们之间友谊的基础："我们从未有意伤害过他人；我们也曾顺应时势，为我们的国家做了一点与天赋予我们才智相当的好事……同时，我们的至谊一如初交，亲密无间。"[4]

美国人的紧张病

19世纪30年代，托克维尔注意到，美国人生活中的某些特征危及着传统的人际关系——无论是亲属关系、宗教同道，还是公民友谊。他写道:"民主并未培养出人与人之间的强烈感情,但都的确使他们的一般关系建立在比较轻松的基础上了。"托克维尔认为,在比较古老的社会,一个人知道他与其他人的相对地位,因为当时存在着一整套既定的地位和角色,每一种都暗含着某种得体的友情形式。在美国这个流动性很大的平等主义社会里,人们之间的接触比较容易,相互交往比较开放,但他们之间的关系也往往比较随便和短暂。造成这种随便性和短暂性的另一个原因,是托克维尔所说的美国人"在繁荣中的躁动不安"。他说:"在美国,我看到了最自由、最有教养而且生活条件是世界上最幸福的人;然而,我觉得他们的眉宇之间经常笼罩着一层阴云,即便在高兴的时候,也显得那么心事重重甚至愁眉不展",因为他们"从不停止盘算把那些尚未得到的好东西弄到手"。托克维尔认为,这种追求美好生活的躁动不安和哀愁心境,由于"全体竞争"在美国取代了部分人的贵族特权,而变得愈加厉害了。因此,虽然美国人的努力和乐事比传统社会来得轻快,但他们的希冀和欲望也遭受到更大的挫折;"内心更加焦灼、紧张"。像这样一个"见什么抓什么,但没有一件抓得牢","又好动、又好争、又好急的民族,如何能够维持持久的关系呢?"[5]

托克维尔在他那个时代受过良好教育的美国城里人身上发现的这种倾向,在19世界最后几十年引起了公众的广泛注意。乔治·比尔德《美国人的紧张病》(1881)一书,使"神经衰弱"这个词大为流行:一种似乎浸染了那个年代许许多多"温文尔雅、教养有佳的"美国人的流行病。一方面,比尔德等人把这一新的全国性疾病归咎于铁路交通、电话、劳累过度、职业专门化和观念高速更新等异己现象,同时又常常用"现代文明"一语来概括造成这种疾病的根源。神经衰弱是"随着文明、文化和教养的进步而滋生、孕育起来并得以持久化的……这一现象城市甚于乡村；讲坛案头、账房簿室甚于店铺农庄。"[6]因此，比尔德（Beard）对这一唯一祸及"进化上最先进的人"的疾病感到的骄傲，并不亚于他对造成这种疾病的根源所感到的遗憾。

无论造成这一疾病的医学根据是什么，"神经衰弱"的破坏性影响，在1880—1920年间一些著名的美国人所写的传记中记载翔实。可以想到的有亨利·亚当斯（Henry Adams）、查尔斯·伊夫斯（Charles Ives）、威廉·詹姆斯（William James）、简·亚当斯（Jane Addams）、尤金·德布兹（Eugene Debs）和伍德罗·威尔逊（Woodrow Wilson）等几十个人。纵观美国人初次对自己的精神健康问题发生大规模觉醒的社会背景，可以看出人际关系的性质发生了关键性变化。比尔德本人指出："美国人享有的自由和刺激，足以使他们努力超越与生俱来的地位，而不论其地位如何；足以使其向往得到最大可能的财富和光荣。"他认为，这是造成美国人紧张病的一股力量。此外，造成这一现象的另一个事实是："所有阶级都不断存在摩擦和动荡——因为大家都在摩拳擦掌地想要看看谁会赢得第一名。"[7]

具体来说，人们对"美国人的紧张病"感到普遍关切的年代，正是美国的全国性市场剥夺了乡镇和地区性城市的有效独立，并把越来越多的美国人投向一个以教育、迁徙和竞争能力为基础的全国性职业世界的时期。在这个世界里，个人主义日臻成熟，渐少受到《圣经》传统和共和主义传统的制约影响。这一重大的社会变革对个人来说，即是面临着自己尚无法应对的挑战和不确定因素。他们比以往任何时候都难以光靠亲属关系、地方社区或世袭地位，来确定自己与别人的关系了。在新的、流动性的中产阶级世界里，自主的个体必须在个人的荣誉和前景完全取决于个人施加影响和进行协商的能力的情况下，独立地与其他自主的个体打交道。这种情势下的社会交往，通常是频繁的，但又是有限的和短暂的。"友善",几乎成了缓和社会交往中的困难的必然手段,而传统意义上的友谊,则变得越来越困难了。人与人之间能够而且必须是相互有用的、也可以相互欣赏对方做伴。然而,在个人主要追求自己的私人利益或雇用他们的组织的利益的世界里,人际关系为某种公共利益服务的观念,已经变得日益难以确定。妇女进入职业世界后——尽管只是初步进入,也染上了"现代紧张病",更无须说她们还要为丈夫、孩子的竞争成败提心吊胆了。

新世界里这种需要作出巨大努力才能确立和维持的紧张而有限的人际关系,和比较传统的、可以当然指靠的慰藉性人际关系的衰落,给个人造成了巨大的压力,也是19世纪20本世纪初频频侵扰美国中产阶级人士的紧张病的一个主要成因。我们正是应该从这种背景出发,来解释20世纪心理治疗文化和日渐重要的心理治疗关系的形成原因。心理治疗与其说是对新的精神疾病的一种治疗方法,不如说是为那些处于前所未有的精神压力下的人们提供的一种支持。

认识上述转变的另一种方式,就是把它看作涉及现代中产阶级人生观的一种现象。一个值得深思的事实是:"中产阶级",这个含有新的文化和社会意义的用语,只是在19世纪最后几十年才开始出现的。18世纪时的通常说法则是"中间状况"、"中间利益"和"中间等级"。所谓中间状况,主要指介乎贫富之间的中等水平,是一种均衡的状况。18世纪的美国人意识到,处于这种中间状况的人占绝大多数而又没有真正的贵族和赤贫的群众,这些事实必然对美国社会产生巨大的影响。他们的推理与亚里士多德如出一辙,即认为处于中间状况的人作为独立公民,最适合于支持共和制度,反对君主政治和专制政治。

然而,19世纪的"中产阶级"概念,则不再是中和、均衡和豪富赤贫之间的中等水平的概念了。据认为,所谓中产阶级,是由那些正处于上升地位的"心思缜密"、"雄心勃勃"的人组成的。中产阶级和日益由中产阶级所塑造的社会,被认为是在无限地朝着新的富裕和进步的水平上升着,这个新的中产阶级认为,处于一定衡定状态的上层和下层阶级,是不正常的,充其量只是暂时的。中产阶级关于一个包容一切的、并最终容纳每一个人的上升进程的思想,构造了美国社会的中心的,甚至在很大程度上无人质疑的形象。[8]

关于中产阶级的新思想对个人产生的意义,另有一个仅在19世纪中叶和末叶才变得流行起来的新词作了概括,这个词就是事业,意指"能够提供升迁或荣誉的职业或就业生活的历程。"职业本是一个旧词,但当它与"天职"思想发生分离并进而表达新的事业概念时,它便产生了新的含义。若从天职意义说,从事一项职业,意味着在社会群体内承担某种具体的职能,并在该社会群体的公民和文明秩序的范围内开展活动。但作为事业的职业,则不再以任何面对面的社团为基准,而是以与人无涉的优胜标准为导向,在全国性的职业体系范围内开展活动。从事一项职业,不是扎根于某个社会群体,而是逐渐实在地产生了"向上运动和向外运动"的含义。它的目标,不再是实现某种共同认识的生活形式,而是获得"成功";而成功的魅力恰好在于它的无限性,它的增生性,也就是说,无论个人取得了什么样的"成功",他总是可以继续取得更大的成功。[9]

19世纪的美国人后来日渐明确地认识到,这种不断上升的生活绝非易事。一方面,个人能够指望得到"无条件接受"的人越来越少;同时,他必须有自律、有竞争力、有抱负,能够顺应瞬息万变的局势和要求,舍得离家求学或依就职业升迁的机会。正是在这样的条件下,对精神健康的关切成了美国人耿耿于怀的中心问题,而五花八门的心理治疗偏方秘诀,便应运而生了。

如果说当时美国人已经开始发现——用乔治·比尔德的话说——他们是"整个历史上最紧张的一个民族",他们却仍不愿意放弃以传统的道德告诫形式作为解答,尽管这些道德告诫已日益染上了科学的和心理学的色彩。威廉·詹姆斯认为,习惯和意志,只要培养得当,就可以解决我们的大部分问题。他用其时那种豪放的口吻写道:"人格性情中最令人鄙夷者,莫过于精神紧张的感伤主义者和梦想家,他一生感月伤花,情意缠绵,却连一件有男子气概的实事也干不出来。"作为具体告诫,他敦促他的读者:"于微小不足道处力行禁欲或仿效英烈,持之以恒;每过一二日,不为其他,只拣不愿为之事一为。"他认为,苦行的意志可以通过习惯性行动,把神经系统变成道德人格的工具。然而,到了19世纪90年代,詹姆斯逐渐认识到,光凭意志去冲锋陷阵或许是无效的,并进而提出了"放松的福音"的主张。1902年,他在《宗教体验种种》一书中,描述了一种更加广阔的潜意识的自我,并把它的强大本源叫作"习俗"。自我放松似乎是自我主宰的必要的先决条件。美国人中从玛丽·贝克·埃迪(Mary Baker Eddy)到诺曼·文森特·皮尔(Norman Vincent Peale)这类主张把大众心理学和略带精神意味的宗教偏执作为幸福和健康的关键者,不乏其人,影响甚广,詹姆斯只不过是其中比较成熟的一个。[10]

然而,无论他们提出的办法是加强意志力、休息治疗,还是凭借"无限的力",这些办法都是向紧张焦灼的中产阶级个人提出的,因为对于他们来说,亲属关系、宗教同道和公民友谊关系均已无法或不足以提供精神支持了。各种传统关系不足以向负担过重的个人提供的支持,现在则以新的制度的形式登上了舞台,

1909年，弗洛伊德访问美国；至此，美国已经发表了约90篇有关"心理治疗"的医学论文；"心理治疗"一词，也在官方的医学索引中占据了一席之地。20世纪美国心理治疗的形式是多种多样的，有的产生于医学，有的导源于宗教，有的则是大众心理学的产物。但是，构成大多数形式的——无论所涉理论如何，乃是病人（或称当事人）与职业治疗专家之间的关系。确切说，这种关系本身，也就成了心理治疗的主要工具。《美国的精神健康》一书的作者，详述了这种心理治疗关系的独特性质：

> 今天的人物是通过在一种契约关系中重新体验生活来寻找自我的。这种关系的本质，便决定它脱离了"真实生活"，是人为的，因为它所包容的各种情绪和感情并不是这种关系的原生物，而是属于现时世界中其他主要关系的……精神分析（和精神病学）是企图通过使人们脱离社会和各种关系来达到治疗目的的唯一精神治疗形式。所有其他形式——萨满教（崇尚巫术治病的教派——译者）、信仰治疗、祈祷等，都把社会关系带进了治疗过程；把病人和其他人之间的相互依存关系当作治疗过程的中心手段。现代精神病学使苦恼的个人孤立于情感交融的主流；它解决烦难的办法，在于避实就虚，通过思想的和言语的讨论、诠释和分析，对烦难问题任意加以处理。[11]

虽然我们对20世纪美国有多少人使用心理治疗没有准确的统计，但有理由认为人数正在持续增加，尤其是第二次世界大战以后。今天美国人去看"精神健康专家"的人数是20年前的3倍。年轻、受过良好教育、住在城里的专业人员，最有可能实际寻求过专业心理治疗帮助；但到了1976年，社会各方面都越来越多地转向专业帮助了。[12]

作为典范关系的心理治疗

心理治疗是一种特殊的关系。我们必须先弄清它的具体特征，然后才能明白为什么它会日益成为所有关系的典范。心理治疗专家伊丽莎白·舒琳（Elizabeth Shulin）在思考是什么东西使得心理治疗不同于爱情或友谊时说，心理治疗是亲密与疏远的一种独特的结合。"焦点实际上是在个人身上，而且在这个界定的治疗关系之外别无其他关系。然而，心理治疗关系却是一种具有非常狭窄、非常深刻的本质的关系。因此，它可以达成在普通既得利益关系中无法实现的坦诚相见。然而，让你能够吐露这么……这么多心声的东西，恰好是疏远。所以这是一种既公事公办又拉近乎的奇异结合。它为人们提供了一个极其特殊的场所，在这里，人们可以在安全可靠、无拘无束的情况下，在完全不受别人那一套东西干扰的情况下，放眼审视自己。"心理治疗关系虽然具有真正的情感内容，很亲密、交流很坦诚，但它又是极端疏远、局限和不平衡的。大部分时间是一个人讲一个人听。当事人几乎总是在谈自己，治疗专家则几乎从来不说自己。当事人因为得到专业服务而付给一笔酬金，使这种关系成为一种经济交易：当事人出钱，治疗专家花时间。心理治疗关系受到各种严格的"办事"程序规则的规定，如规定的收费额度、50分钟为一个谈话小时，以及每次谈话时间的安排等等。同时，它排斥性行为和一起吃饭等朋友间的习惯做法。就是这点"狭隘"的聚合，给了心理治疗以洞察的"深度"。治疗专家的权威，似乎并非来自道德价值，而是来自心理学知识和实践的技巧。他的作用并不在于作出判断，而是帮助当事人自己作出判断。然而，尽管治疗专家不作判断，但他仍然是当事人的楷模。

由于心理治疗既是一种以一个人为焦点的私人谈话，又是一种有酬的专业服务，所以它同时具有亲密关系和工具手段的双重性质。"我是付钱的"，一个中年社会工作者强调说。"这不是什么相互共享的事，今后也绝不可能是。我去那儿是想自己得到点什么，不是为治疗专家去的。他在那儿是帮助我得到它，把他的工作做好。他可能会告诉我一些他个人的经历，但那也只是因为他认为这样做有助于我的成长。"这种不对应的关系，促进人们把心理治疗关系看作是实现自己目标的手段，而不是为了某个共同的目标，或者是一系列能够把各自的目标统一起来的持久做法。这位社会工作者还说，她"深深爱上了"她的治疗专家，但想想又说，"其实也不是爱——反正，体验到的感觉就是体验到的感觉，当然喽，那其实只是一种移情作用。"心理治疗关系强调现实的相互主观性。它使参与者警惕由于个人经历不同而造成的对情况的不同界说。它提醒参与者不要把自己的感觉投射给他人，不要把自己对相互关系的看法过分地推及对方。

心理治疗关系同传统的家庭、教会和乡镇成员之间一些共同的习惯做法相比，除了相互沟通之外，几乎没有给我们留下什么共同行动的余地，共同行动的时间就更少了。在这一点上，心理治疗关系同我们这个按职能划分的复杂社会的许多其他关系，尤其是专业生活和管理生活方面的关系，具有很大的相似性。我们时常不得不短促地、具体地、有时甚至频繁地同别人产生关系，而正是在这种时候，我们的确需要成为"更好的沟通者"——讲求事实的准确，情感的和谐，并细致地体察各自的主观意识——才能把我们自己的行动同他人的行动有效地协调起来。人际关系的多样性、易变性和高难度，要求我们具有明确的表达力，而心理治疗关系恰好能够提供这方面的训练。

心理治疗和工作

　　心理治疗的重要性，由于自我实现和移情交际的心理治疗观对我们所做工作的日益人际化性质的适应，而得到了加强。[13]随着美国经济中管理部门和服务业部门逐渐占用了全国越来越多的劳动力，心理治疗也对越来越多的人的工作，起到了一种楷模而非反衬的作用。

　　其实不只心理治疗工作本身，我们所做工作的大部分，也是一种形式的心理治疗。普雷斯顿（Preston），一位研究人的潜力的心理治疗专家，在描述他如何为治疗工作做准备时说："90%的交际活动是靠身体、语气和面部表情完成的。就是你是谁、你坐在那里的姿势、你对别人作出反应的方式等。所以每当我准备做小组治疗前，我都要同跟我合作的专家一起去吃顿晚饭。晚饭一般吃上一个半小时。席间我们坐在那里也不谈当事人的事。最后几分钟才开始规划这次全面的战略。我们谈相互的事。一起抱怨，相互做心理治疗，梳理相互的感觉。然后相互又爱上了——我们必须这样做，因为平时谁也见不着谁。等我们一起同小组见面时，我们已经相爱了。这就是我们需要做的基本工作；因为当我们走进诊室的时候，我们已经是一个单位了。"同样的人际交流贯穿了从爱情到工作，又从工作到爱情的全部领域。合作者"相互做心理治疗"，以促进工作上的合作。只在工作时见面的个人，把亲密交流作为提高工作"单位"的效率的一个方法。他们之间敏感而关心的谈话，并非是与工作的脱离，而是工作的一部分。而另一方面，心理治疗的以报酬换服务的交换性质，和它严格的程序规则（按照这些规则，迟到或早到几分钟，误了约会或忘了付款，都会对个人关系产生影响），把它同更大社会的官僚结构和经济结构联系到了一起。心理治疗对个人自主的强调，预断了制度上的同一性要求。现代自我的表现自由，同现代世界的工具性控制，是并立而存的。

心理治疗观是按照企业家和公司工作的轮廓来塑造自己的。它鼓励对这类工作进行适应，无论是热心还是怀疑。在企业家和热心者这一端，它的效应极其近似一个35岁、奋力进取的保险经纪人所说的，他离婚后经过一年心理治疗给他带来的莫大好处："它使我比较能够自律了。当我感到压抑、焦虑等等时，我也可以较好地处理自己的感情了。这又使我能够较好地处理各种关系。无论从个人还是事业的角度，心理治疗对我都很有好处。"问他怎么个好法，他解释说："我现在与人共享的地方变多了，共享越多，出去见人越多，干得就越好。如果我同别人共享，他们就知道我可以照顾好他们的买卖，照看他们的利益。如果他们知道我是谁，就会因为是我而关心我。在我身上是不会有秘密的。"心理治疗可以帮助我们更加有效地"处理"自己的感觉，从而在事业和社会生活中更加成功地应对别人对我们的反应。更加敏感的自我表现，能够产生更加有效的自我伸张。"敏感不会使你弱，只会使你强"，这位经纪人说。然而，心理治疗观同时又确认了一个表现主义的公理，即这种接受和成功是以表露出来的自我的真正的善为基础的。我之所以成功，是因为别人"把我当我"来认识了我，关心我，而不是因为我多摆了些姿态。

对于大的官僚机构，心理治疗的最大抱负，是试图使公司人情化，并从而使公司更具生产力。作为对工业管理的人际关系方法的回应，心理治疗专家们证实了组织工友参加敏感而关心的交际的强大效应。[14]有位治疗专家介绍说，他的一个当事人——电话公司负责数据处理的经理，如何把"教人干什么，督促别人干好，总是像个讨厌鬼似的一般岗位要求"，变成了心理治疗的语言："她同每一个人打交道都很注意观察。她组里共有四五个人，每个人都与别的人绝对不同。她便对每个人采取了绝对不同的方法，结果她那个小组从公司最没有效率的单位，正在逐渐变成最有效率的单位。"承认每个人的独特之处，在这里似乎本身就是一种表现的目的同时它又是把人作为人力资源更加有效地加以使用的一种方法。

从更加微妙的角度看，监测自己和他人的反应的心理治疗习惯，即使在自我表现属于组织机构的"基线"目标的情况下，也渗透到官僚化工作中去了。例如，某州福利机构一位县级主管，在解释她如何依靠心理治疗的眼光使她的办事机构"着眼问题、解决问题"时说："我学会了听自己的意见也听别人的意见，从他们的角度为他们设身处地看问题。我还学会了不过分表态，因为这对于我作为一个管理人员是不利的。"她举了一个例子："比如遇到了冲突，有人想让你发火。"作为一个敏感而又有效率的管理者，"你必须知道有麻烦，但行为上又表现得像没有麻烦一样。不要提高嗓门。也不要放低嗓门。不要失去控制。拥有自己的想法，让别人对他们的想法负责。别让自己往他们的钩子上咬。"交际与同情不可能使官僚化的工作世界彻底人情化，但可以使它变得比较舒服，比较合作。还可以缓和人与人之间的冲突，帮助人们通过必须经由的规定的渠道把工作做了，同时照顾好自己的利益。"那儿的确是块弱肉强食的地方，你也的确要去争个第一"，这位福利主管承认说，"但你做你的，不要伤及别人，不要做出更多的弱肉强食的事情来"。

当个人的真实和事业的成功两相吻合的信念发生动摇时，心理治疗对工作世界便采取了另一种不那么乐观的姿态。一位时常同压力很大的中层经理、销售主任和律师打交道的人性主义心理学家，怀疑地把这类工作评价为一场人们为了谋生必须自我掩盖的"游戏"。她建议他们"不得已时就玩它一场，但应该知道这是一场游戏。不要真信。自己选好游戏的时间和场合"。她认为她是在帮助当事人对自己的生活作出抉择，即把能够带来"金钱、权力和荣耀等报偿"的必要的、但毫无个人实现可言的工作，同婚姻、消遣和家庭生活的真正快乐，看作是一种"交换"。

心理治疗观与我行我素而又刻板的官僚生活之间的吻合，尽管缓和了公司环境的非个人性，但却无法消除视人本身为目的和视人为实现组织目标的手段这两种观念之间的冲突。因此，上面那位福利主管一方面为自己的心理治疗管理风格辩护，另一方面又可以因为基本相同的做法而去批评她那位冲劲很大，但心理学技能很强的上司："她会把家里做的点心和鲜花送到你的办公桌上，同时又会做出任何必要的事以期得到她想要得到的组织性结果，促进她自己的事业发展。"这位福利主管回忆说，有个享受福利的人自杀了，她上司关心的唯一的一件事就是"我们是不是堵塞了所有的法律漏洞"。接着，她总结了她作为一个持心理治疗观、但在官僚世界里工作的个人的不满："最令我感到丧气的是搞不清什么是个人的，什么不是个人的，理不出个头绪来。总觉得受人引诱似的，害怕被别人利用。"心理治疗技巧和实践所培养的工作关系，与心理治疗的正式理想互相矛盾，却与其当事人所处的官僚体制相一致。"在我工作的体制里"，这位福利主管说，"我们的座右铭可以写上：'如果你不需要报告，那它就没有发生'。外表和规章，才是唯一要紧的！"她大声说。"除了什么是合法的就再也没有其他意义了。这就贬低了人的客观现实，即人与人之间的人的关系。"对于州府机构雇用的专业人员来说，他们对组织目标和官僚机构处处设防之间的冲突，或许有格外强烈的意识。但是，我们许多人都有一个共同的文化信念，即我们生活的意义是独立于包围着我们的各种规则和规章的。它们虽然无所不在，但纯粹是一些程序上和制度上的变数，虽然可以迫使我们遵从，但却无法用某种有关善的大的理想来征服我们的精神。用这种手段实现的社会一体化，仍然是区别于自我一体化的一种策略努力。

作为对应，我们可能就会在工作中寻求不受人摆布的友谊。我们就可能言不由衷地去充当工作中的角色，以作为对家里或消闲时的真我的补偿。然而，这种角色和关系的频繁转换，会使我们觉得我们的真我是存在于所有这些东西之外的。普雷斯顿很注意培养当事人的这种熟悉的感觉，以便"平衡你的活动搭配，掌握节奏以完成更多的事情"。他还把健康的人比作不断生长的植物："一个健康人就像一株植物，总是在不断生长。我们大多数人都不需要像西红柿苗那样打上支杆。我们本质上都是优良品种，所以，只要有充足的阳光和水分，我们就能生长得很好。你可以朝任一方向长，这会使世界变得更加多姿多彩。这种看法违背了美国人的清教传统的那一面，即只有一种生活方式，人人必须适应这种方式的思想。心理治疗就像是民主的一面。如果你变得很独特，朝不同的方向生长，这对你，对每一个人，对整个社会都有好处。"这种理想的自我，既以各种角色导向的活动为基础，又要超越这些活动。个人无限生长和任意生长的信念表明，弗洛伊德后的心理治疗观的基本隐喻，具有终极的无目的性。没有受到质疑的，则是它的制度背景。个人"生长"完全是私人的事。它可能涉及官僚规则和角色结构内的周旋、工作变换，必要时甚至变换配偶。但缺漏的却是一种个人可参与其中以改变挫折性和局限性的制度结构的集体氛围。心理治疗的"民主方面"没有任何公共的论坛。心理治疗的自由，则更加接近市场经济的自由选择原则，而不代表共和国自由公民参与共同论辩和行动。

心理治疗的自我——如我们在第三章所见，是由成本—利润公式计算下的自我欲望和自我满足所规定的。它的社会美德主要局限于移情交际，讲真话和平等协商。普雷斯顿提到美国民主，这使我们想到心理治疗的人际关系美德，同现代自由主义长期主张的社会美德何其相似！现代自由主义认为，个人本位和平等主义的社会，应该强调每一个人的权利和自由，并应用契约协商和对等交换来制约个人的权利和自由。这种民主说还提醒我们，我们的个性取决于一个千姿百态的社会允许我们在工作、就学、宗教信仰、住地和生活方式等问题上选择"不同的方向"。同时，它也取决于社会通过那些协调各种复杂制度的规则所强加给我们的统一遵循——从交通规则、许可证到办公时间和办公程序，无一不在其中。

心理治疗帮助我们把在这个社会上的经验变成个人的生活意义，然后又回到社会行动中去。为了寻求自我的再统一，心理治疗观使我们疏远具体的社会角色、社会关系和社会习俗，以及与此有关的权威、职责和美德。然而，心理治疗本身又是一种规矩严密、谨慎平衡的关系。它把社会契约说融入我们的亲密关系中；它在我们的心里呼应着"随和者得人心"这种与他人进行受到程序性调节的合作的思想，以便实现可资购买我们私人快乐的各种实惠功利。[15]

心理治疗提出的问题，并非亲密关系专横地过多占据了公共生活，[16]而是经济和官僚世界的纯契约结构过多地变成了个人生活的思想模式[17]。这一模式与我们的体验是共鸣的；而我们的体验，又是通过在管理和个人服务经济中支配越来越多的面对面工作所获得的人际感觉而进一步获得的。从董事会到卧室，又从卧室到董事会，这种无所不在的契约性亲密关系和程序性合作，正是有可能使个人美德和公共利益理想变得模糊起来的潜在威胁。当心理治疗观超出个人自我的范围，它看到的便是福利国家的价值。然而，一旦越过了开明的自我利益、社会契约和不伤害他人的起码义务，心理治疗观对个人或公共生活的性质和宗旨，便再也无可奉告了。

心理治疗的契约观

心理治疗的实践者们认为，心理治疗是从个人选择和人际协议的角度解释责任关系的自我澄清过程，而以此强调的，则是"知道自己的感觉"的首要性。我们在第三章已经看到，使得个人能够实现自我并有效地建立同他人的关系的自我认识这一更大任务，正是建立在这第一步的基础上的。本着这种观点，爱伦·施奈德（Ellen Schneider），一个45岁的新弗洛伊德派心理治疗专家解释说："我使用心理治疗的方式，和一个人在健康的意义上行事的方式，属于同一个过程。你必须确切地知道自己对某一情势的感觉。必须了解自己的价值观以及这些感觉同你的价值观之间的确切关系，而不论这是不是你愿意感觉的方式。然后，你必须根据这些价值和感觉确定自己的优先目标，尽可能给自己多提供一些可能的选择（许多人有眼障，认为'我要么这次晋级，要么就去死'。他们看不到还有其他一些选择）。然后，你必须尽量选择出最好的、当时对你最有建设意义的道路，并坚持到底。"一个健康人的行动步骤，是从发现感觉到确定价值；从确立优先价值目标到提出实现优先目标的备选策略；又从选择一项策略到把它实施到底：这些步骤实际上就是旨在实现自我的战略行动核对表。这是"健康人"的生活方式，从而也就是我们应取的生活方式。它同管理学院教科书中关于决策过程的描述，似乎并无太大的不同。

心理治疗专家认为，每个人的价值观都是天赋的，或者是自我确定的，因此心理治疗专家似乎并不作任何道德判断。艾伦·施奈德指出："生活是由起落沉浮组成的。生活并不是那种'这些就是游戏规则，你应该按规则游戏'之类的具体事情。观察生活的乐趣在于一切都是变数，这就使你能够容忍去做心理治疗一类事。"我们已在第三章看到，那些采取明显的相对主义立场的人，仍然可以假定一个"平衡的"或"中心的"自我，一个顺应"真正的"而非"变态的"需要以确保其合理性的自我。然而，这种自我的最鲜明的含义，是以通过交际和协商实现的契约性交换为中心、以每个人仅对自己负有终极责任为基础的一种人际关系观。

这种心理治疗观不仅拒绝采取道德立场，而且对"道德"极不信任，认为心理治疗意义上的契约关系，才是看待人的行动的比较完整的参照系。一位格式塔心理治疗专家对从"道德"向心理治疗观的过渡作了如下概述：道德形成于"对父母、权威人物和宗教、学校方面的任何'重要的他人'的价值观的仿效；形成于对法律或习俗等东西的接受"。道德的持续，在于"把这些价值纳入我应该如何做人之中；在于按这些价值行事以及发现与这些预想相符的究竟是什么样的结果"。然后可能出现一个转折点："一旦这些预想未能实现，人们就会说：'出了什么问题？为什么结果不对？我为什么没有因为善良而得到香橙花和玫瑰花？'"心理治疗提出的就是这样一系列的问题，它帮助当事人从不同角度调整他们的眼光："到这时，他们开始在个人愿望和欲望的基础上形成价值，即哪些东西是他们愿意以给予来获得的；哪些是为了获得也不愿给予的。这确立的关于世界的概念，与其说是一种涉及事物"应该怎样"的问题，不如说更多的是它们"是怎样"的问题,并为此进行一些基本的实验。"是对是错"的问题,变成了"目前这样做对我行不行?"个人必须根据自己的欲求来答复这些问题。世界的运行最好从它所引起的耗费和它所产生的满足的角度去看。我们每一个人在满足自己的某些欲望而牺牲其他欲望时,都面临着成本—利润之间的"交换"。

这一交换模式突出"价值观的不同",因为这种东西最难以理性化,最需要同情的直觉。这些由于心理治疗的磨砺而敏锐起来的对他人"价值观"的直觉进入到人际关系的权衡之中,把行为放到了基准线上:"这时,你会对你的行为将对另一个人产生什么影响变得十分敏感,并从而作出预测:假如我这样做,他就会那样做,"施奈德解释说。"然后你就要权衡一下利弊了。为了在某个关系中做成一件重要的事而让他生一场气,这样做值不值得?这样一来,人们就会看清楚,为了谁倒垃圾的事生气毫无意义。但为孩子病了要看医生而心急如焚却是值得的。"从理论上说,每个人都应该自己确定在与他人的关系中什么行为是"重要的",并且把自己的行为与他人的反应联系起来"权衡利弊"。每个人都必须按照自己确定的价值观行事,必须接受"个人仅对自己的行为负责"。就是这样一些任务,使心理治疗者的道德生活变得极端贫乏。事实上,心理治疗意义上的契约关系,它对人际关系提出的如此敏锐的洞察力、同情心和权衡意识,以及如此严格的自我责任的形式要求,通常却因为人们实际共有的认识——有共同的"人的需要"需要满足,有共同的伤害需要避免,有共同的义务需要履行,如送孩子去看病,而得到缓解。

纯粹的契约观,由于它自身的逻辑,而使任何责任陷入不稳定之中。契约双方仍有选择的自由,亦即仍有破坏一切承诺、作出新的承诺的自由,只要他们愿意为此付出代价就行。[18]青年心理治疗专家阿勒克（Alec）叹息道："承诺是需要努力的，而我们对努力已经厌烦了。一天工作下来回到家里，我最讨厌的，就是听别人坐下来说：'喂，让我们坐下来理理我们的关系吧，让我们谈谈吧。'谈谈可以，但我今天已经干了八个半小时活了，你知道吧。我们还是坐下来看会儿电视吧。"他抗议完了又坦白说："这就好像是自己定期在问自己：'这值不值得我努力？值不值？'"由于面临着个人关系上和工作上不断作出努力的需要，独立而平等的自我不得不开始怀疑他们之间相互承诺的契约关系：他们是否得到了想要的东西？他们得到的是不是同给予的一样多？是不是同能从别处得到的一样多？如果不是，他们就往往会想到退出来，从别处寻求实现。心理治疗专家可能会奉劝他们说，持久承诺是自我实现所必需的。但是，按照这种"给予—获得"模式，个人必须用自己独特的经验来检验这种说法并依据自己的"价值观"作出判断。由于每个人的感觉和价值都是主观的，要找出行为的基准线并与他人得体地交往，可谓困难重重，令人望而却步，以致"长期关系"不仅在实际前景上极不稳固，而且心理治疗对此提出的种种要求，也苛刻得吓人。因此，适用于专业和管理工作的契约模式，或许是承受不了持久承诺关系的重负的。

心理治疗和政治

政治作为"求取可能的艺术"这一通常的定义，把政治视为在个人、集团、社区相互竞争的混乱状况中谋求妥协、实现共存的一种方式。我们或许可以预期，心理治疗专家会承认他们所认识的人际关系，包括刚刚讨论过的"心理治疗意义上的契约关系"，同上述定义的政治之间，存在着某种亲缘关系，并对这种政治投信任票。然而，情况通常并非如此。相反，他们对政治表现出沮丧、失望和幻灭。对他们当中的许多人来说，对政治的怀疑，几乎达到了认为有政治就不可能有道德的地步。因此，分析一下同我们的经济与专业生活的某些方面如此相和谐的心理治疗观，为什么会对我们的政治生活存在这种困难，这将是非常有教益的。

　　心理治疗专家怀疑政治的一个原因，与道德相对论的问题有关，这在个人对个人的关系中已经够难的了，而一旦涉及一大群人，就简直变得束手无策了。阿勒克——我们刚刚听了他对人际责任关系需要付出努力的强调，解释了为什么公民责任会提出更加令人望而生畏的要求："如果公众在对什么是有益的、什么是无益的问题无法求得一致达成信任，那么，信任或独自判断任何一件事物都是相当困难的。堕胎问题，你知道吧？似乎是一方认为：'我们必须自己支配自己的身体，这很重要。'另一方则认为，我们夺取无力保护自己的生命，这太可怕了。人们认为正确的东西，从报偿意义上正确的东西，是不同的，而这就是关键之所在——就像政治的目的，是设法使某种辩论有个结果，想完，又完不了。就像政治，本身就是个死胡同。"如果反驳说：政治的目的并不在于终结什么，而是力图在不断辩论的过程中作出公平、实际的决策，那就是没有弄懂这位心理治疗专家的抱怨的深层含义。因为，这种辩论的有效性本身，就意味着在自我的性质和给予个人所应得的东西等问题上，存在着某种接近于深层道德一致的东西，而不单纯是个人偏好的分档记录。但心理治疗专家并不相信有这种道德一致存在。即便在两个人之间，这种一致也只有通过面对面的交谈中精心培养的移情作用才能实现。众人之间是不可能实现这种一致的。

　　既然抱定这一信念，心理治疗专家极少在道德论战中看到政治说服力,他们通常把道德论战说成是"智力游戏",因而是令人捉摸不透的,甚至是一种压服性企图。然而,他们却时常发现,他们训练有素的移情作用和人际关系敏锐力,在政治领域往往行不通。施奈德长期从事县里的精神保健和反对虐待儿童的工作,她费力地解释为什么政治如此"令人丧气";为什么她发现自己对政治"毫无影响":"让我吃惊的是政治的复杂性",她惊叹说。"让人挠头的是头绪那么多,而且又没有一定的解决办法。我通常都能理解对立派的观点。也有些事不行,如堕胎问题——我对此有很强烈的看法。但对很多事,我都能充分理解他人为什么会那样,如像福利问题。我想你也知道,作弊的人也许有,但我自己不这么看;你知道,人们不希望白白纳税的心情总是可以理解的。从他们的角度就看不见我能看见的人,所以很自然,他们就有这种感觉了。"她激动地摇着头:"真难呵,盲人摸象似的,就像有人说:'求求你了,有没有谁能给我说说全面情况,这样大家才能凭同样的信息工作呀!'"当问到有没有什么可以促使这种全貌出现的程序时,她回答说:"没有,有时我深信根本就没有任何可以实现这一点的途径。我这么看是因为我们做的大量工作都是靠赠款,而且我在反对虐待儿童方面也很活跃。这或许是政治性最强的一个领域,花在弄清别人——全州、全地区、全国在干什么上的时间,多得吓人。……真是发疯!"堕胎、福利和虐待儿童等问题的复杂性,由于强调个人对这些问题的感觉、价值和优先目标的相对性,而变得更加复杂化了。考虑到这些问题的客观复杂性和对这些问题的冲突反应的主观混乱,心理治疗提倡的面对面沟通的移情作用,便收效甚微了。它无法弥合个人对个人的局面与公共生活巨大的社会规模和重重官僚障碍之间的鸿沟。即便受过高等教育、生性敏感的人坐下来把问题谈透从理想上看是可能的,但那些有能力这样做的经理人员

第五章　一般人际关系

和专业人员早已被过分繁重的工作、专业责任和家庭义务"烧焦了"。施奈德并不把自己尽量少参与政治的决定看作是把自我利益放在公共利益之上的选择,而是看作维持精神健康的必要手段。

　　由于主客观复杂性造成的种种实际困难,加之缺乏达成一致所需的时间和移情能力,心理治疗专家的政治观更是陷入了难解的死结:政治是深刻虚假和无以逃避的。伊丽莎白解释了促使她达成这种结论的某些体验。作为一位化学教授和一位社会工作者的女儿,她回顾了自己在一所学生运动风起云涌的文科大学里读书时对政治逐渐产生幻灭感的过程。"太僵化了",她总结说。政治积极分子们对福利经济和军事防御等复杂问题,采取了种种斩钉截铁的道德立场,而她后来认识到这些立场本身却根本就是不明确的。激进组织把僵死的规则强加给个人情感——甚至"规定会上有人哭了该怎么办"。这些现象只不过是一个更大困难的症状,即政治——无论是激进分子的政治还是总统的政治——都不具备尊重生活变易性的能力。伊丽莎白的结论是:"我不认为生活中有什么答案,生活中仅有畅通无阻的对话。"当问到公共生活中的对话应该是什么样的时候,她回答说,这应该是一种"不定于一尊"的对话。但伊丽莎白认为这不是也不可能是政治的运行方式:"我是说我认为政治行动只可能由那些相信有一种正确存在的人来执行。政治不可能有其他形式。而且事实上如果从政者内部不断搞对话,这种政治一般是不太成功的。我是说,你非得按照自己的信念去改造世界不可,而我偏偏就做不到这一条。"

　　这种议论的矛盾和令人感伤之处在于:政治既被批评为道德上是堕落的,又被接受为实际上是不可避免的。只有真正公共对话意义上的政治,才是值得我们去参与的。然而在现实中,政治需要的不是对话,而是绝对主义者和自私自利的内耗者,亦即伊丽莎白所说的"狂热分子",这样才能正常运转。因此,对于伊丽莎白和许多持心理分析观的人来说,由于缺乏一种至少可以时而据此达到一致的共同道德语言的概念,因而只可能一方面存在着无数个人的真实然而无效的声音,另一方面则是不真实然而却是必要的"定于一尊"的主张。

当然,并不是所有持心理治疗观的人都对政治持如此消极的观点。他们当中有些人认为把"沟通"引入政治或许会有好的结果。有些则认为政治是寻求自我发展和自我表现的领域。正如一位新墨西哥州的积极分子对罗伯特·科尔斯(Robert Coles)解释他的政治动力时所说的:"我之所以参加斗争是因为这对我太重要了。政治就是我的领域。"[19]然而,当幻灭来临时,这种热情就会像伊丽莎白的情况那样很快隐退。

由此看来,当代美国文化中如此显赫的"给予—获得"模式,既然在维系两个人长期责任关系方面存在困难,那它在取代公民友谊、维系持久的政治责任方面,困难就更大了。确切地说,理想的心理治疗世界,是各种与人无涉的官僚规则保证着人们自由进入市场选择并获得在开放而紧密的人际关系中进行移情交际的机会的世界,这是一个没有政治、甚至似乎没有社会的世界。然而,心理治疗观却无法无视社会,因为社会是与心理治疗观的中心概念即交际联系在一起的一种积极的思想。不过,心理治疗关系的性质所决定的社会,必然更多的是一个理想,而不是一个现实。

心理治疗观对社会的寻求

心理治疗的社会观,产生于美国文化中将社会生活视为实现个人需要的一种安排的一条传统线索。在一个"利益社会"里，自我利益的个体联合起来以促进最大的个人利益。戴尔·卡内基（Dale Carneigie）《如何赢得朋友和影响人们》一书的告诫，正是20年代早期这一功利主义社会观的典范。卡内基以推销员作为社会生活的活的样板，把经济成功当作社会生活的目标，直言不讳地敦促他的学生们"反反复复地对自己说：我的声誉、我的成功、我的收入，在很大程度上取决于我与人们打交道的技巧"。对卡内基来说，友谊乃是企业家的职业手段，是固有的竞争社会里的意志的工具。[20]

今天的心理治疗专家在与凭借比较微妙的技巧获得成功的经理人员和专业人员谈话时，建议实现一种不同类型的友谊。这种友谊所提供的，是本质善良的人们在一个协调得很好但时常却是孤独的社会世界里所得到的自我实现和自我价值感。施奈德指出："如果人们能够维持友谊，同其他人在一起，就不会感到那么压抑了。友谊与良好的感情调整有着积极的关系。一个人在社会上越是孤立，可能遇到的感情问题就越多。"无论早年还是近年对友谊的赞许，都是从功利的立场出发的，只不过现在考虑的是精神利益而非经济利益。生活中的好处，那些构成"好日子"的东西，目前仍然是重要的，但它们现在仅处于第二位，而构成自我价值感的主观健康状态才是第一位的。

心理治疗对更大社会的描述，也呈现出同样的转变。在这里，泾渭分明的利益联盟和对等交换的模式，从亲密关系到朋友圈子不断向外延伸，亦即所谓的"个人支持网"。个人联合起来相互交换"支持"，以"满足他们的需要，确立他们的价值"。一位心理治疗专家说，他欢迎自己的当事人参与社会，因为这种参与"对他们的确有用，对他们有支持作用"。问到有什么例子，他回答说："我给许多吸毒成瘾的人做过治疗，帮助吸毒者组织就是这方面一个绝不可少的支持性组织。学校对于许多正在生活中成长的年轻人来说,是至关重要的。所有这些属于利益社会的东西,都是极其宝贵的。"在想到社会的时候,人们最先想到的就是各种为个人服务的心理治疗、教育和社会服务组织,因为这些组织是机会的渠道,是交换的市场,是独立个人聚会的场所。

有些心理治疗专家指出,正是我们所珍惜的流动性、个人隐私和城市生活这些东西,剥夺了我们"在比较亲密的水平上和随便、自然的气氛中相互了解"的机会。因此,他们主张当事人去寻找朋友、情人或配偶,把社会团体作为寻找这些重要的其他人的狩猎场。一位心理治疗专家对单身和离了婚的年轻人说:"参加某个运动队,某个政治组织,或者某个教会。""回到学校去,即使你什么也不想学。""你需要结识其他人,"这些治疗专家劝告说,因为"关系好"的人活得长些、健康些。这类心理治疗专家在人际关系上的开明自我利益基础上,主张"爱情和亲密",反对以幼稚的自足思想为基础的个人主义心理治疗观所鼓吹的"漠不关心的自我实现追求"。这些比较"社会导向"的心理治疗专家主张建立"关系网,即建立一种家庭、朋友、亲爱者和社会的联络系统,以恢复和维持目前所缺乏的归属感"。

强调人际关系和社会,虽然看上去似乎是对"漠不关心的自我实现"的一种进步,但是,人们仍然要问:不顾一切地强调自我利益,这难道不会使人对是否真的发生了变化产生怀疑吗?为了改善个人健康而交的朋友,是否真会有足以改善个人健康的友情?由于心理治疗的通俗语言的极端个人主义性,它即便在承认"自给自足"的不足性的同时,仍然难以设想出别的出路。我们极少遇到这样的心理治疗专家——即便遇到也往往是他们一时心血来潮,即承认"社会"不是无数自我寻求的个人的集合体，不是像单身父母组织那种一旦找到配偶便可弃之而去的临时性补救团体；社会是形成个人特性的氛围，是流畅的自我意识追随社会会话的潮流并积极投入其中的场所。一位心理治疗专家称自己的当事人为"空白人"，认为"人人都需要属于某个团体"，因为"人人都需要有自己的身份"。团体给予个人的并不单纯是身份，团体也不纯粹是联盟模式主张的那种个体参与的总和。这种个人与他人决不会完全分开的不同身份的意识，在家庭中表现得最为明确。在家庭这个环境里，个性是部分通过与他人的某些方面认同并吸引这些方面而形成的。如果心理治疗专家不仅把家庭、尤其是父母与子女的关系，看作是对孩子强加外部标准的氛围，而且把它看成是个人造就、人格形成的环境，那么，他们就有了深刻认识人们需要归属于某个团体之普遍意义的依据。

鉴于目前中产阶级生活中责任关系的脆弱性，有些心理治疗专家开始思考依恋关系能在多深的层次上为人们所认识并得以维持。"你到处都看到婚姻破裂，"一位心理治疗专家谈到她在市郊地区的工作情况时叹息说。而她从未婚的当事人那里听到的大多都是："如果我能找到一个人，结了婚，我就再也不会孤独了。"虽然无论是遗憾还是希望都可以套入心理治疗式的契约关系的"给予—获得"模式，但有些治疗专家认为，只有从社会的和历史的背景下认识人的个性，才有可能扭转这种局面。心理治疗虽然时常努力分割个人历史，以图把个人从历史中"解放"出来，但从另一方面看，它又能够帮助我们重新编织在一定的时间、地点和文化背景下、通过家庭关系进入社会关系的人生的情节整体性。心理治疗虽然已经把自我同它的老家分离开来，但它也可以帮助把自我重新放回到这个更大的范围中去。只要心理治疗所揭示的我们的个性离不开我们的历史，而个人的历史本质上又是社会的，那么它就把分离的自我又放回到实际意义上的社会中去了。分析派家庭治疗专家罗斯·勒维（Ruth Levy）说："我看问题肯定是从幼年经历和婚姻一类事物的角度出发的。我还喜欢把一个人的历史看作是全部作用力量的总和。不是搞那种妈妈——爸爸——孩子之类的日常分析，而是真正从历史的角度把它展开。"心理治疗对个人历史的编织，可以用情节的形式发挥记忆和想象，把个人生活的故事同社会的美好生活理想统一起来。

然而，即便有了这些深刻的见解，由于使用的资源是心理治疗的通俗语言，因而仍然难以对社会和历史的脉络作出充分的描述。有些心理治疗专家虽然对我们生活的正义性以及威胁到这种正义性的东西深感忧虑，但他们思考这些问题时的语言却通常是十分贫乏的。当问到公司贿赂等有损个人品性的事情时，有这样一位心理治疗专家用功利主义的方式回答说："我们必须问问自己，这样做会付出什么代价。"接着，她又补充说，这些代价是"累积的"。"你不会是做一次，完事了，再做一次，又完事了。因为你的历史是跟着你的，你会记得这些事，12岁时是一回事，20岁时是另一回事，35岁时又完全是另一回事了。"她强调一点："回头看过去的35年，你会看到好多未曾见到的东西。每次我都付出了一点，现在我该等一等，想一想，这一回对我行不行呢？到80岁回头一看，我又会堕落成什么样子？我还有自尊吗？"用成本—利润语言的逻辑牵强附会地去寻觅一生道德品质的轨迹，只能给我们提供人生道德的单薄的数量摹本。运算错误的交换累积起来，会"扣除"我们的人格总和，仿佛我们品格的整体性和我们历史的整体性不过是几个相加的单位而已。用"自尊"来判断品格，用"现在对我行不行"来判断行动，只能隐约勾勒出干得好的事情，培养得好的家庭和过得好的生活的意义，因为在这里，判断仿佛简单地成了个人主观感觉的事情。

罗斯·勒维——前文已经引述了她从个人历史的角度论人的话——知道这里涉及的不仅仅是计算代价的问题。她认为，心理治疗的一个中心目标，是"重新把人们同家庭联结起来"；而考虑到传统家庭的脆弱性，所以"家庭并不一定非得是血缘关系。"同时她也看到，孤立的家庭本身是不够的。人们可以"自己产生家庭"，而要培育家庭，则必须依靠更大的社会，必须比过去更有意识地依靠这个社会为数众多的亚文化系统。罗斯以她自己重新加入当地犹太教会堂为例指出："光两个人是不够的"，不仅照顾不好孩子，相互照顾恐怕都做不到。"你必须把自己摆进去。需要做什么时你应该在那里。去做礼节性拜访、慰问性拜访，去给人家送吃的。另一方面你自己也是受益者，比如你有事放不开手，需要有人帮你陪陪孩子，或者出了什么意外事故，你也会得到支持。遇到喜庆的事，如行割礼、婚礼，也会有人与你分享快乐。喜事本身就够美的了，如果你看到别人同你一样高兴，你也可以分享别人的欢乐，那就是喜上加喜了。"从这番话里，我们听到了熟悉的交换和支持的语言，但我们也同时听到了一点别的东西，即与人共享时会"喜上加喜"。

罗斯解释她和丈夫为什么离开父母后决定第一次守犹太教的食规："我是为了结构而守食规的，因为我记得自己一度想过，大约是12年前吧，你想宇宙是一片混乱，有那么多事在发生，到处都是动乱，而唯一产生意义的东西并不是什么外在的源泉——不是上帝，不是共产党或随便什么东西——意义不是从那儿来的。"如果没有某种规范我们的自由、约束我们的选择并使其成为我们的心理习惯的实际礼仪和道德"结构"，我们就无从知道我们自己是谁。然而，我们也听到了心理治疗观对把意义强加给我们的生活的外部权威的惯常敌意，由此一来，心理治疗观的整体含混便暴露无遗了。因为，如果我们的行动不存在任何实在基础，社会关系和宗教义务便只有在它们对个人产生利益时，即从它们行使的社会、情感和文化功能的角度——如帮助建立日托中心，增进快乐的感受，在混乱的宇宙间提供精神结构等方面，才有可能得到提倡。无论这种思想陈述得多么微妙，它只能把我们带回到社会从属于个人利益和个人感觉的权宜性契约关系中去。

或许，心理治疗观的社会观在这里已经走到了它的尽头；这也说明，为什么对于持心理治疗观的人来说，社会是他们所希冀、所梦求、且时常苦于失落的东西，而一旦发现了社会——如罗斯·勒维的事例，又无法用心理治疗的语言勾勒出它的真面目。在第四章里，我们看到持久婚姻产生了超越心理治疗观有关婚姻伙伴的语言局限的责任关系。同样地，我们在罗斯·勒维身上，也看到了某种超出她的预先假定的认识："我女儿小时候，照顾她的那个女人是个希腊犹太人。战争爆发时她还很小，只有九岁、十岁、还是十一岁。美军开过希腊时她正躺在火葬场的门前，胳膊上刺着号码。每当我看到她抱着我的女儿坐在那里，用胳膊搂着她，露出那个号码，心里就像砖头砸了一下似的。"当共同的爱和苦难攫住我们的时候，我们就不再存在于"给予—获得"的模式中了。我们便知道自我是社会性的自我，是父母和孩子，是一个民族的成员，是我必须用记忆和希望浇灌培育的历史和文化的继承者。

传统形式的持续

本章用了大部分篇幅讨论心理治疗的人际关系模式。这是因为我们过去几年中访谈过的大多数人，尤其是比较富有并受过较好教育的人,他们在表述有关人际关系的思想时所使用的语言,正是受了心理治疗影响的语言。在我们这个以中产阶级为主体、成就和流动性的压力使得个人疲于奔命而又极少能够指靠得到社会支持的社会里,这种现象是不足为怪的。

我们已经看到,心理治疗已经培养出一种对于监测和调节内心感觉的敏锐关切,并且强调用开诚布公的交际来表达这些感觉。因此,心理治疗承继的正是我们在本书前面章节中陈述的表现型个人主义传统。同时,我们也看到,心理治疗语言中充斥着有关成本—利润的战略考虑,因此,心理治疗又包含了我们称之为功利型个人主义的许多成分。确切地说,在当代的心理治疗语言里,经理和心理治疗模式,似乎随着我们的职业和经济生活牵涉到越来越多的人际关系的微妙形式,而正在发生合流。事实上,我们已经看到,心理治疗对人际关系的认识,在官僚机构和市场情势下最有效应,因为个人在这里承受着压力,因而必须精确地协调他们的活动。

心理治疗在美国人生活中不断上升的地位所带来的益处是有形的。今天的美国人,尤其是(但并不完全是)中产阶级的美国人,他们"对自己的感觉有了更大的把握",能够更好地表达这些感觉,并且增强了寻求人际关系中自己欲求实现的东西的能力。心理成熟的增长,显然增加了个人的幸福感。[21]

然而这是有代价的。人们对于比较重要、持久的关系的焦虑和不确定,不是日益减少,而是日益加剧。心理治疗专家们对现代生活缺少"社会"的一面越来越感到担心,如我们在讨论心理治疗对社会的寻求时所见,他们时常建议人们"重新加入"家庭、教会,或是参与政治活动。这些告诫表明:心理治疗无法真正取代传统的关系形式,而只能设法把两者结合起来。然而,我们已经看到,心理治疗关系的语言本身,似乎恰好阻碍了实现自我利益关系以外的任何其他关系的可能性。

上述矛盾令人不禁要问：心理成熟是不是以道德贫困为代价的呢？理想的心理治疗关系似乎是这样一种关系：其中每一件事都是充分意识的，所涉各方都清楚自己的感觉和欲望。关系中任何"应当"、"应该"的侵入，统统被视为外部的、强制的、权威的侵入而加以摒弃。唯一能够接受的道德准则，是关系各方达成的纯粹的契约协议：协议即正确。然而，正如绝对自由的自我思想导致了绝对空洞的自我观一样，绝对的心理契约的思想只能导致绝对空洞的关系的概念。这种空洞关系，根本无法维系持心理治疗观者最渴望得到的丰富性和延续性——如同他们欲求实现的并非空洞的而是丰富的和一贯的自我一样。

我们并不是说，心理治疗的人生观的问题，出在它是自我放纵和鼓励自恋意识上。从某种意义上说，我们的意思几乎恰好相反：由于它对意识的刻意追求，对自我和他人的感觉的无限搜索，同时随时随地计算成本—利润平衡关系的变化，这种种要求造成的禁锢之大，是不可能持久延续的。使得婚姻、家庭和社会得以比较确定地持续的东西，是关系的道德内容，亦即公认的、可以指靠的、无须反复协商的是非标准。正是古典友谊观的第三个要素，即对善的共同承诺，使得传统关系即便在"给予—获得"平衡关系发生变化——必然会变——的时候，也能一贯地持续下去。

从某种意义上说，心理治疗观对传统关系及其道德基础的批判是正当的。如果说，道德标准变成了一成不变、不容置疑的教条，甚至更糟，变成了关系中强大一方的利益体现，同时又把这些利益用道德的语言装裹起来，那么，这种批判就是完全合理的了。不幸的是，在所有现存社会里，传统的社会习俗和指导这些习俗的道德标准，恰好都不能幸免这些扭曲。然而，持心理治疗观者若认为道德本身有罪，道德标准是固有独裁的，是为压制服务的，那就错了。心理治疗观的信奉者怀疑任何是非陈述，除非冠之以"我想"、"我觉得"一类主观修饰语。因为他们认为，道德判断是以纯粹的主观感觉为依据的，是不可能进行有意义的讨论的。对于个人之间进行协商以最大限度地突出各自的积极感受，他们是心领神会的，但他们担心据理而生的道德判断必然会引起冲突或压制。

传统的道德论说虽然在具体情况下存在着持心理治疗观者所担心的扭曲，但它并不是他们所想象的那种外部权威和压制的磐石。传统伦理思辨，无论哲学的还是神学的，都有一个共同的认识基础，即原则和楷模必须经过阐释才能运用；好人，则因具体情况不同而不同。不过，它又在一定程度上相信，粗略的一致是可以达成的，从而据此达成对道德义务的共同认识。虽然原则上没有任何东西是不可以讨论的，但也不可能时时刻刻、一桩一件统统悬而不决。不错，在社会急剧变化时期，道德标准分崩离析、相对主义甚嚣尘上之际，有些人的确自禁不住，大声疾呼某种简单化的、不容置疑的道德，有时甚至硬把它塞到邻人头上。但这种人即使在试图拥抱传统的时候也深深地误解了传统。他们捍卫的不是传统，而是传统主义，正如贾罗斯拉夫·佩利肯（Jaroslav Pelikan）所说：传统是死人的活的信仰；传统主义是活人的死的信仰。[22] 活的传统，决不是对号入座式的道德判断纲领。它是一个不断作出新的阐释、不断进行自我完善的过程。然而，这一过程假定，传统必然具有足够的权威性，寻求传统的现实意义才能成为公众追求的共同事业。

具有心理治疗思想的表现型个人主义和功利型个人主义的捍卫者们所质疑的，正是这一假定。他们主张激进的多元主义和每个个体的独特性，认为不存在任何共同的道德基础，因此，在最低限度的程序规则和不伤害他人的领域之外，不存在道德的公共意义。在这样做的时候，他们并没有意识到他们自己的个人主义在多大程度上已经变成了一模一样的文化钱币。没有任何时候比持心理治疗观的人宣称自己的独特性时更加千篇一律的了[23]。他们自以为通过追求合理和个人的真实摆脱了传统，殊不知他们自己的观点在多大程度上本身就是传统的。就连反传统本身，也是个人主义传统的一部分。他们也没有认识到，他们对正义、公平和尊重个人的少得不能再少的坚持，原本就植根于宗教的和公民的哲学传统对同样一些事物的远为丰富的申辩之中。更确切地说，由于看不到他们自己的信念在多大程度上也是某种流行的共同文化的一部分，他们就有可能犯下与他们抨击的旧道德传统中存在的同样的错误，即把某个纯粹的文化常规当作彻头彻尾的真理加以接受，并从此僵化自己的立场，不容讨论了。由于他们的观点对他们自己是如此不言而喻，是难免有时也会忍耐不住，强加于人。

不过，无论心理治疗观和现代个人主义思想在我们的社会里具有多大的影响力，我们已经看到，它们并没有能够完全取代植根于传统思想中的各种社会习俗和社会责任。传统的关系方式——家庭的、宗教的、公民的——在美国社会依然存在，而且不可能完全听命于心理治疗思想的重新解释。对共同道德认识的寻求仍在继续，即便在有人声称不可能有共同道德的情况下也不例外。在后面几章里，我们还要回过头来讨论传统的关系形式和道德论说的持续生命力。不过现在是我们直接面对个人主义这个占统治地位的意识形态的时候了。让我们来看一看它的根源和倾向，看一看它的真实理想同较早的宗教和政治传统的某些方面的联系——这种联系或许比它的信奉者想象的要紧密一些。确切些说，或许只有从这些较早的传统出发，美国个人主义的深层意义及其体现的理想,才有可能得到拯救。

注释

[1] 见约瑟夫·维罗夫、理查德·A.库尔卡和伊丽莎白·杜万合著的《美国的精神健康:1957—1976年寻求帮助的方式》(基础丛书出版社1981年版)和《内在的美国人:1957—1976年的自画像》(基础丛书出版社1981年版)。该章最关注的治疗学"尚未自成一派"。蒂普顿会见了许多观点不同的治疗学家和病人,从心理分析家到行为者,不过他研究的中产阶级病灶往往将他引向新弗洛伊德派、罗杰斯派、格斯塔特、相互作用派和人道主义的治疗学家。许多开业者都说他们自己是"折中"的。在强调他们自己的看法、常常还有他们所受的训练的同时,更着重于取得"实际效果",而不是理论上的一致和忠实。我们的主要兴趣并不是心理学理论和心理错乱。我们主要关注的是将治疗学看作一种文化形式,一种对自我和社会进行思考的语言。我们知道在本章中我们讲的"治疗学"、"治疗学家"和"有治疗学倾向"相对来说差不多都有例外。蒂普顿和另外三名座谈主持人的主要兴趣都不在治疗学上,但令他们吃惊的是美国人频繁地使用从松散而折中的治疗学文化中吸取来的某些用语和思维方式。正是这种美国老百姓使用和理解的新词语引起了我们的兴趣。维罗夫、库尔卡和杜万的大型调查研究证实了这种文化的广泛传播,同时也证明了那些同我们交谈过的人们所具有的代表性。不要把我们的报告看作是代表了那些有影响的心理学家或者性格理论家、分析家或治疗学家的观点,但同他们为何得到了普遍理解或许多少有些关系。

[2] 罗伯特·弗罗斯特:《雇员之死》(1914年)。

[3] 亚里士多德:《尼可马亥伦理学》第7和第9卷;西塞罗:《论友谊》;托马斯·阿奎那:《论辩:爱恋》。

[4] 莱斯特·J.卡波主编:《亚当斯—杰斐逊书信集:托马斯·杰斐逊、艾比盖尔和约翰·亚当斯之间的通信全集》,北卡罗来纳大学出版社1957年版,2:562—563。

[5] 前引《美国的民主》,第565、536、538页。

[6] 乔治·M.彼尔德:《美国人的神经质》(1881年著,纽约阿诺出版社及《纽约时报》1972年版),第26、171—172页。

[7] 彼尔德:《美国人的神经质》,第122—123页。

[8] 伯顿·J.布莱德斯坦:《职业化文化:美国的中产阶级和高等教育的发展》,诺顿出版社1976年版,第105—120页及全书各处。

[9] 布莱德斯坦:《职业化文化》,第172、176页。

[10] 威廉·詹姆斯:《简明心理学教程》,亨利·霍尔特出版公司1892年版,第149页。再参阅威廉·詹姆斯《论养精蓄锐:人的精力、娱乐的准则》,亨利·霍尔特出版公司1911年版,第25、66、78页;以及E.布鲁克斯·豪利弗尔德《乡村保健史》,阿宾登出版社1984年版,第184—190页。

[11] 维罗夫、库尔卡、杜万:《美国的精神健康》,第6—7页。

[12] 同上书,第166—167、176—177页。

[13] 见《受管理的心灵:人类感情的商业化》,阿利·R.霍奇切尔德著,加利福尼亚大学出版社1983年版。

[14] 见盖伊·E.斯旺森的文章《后工业社会的权威和同一性的基础》,文章收编在R.罗伯逊和伯克特·霍茨内主编的《同一性与权威》一书中(圣马丁出版社1980年版),第196—204页。

[15] 见《从60年代中解脱》,斯蒂芬·M.蒂普顿著(加利福尼亚大学出版社1982年版)第四章;再参阅霍奇切尔德的《受管理的心灵》。

[16] 对比理查德·森内特的《热心公益者的衰落》(兰登出版社佳酿丛书1978年版),第3—5、257—268、337—340页;亦见菲利普·里夫著《治疗学的胜利》(哈泼—罗出版社1966年版),第1—28、232—261页。

[17] 就基本竞争市场模式对个人生活的影响我们比拉塞尔·雅各比或克利斯托弗·拉希要强调得少一些。雅各比的观点见他的著作《社会健忘症》(毕康出版社1975年版)第17页序言,第46—72、103—116页;拉斯奇的观点见他的著作《自我陶醉的文化》(诺顿出版社1978年版),第3—70页,特别是第30页。

[18] 见《功利主义的形式和局限》,戴维·莱昂斯著(牛津克拉伦顿出版社 1965 年版);和查尔斯·泰勒的文章《商品的多样化》,文章收编在爱蒂亚·森和伯纳德·威廉主编的《功利主义和功利主义之外》一书中(剑桥大学出版社 1982 年版),第 129—144 页。

[19] 罗伯特·科尔斯:《礼貌与心理学》,《戴达努斯》1980 年第 109 期(夏季刊),第 140 页。有关在人类潜在心理促使下有组织地努力将政治人格化的实例,见蒂普顿的《从 60 年代中解脱》第 267—270 页中关于由加利福尼亚州议会议员约翰·巴斯孔塞洛斯建立的自决权,"一种个人/政治网络"。有关对政治心理理论的批判可见菲利普·里夫的《弗洛伊德:道德家的头脑》(芝加哥大学出版社 1959 年版)第 220—256 页。里夫认为,弗洛伊德将政治看作是个人在国内制度限制下无形的一种不合理的权力格局,因而与客观事实缺乏协调一致的关系。有关用心理学解释政治的不可靠性见拉塞尔·雅各比在《社会健忘症》第 101—118 页中对美国新左派主张的"主观政治"的抨击。有关激进自由主义是这种政治的文化根源的论述见马歇尔·伯曼的著作《具有可靠性的政治》(阿塞隆出版社 1980 年版)特别是第 15—24 页序言,311—325 页。

[20] 戴尔·卡内基:《如何赢得朋友和影响人们》,西蒙—舒斯特出版社 1981 年版,第 25 页。

[21] 如果用"自尊"和"自我接受"这样的心理学术语进行估价,如今的美国人对自己的感觉比 20 年前要好。因为他们"想得更多的是个性的特点,而不是道德陈规或头衔",而且由于较少用普通的规则或标准来评判自己,他们对自己达不到道德标准就不那么愧疚。另一方面,由于社会角色和实践失去了道德的协调,美国人对自己"究竟"为什么样的人更感茫然,同时更难于找到一个真正的自我。这样,随着时间的推移,愧疚感虽然减弱了,但是焦虑感却在增加。见维罗夫、杜万和库尔卡合著的《内在的美国人》,第 19—25、115—122 页。

[22] 即将出版的贾罗斯拉夫·佩利坎编的《杰斐逊关于宗教传统的讲演》。

[23] 见维朗夫、杜万和库尔卡《内在的美国人》,第 115—118 页。

第六章
个人主义

个人主义的矛盾

　　个人主义是美国文化的核心。归根结蒂，本书描述的四种传统都是个人主义的。我们有宗教的个人主义、公民的个人主义，还有功利型和表现型的个人主义。无论这些传统之间有什么差异，也无论这些传统因此而对个人主义产生了怎样不同的认识，有些东西却是它们所共有的，而且是美国文化特质中带根本性的东西。我们尊崇个人尊严，确切地说，我们信奉个人的神圣不可侵犯性。任何可能破坏我们自己思考、自己判断、自己决策并按自己认定的方式生活的东西，不仅在道德上是错误的，而且是亵渎神明。我们最远大、最崇高的理想——不仅对于我们自己，而且对于我们所关心的人，对于我们的社会和全世界——与我们的个人主义息息相关。然而，正如本书一再指出的，无论是作为个人还是作为社会，我们所具有的某些最深刻的问题，也是同我们的个人主义密不可分的。我们并不是说美国人应当摒弃个人主义——因为那将意味着放弃我们最深刻的民族特性。但是，个人主义的含义日渐增多，矛盾重重，即便为了捍卫它，也必须对它进行批判的分析,特别是分析那些可能从内部摧毁它的各种倾向。

现代个人主义是在反对王室和贵族权威的斗争中逐步形成的,因为这些东西在人们看来是武断地压抑了公民们伸张自治权利的意愿。在这场斗争中,古典政治哲学和《圣经》宗教构成了重要的文化资源。古典共和主义唤醒了公民积极造福公益的形象,而改革派基督教——无论清教或其他教派——则激励了个人自愿参与基础上的治国思想。然而,这两种传统都把个人自主放在道德和宗教义务的框架之内,而这种框架在有些情况下不仅提倡自由,而且也提倡服从。

在17世纪的英国,出现了一种对个人权利的激进的哲学辩护,这种辩护与古典的和宗教的资源关系不大,而是有意识地从"自然状态"下的生物个体入手,并根据这些个体,首先对自然的行为、继而对相互的行为推演出一个社会秩序。约翰·洛克就是这一辩护的代表人物,在美国具有巨大的影响。洛克思想的实质几乎是一种本体论的个人主义。个人先于社会而存在,社会的存在是通过试图最大限度地追求自我利益的个人的自愿性契约才得以实现的。我们正是根据这一思想推演出了功利型个人主义的传统。同时由于个人必须通过反省自己的欲望和情感才能知道什么对自己是有用的,所以归根结蒂这一思想同样也是表现型个人主义传统的源泉。

现代个人主义与古典共和主义和《圣经》宗教一直是长期共存的。三者的基本假定上的冲突,开始表现得并不明显,因为三者都以美国最普遍的形式强调个人的尊严和自主权利。然而,随着现代个人主义在美国逐步取得统治地位,古典共和主义和《圣经》宗教相形见绌,现代个人主义的某些困难也日益变得明显起来。我们用了大量篇幅讨论的心理治疗观,说明了这些困难的存在,因为它是当代美国人按照个人主义原则生活的方式。正如罗伯特·科尔斯(Robert Coles)指出的:对于心理学来说,自我是"现实的唯一的或主要的形式"。[1]

问题在于,自我已经成为现实的主要形式的个人主义,能否真正维持下去。这里的问题并不简单是独立自足的个人会不会退出公共领域而去追求纯粹的个人目的,而是这种个人是否有能力维持公共生活或者私人生活的问题。如果这就是危险所在,那或许就只有公民的和宗教形式的个人主义——即从个人与大的整体、社会和传统的关系看待个人——才能维持真正的个性,使公共生活和私人生活都得到滋养。

现代个人主义的崛起与公民传统和《圣经》传统的衰微,既有意识形态的原因,也有社会学的原因。现代个人主义对个人权利和个人自主的追求不断扩展到新的领域。在这一过程中,它与《圣经》和共和思想中接受甚至推崇夫妻之间、主仆之间、领导者和追随者之间、贫富之间的不平等权利和不平等义务的那些方面,日益变得冲突起来。对个人尊严的绝对维护不仅谴责这些不平等现象,同时似乎也否定了《圣经》和共和传统。而这些传统一旦破坏,正如托克维尔所警告过的,个人主义同时也便削弱了那些赋予个人尊严理想以内容和实质的意义。

因此,我们面临着一种深刻的困境。现代个人主义似乎正在产生一种无论个人或社会都无法维持下去的生活方式;而若回到传统的形式,亦即是回到无法忍受的歧视和压迫上去。所以现在的问题是,较早的公民和《圣经》传统是否具备自我更新的能力,并同时保持对自身最深刻的思想的忠实。

许多美国人不希望把这一困境看得像我们所讲的那么严重。现代个人主义的哲学捍卫者们时常为个人设想出某种他们自己的理论都无法证实的社会和文化框架,或者即兴提出一些论点,以缓解其粗糙的理论模式。我们在第五章看到,心理治疗专家们意识到了他们自己也无法真正理解的社会关系的必要性——他们大声疾呼的社会关系恰好是他们的道德逻辑所窒息了的东西。父母向子女传授"价值",尽管他们自己并不知道这些"价值"是什么。这种现象说明,在美国,个人主义最有条理的捍卫者也对个人主义抱有深刻的矛盾心理。这种矛盾心理在美国文学和大众文化的神话层次上表现得尤为清楚。在这里,我们看到人们担心社会会吞噬个人、破坏任何自主的可能性,除非个人奋起抗争;同时我们也看到,人们承认个人只有在与社会的关系中才能实现自我;此外,如果与社会的决裂过激,生活便失去了它的意义。

神话式的个人主义

美国文学有一个根深蒂固而又不断再现的主题,即主人公必须脱离社会,仅以一人或几人为伍,才能或在蛮荒旷野,或在茫茫大海,或在群居社会的边陲之地实现道德的善。有时,退隐构成了对社会的贡献,如詹姆斯·费尼莫尔·库珀(James Fenimore Cooper)《杀鹿者》所述。有时,新的边疆社区能够实现大社会无法实现的伦理目标,如芬恩(Finn)与吉姆(Jim)体现的种族和睦关系。有时,逃离社会纯属疯狂,只能以大难告终,如《白鲸》。当不是处于社会之中并通过社会、而是逃离社会去追求善的实现时,如梅尔维尔(Melville)笔下的埃哈伯(Ahab),道德英雄主义和疯狂之间的界限便不复存在了,呈现的是一种全盘非社会的个人主义的破坏性潜能。

美国还创造了另一种最具神话色彩的个人英雄——西部牛仔,让他一次又一次地拯救那个他自己根本无法彻底融入的社会。牛仔有一个特殊本领——他枪打得比别人快、比别人准,而且具有一种独特的正义感。但这些特征把他弄得卓尔不群,根本无法完全隶属于社会。他的命运是在不真正参与社会的情况下保护社会。他迎着夕阳挥鞭而去,像夏恩(Shane),像独孤游侠,随身都只带着一个印第安人跟班。然而牛仔的重要性并不在于他是孤独的或反社会的,而是在于他那种独特的、完全属于个人的美德和特技,并因为这些素质为社会所需要、所欢迎。例如夏恩,他开始完全是个遁世者,最后却赢得了全社会的感激和一个女人、一个男孩的爱。又如独孤游侠这个人物,他虽然行踪飘忽,一直未与当地学校的女教师结婚,但他每次离去,都给受过他帮助的人留下温情和感激。这种神话像是在说:只有当你拒绝充分加入社会时,你才是真正的好人,才是值得佩服、值得爱的。然而,有时这种张力会导致不可弥合的决裂。如《正午》的主人公威尔·凯恩(Will Kane),他被胆小怕事的镇民所抛弃,但却把全镇从一个肆无忌惮的杀手那里拯救了。事后,他把警长的徽章扔到地上,带着自己的新娘往沙漠走去。人们不禁要想,他们上哪里去呢,因为此一去与任何乡镇都绝无联系了。

道德勇气和独来独往的个人主义之间的联系,在美国的另一种较为现代的英雄身上表现得更为紧密,这就是硬汉侦探的形象。从山姆·斯培德(Sam Spade)到塞皮科(Serpico),当侦探的无一不是孤独者。用世俗的眼光看,他通常是失意的,办公室又破又烂,电话铃从来不响。他机智、刚强、聪敏,却得不到赏识。但他的寒微同时又是他的力量。当最后终于来了一桩小案,马洛(Philip Marlowe)、阿奇(Lew Archer)、马吉(Travis McGee)等人无一不是一捅到底。他们追求正义,帮助弱者,甚至把整个社会结构搅翻了天也在所不惜。确切说,美国侦探故事的出色之处与其说是它的英雄色彩,不如说是它刻画的犯罪形象。侦探开始调查之初,案子似乎只是一个孤立事件。但随着情节发展,案子终究要牵扯到社会上有权有势的人身上去。社会,尤其是"上流社会",已经从里到外烂透了。就是这种由表及里发现社会核心早已腐败的过程,构成了美国侦探故事最本质的戏剧性。侦探所要解开的不是个人之谜,而是社会之谜。[2]

为了在一个腐朽的社会里寻求正义,美国侦探必须是刚强的,但他首先必须是一个孤独者。他不按正常的事业和家庭的资产阶级格局生活。当调查把他从罪行的发端引到奢华而强大的社会中心时,那里的头面人物便会设法收买这位侦探,用金钱、权力或美色去腐蚀他。摧毁这一阻碍逐步揭露罪恶的据点,是侦探为了保全自身的正直而必须进行的战斗。最后,他会拒绝权势者的金钱,踢开那个想要勾引他的美女(有时把她投入监牢或者干脆杀了)。硬汉侦探也许是渴望爱情和成功的,希望在社会上争得一席之地,但最终却被情势所迫,孤身奋战,抵制社会的种种谄媚,孑然一身地为正义进行远征。有时,如电影《唐人街》,腐败已达到无坚不摧、无孔不入的地步,诚实的侦探最后连立足之地也没有了,这里传出的信息是无法排解的愤世情绪。

西部牛仔和硬汉侦探的形象向我们揭示出美国个人主义的一些重要的东西。牛仔与侦探一样,他对社会的价值只是在于他是一个独立于社会之外的完全自主的个人。为了服务于社会,个人必须具有独立的能力,不需要其他人,不听命于他人的判断,不屈从于他人的意愿。但这种个人主义并非利己主义。确切说,它是一种英雄主义的忘我主义。个体接受持续孤独的必要性,是为了服务于全体的价值。而这种对孤独的义务是认识美国道德思想的一大关键。然而,美国的道德英雄主义总是同绝望只有一步之遥,这也是美国个人主义神话的意味深长的含糊不清的一部分。对埃哈伯式的人物,或者对于极个别牛仔式侦探来说,他们绝无重返社会之想,也无道德自新之意。孤胆英雄对道德优胜的追求,只能以彻头彻尾的虚无主义告终[3]。

如果我们撇开虚构故事中的神话英雄,来看一看一个神话般的然而又是历史上真实的英雄亚伯拉罕·林肯,我们就有可能看到必须做些什么才能避免走上虚无主义的道路。从许多方面看,林肯完全符合独孤的个人主义英雄的典型。他是一个自我造就的人,一直与东部上层阶级格格不入。他维护联邦和"人人生而平等"的双重道德信仰,引起了主张废奴和同情南方的两种人的敌视。战争年代他越来越孤立,既得不到国会和内阁的理解,在家里也不愉快。在几乎没有人相信他的情况下,林肯终于完成了他自己认定的使命,领导美国渡过了一场破坏性最大的战争。他极力主张民族和解,结果却死于刺客的枪弹之下。林肯之所以没有走上虚无主义的道路,有赖于他愿意为之而生、为之而死的更大的整体意识。没有任何人比他更了解共和国和共和国所极不完善地表征的自由和平等的意义。然而,赋予他生命价值的并不仅仅是公民的共和主义精神。雷因霍尔德·尼布尔(Reinhold Niebuhr)说过,林肯对内战的《圣经》意义上的认识比当代任何神学家都要深刻。林肯深知葛底斯堡战役是毫无意义的,是邪恶的,但他所激发的死与再生的伟大象征却赋予了那些死在葛底斯堡的人的牺牲以意义,而他自己在刺客枪下的无谓牺牲也因而获得了新生。正是通过对一个社会、一个传统的认同,林肯才成为一个那样深刻的、典型的美国人[4]。

矛盾的社会根源

我们在第二章已经看到,个人主义是深深植根于美国的社会历史之中的。在这里,奴隶获得了自由,佃户变成了自耕农,而本杰明·富兰克林称之为人的自我尊敬的"中间"状况,则已成为今天的常规。然而,殖民时代最初出现的"独立公民",生活在凝聚性社会共同体、即所谓"平和王国"的殖民乡镇里,家庭和宗教观念以及对共同体的"天然领袖"的尊敬仍然十分强烈。[5]个人主义深深融合在殖民生活的公民和宗教结构内部,并无自己独立的名称,尽管约翰·洛克的个人自主思想当时已经广为人知。新国家的地域和经济扩张——尤其是1800年以后,引发了对物质利益的不懈追求,这才使得托克维尔用了"个人主义"一词,来描述他所见到的一切。[6]新的社会经济条件虽然不是现代个人主义意识形态的创造者——个人主义的大多数因子早在19世纪前便已形成——但这些条件确实使得我们所谓的功利型个人主义以及后来的表现型个人主义,相对独立于公民的和宗教的生活形态,逐渐形成了自己固有的种种倾向,尽管后者仍然具有十分重要的意义。

　　托克维尔很快指出了新个人主义的一个中心矛盾——它竟然与唯从主义十分相似。他描述说,美国人坚持个人必须时时依靠自己的判断,而不是依靠外加的权威,以形成自己的意见、坚持自己的意见。我们从前面几章记述的谈话中已经获得了这种态度的许多例子——比如有人说,与别人妥协固然好,但若牺牲自己的"价值"则不行。然而,如同托克维尔指出的,如果个人不再依靠传统或权威,就必然会环顾四邻以求确认自己的判断。结果,拒绝接受既定意见和急于遵从同辈的意见,便成了同一个钱币的正反面。[7]

　　长期以来就有这样一种担心:美国个人主义者虽然逃离了家庭,把社会和传统价值抛在身后,但他内心深处却是个唯从主义者。马克·吐温写过几个小男孩力图摆脱盲从却又无法成功的冒险故事,借以描述19世纪中叶他年轻时的乡镇社会盲目遵奉的风气。迟至20世纪20年代,辛克莱·刘易斯(Sinclair Lewis)

还在《巴比特》中勾勒了一个典型的美国人类型：一个乡镇商人因为害怕家人、邻居指责，既不敢形成自己的政治见解，也不敢在爱情上追求自己的幸福。巴比特（Babbitt）劝告他儿子不要重蹈覆辙的一番话十分典型："不要被家庭吓倒。天不可怕。自己也不可怕。别学我。"

过去100年来，个人主义及其种种矛盾一直与中产阶级的地位有着密切关系。如同第五章指出的，19世纪末叶开始出现的"中产阶级"，与传统的"中等状况"是不同的。中产阶级的真正含义在于，它不仅仅是有追求物质利益的欲望，而且为了沿着成功的阶梯往上爬，而有意识地、有盘算地作出努力。戴维·施奈德和雷蒙德·史密斯两人对中产阶级下了有用的定义：中产阶级"是包容广泛但并非无以区分的一类人，他们对地位升迁具有一定的态度、愿望和期待，并据此决定他们的行动。"地位升迁已日益取决于高等教育和需要专门知识的管理才能和专业才能。对中产阶级美国人来说，对教育和职业采取盘算态度是至关重要的，并时常延伸成为选择配偶、朋友和志愿性社团的决定性准则。从下层美国人的角度看，这些关切并不一定显得自然。用施奈德和史密斯的一个调查对象的话说："要当个正经体面人可得玩命干呵，伙计。"[8]

对于那些一心想往向上运动、争取"成功"的人来说，美国社会的主要特征似乎是"个人成就作用的正常结果"。根据这一观点，不受家庭或其他集团感情桎梏的个人，具有最好的发挥自己的机会；虽然机会均等是关键，但结果的不均等却是自然的。然而，个人主义对于中产阶级个人的含混之处，恰好产生于无以确定我们应该"最好地"发挥自己的含义是什么。施奈德和史密斯指出："并不存在可以用来标明地位的固定的行为标准。唯一用以衡量地位的界说分明的文化标准，是收入、消费和实现目标过程中遵从合理程序的程度的总和标准。"因此，中产阶级个人虽然劲头十足，愿意踏上高度自主、要求严格的寻求成就的征途，但一旦成行，除了邻居的收入和消费水平之外，却再无其他可供衡量成就的标准，这再次表明了确乎是美国个人主义的命运的自主与唯从之间的冲突。[9]

不过，施奈德和史密斯提出的第三条文化标准，即"实现目标过程中遵从合理程序的程度"，倒为个人提供了伸张个人自主而又无须把眼光焦灼地投向邻人的道路。以中产阶级专业人员为例，他们的职业涉及运用技术合理手段解决新的问题，或者提出解决问题的正确方法，甚至提出创造性的解决方法，这便为"成功"提供了具有实效性的证据。当这种才能用以造福公益时——如最佳状态下的医学实践——它所表达的便是一种具有社会价值的非唯从主义的个人主义。[10]

但是，如果技术才能囿于我们谓之"事业"的生活格局之中，那么合理解决问题的关心（更无须说社会贡献了）便服从于仅以收入和消费衡量的成功标准了。如若发生这种情况——医生、律师和其他专业人员经常如此，这就产生了对工作本身的内在价值的疑问。而如果专业人员必须在大的公共或私人官僚机构的氛围中从事的活动——如通常的情况那样，他们必须花费大量的聪明才智——不是为了解决外部问题，而是既为了干点什么事又为了谋求自己的事业发展而去操纵官僚规则和角色，那么，这些疑问便变得愈加耐人寻味了。人们对"组织化的人"是否是真正的个体的疑虑，早在威廉·H. 怀特（William H. Whyte）的名著《组织化的人》出版之前就已经存在了。[11]牛仔和侦探之为大众英雄，恰好是在商业公司作为美国生活的中心制度崭露头角之际开始出现的。孤独的然而道义上无懈可击的英雄的梦想，与对当代官僚组织条件下能否独善其身的疑问，是相一致的。

当代中产阶级美国人的个人主义的矛盾产生于这样一个事实,即虽然个人仍被要求具有高度的个人能动性、能力和合理性,但成功个人的自主甚至"成功"的意义本身,却在日益陷入疑问之中。对手段的合理性和个人欲望的重要性的强调,亦即功利型个人主义和表现型个人主义的精髓所在,似乎已从主要产生于《圣经》和共和传统的对人生宗旨和目的的认识的规范下逃脱了出来。对这种局面的一个反映,就是在事业上取得成就——长期以来这一直是中产阶级个人主义的核心,但事业成就本身已不再是目的,而仅仅是在诸如某个生活方式圈子中实现某种个人既定生活方式的工具。然而,正如我们在第三、第五章中已经看到的,这一解决办法也是有问题的。人们已是除个人满足外失去了所有与人交往的目的,那些破坏了作为人生目标的事业成功的各种内在矛盾,同样也会摧毁私人生活的意义。

美国个人主义的混乱和矛盾,既是文化矛盾的产物,也是社会矛盾的结果。我们今天或许比以往任何时候都更加强调摆脱任何文化的和社会的影响,独立地去发现真正的自我,仅对这个自我负责,并把这个自我的实现变成人生的根本意义。然而,我们又花费大量的时间,在庞大的官僚结构——大型综合性大学、公司、政府机构中左避右闪,既操纵别人,又为别人所操纵。阿拉斯代尔·麦金太尔曾把这种现象描绘为"官僚个人主义",即由经理和心理治疗专家所表征的生活形态。[12]在官僚个人主义中,个人主义的种种混乱和矛盾得到了令人触目惊心的暴露,因为作出个人决策的自由,是以把大部分公共决策权拱手让给官僚经理和专家为代价的。官僚个人主义架空了现代开明个人主义的第一要义——被统治者的同意,从而暴露出个人主义具有摧毁自身生存条件的倾向。

不过,我们在访谈中虽然发现了走向官僚个人主义的趋向,却不能说它已经占据了统治地位。相反,我们发现美国个人主义的各种传统倾向仍在交叉起作用:既有渴求自主自助的深切愿望,又有生活若不与他人在社会共同体条件下进行共享便毫无意义的同样深切的信念;既有人人享有尊严的平等权利的信念,又有为所得报偿不平等进行辩护的努力——若照此走向极端便会剥夺人的尊严;既坚持生活需要讲求实效和"现实主义",又认为妥协在道义上是致命的。美国个人主义的内在冲突,构成了一种典型的矛盾现象。我们极力主张自立和自主的价值。我们深深感到脱离了社会责任关系的生活的空虚。但我们又不愿明确表示我们的相互需要正如我们对独立的需要一样急迫,因为我们害怕话一出口,就会彻底丧失自己的独立。事实上,如果我们不去从事那些不断限制着隔绝性个人主义的影响的实践——尽管我们远远不能像陈述寻求自主那样明确地陈述这类实践,那么,我们生活中的种种冲突将会变得更加剧烈。

个人主义的局限

我们已经指出了美国中产阶级生活与个人主义之间的特殊共鸣。我们也强调了中产阶级的特殊性质,即它不单纯是"阶层体系"中的一个"层次",而是试图在其不断进步、不断上升的过程中体现美国试验的根本意义的一类人。它已在很大程度上实现了这一理想。由于它在我们文化中的至高无上的地位,如同施奈德和史密斯所说:"中产阶级价值可视为包容了下层阶级和上层阶级的价值。"这种说法对于下层阶级的真实性在于,不仅中产阶级的价值为他们所认识,所尊重,而且,"下层阶级的人总是从阻碍他们按照中产阶级方式行事的种种客观形势的观点,来解释他们低人一等的地位"。上层阶级虽然有时能从自己特殊的家庭观念和传统观念中得到安慰，但它并不打算用自己的价值取代占统治地位的价值。相反，即便上层阶级的成员们虽不遵从这些价值，但仍把中产阶级合理性和成就意识当作美国社会的价值基础来加以赞扬。[13]

如果我们把中产阶级个人主义同下层阶级和上层阶级文化作一比较，它的性质便会变得更加清楚。施奈德和史密斯在谈到这一对照时发人深省地说，中产阶级认为"个人行为和社会行为主要是对出现的任何情势运用技术规则所确定的"；而下层阶级（有意思的是也包括上层阶级）则"对社会行为采取一种戏剧创作式的观点"。他们所谓的"戏剧创作"，意指行为的意义是由于社会关系的某种历史而产生的。抽象规则不如个人作出的榜样重要。例如，施奈德和史密斯认为，美国的种族区分作为一种具体的文化生活格局，是在下层阶级中存活了下来，而随着个人进入中产阶级的行列，种族区分即便会得到象征性的强调，但却失去了它鲜明的社会内容。[14]这并不是说下层阶级和上层阶级美国人就不是个人主义的了，而是说他们的个人主义是深深植根于某些具体的关系形式和团结形式之中，从而弱化了走向中产阶级生活中空虚的自我和空虚的关系的倾向。中产阶级美国人自己也对这种区别有所表露，他们对下层阶级种族集团或贵族阶级（通常是欧洲的）当中那种"有意义的共同体"，也会时而产生望洋兴叹之感。

我们所作的区分虽然重要，但却不能过分强调合理性和技术规则左右中产阶级生活的程度。儿童不是靠抽象教条成长的。他们与父母认同，从榜样而学，并受到自己的家庭、教会和地方社区的历史特质的影响。真正鼓励更大程度地强调普遍规则和技术合理性的东西，是中产阶级面向技术教育，官僚化职业阶梯和市场经济的倾向。上层阶级和下层阶级得以维持较多的文化特质

(尽管这种特质在美国只是相对的),是因为它们顺应这些追求合理化的制度的程度较低。

由于中产阶级的人也是生活在家庭、教会和地方社区之中的,他们同样经历着生活中着重合理化和着重剧作化这两个领域的冲突。那些使中产阶级美国人区别于其他美国人的压力,同样也存在于中产阶级内部。关于美国生活中的文化多样性和多元性,已经谈得很多了。但使我们陷入分化的最大的因素或许并不是这种多样性,而是技术和官僚合理化的单一文化与我们具体的责任特质之间的冲突。[15]

忆旧共同体

我们在第三章详细讨论了对自立精神先于一切的强调导致了纯粹的、未决的选择观念的过程;这种选择不受任何传统、义务和责任的制约,从而是自我的核心所在。我们指出,激进个人主义者试图与他人"重新结合"的诚挚愿望,受到了这样一个空洞无物、"无羁无绊的"自我的限制。现在,我们就来谈谈一个不空洞的自我应该是什么样子。这应该是一个构成性的而非无羁无绊的自我,一个——让我们承认,有拖累的自我,但这种拖累使得与别人的联系比较容易,比较自然。正如空洞的自我在某种特定的制度条件下能够成立一样——中产阶级流动性的世界,在这里,个人必须走出家庭和教会,以求在一个合理化、竞争化的与人无涉的世界里获得成功——构成性自我在另一种制度条件下,亦即我们所谓的不折不扣的社会共同体的条件下,同样也是能够成立的。

我们所说的社会共同体具有一定的历史,在很重要的意义上它们是由其过去所构成的,为此我们可以说,真正的社会共同体，是一种"忆旧共同体"，一种不忘其过去的共同体。为了不忘却过去，一个共同体必然不断诉说它的故事，它的构成性经历；而在这样做的过程中，也便树立了许多体现和表征过共同体意义的男女楷模。这些集体历史和典范个人的故事，构成了作为忆旧共同体核心的传统的重要组成部分。[16]

构成传统的故事，包含着各种人格观念——好人应该是怎么样的，以及规定这种人格的各种美德。然而，这些故事并非都具有典范性，并非都是关于成功和成就的。一个真正的忆旧共同体还将诉说共同经历过的苦难的伤心故事；有时，这种故事能够创造出比成功更为深刻的共性特征，如罗斯·勒维，就从她孩子保姆手臂的号码上，认出了自己是属于一个有过共同的爱和苦难的社会共同体的。如果一个共同体是完全诚实的，那么它将不仅牢记所蒙受的苦难的故事，而且会牢记所施加的苦难的故事——危险的记忆，因为这种记忆要求共同体去改悔古老的邪恶。忆旧共同体不仅使我们联结着过去，而且使我们面向着未来，因而又是一种希望共同体。它们负载着一种意义的框架，使我们得以在其中为了我们自己和我们最亲近的人，把自己的理想同更大整体的理想联结起来，并把我们的努力看作部分是对于某种公益的贡献。[17]

在美国，各种真正的社会共同体的例子并不难找到。我们有许多种族共同体，各有其自己的故事和男女英雄。我们还有各种宗教共同体，在其每周一次和礼仪年的年度周期内，回顾和重演它们的故事，追忆那些告诉它们自己是谁，以及规范它们的个性特征的圣哲和殉道者的《圣经》传说。我们还有一个由其历史和从约翰·温思罗普到马丁·路德·金等具有代表性的领导人的人格所确定的国民社会。美国人之所以与自己的国民社会认同，部分是因为舍此极少有其他共通之处，部分则因为美国的历史表征着世界普遍共有的愿望,即建立一个尊重全体公民,兼容并包,允许每一个人实现自我的自由社会的理想。同时,有些美国人也牢记着强施于人的苦难和许诺与履行诺言之间的差距,这种差距一直是很大的。过去,邻里、地方和区域也曾一度为美国的各种社会共同体,但在我们这个变动不居、流动性大的社会里,这种状况一直很难维持。家庭也可以是共同体:缅怀着自己的过去,把父母、祖父母的生活故事传授给孩子,维系着对未来的希望——尽管如果脱离了大的社会背景,这种家庭观念也是难以维持的。历史和希望一旦被遗忘,共同体一旦仅意味着同类相聚,社会共同体也便蜕化成为生活方式圈子了。这一蜕变的诱惑充斥全美国,尽管这种蜕变极少是全盘性的。

在忆旧共同体内成长的人,不仅听到本共同体如何形成、它的希望和忧惧所在,以及它的理想经由卓越的男女先辈得到体现的种种故事,而且参加到把共同体规范为一种生活方式的各种礼仪的、审美的和伦理的实践中去。我们把这些实践叫作"责任实践",因为它们规定着使共同体得以存活的忠诚与义务的范式。如果说自助个体的语言是美国人道德生活的第一性语言,那么,忆旧共同体的传统和责任的语言便是大多数美国人非常熟悉的第二性语言,也是他们发现激进的分离主义自我的语言不足抒怀时所使用的语言。

如我们在第三章所述,空洞的自我是一个分析性概念,是我们倾向的极限,而并不是一个具体的现实。完全空洞的自我,除了在激进个人主义的理论中,是不可能存在的。它在理论上是可以想见的,但在行为上是不可能的。构成性自我也是一个分析性概念,是一个从未真正达到的极限。不错,我们都各有父母,出生在某一特定的地点,都是各自社团历史的继承者,是这个国家的公民。所有这些东西告诉我们自己的主要特点是什么。然而,我们居身其中的社会却鼓励我们与过去决裂，去规定自己的自我，去选择我们愿意与之认同的集团。在美国，没有任何传统和共同体是无懈可击的，而对批评的衡量，通常是共同体或传统帮助个人实现自我的程度。因此，我们的生活是介乎于空洞的自我和构成性自我之间的。其间的张力可以是激发性的，它可以帮助个人和社会保持其活力和自责精神。然而张力又会带来焦虑，有时甚至会导致上述技术合理性和具体责任之间具有潜在爆炸性的冲突。自由主义知识分子——他们内心是信奉个人自由的，有时会对区域集团或宗教团体大肆嘲讽，认为它们的传统和共同体是愚昧的，并且具有集权主义的潜能。由于自由派知识分子对公共政策影响很大——通过法庭和立法，他们时而就把自己的开明观点强加给了他们的公民同胞。另一方面，某些保守派集团对迅速的社会变革和激进个人主义造成的社会后果深感恐慌，他们用原教旨主义的僵化态度把他们的传统简单化、客观化，然后据此谴责那些持不同意见的公民同胞，有时甚至跻身政治行动委员会，试图把他们的信念变成法律。我们之所以在这里使用自由派和保守派的说法，因为它们在这类讨论中十分常见，但这两种说法并非十分切题。这里的冲突首先是文化的，其次才是政治的，尽管它可以产生严重的政治后果。区分这两种对立派别的另一种说法，是把他们分为"现代主义者"和"反现代主义者"，但这种分法的功用同样也有其局限性。靠简单化地贴标签不是办法，我们应该认识到，我们某些最深刻的文化冲突，产生于对我们共有的个人主义的不同认识。

过去很长一段时期，即便是社会迅速变革的阶段，我们的社会是靠一个试图协调社会性与个性要求、大体上属于自由主义新教文化的中枢聚合在一起的。这一文化中枢的代表人物既反对乱作一团的开放，也反对集权主义的闭锁，他们捍卫的是传统，即公民共和主义和《圣经》传统的某种组合,而不是传统主义。他们试图用现在的眼光重新评价传统,非常警惕曲解对每一种传统的破坏作用。这一使命已经变得日益困难——这一点我们会在后面的章节中看到,但它绝没有被放弃。在本章余下的篇幅里,我们将介绍几个人物,他们试图在忆旧共同体及其负载的第二性语言和责任实践的框架内,明确表述一种对社会负责的个人主义。我们将会看到,在一个囊括功利与表现两面的现代个人主义的第一性语言以及随之而来的分离主义实践甚嚣尘上,其他思想和实践难以为人们所认识的社会里,这决非是一件轻而易举的工作。然而,正如我们在本章中一再指出的那种矛盾状况所表明的,即便那些深陷在第一性语言中不能自拔的人,似乎也在渴望更多的东西。

共同体、责任和个性

勒斯·纽曼(Les Newman)是一个很典型的中产阶级美国人,他以教会为家,从而有了一个得以用批判的眼光看待周围社会的视角。他说:"美国社会日益变得极端自我导向、个人导向了,人们总是问这对我有什么可图的?我能从中得到多少?我是否从生活中得到了应该得到的一切?于是把这个国家好的地方毁掉了不少。人们都不想他们个人的行为会对别人产生什么后果。"

这位福音派浸礼教徒在南部长大,刚从一所著名的商学院毕业,目前在加利福尼亚教区担任高级经理。当他谈到自己的同学的特点时,泛泛的批评便变得具体起来了:他们大多"觉得自己不需要上帝,不需要宗教。商学院给人一种很强烈的印象即那些自我造就的个人;只要你勤奋工作、努力思考,不需要依靠别人，就能把所有的事情办好。"纽曼认为，正是由于这种自我造就的个人看不到他们对上帝的需要，所以也看不到别人的需要。他自己则在积极的教区生活中体验到了这两种需要。他教区的成员并不是那种"常规的星期天早上上教堂的人"，而只是把信教当作"一种相对于生活方式的礼仪"。对他们来说，宗教不仅仅是说"这里有一整套生活道理，或者21世纪前有这么一个伟大的榜样"。他们共同生活和宣教的核心在于"基督是一个人。他今天还活着，还可以与之联系。他今天仍在作用于你的生活，你可以通过一周的祷告同他交谈。"因此，教堂对于一个信徒"不仅仅是一个地方，而是一个家庭"，它给了他最亲密的朋友。尽管他离开家庭搬到加利福尼亚，并且进入了竞争激烈的商界，但他找到了一个类似家庭的生活基地，并通过共同颂扬"与基督的个人关系"同他人建立了新的纽带。

根据这一传统的基督教观点，联结自我与他人的东西，是人们作为上帝的子民被创造出来，以及上帝通过基督永存于世所客观给予的现实。这一现实是由每一个人自由接受的，从而确立起基督教会众之间的纽带，同时肯定个人个性的存在。这个浸礼会商人在谈到这种自我融入的过程时证实说："我与耶稣建立了个人的宗教关系，并且，这有点像是一件持续不断的事，把许多不同的事物都联系在一起了。这种与基督的关系在一定程度上改变了我个人的世界观。他就是那个稳定了我的情绪的人。原来我情绪不太稳定，有过几次大的低潮，现在我发现这种情况不再发生了。它增强了我在婚姻中的责任感，对我在工作中与人交往的方式也有极大的影响。我的生活可以说是一大堆支离破碎的事件的拼合。我的儿童时代简直就是一系列的搬家易地。"即使在社会变迁、文化冲突的杂乱无章的历程中，个人与基督联系，也能产生自我完整性的体验。

纽曼的教会共同体帮助他找到了一种语言和一整套实践，从而使他巩固了自己的婚姻，帮助他应付工作局面，给了他比较完整的自我意识，并促使他与周围的社会保持恰如其分的距离。我们在第四章遇到的特德·奥斯特，则没有这样的共同体，他对现代个人主义的第一性语言似乎也驾轻就熟得多。对于周围发生的大部分事情，他都用这种语言来加以解释。然而，当追问他为什么要长期维持婚姻时，他试着用成本—利润的语言解释了几次，最后终于全线崩溃。他与妻子在一起的幸福来自"共同经历了所有这些阶段的生活……它使生活有了意义而且给了我与人共享的机会，可以说有了一个基地，知道我自己在哪里。这对我来说是一种真正的关系。"在这里，奥斯特似乎在搜索枯肠，试图把他的婚姻表述为一个忆旧和希望共同体，一个他不感到空虚的所在，同时又是从根本上确定他的个性的东西。似乎，他必须从惯常使用的散乱支离、无以达意的第一性语言中，创造出一种第二性语言来。

虽然我们在奥斯特那里没有看到这种语言，在纽曼那里也不过略见端倪，但时常植根于家庭经验的忆旧共同体，却不失为个人走向公共生活的一条重要途径。安吉鲁·唐纳特罗（Angelo Donatello）是一个成功的小商人，现已成为波士顿某教区的公民领袖。他讲述了自己一度对家里根深蒂固的种族传统若即若离，最终把他引向公共生活领域的经历："我过去是一个思想混乱的人，这是我从政的重要原因之一。我来自东波士顿一个十分守旧的意大利家庭。在家里我们说两种语言，但可以说我比兄弟姐妹们更加美国化一些。我们忘了自己的传统——也就是说比较自由了、开通了，能够用不同的方式表现自己了。十三四年前，城里有一伙人说要建立一个'意大利之子'的分会。我反正是不会带头建议去搞这么个东西。我妻子是爱尔兰人——我是家里最先结婚后离家的人之一。不过我还是去开会了。在这以前我把自己的传统都给忘了。"真正激励安吉鲁投入进去的东西，是团体的人试图为"意大利之子"会堂买一块地皮时出乎意外地出现的偏见。反对的一方似乎主要认为意大利人粗暴无礼，整天醉醺醺的；安吉鲁在与之奋争的过程中与市政府打上了交道。要记住自己的传统就必须接受自己的出身，包括早先力图"美国化"时所一直试图否认的蒙受偏见和歧视的痛苦记忆。

种族偏见的体验帮助安吉鲁看到，生活原来不只是抛弃过去、自谋成功和自由表现这样一些东西。在日益卷入曾一度试图忘却的共同体生活——即更积极地参加"意大利之子"的活动的过程中，安吉鲁也更多地参与到他自己的城市生活中去了。他当选为市政委员后，认为自己有义务不仅代表意大利裔美国人，而且应该为整个城市谋福利。他抛弃了一种个人主义，走向了另一种关心自己狭义的和广义的共同体事务的公民个人主义。在抛弃"美国化"的同时，他变成了美国人。

玛拉·詹姆斯（Marra James）的情况却与唐纳特罗形成了有趣的对照。她出生在西弗吉尼亚的一个小镇，在南加利福尼亚住过几年，并在那里积极参加了如保护野地不被开发等以环境问题为主的各种活动。玛拉自幼接受天主教会的熏陶，初来加州时对教区活动十分热心。她现在不再上教堂了，因为她已经超越了她所说的"结构性宗教"的阶段。然而，她却把自己对礼仪的敏感带进了新的活动。她把自己参加环境运动的日子选在当地一所学院庆祝第一个地球日的那一天。10年后她接受采访时，正在积极筹备当地环境运动10周年纪念活动。

玛拉对共同体的重要性有强烈而明确的认识："许多人觉得空虚，却不知道为什么会感到空虚。道理在于我们都是社会动物，必须在共同体内一起生活、相互联系，共同工作，然后才能实现自我。"然而,她认为在美国实现共同体障碍重重:"大多数人都被我们的制度花言巧语地蒙蔽了。要我说就是图3件事,图钱,图方便,图消费。而且越来越糟。你觉得自己不是整体的一部分,是因为没有人是整体的一部分。孤独感成了一种国民感。"不过,玛拉并不因为这种认识而感到绝望。她极其活跃,无论输赢,完了又接着干。她在担任市政委员和县规划委员会主席的年月里,曾遭遇过多次失败。她说:"我有时说自己是个橡皮球;有时几乎都给压扁了,但我总是能够再弹回来。"对玛拉来说,政治无论输赢,都是一种值得一试的教育努力,或许输了教益更大。

玛拉·詹姆斯所界定的共同体范围大得惊人:"我强烈地觉得自己是整体——是历史的一部分。我生活的跨度包括整个世界。我是全世界的一分子,因为我所做的事情影响着整体。所以,假如我造成浪费、滥用资源,整个世界都会受到影响。"玛拉说自己是个温和派共和党人,但她的政治超越了任何这类标签。对她来说,整个世界就是一个忆旧和希望共同体,并包含着她所奋力从事的各种责任实践。毫无疑问,多年来她曾参与过许多个共同体——家庭,教会和她的环境积极分子伙伴们的工作网;每一个共同体对构成她现在的人格都起过重要作用。为了实现目前仅是一种理想的东西而把自己的共同体划定为整个世界,她面临着脱离任何实在忆旧共同体的危险。

最后,我们来看看西西莉亚·道尔蒂(Cecilia Dougherty)的情况。在她的一生中,一系列忆旧共同体在形成她目前的政治意识的过程中都起过作用,而作用的方式则比玛拉·詹姆斯的情况还要清楚。西西莉亚住在圣曼尼卡一个绿树成荫、学校教堂隐约其间的地区。她同韦恩·鲍尔一样,也是争取经济民主运动的积极成员。目前,她在为当地一个从事进步事业的律师工作,同时担任市政府的民选官员。尽管责任重大,西西莉亚还是4个十几岁的孩子的单身母亲——她丈夫几年前死了。丈夫去世既给她造成了创伤,同时也改变了她的生活。

西西莉亚·道尔蒂40多岁时,亦即在她丈夫的死突然中断了她惯常的生活之后,才开始积极投身政治活动。一开始,她参加了当地一个候选人竞选国会议员的运动,这部分是由于反对她的人支持许多她所反对的事情,同时也是想试试自己独自投入政治生涯的能力。其实丈夫还在世时,西西莉亚已经在考虑参加更多的公共活动了。

一件关键性的事是遇见了她丈夫的一个同事,一个与他们夫妇同龄的女人。她告诉西西莉亚说,其夫格雷格(Greg)曾夸耀西西莉亚,所以她很想更多地了解她。西西莉亚回忆自己一张口就说:"我有4个孩子……"但那女人盯住不放,说:"你等等。我没有问你的孩子。我问的是你。你是哪里人?"听了这话西西莉亚傻了。"我的意思是说,我的角色是个家庭主妇,而且当时我也不太明白她真正想说的是什么。"结果那女人告诉她:"我讲的不是作为格雷格妻子的你。我关心的是作为一个人,一个个人,一个女人的你。"她邀请西西莉亚参加了一个提高觉悟小组,"这是我生活中的一个转折点,一个真正的变化。"

西西莉亚参加提高觉悟小组后,觉得自己如大梦方醒,结婚生子前少女时代的许多理想和希望又涌了回来。西西莉亚重新发现她曾有过当教师的愿望,并想回到大学去以实现这一理想。不过那时她已在一家工会当职员,于是决定让自己受教育的愿望服从于当时的工作。"我决定在已有的基础上进行工作。"无论西西莉亚在提高觉悟过程中发现了一些什么样的"激情",她决定在过去的基础上,在"已有的"基础上添砖加瓦,是她本着新生的自由感和效能感从事活动的典型方式。

事实上，西西莉亚接触女权提高觉悟运动，发现了自己"作为一个人、一个个人"的特性，这些虽然对她具有重要的催化作用，但并不是她积极投身公益的决定性因素。正如她自己所说，提高觉悟运动使她产生的新的效能感，确确实实地唤醒了她早年的责任意识，唤醒了她对植根于她的家庭经历中的对维护劳动人民尊严的事业的认同意识。她参与政治的目的感，不是建立在激进个人主义基础上，而是建立在世代持续性的基础上的："我希望看到穷苦人能够享有与他们的数量相一致的力量；我希望保护我的子孙的未来。我觉得继续推进进步事业是一种历史的家庭责任。"

当要求西西莉亚解释为什么致力于进步事业时，她十分典型地以她的自我理想如何通过自己的家庭经历发展形成的故事作了回答。也就是说，她使用了一种通过参照某些人格理想——如勇敢和荣誉等美德——和对被视为体现这些价值的制度的信奉来组织生活的"第二性语言"。例如，西西莉亚的女权思想，部分来自于在不同条件下对母亲的仿效。她母亲是意大利移民，18岁结婚，没上过大学，却成为本县当选为州民主党中央委员会主席的第一个女人。西西莉亚评论说："所以，她使我在很小的时候就认识到什么是责任。8岁时我就在党的总部干活了，帮着贴邮票，接电话。"

然而，使西西莉亚对劳工运动及其建立一个更加公正、具有更大包容性的社会的目标产生深刻认同意识的楷模事件，却与她的父亲有关。西西莉亚14岁时，在一家能源公司工作的父亲——一个爱尔兰天主教移民，参加了罢工。那时第二次世界大战结束不久。西西莉亚清楚地记得罢工那几周的情形，特别是使她全家硬撑下来的工会团结精神。她回忆说："我们每晚都到城里的工会大楼去，到施食处吃顿晚饭什么的，我母亲就帮着做饭。"然而，决定性的事件发生在罢工的第6周：她父亲突然被捕了，罪名是他向破坏罢工的人扔了石头。

令人震惊的是，西西莉亚的父亲，"这样一个老老实实、勤勤恳恳的模范公民，一个典型的按美国规矩办事的人"，不仅横遭逮捕，而且在法庭上居然被攻击为共产党分子、煽动分子。公司律师卑劣伎俩的暴露，给西西莉亚留下了强烈的印象，最后使她产生一种道德义愤感，至今仍在规范着她的政治关切。父亲在"衣冠楚楚、神气活现的公司律师"的攻击面前所表现的勇气和荣誉感，也给她留下了深刻印象。但她印象最深的，却是劳工运动团结的力量。"我认识到了工会的价值，我们的生计全靠工会才能维持。"

因而，当道尔蒂重返民主党政坛并决心全心投入地方进步活动之日，她能够并且的确汲取了丰富的传统营养。她认为，她之所以从一个工作妻子、工作母亲转变为今天积极投身公益的人，这并非是她的选择——不是选学绘画或保龄球之类的选择——而是对她自身个性的某一部分的回应，是履行一项她的信仰、传统和生活所召唤的责任。

当问到她认为自己的活动能达到什么目的时，西西莉亚回答说，她希望"帮助人们摆脱只顾自己生活的思想，达成一种广得多、大得多的责任感。这听起来有点大而不当吧！或许我所能做到的，最多不过是维持和改善圣莫尼卡这个社会共同体，你知道，光这一条就够干一辈子的了。"西西莉亚关于罢工的叙述中所包含的共同体形象，与我们访谈过的其他人主张的同类个人的联合，是完全不同的。

西西莉亚·道尔蒂的自我认识与现代个人主义第一性语言之间的区别，可以简单归纳为三条：第一，西西莉亚是通过参照长期信仰的情节化阐释而不是欲望和感觉来表述她的自我意识的。

尽管她认为自己同过去在某些方面的决裂是自己一生中关键性的"转折点",但她把由此而生的自由解释为作出新的承诺的机会,并时常是在"我已有的基础上出发的"。因此,西西莉亚的自我形象不同于以离开家庭以便成为自由的自我为基础的激进个人主义生活历程观,它是植根于一种可以使生活变得高尚的美德概念、特别是她父母的生活所表征的美德之中的。第二,她的自我意识是以确定有意义的生活并由其他共有这一传统的人传授并表率的美德为基础的,而不是以抛弃具体责任而实现的无内容的自由为基础的。

西西莉亚的"第二性语言"的第三个鲜明特征,是她的所谓共同体即关心他人的责任基础上的团结的观念,因为这种团结对于美好生活是至关重要的。她把自己同劳动人民和"一无所有的人"的团结,描绘成一种对人的尊严的关心的表现,正是对人的尊严的践踏,激发了她对滥用职权的最初的愤怒。这一团结共同体的意识,使人想起两种典型的公民形象的区别:一种是凡事先想到自己的个人,一种是知道自己仅是作为形成个性的生活形态的参与者的公民。公民理想与同类个人完全凭自发兴趣相聚的形象是大不相同的。确切说,对于这种区别的思索,往往会确认托克维尔的说法,即公共秩序和公共信任不可能单纯从个人自发地产生,而是需要唯积极的公民生活方可提供的那种培养。

西西莉亚·道尔蒂生活中的公民语言的实践性来源并不难确认:这就是她本人和她父母毕生对劳工运动的支持。或许,这种语言还因她与父母丈夫共同对天主教团结的类似强调而得到了强化。正因如此,她才得以开阔视野,形成对"经济民主"的广义关心。[18]

西西莉亚·道尔蒂和上面介绍的其他几个人有一个共同的特点:他们是通过与不同共同体的承诺关系而不是从追求极端自己

的角度确定自我的。同时,西西莉亚和其他人一样,也表现出高度的自决意识和效能感。她所表征的个人主义形态,是在共同体之中而不是抗拒共同体来实现的。唯从主义——美国个人主义的仇神,似乎并不对西西莉亚和其他那几个人构成问题。他们对责任实践的参与,使他们得以抵抗唯命是从的压力。有时,他们可以在这一过程中表现出极大的韧性,如玛拉·詹姆斯被"压扁了"又弹回来。这些例证表明,托克维尔的信念或许是正确的:导致唯从主义并造成集权操纵这一更大危险的,不是社会参与,而是个人孤立。

美国确有一些集权主义集团,有时甚至抱有破坏性目的。它们与真正的共同体的区别,在于它们记忆的浅薄和扭曲,以及它们希望的狭隘性。激进的孤立性个人主义决不构成对这类强制集团的防御。相反,孤立造成的孤独感倒会促成这类集团赖以生存的"权威饥渴"。

私与公

美国人有时会把私人生活与公共生活截然对立起来。把个人的首要任务看作是自己自立地"发现自我",不仅要与父母分离,而且要从构成个人历史的那些更大的共同体和传统中分离出来。这就会造成这样一种观念,即认为个人的自我实现是在自我之中,或许再加上与其他几个亲密的人的关系之中完成的。这种类型的个人主义一般蕴含着对公共生活的否定态度。政治与经济世界不涉人情的力量,是个人需要谨慎提防的东西。从这一视角看,就连职业,这一在过去美国人个性中占据中心地位的东西,现在也变成工具性的了——它本身并不是一种美德,而仅是实现富裕而令人满足的私人生活的手段。然而,根据我们已经看到的美国中产阶级生活情况,这种对于纯粹个人实现的寻求似乎仅是一种幻想:它的最终结局往往是空虚。从另一方面看,我们也发现不少人——包括本章前面介绍过的那几位,他们并不把个人实现和公共参与对立起来。这些表现型个人主义不是空洞的,而是充满了源自于共同体和传统积极认同的丰富内容。也许,公私生活对立的观念是不正确的。也许,两者互相渗透、密不可分,一方的贫困只能带来另一方的每况愈下。帕克·帕尔默(Parker Palmer)的话也许是对的:"在一个健康的社会里,私与公不是相互排斥、相互争夺的。它们是同一整体的两半,同一矛盾体的两端。它们辩证地相互作用、互相促进、互相创造、互相滋养。"[19]

毫无疑问,当公共生活蜕变为暴力和恐怖时,这一辩证关系是清楚的。身居围城、怀疑一切陌生人、把家庭变成了军营的人,是不可能享有丰富的私人生活的。起码的公共道义和公共文明是实现私人生活的一个先决条件。另一方面,公共参与时常是困难的,要求很高的。为了成功地参与公共世界,个人既需要个人力量,也需要家庭和朋友的支持。令人满足的私人生活也是健康的公共生活的先决条件之一。

虽然美国人对公共领域疑虑重重,但他们参加志愿性社团和公民组织的程度,却在大多数其他工业化国家的公民之上。尽管困难很多,但大多数美国人都感到必须"主动参与"。公共生活一如私人生活,我们在其中既可以看到维系着个人主义和责任意识的各种心灵习性,也可以发现使这些习性成为问题的东西。

注释

[1] 罗伯特·科尔斯:《礼貌与心理学》,《戴达努斯》1980年第109期夏季刊,第137页。

[2] 有关论述19世纪美国文学中的个人主义见D. H. 劳伦斯的著作《美国古典文学研究》(1923年著；道布尔戴出版社铁锚丛书1951年版)。有关牛仔的形象见威尔·赖特的著作《六响枪与社会：西部的结构性研究》(加利福尼亚大学出版社1957年版)。关于牛仔和侦探见约翰·G. 卡维蒂的著作《冒险、侦探小说和浪漫，作为艺术和大众文化的公式化故事》(芝加哥大学出版社1976年版)。

[3] 关于英雄对女人和社会的回避见勒斯利·菲德勒的著作《美国小说中的爱情与死亡》(斯泰因—戴出版社1966年版)，以及安·斯威德勒的文章《美国文化中的爱情与成熟》，文章收在尼尔·J. 斯梅尔瑟和埃里克·H. 埃里克松编辑的《成年时期工作与爱情的主题》(哈佛大学出版社1980年版)，第120—147页。

[4] 最好地论述林肯对美国公共生活的看法的书籍是哈里·V. 贾法的《众议院分裂的危机：对林肯—道格拉斯辩论的解释》(道布尔戴出版社1959年版)。莱因霍尔德·尼布尔的评论出现在他自己的《亚伯拉罕·林肯的信仰》一文中，文章收集在艾伦·内文斯主编的《林肯及其葛底斯堡演说》一书中（伊利诺伊大学出版社1964年版)，第72页。

[5] 特别见迈克尔·朱克曼的著作《太平王国：18世纪新英格兰的城镇》(兰登出版社1970年版)。"太平王国"一词当然与末世学有关。它是新英格兰人所渴求的，但并不像他们自称已经实现的那样。

[6] 有关论述托克维尔对个人主义一词的介绍和美国人的反响见耶霍舒·艾里利的《美国思想中的个人主义和民族主义》(哈佛大学出版社1964年版)，第183—210、246—276页。有关论述这一词语在欧洲范围内的出现见凯尼拉德·W. 斯沃特的文章《19世纪中叶的个人主义》，《思想史杂志》1962年第23期，第77—90页。

[7] 前引《美国的民主》，第二卷，第一部分，第一、二章。

[8] 戴维·M. 施奈德和雷蒙德·T. 史密斯：《阶级差别和两性在美国亲属和家庭结构中的作用》(普伦蒂斯—霍尔出版社1973年版)，第19、20页。

[9] 同上书，第24页。

[10] 戴维·M. 施奈德和雷蒙德·T. 史密斯:《阶级差别和两性在美国亲属和家庭结构中的作用》(普伦蒂斯—霍尔出版社 1973 年版),第 46 页。

[11] 威廉·H. 怀特:《组织者》,西蒙—舒斯特出版社 1956 年版。

[12] A. 麦金太尔:《德行的探求》,圣母大学出版社 1981 年版,第 33 页。

[13] 施奈德、史密斯:《阶级差别》,第 27 页。

[14] 同上书,第 107、39 页。"我们领域研究的直接经验就在于虽然社会各阶层都保留着种族意识,但它对中产阶级行为的影响正在迅速减少。事实上,要成为中产阶级,有一方面就是要抛弃大部分种族特征,对个人成就的追求、力图理智地控制事态和着眼于未来而不是过去,在很大程度上推动了这一过程"(第 35—36 页)。

[15] 理查德·M. 梅雷尔曼在《造就一些我们自己的东西:论美国的文化与政治》(加利福尼亚大学出版社 1984 年版)中给这种冲突下的定义是松散的关系与紧密的关系之间的冲突。他认为这种冲突是当今美国生活中的主要冲突。

[16] 见麦金太尔《德行的探求》第 15 章。

[17] 对苦难的记忆以及保留这种记忆的重要性的论述见 J. B. 梅斯的《对历史与社会的信念:走向一种实际的、原始的神学》(西伯里出版社 1980 年版)。弗洛伊德在《悲哀与忧郁症》一文中指出,如果苦难的记忆受到抑制时,它就以一种不健康的方式继续主宰着人。这一论点揭示了忘却与记忆的辩证关系:唯有通过记忆我们才能有行动自由而不受无意识的记忆的主宰。

[18] 西西莉亚·道尔蒂要是知道在 20 世纪早期,天主教的社会思想家约翰·A. 瑞安主教,《传播正义》(1927 年纽约版)的作者,已经用了"经济民主"一词可能会感到吃惊的。

[19] 帕克·J. 帕尔默:《陌生人之间的交际:基督教徒和美国公众生活的复兴》,十字路口出版社 1981 年版,第 31 页。

第二部分

公共生活

第七章
主动参与

每当快要结束访谈的时候,我们当中一位研究人员总是要问社区领导人:"关于如何尽公民责任的问题,你们希望我对学生们说些什么呢?"典型的美国式回答总是:"叫他们主动参与吧!"美国是一个参与者的民族[1],近期的研究证实了托克维尔150年前所说的话:

> 无论年龄大小、地位高低、志趣如何,美国人时时刻刻都在组织社团。那里不仅有人人都可以参加的工商业社团,而且还有数以千计的其他类型的团体——宗教的、道德的、严肃的、无聊的、宗旨一般的目的有限的、庞大无比的和规模很小的……凡是要什么新的事业,如果在法国就是由政府出面,在英国就是权贵带头,而在美国,你一定会看到是某个社会团体。[2]

在"主动参与"这一倾向中,包含着美国人所特有的关于自我与社会的关系的观念。社会期望个人主动参与,期望他们自己选择加入社会团体。个人并不自动涉足那种不属于自己选择的义务的社会关系；而社会若不是成员个人自愿选择的产物，那将被看作是不正当的。大多数人都说，他们加入社会的机构，是为了实现自己的利益，或是因为对其他一些人抱有好感。[3] 如果从参与宗旨的这一假定条件出发，那么人们又将如何看待社会公益呢？促使这样的个体去为公共利益牺牲自我利益、自觉地将自己的命运与祖先、同代和后代的命运联系在一起的东西，又是什么呢？

独立自由的乡镇社会

托克维尔认为，人们参与地方自愿组织的体验本身，就能激发出造福公益的责任意识。他说他在新英格兰的乡镇里看到了这一过程发生的生动例子。不错，开始引导镇民们加入地方公民组织的确是个人的自我利益。然而，地方自治的体验改造了他们，使他们认识到超越个人私利的公共责任，从而转变成为"遵纪守法、和蔼礼貌、温和谦谨和有自制力的公民"。托克维尔说，新英格兰人把"自己的抱负和前途"寄托给了他的乡镇。"在他自己有限的视野范围内，他学习如何治理社会，习惯于自由赖以实现的组织形式，没有这些组织形式，自由便只能通过革命来实现。人们会体会到这些组织形式的精神，产生遵守秩序的志趣，理解权力和谐的真谛，并终于形成对于义务的性质和权利的范围的明确和切合实际的观念。"[4] 那么，参加乡镇的公民组织，又是怎样具体实现由自我利益动机向公共责任感的转变的呢？对于当今的美国人来说，加入大城市的志愿性社团，是否也能实现同样的转变呢？在我们试图回答这些问题以前，让我们先听一听马萨诸塞州萨福克镇的几位民间领袖的叙述——该镇是乔·戈曼的家乡,有关他的故事,我们在第一章中已经介绍过了——这座城镇的历史和托克维尔访问过的那些小城镇很相似。

1730年,马萨诸塞的中心大法院根据当地居民的请愿,颁布了一项法令,据此,萨福克作为一个自愿性的统一社会团体便开始出现了。那次请愿的公开目的,是要求建立一个分立的地方自治教会,因为邻近的教堂路程太远,不便公众前往礼拜。从一开始,萨福克镇就由一个使每个注册选民都有资格参加的公开的镇务会议进行治理。镇务会议每年照例举行一次;如有必要,全年可以随时召开。会议具有立法议会的权力,可就地方法律的修正和预算的增减进行辩论和投票。镇务会议的议事日程叫作"议事状",具体议程项目叫作"议条"——与地方自治教会一年一度的最高管理机构会议使用的是同样的术语。镇行政部门由选民选出的各种委员会组成,包括一个5人镇务管理委员会,一个财政委员会,以及一个教育委员会。委员会所有成员的服务都是无报酬的。所有这些政治机构与托克维尔研究过的都很相似[5]。现在,唯一不同于托克维尔时代的只是:镇务的日常管理改由领取报酬、对各主管行政委员会负责的管理人员来进行了。

传统的乡镇机构体现的是一个社会群体应该具备什么性质,它必须继续朝什么方向发展的古典的理想,即由一群各自生活在具有自助精神的家庭之中并自愿进行合作的个人所创造并维护的具有自助精神的教区集团的理想。同时,作为这种自愿性理想的日渐淡薄的背景的,是把乡镇看作一个联结镇民及其祖先后代的命运的忆旧共同体的认识。在镇公地旁边,依然高矗着一座尖塔式白色教区教堂,离旧教堂的遗址不过几百英尺。教堂对面是镇务厅：一座建于200年前的白色小楼。镇务厅的后面是镇上的公共墓地，墓地上仍然耸立着最早的居民的墓碑；直到今天，任何镇民仍可免费安葬在这里。许多当地的公民领袖仍然可以通过数点自己家族曾有多少代居住在这座小镇来提高自己的身价。正如第一章介绍当地镇民对该镇250周年纪念日的反应时我们所看到的，许多镇民仍然为能够恪守一种虽然古老但依然存活的传统而感到自豪。

在美国早年历史中，生活在这种乡镇社会的天然公民，都是一些自行经营货物或劳务的生产者，如家庭农场主、自立的工匠和个体小贩等。对于他们来说，工作、家庭和社区责任的要求，是完全融汇在小镇生活的框架之中的。从18世纪到19世纪初叶，当这座小镇主要还是由这样的人居住的时候，有关社区生活性质的古典理想，或许确实是符合镇里占统治地位的经济和社会关系的现实的。[6]然而，作为这一理想的主要承载者，那些自营劳务和货物的生产者们现在大多已经不在了。直到50年代，人们仍可在小镇上看到一些家庭农场；而现在，所有这些农场都已出卖；农场的土地有的用来建了工业公园，有的则被切割成各种建房土地了。个体手工业者也所剩无几。不过，现在仍有许多像乔·戈曼一样的居民，抱着社区生活的古典理想，以求给自己的生活带来意义。你可以在扶轮社、狮社和基瓦尼斯俱乐部的地方会议上看到他们。他们还是地方商会的成员，其中有些人还在各种理事会和委员会任职——当地居民继续通过这些机构来管理自己的小镇，人们时常把这种人叫作"乡镇长老"（town fathers）。

乡镇长老

乡镇长老*，可以被看作是托克维尔所说的作为19世纪美国精神的概括的独立公民个性理想在当代社会的化身。当代的乡镇长老以独立公民所代表的公共生活观作为自己言行的指南，但是他们又与独立公民不同，因为他们并不是真正独立的。他们与托克维尔的独立公民的不同之处，还在于他们所主张的那些理想，终究不能引导他们走出由经济相互依存关系和政治冲突决定的当代社会生活的迷宫。

在19世纪独立公民生活的社会里，工作、家庭和邻里关系的要求是交错在一起的。在当代乡镇长老所居的社会，这些要求仍有相当的融汇，因而足以使独立公民创立的公共责任理想呈现出表面的合理性。[7]正因为如此，乔·戈曼才得以把自己看作是他的公司的一名成功的公共关系官员，他是通过为自己一家世代生于斯、许多亲朋好友仍居于斯的小镇服务而成功的。然而，只要戈曼仍然是全国性大公司的雇员，而这家公司又往往会以它在萨福克的工厂能否赢利作为它与萨福克镇的关系的前提，那么总

---

* "乡镇长老"，顾名思义，显然是一种有代表性的男子汉个性类型。究其原因，部分是出于这样一个简单的事实：小镇中的商业秩序，主要是由男人来统治的。但它同时也反映出地方小商人在思考如何将追求个人成功的欲望与对社区的关心协调起来的问题时，支配他们的道德情感的规律。构造这种情感的基本形象，是传统的美国家庭生活理想：丈夫进入公共世界，妻子则"居内持家"。在家庭内部，丈夫提供权威，妻子则提供感情上的支持。乡镇长老在社区内发挥的作用，正是以这种道德和情感上的分工为楷模的。乡镇长老为社区服务不采取公开表示对社区的感情的方式——因为这会被看作是不得体的"感情用事"——而是通过促进社区的经济福利、提供权威性的领导来尽其职责。他们的妻子则通过加入各种俱乐部来协助丈夫；这些俱乐部在乡镇长老的"服务社"所筹集的资金的资助下，为"真正需要的人"——通常是孩子们和老人——提供个人慈善救助。——原注

有一天，他会不得不在工作中的成功和继续为萨福克这个"大家庭"服务之间作出抉择。实际上，像戈曼的那类公司的雇员，能够深深卷入家乡生活的人实在很少。拥护戈曼的乡镇长老理想的人，大多都不在大公司领取薪金，而是一些独立经营的商人，他们所经营的商业的主要顾客，往往都是本镇和邻近地区的人。因此，这些人自然比戈曼更加注重他们的社区参与的经济"底线"了。这种小商人就像托克维尔时期在独立公民中占绝大多数的自耕农和自己独立经营的手工业者，他们比戈曼更加明确地把自己对本社区的热爱同托克维尔一定会称之为"正确理解的自我利益"[8]交织在一起。

我们在与霍华德·牛顿（Howard Newton）的一次交谈中，就发现了一个很好的例子，它可以说明这种视社区服务为开明的自我利益的观念。霍华德·牛顿在萨福克拥有一家克莱斯勒汽车经销部，那还是他父亲1930年时开设的。霍华德的长子小霍华德也在经销部工作，看来他是注定要继承家业的了。在生意上，霍华德的主要竞争对手是萨福克的雪佛莱汽车经销部，这家经销部比霍华德家的大很多，而且在整个波士顿地区广告做得非常出色。霍华德在谈到这一竞争时，言语中毫不掩饰他在道德上的反感："萨福克雪佛莱在镇上不过有20来年的历史。它的主人都不住在这儿。他们无论规模还是销售量都比我们大。我们是住在这儿的，做生意的方式也不同。我们做生意是做人的生意。"在我们谈话的前一部分，霍华德对比了"做人的生意"和仅仅关心将利润增加到最大限度的区别。"有些人是什么都满足不了他们的。做生意也一样。做生意可以有不同的做法，我们做生意就是做人的生意。"

要"做人的生意"，就必须注重一些"基本客户"："努力结识你的顾客，好好对待你的顾客。"从谈话中可以明确看出，霍华德一定还会加上做"基本客户"的生意一定要完全诚实。他"做人的生意"还涉及他或其他人对理应从劳动中获取的报偿的态度。他强烈地感到，一个人如果对有益社会的事业作了贡献，单凭这一点他就应当得到报偿。因此，他坚持认为，付给雇员计件工资不仅有实际用途，而且有道德价值。"干活必须要有奖励。我们店里的机械师——他是我最好的机械师，要养活一家12口人，而且每天都得从波士顿坐车来这儿干活。我付工资的方法是：给他一定的报酬，刺激他在两小时内干完所有的活儿，如果干完了，再给他增加报酬。好，他接下这个活儿，只要他说行，两小时准能干完。但其他的机械师都是按小时计酬的。那你就不能指望他们会像波士顿那个机械师那样，两小时内把活儿干完。这就是我们的商业、我们的工业的毛病了。人们没有干活的动力。一天8小时干不干照样拿钱。"霍华德说："如果你给人家的东西不是他们自己干活挣来的，那绝没有半点好处。"

这种做生意"因人而异"的态度，也体现在他对个人参与镇里生活的价值的认识上。"有些人——如在加利福尼亚，平均每5年左右迁居一次，总想搬到一个不同的地方去，搬到一个更好的地方去。"他对这种无休止的搬家的做法的批评，与他对某些只有不断增加利润才会感到满足、甚至不惜用人与人之间不应有的操纵别人的态度去对待顾客的商人的批评，是完全一致的。除去两年的军营生活，霍华德一辈子都生活在萨福克。"我热爱萨福克。我历来喜欢萨福克人。星期一早晨我上邮局，见到的人中总有我认识的，而且总有人愿意站下来同你交谈。小镇有小镇的好处：有连续性；大家都相互认识；就连我的孩子们也了解社区生活、参加社会生活。比方说，我的女儿，她现在15岁了，参加了篮球队和女童子军，还有学校里的一些事。主动参与这件事在小城镇里是可以办到的。而且这种参与能够给人以极大的满足。你可以从中得到许多乐趣。简单说你做的事既为全镇，也为你自己。如扶轮社，这是一个服务性组织，它总是在为自己做些事，也为萨福克的镇民做事。除扶轮社外，狮社和基瓦尼斯俱乐部也很活跃。所有这些服务性组织都做了许多小事，但加起来就大了。如帮助老年公民中心，为娱乐计划提供帮助等。哥伦布骑士会和共济会也作了不少贡献。人们参与到萨福克这样的小镇生活中去，感到很快活，有许多乐趣。虽然你没有得到金钱上的实惠，但是你从做出努力中得到了满足。"

霍华德·牛顿就是这样在他的自我利益和社区的公共利益之间看到了一种自然的和谐。从长远的观点看，他个人的成功依赖于社区整体的繁荣。而正因为他在满足社区成员们的需要方面尽了一份努力，因而有权分享它的繁荣。他通过为本社区中的个人直接提供有价值的服务——价格合理的小汽车——而谋取生计。他不同于那些领取一小时工资但并不感到有义务付出一小时劳动作为回报的机械师们。他之所以认为他的利益和顾客们的利益之间存在着互惠的关系，并不单单是因为他相信非个人化市场的"无形的手"，而且因为他对许多心满意足的顾客有个人的了解。他在这种个人化了的商业关系的基础上，绘就了他与整个小镇的关系的图画。他在生意上的成功依赖于社区的支持，但这种支持并非是免费提供的，而是通过他为社区成员开办慈善事业所挣得的。他和当地其他商人主要通过镇上的扶轮社一类"服务俱乐部"向镇民行善事。此类善举大多"积少成多"，是对他人提供帮助的个人表示。受惠的个人，如暮年老者和小孩子，他们显然需要帮助，却又无力自助，因而也就不负道德上的义务。

霍华德将自己视为一个自立的个体；他的开明的自我利益与他的社区利益完全一致。这种和谐一致的思想也注入到他对小镇政治的认识中去了。镇政府应该提供有效的构架，从而使自立的个体能够通过为社区的其他个体提供有用之物来谋取生计。从根本上看，萨福克镇政府干得"相当不错，有好多事政府做了但却不计功利，完全是公民义务型的服务。它也许用人太多，但这是一个普遍现象。或许，我们可以精简一些人"。在这种道德语言里面，公民义务的最高形式是"为人做事不计功利"。而最恶劣的政治塞责行为就是无功受禄——正如那些在"人浮于事"的政府中干着清闲差事的人们那样。

霍华德认为，今天乡镇政治的最主要的问题之一，就是"特别利益集团"对镇务会议的影响太大。这种集团"只对某一件事感兴趣，它们都以组织的形式出席镇务会议，竭力争取某一件事情获得通过"。干这种事的人通常都是"镇上新来的人"，他们试图运用政治组织的策略从镇上谋取不是他们个人挣得的利益。学校教师就是一个特别利益集团的好例子。镇务会议上时常塞满了他们的朋友和支持者，拼命为他们争取增加教育经费拨款，并向小镇上兜售本不需要的教育服务。霍华德与乔·戈曼有同感，他说："今天的教育体系中有各种技能很高的人——各种专家——他们都希望教授各自的专门课程。他们老是说这些人都是些很好的人，但我不认为他们是胜任的。我认为学校还是得回到基本训练上去。"霍华德还会说，像商会这样的集团，强有力地组织起来去促进镇务会议做出有利镇上经商的决策，是合法的。这类政策仅仅能使规章制度的构架得到保障，使这一构架得以促使独立商业通过向个体成员提供所需产品和工作，来为社区作一份贡献。如果个体商人不能提供人们所需求的产品，就会失业。然而，像学校教师那样的集团，只是利用自己的组织、在工作量不变的情况下谋取更高的工资，或者增设新的职位，提供镇上本无这种自然需要的服务——只有受过教育的专家才能欣赏其价值的服务。这就是他们作为"特别利益集团"，而非"社区服务组织"的原因。

霍华德用这样一段话总结了他的政治观点,即断言"如果你给人们的东西不是他们自己努力挣来的,那是绝对没有好处的。人们并没有认识到从政府那里拿钱意味着什么。例如有一次我在波士顿的州议会参加一个有关汽车工业的听证会,有个助手向一参议员走来,我听见他说:'对不起,参议员先生,我们应当投票通过这项议案,这并不花我们一分钱,钱是联邦政府出的。'但所谓联邦政府,无非是我们坐在家里纳税的每一个人"。

因此,在乡镇长老的词汇中,公益是根据每个人付出多少就收获多少、既不多也不少的长期能力来确定的。个人对社会的贡献——包括时间上和赋税上的——并不被理解为一种义务,而是一项自愿性投资。因此,社会面临的最严重的问题之一,就是"免费乘客"的问题。[9] 他们贡献的少,获得的多,使好公民无法从自己的投资中收到应得的回报。托克维尔认为,这种建立在开明的自我利益基础上的公益观念,"是所有哲学理论中最适合我们这个时代的人的需求的一种"。它"并不激励人们去做大的牺牲,只敦促人们每天做些小的牺牲;它本身并不能养成人的美德,但它的约束造就了一大批遵守秩序、性格随和、为人谦恭、谨慎和有自制力的公民"。[10]——不难想象,这些公民也便与霍华德·牛顿和乔·戈曼极其相像。然而,正如托克维尔指出的:这些公民美德并不纯粹地、简单地是盘算利益的产物,而是因为开明的自我利益确立了一些在"无意识中"将人的意志引向这些美德的"习惯"。"开始,人们照顾公共利益是出于必要,后来则变成了自己的选择。原来的盘算变成了本能。个人通过为本镇的其他公民谋利益,而最终形成为他人服务的习惯和情操"。[11] 在霍华德·牛顿的意识之中,可以看到这种"习惯和情操"的作用。在乔·戈曼那里,这种作用则得到了更加生动的体现。在他们个人的自我利益的语言中,蕴藏着我们称之为社会责任的第二性语言。霍华德认为,卷入小镇生活是"一种乐趣",即使他得不到"金钱的报酬"。乔·戈曼在小镇的周年庆祝活动中之所以十分卖力,是因为萨福克对他来说像一个家庭,并且"我喜欢成为它的一部分"。像萨福克这种社会中的"天然公民",极少体验到自我利益与社会公益之间的冲突。这恰好是由于个人与社会的长期融合引导他们根据社会的利益来确立自己的个性。只要个人把自己视为小镇的天然公民,损害全镇的利益就是损害他自己的利益。

然而,在20世纪,这种道德认识的过程,即以社会利益观造就个人自我利益观的过程,它的社会基础却是十分脆弱的。当代的乡镇长老们居住的,再也不是托克维尔描述的那种同质的、相当一体化的乡镇了。正如第一章所指出的,萨福克现在是波士顿的一个郊区,是大都市社会生活和全国市场、国际市场经济生活的一部分。为了保持道德上的平衡,乡镇长老们便不得不想象他们是生活在一个不复存在的社会里。

1981年,霍华德·牛顿在一次萨福克扶轮社会议上作了一篇充满激情的演说,为联邦政府向克莱斯勒汽车公司提供12亿美元的担保贷款、帮助这家公司摆脱经济危难进行辩护。这件事是一个生动的例子,它说明复杂多样而又相互依存的国内和国际的政治体系,给当代的乡镇长老们带来了尖锐的冲突。

霍华德先从口袋里拿出一面小国旗,向听众挥舞并说:"在我们会议期间,已经有许多人发表了意见,反对政府提供这笔贷款,现在我就来说一说我对这件事的看法。"他告诉他的扶轮社同仁,克莱斯勒是怎样在20世纪20—30年代,依靠一项又一项的工程技术突破——如浮动引擎、液压煞车等——而逐渐变成了一家大公司的。他暗示,这家公司的地位是真正靠他们自己挣来的。

50年代，当霍华德还只有他儿子这个年龄的时候，他去过底特律，并实地访问了克莱斯勒的一家工厂。他说："现在我说这话不是反对工会。但当时那里的工人并不干足全天的活儿。他们想既不干活又拿钱。结果发展到对工作没有了自豪感，甚至连购买他们自己造的小汽车的骄傲也感受不到了。他们说如今你要去克莱斯勒的停车场看看，就会发现那里大部分都是外国车。工会手上有钱，你干也拿钱，不干也拿钱。不工作时，你也能拿到工资。所以克莱斯勒一下亏空了几十亿美元，福特公司也在亏空，就连通用汽车公司日子也不好过。"

接着就是他演讲中最辛辣的部分。"现在，如果政府不提供这笔贷款，像我这样一辈子勤奋工作的人就会失业，我们所雇佣的60名工作人员就会失业，全国上下千千万万个人就会失业。你们知道要花多少钱用于福利、失业救济等来照顾这批人吗？——220亿美元！"他最后强调说，如果发生这样一场悲剧，那就是工会的过错，因为工会迫使公司给不干活的人发了工资；就是"拉夫·纳德（Ralph Nader）和其他鼓吹慈善的人"的过错，因为是他们坚持要求政府作出了不经济的规定。他又摇了摇手中的美国旗："我请求你们以国家为荣，购买美国的产品，为你是美国人而自豪，为你创造的东西而自豪。"

扶轮社的成员们对霍华德的反应很有礼貌。虽然他们大多数人都很尊敬他个人的为人，但对贷款给克莱斯勒持怀疑态度。他们认为，一如个人，如果由于自身的过错不能生产出公众想买的东西，他就不应该期望得到公共援助。同时，他们与霍华德不同，似乎认为克莱斯勒公司的管理部门，而不仅仅是公司的工人，也对公司遇到的麻烦负有责任。

人们或许有理由设想，假如霍华德，比方说，是通用汽车公司的代理商,他就会同意他的扶轮社同仁们的观点,认为政府不应该帮助克莱斯勒。他关于个人应对自己工作中的成败负责的思想,完全符合他的扶轮社同仁的思想,甚至也与萨福克商会代表的大多数地方小商人的想法一致。既然主张这种思想,霍华德要为克莱斯勒贷款辩护,脑子里就需要有很多弯弯绕了。但是,这并不是说他认为政府应该给予濒临破产的工业以巨大帮助的新思想,仅仅是为他自己的经济利益申辩。他的这些思想,是他被迫承认他对复杂的国内和国际政治经济体制的依赖性所造成的思想冲突的产物。萨福克的小商人在大部分日常工作中是与这一庞大的体系相隔绝的;只要能够得到稳定的货源,他们就会以为,生意上的成功依赖的是个人的销售本领,从而依赖的是他们愿意工作多少的程度以及社区对他们的信任程度。从最实际的角度看,他们生活在一个历史残留下来的地方经济的世界里。他们对工作、家庭和社会的道德含义的思考,只能从这个残余世界的生活方式的角度去理解。然而,一旦他们像霍华德那样不得不面对今天这个复杂的现实世界,这种思考就会使他们面临种种令人不快的矛盾。这些毕生老老实实、勤勤恳恳为自己社区服务的业主们,不应该由于一家总部设得很远的大公司的倒闭,而突然失去自己的工作。人们大凡遇到不可理喻的矛盾,最通常的态度便是不予理睬。这似乎也是霍华德的多数同乡小商人所愿意采取的态度。假如霍华德本人不是处在不能不予理睬的恼人地位上的话,他或许也会对此来个视而不见的。

从小城镇到大都市

乡镇长老的道德语言,是托克维尔所描述的那个时代——18世纪和19世纪早期——占主导地位的语言。当时,美国人的道德思维是靠"殷实而独立"的乡镇中相互依存的社会、经济和政治生活的责任习俗所滋养培育的。当代乡镇长老的语言，只有在继续植根于以往曾为一代社会风貌的相互联结的地方性工作、家庭和社会形态的残余的意义上，才是具有生命力的。然而，随着19世纪的终结，美国的社会风貌被都市化和工业化永远地改变了。

尽管都市中的美国人仍然参与各式各样的自愿性社团，但现代都市的结社生活，并不产生属于"殷实而独立的乡镇"结社生活的那种对公共利益负有社会义务和责任习俗的第二性语言。在都市世界里，工作、家庭和社会的要求截然独立，甚至经常是相互矛盾的。这是一个由各种不同的、通常还是相互敌对的集团组成的大千世界，集团之间的相互依存形式错综复杂，令个人无从辨认。都市居民的工作也与乡镇长老不同，他们要么在规模巨大的私人公司里为国内或国际市场生产商品，要么是在庞大的政府官僚机构中根据相互冲突的利益集团所造成的各种压力提供各种服务。城里人的家庭关系和社会关系局限在同一类人组成的圈子之中，他们相互之间有感情共鸣，因为他们具有类同的信仰、价值观念和生活方式。这种职业世界与家庭、社会生活之间的分离状况，通常是通过人们每天在工厂或办公室与住宅区之间奔波往返的情况来表现和实现的。

在这种情况下，公共生活对个人来说能够具有什么积极意义呢？个人对他的工作的长期社会效应负有什么责任呢？个人对环绕在他自己的家庭和朋友们组成的圈子周围的芸芸众生，又负有什么样的义务呢？这种缺少人情味的大都市能否成为一个忆旧共同体呢？

对于都市生活的规模及其复杂性的一种典型反应，是托克维尔预言过的，他说："随着政治社会范围的扩大，私人生活的领域必然会缩小。我决不认为我们新社会的成员终将会在公共状况下生活，相反我倒担心他们最终只会形成极小的小圈子。"[12]那时的社会图景，用罗伯特·帕克的话说，将会由"仅相互接触但决不相互浸透的许多小世界"组成[13]。

特德·奥斯特，那位时而把生活比作"大弹子球戏"的加利福尼亚律师的生活历程就是这一私人化过程的好例子。在大学时他是班主席，同时又是一个政治积极分子，深切地关注着美国对印度支那战争的政策。就在他结婚之前，他在学院领导学生罢课，抗议美国入侵柬埔寨。然而，自从他结了婚，当了律师，他就"把那些东西全扔了。我现在不觉得有这种需要了"。他的律师工作给了他极大的满足。不过，他必须花在工作上的时间，使他"非常非常珍惜在家里度过的每一分钟时间"。从做学生领袖那些日子到现在，他的朋友圈子缩小了，但却是一个"关系更加紧密的朋友圈子。或许我从与他们的相处中、从他们喜欢我的感受中得到了极大的满足，朋友的多少也就变得无关紧要了"。随着朋友圈子的缩小，他的政治观点也发生了变化。他变成了一个在册的共和党人。他坚决反对政府对自由企业的干预，并且非常关注发生在福利制度中的欺诈与浪费——这些政治观点，"若在10年前一定会让我吓一跳"。然而，政治思想的变化"与我对人的看法没有任何关系。换句话说，我并不会因为是一名在册的共和党人，就认为我们相互之间不再负有社会意义上的责任，不再需要相互关照了。我对我的同胞依然持有一种观点，一种慈善的观点，诸如此类吧"。但是，当问到履行他的社会责任意识意味着什么时，他说他要当"我的孩子们的孩子王"。他无心花大的精力卷入国家的政治事业。"我最怕同成千上万个什么——人也好，花也好，汽车也好，里程也好，搅在一起。周围的社会，我还是看得见的"。许多美国城里人想到"爱你的邻人"的戒条时，总以为只要爱那些他们自己选中的志趣相投的邻人、那些同一生活方式圈子中人,而让其余的世界按它那乱糟糟、神秘的方式运行,这便算是履行了爱邻人的责任。

城市地方主义

至于这些可爱的邻人究竟是谁,他们又有多么可爱,这不仅要看个人的自愿选择,而且要看社会阶级的变动。那些经济负担得起的人,他们往往会搬到一些周围确实都是一些趣味相投的人的地区去住。南加利福尼亚的圣欧拉利亚,就是这样一个极端的例子。这个地方丘陵起伏,有着优美的桉树、繁茂的花卉和气派十足的别墅。这些别墅机关重重,防守严密,里面住着全国一些最大的公司的首脑们。然而,这个地区的生活却丝毫不显公司董事会里那种典型的忙忙碌碌、争来吵去的活跃气氛。这里只强调轻松的社交活动——男人们只是友好地在社区的高尔夫球场上交手,或者在当地最大一家餐厅的轻松气氛中潇潇洒洒地共进午餐。女人们则只是在为慈善事业筹款的社会俱乐部里忙上一阵。这里的住房没有门牌号码,仿佛变成邮局的官僚化投递系统中的单元,是对住户尊严的莫大侮辱似的。圣欧拉利亚的一切设施都是为了向它的居民证实:他们是些独特的个人;他们同自己社区的其他独特的个人进行交往,是把他们看作自己的朋友而不是素昧平生的竞争对手。人们时常听到住在南加利福尼亚一带富裕地区的居民说,他们完全履行了自己的社会义务,因为他们慷慨地参加了由社区俱乐部主办的各种慈善活动——如晚餐舞会、时装表演、艺术展览等,但同时他们却在生意上毫不掩饰地摆出一副"公众见鬼去吧"的架势。因此,房地产投资商汤姆·克莱(Tom Clay),这个在圣欧拉利亚社交场中最活跃的人物,自豪地承认:"我一生已经设法赚到了一笔数量相当可观的钱,而且我所做的一切，都是为了满足我自己的愿望。"

与我们交谈的人当中，几乎没有人能够住得起圣欧拉利亚这种排他性的高级地区，但他们也往往不惜花费很多钱，从市区那些被"不理想的人"所包围的街区逃出来，迁往"体面的"郊区，再从那里每天去市中心工作。就像史蒂夫·约翰逊（Steve Johnson），他是市内一所中学的教师，住在离圣欧拉利亚不远的一个中产阶级居住的郊区。这些人选择住在郊区既有道德方面的考虑，也有实际的考虑。"我们住在市区的时候，有一种被淹没的感觉，所谓人海茫茫，到处都是人。我不喜欢看见醉醺醺的司机开车在我住的街上横冲直撞，那里实在太拥挤、太吵闹。我们需要天空，需要安静，需要空间。"

区别这种安静的环境和市中心节奏很快的生活的东西，是它的道德指导思想："这里不同。有一种社区意识。我们在这里不是为了挣钱，设法订合同，不是想卖点什么或买点什么，我们是在为社团工作。我们是在和私人接触（他用加重的语气说）。"据史蒂夫说，这种社区意识造就了"一种特别的个性——平静，不慌不忙"。这种个性的特点不是它的力量，而是它的力量的动机。这种动机引导人们与他人一起去表现自己的力量，而不是利用别人，把别人当作实现个人目标的工具。它是一种受表现主义道德而非功利主义道德引导的个性。而郊区生活可以使人们摆脱工作的功利世界，走到友好关系的表现主义世界中去。史蒂夫说："一工作就是一连 5 个小时与人紧张地接触。这已经到了极限。我有那么多的感情和力量，都白白消耗掉了。"

然而，对许多郊区居民来说，靠搬家来摆脱公共环境的问题，营造私人的小天地，已经越来越不可能了。许多人担心他们住区的质量正在日益败坏。为解决这一问题，有些人试图迁往更加"排他性的"地区居住，但房价的上涨和交通系统的限制，使这种做法变得日益困难起来。与此同时，州政府和联邦政府对郊区居民提高了征税额，用以支付市区的设施维护和社会服务的费用——这种做法时常引起郊区居民的反感。史蒂夫·约翰逊和他的妻子正在竭尽全力，企图减缓他们那个市郊社区扩展的速度，"以免它变得像洛杉矶一样"。

一位与史蒂夫共同从事这场地方性战斗的同盟者说，"要让我说，我就要这个地区变得像1959年时的样子，那时我们还没有搬来，尽管这意味着我们现在就不会在这儿了。我希望那时能买下20英亩地，在远一点儿的乡下买，周围挖上护城河，养上鳄鱼。一个好的社区什么都要有——有足够的货物满足人们的需要，但不要大的购物中心，把外边的人招引来。我希望我们的社区像在一个小岛上那样发展"。

关切的公民

由于他们的私人避难所受到了威胁，这些人便时常感觉到有参与政治的必要。与乡镇长老不同，他们的参政，不是作为日常履行公民义务的体验，而是作为一项英雄的壮举。他们开始政治生涯之际，常常是战战兢兢的，害怕当众讲话，害怕那些高高在上、大权在握的市政厅官员们轻慢他们。他们把参政看成一种自我牺牲，是对真正美好生活的各种乐趣——在家里的乐趣、家庭和美，邻里亲善、朋友相宜的乐趣的放弃。他们常管自己叫"关切的公民"* 这个名称暗含了这样一种思想，即只要被动地

---

* 关切的公民（concerned citizens）：关切的公民与乡镇长老不同，可以是男人，也可以是女人——在某些情况下，是女人的可能性更大，因为家庭主妇比在外工作的丈夫有更多的闲暇时间去参与政治活动。——原注

遵守法律就是好公民，而且个人只有在对个人的或本社区的利益受到威胁感到关切时，才有必要积极卷入到公共事务中去。

史蒂夫·约翰逊和他那些住在南加利福尼亚的被围困的邻居们自认为是关切的公民，但麦克·康利（Mike Conley）才是这种性格形象的最生动的典型。他是一个退休机械师，同乡镇长老乔·戈曼和霍华德·牛顿一样，碰巧也住在马萨诸塞州萨福克镇。麦克是第二次世界大战前开始、至今仍不断由市区向萨福克涌入的那批人中的一分子。这批人大多是蓝领工人。用镇上一位官员的话说：他们"是从萨默维尔和切尔西那样一些地方来的，原来住得特别挤，三层隔板的公寓之类的。他们准备来这里定居。他们已经把钞票都花在从萨默维尔和切尔西迁来的途中了，再也无处可去了"。麦克和他的蓝领朋友以及邻居们最关心的一件事，就是不要有任何东西破坏他们试图为自己的单门独户的小家所创造的生活质量。

麦克是通过和一些邻居一起向市镇当局要求修缮住区的人行道而初次涉足地方政治的。他同许多卷入政治的公民一样，公共生活的最初经历令他惊慌不已。"轮到我在镇务会议上讲话时，我的嘴部神经就会抽动起来，因为在大庭广众之下说话我紧张极了。"但是他强迫自己学习，去当地的夜校进修演讲和公共管理课程。终于，他成了一个干练的演讲者，同时被公认为一个不容小觑的地方领袖。最近，他又当上了一个自称是"萨福克关切的公民"组织的领导人。

这个组织之所以建立起来，是为了阻止联邦住房与城市发展部出资的一项为镇上的老年人，包括波士顿来的一些低收入家庭（或许还包括黑人和西班牙语裔美国人的家庭）建造住房的计划。麦克对这项计划可能给社区造成的后果十分反感，直言不讳地抱怨道："你们都知道廉价住房是个什么样子。你们一下造这么多房子，把那些所谓的亦即贫户搜罗了来，不出一年他们就会把墙纸都揭下来，把铜管子卸下来拿出去卖了打酒喝。如果你住在离他们1英里以内的地方，他们就会抢你、打你、强奸你。这种人根本没有价值观念。只要给钱，跟谁睡觉都行。他们唯一关心的就是喝酒。我并不是说他们不对，但我不希望他们住在我的附近，给我找麻烦。"

然而，并非仅是地位比他低的人是不道德的，地位在他之上的人也一样的坏，只是他们的主要罪恶是贪婪而非淫乱和酗酒。"由于我见到的那些事，我并不敬重受过教育的人"，尤其是操纵法律为有钱人的利益服务的律师。大商人也同样恶劣："那些石油公司专搞垄断。这些大公司的所有头头脑脑们都是一个鼻孔出气的，而且会不断把价格往上提。我同意里根的观点，必须放松管制。但目前石油公司一定会合伙不断抬价。艰难的时期就要到来了。"他往往也不信任地方的小商人，因为他们赞成该镇向更多的工业开放，赞成建造更多的公寓楼。"作为一个规划者，我一贯反对在萨福克建造公寓楼。我是萨默维尔来的。我来到这儿，我父亲来到这儿，是因为我们想有自己独门独户的住宅。"同时，他对大多数政界人士也不信任，无论联邦的、州里的还是本地的。"看看埃及的那些东西（金字塔），想想为了建造这些东西死了多少人，政治就是这个样子。今天也一样，只不过他们处理政治的方法多少老练了些。再看一看罗马帝国，它的崩溃就是淫乱和酗酒所致。我们今天有什么呢？它是不是比那好了？所有这些东西的基督精神又到哪里去了？"

残留在这个国家中的"基督精神"，看来是体现在麦克和他的邻人们那样的善良而又注重家庭的人身上了——这些人有时因为害怕被人打家劫舍，"不敢在星期天的早晨一起去望弥撒。必须留一个人在家里，否则等你回来，家里一定被人破门而入了"。一个能够集中而明了地窥见指导这些妇人的社会关系的道德理想的东西，不是在于麦克有关宗教的议论，而是来自他对自己最喜爱的娱乐形式——方形舞的描述。麦克和他的妻子参加了一个方形舞俱乐部，这个俱乐部在整个新英格兰地区都有分会。他们极爱跳方形舞。据麦克说，跳这种舞时，舞伴都混在一起，你拉着别的女人——别人的妻子的手——但"一切又是非常纯洁的娱乐"。在过去的4年中，每逢夏季，康利一家都要在自己的家里举行一次大型的聚会，请俱乐部的所有成员来参加。上百人在他们家的大院里野餐，虽然停车的地方不够大，但他们都设法把车停放得整整齐齐，谁也不挡谁的路。来跳方形舞的人都把孩子带来野餐，麦克认为这很重要。开始各家都坐在自家带来的地毯上，后来就开始四处走动，分享他们的食物和饮料，混在一起聊天。这实在是一段美妙的时光。麦克对方形舞的看法确乎与他对美好的社会生活的看法是一致的。每一个家庭都应该自己养活自己。当麦克在大萧条时期长大的时候，"一家人像牛马一样地工作来养活自己，可我们从未拿过任何人一分钱，而且终于挺过来了"。这种自立精神不应该使人变得孤僻，家庭之间应该相互融合，共享人生。但这种社交活动必须井然有序，必须"纯洁"。为了形成这种局面，每个个体参加者都必须能够自立、能够自制。

因此，社会的善归根到底取决于个人的善，而不是机构的健全和法律的公正。相应地，麦克·康利认为，不能依靠法律制度来赋予像他这样正派的人以公道，因为法律太容易被自私的阔佬所操纵，也太频繁地被不道德的穷光蛋所破坏而不受任何惩罚。真正的公道是给予人们应得的东西，至于什么是应得的，则应由好人的常识来判断。

麦克典型的做法是用一系列的具体例子来阐述这些观点，而不是用泛泛的概念来进行概括。他讲述了他被选入镇务厅任职后，如何处理了两件裙带关系案子的情况。第一个案子强调的是政治公允的重要性。一个地方官员的儿子由于他父亲的影响，在镇务厅谋得了一份轻闲工作。"我说，'马上把他辞了。我不想让任何人倚仗权势得到工作。'不久我接到助理镇长的一个电话，他告诉我那家伙还在，他告了镇务厅一状，说镇务厅违背了合同。我就说，'我不知道'——我也不管。"最后，这个年轻人还是被解雇了，也没有出什么法律问题。

第二个案子则是用同情心来修正公正原则的例子。麦克刚讲完解雇那个年轻人的事，紧接着又谈了另一个裙带关系的案子。他对这个案子采取了比较肯定的态度。这是关于另一个地方官的儿子的事——一个"极聪明的孩子"，但不幸染上了酗酒的毛病，而且还有婚姻的麻烦。在他父亲的帮助下，他也在镇务厅找了份工作。麦克之所以对此持同情态度，因为这份职业给这个年轻人提供了稳定的生活，同时使他有机会去解决自己的一些问题。因此他没有去纠缠对他的任命。

然而，一个人如何才能确切地知道什么时候可以用感情上的同情来修正责任上的公正呢？麦克没有借助绝对的原则来回答这个问题，而是诉诸他自己的品质。他说："我告诉你这些，因为它向你表明我是怎样一个人。我有一套坚定的信念，而且我按自己的意见说话。我也会妥协。其实，当你早晨起来做早祷的时候，你就已经开始妥协了。但是，如果同我的价值观念发生背离，我是不会妥协的。"麦克确信自己是一个勇敢而正直的人，因为这样，他自己的行为也便是正确的，尽管在处理上述两个裙带关系案子时，他的行为准则似乎是互相矛盾的。

然而，我们怎样才能判断一个人是否有勇气，是否正直呢？说到底，麦克还是诉诸"正派人"，即勤奋工作、能够自我克制、生活小康、敢于同腐败的社会中阿谀奉承的现象作英勇斗争的人的常识。无疑，这种信念在美国文化中可以引起极其强烈的共鸣。我们最受欢迎的文艺形象一而再、再而三地重申这一信念，如勇敢坚毅的西部牛仔和冷峻而廉洁的侦探的故事等。例如1982年最流行的电影之一《判决》。这部电影的主人公是波士顿的一个律师，由于运气不好，几乎已被法律秩序排斥在外了。他后来为一名医疗事故的受害者辩护。随着电影情节的发展，他发现城里的主要机构都极其腐败——医院、天主教会的各级僧侣和法院，都控制在一伙操纵法律条文以为自己谋利益的无耻之徒手中。在经济拮据的情况下，他凭着自己的智谋和勇气，一次又一次地粉碎了各大机构领导人企图毁灭他和他的当事人的阴谋。当他最后眼看就要取得胜利的时候，他的对手们试图通过援引一条法律上的技术性规定，夺走他的胜利成果。但是他成功地说服了陪审团的成员——一些像他一样正派的人，呼吁他们不要照搬法律条文，而应遵从他们内心的是非观念，从而打赢了官司。

但是，如果我们社会的主要宗教和法律机构都如此不可信任，那么普通而正派的人们又从哪里去获得他们的是非观念，获得他们鉴赏公益的眼光呢？对于这个问题，无论是《判决》一类虚构的作品，还是像麦克·康利这样的人的信念，都没有提供一个令人信服的答案。他们认为，一个人要培养公共美德，只要退回到私人生活中去，同那些信奉同一种正义标准的人们交往，亲近那些没有被公共世界所腐蚀的人，就可以实现。个人对公共生活的参与，只是为了保护自己的家园、保护自己正派的朋友和邻人，使他们免受由众多模糊的、邪恶的、不道德的陌生人组成的神秘的、充满威胁的和复杂的社会的侵害。在这里，不存在发展可以包容一个博大而杂异的社会的多样性，并在社会成员中培养共同的正义和文明标准的公共制度的理论基础。

城市的超地域思想

当然,有许多美国城里人拒绝接受麦克·康利的道德标准,认为它是粗浅而原始的。他们当中许多人反而会赞成布赖恩·帕尔默的观点,即"如果你有了钱,亲爱的,你就可以去做你自己的事情,只要你的事情不毁坏他人的财产,打搅他人的睡眠,或者干涉他们的私生活"。他们会说,一个成熟的人应该懂得宽容,甚至以肯定的态度来享受多样性的乐趣,并且运用理智而不是感情来解决与他人之间的冲突。导出上述结论的推理方式的天然土壤是这样一些人:他们的家庭背景、教育程度和好运气使得他们具有比霍华德·牛顿和麦克·康利更广阔的迁移机会;他们是一些大都市里的专业人员,而不是地方上的商人或雇员。

现代专业人员的特征,是拥有某种由全国性教育机构和专家协会系统培养、证明和评价的专门技能。运用这些技能所需要的资源,只有大规模的组织才能提供,而且从事专业活动还会使人走上一条不断变换工作和工作地点的职业道路。专业人员必须随时准备迁往为其专业前途提供最好机会的任何地方。拴在一个地方从事一项工作,等于是被钉死、被困陷、被剥夺了实现个人价值的机会。像我们认识的一个人所说的,你必须不断做好"生根"的准备。因此,专业人员的生活环境使他们用一种不同于小城镇的商人和定于一地的雇员的眼光,来看待个人抱负与在人类共同体中寻找快乐的需要之间的协调。专业人员认为,做好了那些能够给他们带来成功的事,就是为他人提供了某种服务。例如医生,他们就会把自己对提高医疗质量作出的普遍贡献,看作是他们个人在职业上的成功。

如果一个人为社会群体的利益作贡献的唯一方式是靠运用自

己的专业技能,那他就会感到孤独,家庭和朋友的陪伴仍然是重要的。虽然不断搬迁的美国专业人员确实参与到一些复杂的亲密关系的网络中去,但这些网络通常并不局限在一个地方。一个人可以和分散在全国各地的一群人保持亲密的友谊。此外,这种"辐射型"友谊网的成员往往又是多种多样的。一个人在工作中结识的朋友,可能与他通过娱乐性俱乐部或教会结识的朋友完全不同,而且也不大可能会相互认识。确切地说,专业人员一般认为,能够接受价值观念不同、生活方式不同的各种各样的人作为自己的朋友,是一大美德。[14]

然而,这种道德宽容,时常使得专业人员极难论证为公共利益做出自我牺牲的道理。这种困难,在第五章介绍过的许多治疗专家身上都能找到生动的例证。他们运用心理治疗上的自我意识,来实现家庭所有制对麦克·康利实现的一些功能,如对付严峻而人事冷淡的公共社会的冲突;在志趣相投的朋友们当中寻求避难所。心理治疗专家"按个人趣味组成的朋友圈子",比起城市或郊区的社区来说,具有大得多的灵活性的优点。它不局限在一个特定的空间,也不刻板地要求生活方式的类同,而是建立在各种感觉到的需要协商一致的基础上。它所采取的形式,往往是个人与其他一大批人之间分别建立起来的双边关系,人与人之间有许多是互不相识的。由于它没有自己固定的价值观念,从而不会产生一种疯狂的计划,去把它的价值观念强加给世界上其余的人。相反,它在面对现代政治的各种问题时,产生的是一种困惑。用心理治疗专家艾伦·施纳德的话说:"使我震惊的是它的复杂性。一种局势涉及之广,令人咂舌,而且也不存在任何单一的解决办法。"

心理治疗观,并不是现代都市人对公益问题的唯一思维方式。自本世纪初以来,专业人员一直积极从事于"廉洁政府"

的改革运动。虽然这些具有公民意识的专业人员的道德推理，比心理治疗观所推动的对公共福利的关心要大得多，但它与后者有着同样一个根本的弱点：它把道德关切视为个人偏好的问题，从而不能对公共利益作出实质性的定义。

具有公民意识的专业人员

以爱琳诺·玛克琳（Eleanor Macklin）为例。她是耶鲁大学公共管理学院的毕业生，既从事心理治疗，也从事管理工作——她在一家精神健康中心当经理，业余时间主要参加妇女选民联盟的活动。她碰巧也是萨福克的居民，并就那些使麦克·康利和他的关切的公民同胞们感到担忧的问题发表了自己的看法。不过，爱琳诺提出这些问题的方式却完全不同。康利认为是邪恶和腐败的东西，她却认为是价值观、利益和意见的不同。康利想谴责的，她只想教育。康利要斗争的，她只想调解。例如，关于萨福克房管当局和镇民之间就建筑公共住宅可能会给小镇招引来贫穷的黑人和西班牙语裔人的纠纷，她说："房管当局应该说：我们需要为人们提供住房，甚至包括一些可能从波士顿搬来的穷人。这是人道主义的事。房管当局可以提出这种意见，然后着手和大家一起商量出一些具体实现这一目标的共同意见。但是他们没有这样做，而是自己跑出去作了一些规划，然后试图把这些规划强加给每一个人。我极希望看到他们在社区内买些分散的房屋，并且提供一些补贴，让低收入的人住进去，而不必四处宣扬这是给低收入的人住的房子。联邦住房和城市发展部以及联邦政府的毛病就在于，他们强迫你接受某种条件，要么接受它，要么让你去伤脑筋。所以我支持组建萨福克关切的公民这个组织，支持他们提出异议的权力。当然这不是说我赞成他们所说的一切。但是他们必须具有公开表示自己关切的机会。你必须解决人们所关心的问题。"而实际发生的却是,全镇陷入了两极分化的局面,"而一旦事情弄得对立化了,每个人都会蒙受损失"。

这种具有公民意识的专业人员的语言,否定了在大多数情况下一个人能够对有关生活目标的不同观念的相对正当性作出有效的公共判断。私下里,人们可能不赞成蓝领白人不让贫穷的黑人和西班牙语裔人住进他们的社区,但人们必须尊重他们让自己的呼声为外界所听见的权利,就如同总该尊重城市中的穷人让自己的呼声为外界所听见一样。然而,这就假定这类竞争性的要求,可以通过创造没有争议的中立的技术解决办法获得和平解决。爱琳诺回忆说:"在耶鲁大学的一次讨论会上,我们就教授提出的有关工商界和政府必须联合起来的话题展开了长时间的讨论。有个人举手问:'如果联合起来了,由谁来保护公众的利益呢?'这是一个很重要的问题。地方商会——以及这座小城镇中和全国的其他集团——对社区事务拥有巨大的控制权,并且造成了损害。问题在于政府官员不关心公共利益。你可以从去年发生的有关老年人和低收入家庭住房的争论中,看到这种对抗关系存在的一个问题。我认为我的一位教授所主张的方法,是解决这类问题的一条途径。他说,在一个民主社会中,唯一的办法就是将不同的集团联系起来,找一个诚实的中间人从中调解,并让所有集团参加到对问题的经济的、社会的和政治的综合研究中去。"

这样一来,公共利益被一种功利型个人主义的语言所界定了,这种功利型个人主义不同于乡镇长老的功利主义,因为它不赞成善意会自然地——仿佛受一只看不见的手操纵似的——从既关心个人的自我利益又关心自己的社会声誉、热爱自己社区的地方商人之间自发的相互作用中产生出来。具有公民意识的专业人员的功利主义主张:人们只有通过仔细研究不同行动方针的后果,才能在当今复杂的世界中认清自己的长远利益。南加利福尼亚一个具有公民意识的专业人员哈利·雷诺兹(Harry Reynolds)认为,"一旦掌握了所有的事实,好的决定就可以做出来了"。为了获取信息,从而作出符合每一个人的最好利益的决定,广泛的公民参与是十分理想的。从理想的角度看,政治领袖不应像麦克·康利所要求的,主要是些道德楷模人物,而应该是受过良好教育的专家;他们"比一般人更有智慧,教育程度更高,更聪明,更富有献身精神"——靠这类人提出统筹的办法,让个人得以在社会上现实地追求他们各自不同的利益。哈利说:"一个好的领导人必须具备基本的公正观。"这种公正观本身并不是目的,而应把它看作对选民进行有效的动员的手段,"从某种意义上说,你是要争取尽可能多的选民。而要达到这一目的,就只有让那些处于社会边缘的人们认为你是一个公正、诚实和高尚的人"。

然而,这种通过中立的技术性解决办法赢得社区和睦的希望,是基于一些成问题的、隐藏着的假定之上的。首先必须设定:从长远看,政治冲突各方的利益并不是根本不相容的,因此,冲突一方就不会为了他方的利益或整个社会的利益而永久牺牲自己的利益。如果政治是处在稳定增长的经济的条件下,只要存在普遍的和平与和谐,经济增长能够确保人们的生活水平稳步提高,这种假定或许就是合理的。但这一假定若是运用于一个停滞的、零增长的经济状况[15]——如同现在时时可能出现的情况一样,那它便显然失去了合理性,因为在这种情况下,一方的日益富有是以其他方的日益贫困为基础的。即使在稳定增长的经济条件下,长远利益根本一致的设定,也只有在所有冲突利益的本质是对经济问题的关切的时候才能成立,否则像堕胎问题上的争论和有关道德价值的相互矛盾的信念,都无法囊括其中。

其次，具有公民意识的专业人员用技术手段解决政治冲突的希望假定：技术上的专门知识，即"从经济的、社会的和政治的角度"进行综合研究的能力，无可争议地使人具备领导者的资格。如果社会科学家用以收集资料的现有技术是高度可靠的，如果普遍接受的资料分析程序一般都能产生毫不含糊的结论，如果专家们的公允能够得到普遍信任，他们的工作不会受到个人野心和贪欲的影响，那么这一假定也有可能成立。但是，社会科学杂志上充斥着有关各种研究的有效性的争论，而且麦克·康利等人对专家们的动机持有一种健康的怀疑态度。因此，具有公民意识的专业人员的论点时常没有人听，这就不足为怪了。

我们不妨考查一下爱琳诺·玛克琳参加萨福克一次镇务会议的方式。这次会议是为了对麦克·康利等关切的公民强烈反对的公共住房提案进行表决而召开的。一些发言人强烈谴责并反对接受任何由联邦住房和城市发展部出资的公共住宅计划，说"该部是一个社会主义的、鼓吹革命的政府组织，它企图推翻这个国家和这座城镇的制度。如果让它来治理这个国家，那我们就要同苏联结盟、同卡斯特罗结盟了"。接着，爱琳诺站起来发言。她只是提出了一个简单的程序问题：老年人住房计划和低收入者的住房计划是不是绝对要按照它们被提出来的方式一齐加以接受？有没有什么办法可以将它们分开？这个问题所试图提示的，是能否找到某种各方都理智地认为符合他们的最好利益的折中方案。但官方的回答是"不行"——住房部规定禁止这种安排。同时，与会者的情绪也喊出了一个响亮的"不行"——那些愤怒而恐惧的白人害怕他们的安全和家庭受到穷苦的少数民族的异己习俗的威胁和侵蚀。这场一边倒的辩论在一片愤怒声中得出了它的结论。

职业活动家

具有公民意识的专业人员或许为具有超地域思想的美国人提供了思考公共责任的主要语言。然而，这种语言又有一个分支，它主要存在于主张更加激进的社会变革的超地域主义者中间，这就是职业活动家的语言。我们与韦恩·鲍尔——第一章介绍过的那位争取经济民主运动的积极分子的谈话，就是这种语言的一个极好的例子。

韦恩准会批评爱琳诺·玛克琳等具有公民意识的专业人员的思想，认为他们对协商妥协的可能性估计得太乐观，对强权政治的严酷性想得太天真。他会说他们忽视了这样一个事实，即人们的利益可能从根本上就是对立的，从而不可能找到一个为大家所接受的折中方案。他们也忽视了在这样的安排中，穷人和无权无势的人似乎总是要输掉的事实。因此，需要解决的首要问题是加强穷人的力量，使他们能够公平地分享到一份自己的利益。这正是他在组织房客的工作中一直在做的事情："我组织房客们解决他们眼前的危机。但我真正的工作目的，是培养他们对自己生活的力量意识。"然而，一旦获得了力量，他们又将如何呢？他们就能够以一种必不可少的方式参加到具有公民意识的专业人员们所说的那种过程中去；在这一过程中，力量平等的公民在一系列特定的情况下，就如何获得他们各自的利益的问题达成合理妥协。

可见，职业活动家的语言和具有公民意识的专业人员的语言之间，具有同样的基础结构和同样的本质上的不足：需要和欲望是相对的，公正则是实现个人愿望的公平机会。唯一不同的是，职业活动家坚持认为，公正机会只有在所有集团具有同等力量的

第七章 主动参与

条件下才能出现。他们确信目前的情况并非如此。职业活动家的语言又有它自身的矛盾：它无法解释支配他们的行为的道德责任根据。只要一个人拥有满足自己一切愿望的力量，他凭什么还要去关心那些没有这种力量的人呢？富有献身精神的职业活动家所面临的种种困苦和挫折，又将作何种解释呢？对于这些问题，我们访谈过的许多职业活动家使用的相对性道德语言，都未能提出真正的答案。他们有些人仅从个人偏好的角度谈论责任，而对另一些人来说，政治是可供他们在热闹的权力斗争中对自己进行考验的一种富有刺激性的游戏。然而，人们时常可从职业活动家的生活中——在这方面也包括具有公民意识的专业人员——察觉到一种比他们的语言通常所明确表达的要更加深刻、定义更加明确的公益责任感。

"主动参与"，对于本章中已经出现过的许多人来说，具有两个基本的意义。它表现了个人对自己社区的真正关心；这种关心表现为为社区谋利益和照顾社区内需要帮助的人。这种形式的主动参与，暗示家庭的概念已经扩大到包括当地社区的范围，如乔·戈曼说萨福克像"一个大家庭"，就是一例。主动参与的第二种意义与保护个人的利益有关。这种意义在关切的公民的意识中非常深切，但离乡镇长老的意识也不远。

具有公民意识的专业人员和职业活动家通常受到对社会的关心的推动，但他们眼中的社会主要是由各种自我利益不同的个体和团体组成。无论他们之间存在什么分歧，但都倾向于把社会看作各种利益都应在其中得到表达和调节的场所。看来，要求我们访谈过的人用一种既不基于扩大了的亲属关系的隐喻，也不基于利益冲突的语言来表述公民生活，真是难上加难。他们很难设想出一种承认人们之间的经济、社会和文化差异，但同时把这些差异全看成是人人必须赖以生存的一个单一社会的组成部分的共同利益或公众利益。然而，我们也发现了不止一个例子，说明主动参与可以加深社会观念和社会中公民生活的作用的观念。

从志愿者到公民

我们在第六章介绍过安杰鲁·唐纳泰罗的情况。他是一个意大利裔美国人，是一个关切的公民。开始，他只是被引导着试图恢复自己作为意大利人的传统特性，后来，他开始加入到涉及全镇福利的政治活动中去了。我们还介绍了西西莉亚·道尔蒂。这位职业活动家倾心于创建一个能够真正容纳一无所有的人的社会。她的这种热心植根于她自己的家庭在工会运动方面的体验。

我们与加利福尼亚海岸委员会委员玛丽·泰勒（Mary Taylor）的谈话中，发现她是一个具有公民意识的专业人员，她从信奉相对宽容的超地域价值，转而信奉能够确保社会整体性的那种公共利益责任观。玛丽是一位家庭主妇，丈夫是文学教授。她通过自愿参加妇女选民联盟的活动而开始卷入了政治，并进而参加了加州一带几个广泛关心环境问题的组织，特别是地球之友这个组织。玛丽的思想和其他具有公民意识的专业人员的思想是一致的。她特别强调必须容忍这样的事实：即不同的个人有着非常不同的利益和观点，而且强调制定公平程序规则的必要性，以使这些个人能够依照规则协调相互差异。"必须认识到其他人有其他的价值，而且必须得到尊重。这就是自由的真谛所在。"

对玛丽来说，她所注意的是"自由的真谛所在"，牵涉的是社会成员之间的相互尊重。因此，对他人价值的尊重，并不真正意味着所有的价值都是同样好的；它预先设定的，是尊重他人的尊严、关心社会的整体福利比自私的利益更重要。玛丽说："最使我（对政府官员）感到气愤的，是他们不为公众利益着想。

他们身上寄托着公众的信任，但他们只把眼睛盯着他们前面那些人的钱袋。只要我们尚能对此感到不安，我们就可以是健康的。我要反抗在政府中见到的一切谋私利的事情。"个人光靠为自己谋利益是不可能获得成功和幸福的："让所有的人都生活得幸福才是重要的。要做到这一点，就必须承认你对社会负有债务。"玛丽说她的这种社会责任感是从她祖父那里学来的。她祖父曾是社会主义的世界产业工会和天主教工人运动的成员。认识自己对社会负有债务，就意味着承认应该限制自己的欲望。"我觉得人不应该有太多的钱。钱若超过了维持舒适生活之所需，那就危险了。我们大家都应该懂得：这是一张饼，一张有限的饼。你把所有的份额都拿走了，饼就不存在了。决策者应该意识到他们对后代负有的责任。"

然而，确切地说，这些责任是什么呢？公共利益的内容又是什么？"我不想假装自己知道什么是公益。我需要有一个魔鬼般的自我才装得出来。"但是，这种不可知论的声明，并不意味玛丽对公益问题完全没有实质性的概念。在她的话的背后是这样一种意识：即公益是基于一代人对下一代人的责任，而对这种责任的意识，是对公益问题的任何认识不可缺少的前提条件。"为了弄明白什么是公益，我会问一问这样做或那样做在今后 25 年内会对社会产生什么样的影响，而不是这样那样的规定会不会影响了别人的钱袋。我们政府的一切领域里最大的问题，就是只顾眼前，不管今后。为什么？因为我们是人。我们是最大的糟蹋者。这也是美国的传统，对吧？"

虽然玛丽既不认为确定长远的公益是件易事，也没有硬说自己确切知道什么是公益，但她的政治经验使她确信，这正是我们所必须努力做到的。对短期利益的追求，正是把我们置于死地的东西。她在成为海岸委员会委员后说："我逐渐认识到，我们关注的不是一个州,而是整个大陆。我们到底要把它弄成什么样子呢?"玛丽在履行自己的职责的过程中,采取了一些强硬的立场,同时也为自己树了一些死敌。特别是她一心执法,在海岸地区推动建造各种收入者的混合住房,惹得对手们恼怒不已。她对她所称为政府领导人与各种经济利益集团之间的"乱伦关系"极为不满。她十分关心帮助那些被排斥在外或无法参加的人参加到各种公共程序中去。像大多数美国人一样,她并不喜欢采取强硬立场之后接踵而来的冲突。她甚至不喜欢去说服别人相信她的观点是正确的,而这恰好是她的政治工作的一个日常方面。然而,尽管玛丽具有强烈的公共责任感,但她并不是一个殉道者,也不认为若一个人从中得不到满足还应去做政治工作。归根结蒂,是她的长远承诺和开阔眼光促使她继续干下去的。

由此看来,玛丽·泰勒所批判的,是美国文化遗产中托克维尔一度指出过的那一部分:即"美国人眼中前无古人,后无来者,且孤立于同代"的做法。但是,她把自己看作一个更大的社会和历史整体的一部分,这种意识是从哪里来的呢?也许这部分是来自宗教——即她祖父参加天主教工人运动的榜样。不过,至少在她心目中,宗教已不再是重要的了。虽然她自幼受天主教熏陶,但她现在已不去教堂,因为她觉得宗教"太伤感了"。她的社会责任感的主要源泉,看来是她在从事志愿工作的过程中关心他人和被他人关心的切身体验。"我所做的工作将产生多大的影响,这我不知道。但它在我的生活中占去了极大的一部分……产生了极大的影响。我做这些不仅仅是出于思想上的理由,也是为了感情上的牵挂。我同全州各地的人都有很深的关系。我感到有一个关怀的网,遍布全州,我就是其中的一分子。不过要成为这网中的一员,就必须自愿地奉献。"然而,一个人作出贡献不仅仅是为了获取。个人作出奉献的报偿，也不单纯是一种美好的感受，或仅仅是志趣相投的朋友的陪伴。奉献是这样一种体验：它包含着大量的痛苦、沮丧甚至孤独，却又能使这种种感觉变得有意义。"我当然感到孤独。如果说不孤独那是在撒谎。愿意去爱的人总是会孤独的——这是你必须面对的问题。我时时刻刻都感到孤独。走到哪里都一样。我丈夫也很孤独。我们总是相互支持，尽管这有时意味着分担各自孤独的感觉。我们是一个关系密切、相互支持的家庭，当然各人也有一些自己的秘密。不过，这种相互支持的能力是我自己、我丈夫、我的孩子们和我所认识的少数几个人所具有的东西——这是一种愿意对其他人和事承担感情责任的慷慨精神。许多人都不能这样生活。这并不是说我会因此而不尊重他们或不那么爱他们了。你会在大多数从事社会工作的人身上发现这种精神——也包括一些政治家。"

因此，精神慷慨乃是承认相互联结的关系——即个人"对社会的负债"的一种能力；这种关系不管个人愿意与否，而把所有的人统统联结到了一起。它同时也是一种关心他人，从而培养这种相互联结关系的能力。精神上的慷慨，是每一个人都应该努力培养的美德，尽管很少有人完全具备这种美德。发扬这种美德，则可以给政治工作中的挫折和分离的自我不可避免的孤独带来意义。这种美德引导人们投入社会工作和政治活动，并在投入中得以保持。正如玛丽·泰勒似乎已经认识到的，这种美德在很大程度上违背了美国文化传统的特性。（"我们是最大的糟蹋者，这也就是美国的传统，对吧？"）然而，它又是美国传统中力量很大的一个成分，尽管在大多数情况下，它只作为第二性语言存在于具有公民意识的专业人员当中，表达的是朋友之间相互提携、追求共同利益的公民理想。

玛丽·泰勒的非凡力量——她的勇气、见识和责任心——向我们呈现了一种依然存活于美国的公民生活观。但我们遇见的玛丽·泰勒实在太少了。在下一章，我们将探讨表述公民生活的语言方面存在的一些困难，以及为什么大多数美国人会对政治领域望而生畏。

注释

[1] 詹姆斯·柯蒂斯在《美国社会学评论》1971年第36期第872—880页题为《加入民间团体：一份全国比较记录》的文章中指出，他发现加拿大和美国民间团体人数大大超过了英国、德国、意大利和墨西哥的人数。如果按重复人次计算的话，那差距就更大。戴维·H. 史密斯在《社会学评论年刊》1975年第1期第247—251页题为《自愿的行动和民间的团体》一文中指出，他发现斯堪的纳维亚人中民间团体成员数相当于加拿大与美国的成员数，或许还更多一些，而其他工业国的数字就低得多了。西德尼·韦尔巴、诺曼·H. 尼和耶昂·金在《参与和政治平等：七国情况对比》（剑桥大学出版社1978年版）一书中为理解这些一贯的差别增添了一种有用的看法。他们发现美国人积极参加"从事于解决社会问题的组织"的人数最多，而政党、俱乐部和各类组织的人数就相对少一些。这与我们在第七章和第八章中的发现相吻合，即美国人情愿参加民间社会组织而不是"政治"。韦尔巴、尼和金还发现就参与同收入和教育水平之间的关系而言，美国也比其他工业国家要高。亚历克斯·英克尔斯在民主制度研究中心出版的一份刊物《中心杂志》（1983年11—12月合刊）第25—39页上，以《美国人的特点》一文报道了自托克维尔时代至今社会介入的延续性。他还发现了许多其他方面的延续性，包括自力更生和个人效验感。同时他指出了一些重要的差别，其中主要有对多样化的容忍度有所增加而对工作和节俭的却有所减少，并且政治信心受到侵害。

[2] 前引《美国的民主》，第523页。

[3] 赫维·瓦伦尼：《生活在一起的美国人：一座中西部城镇受结构限制的多样化》，师范学院出版社1977年版，第150—159页。

[4] 前引《美国的民主》，第70页。

〔5〕 前引《美国的民主》,第63—70页。

〔6〕 托马斯·本德:《美国的社会和社会变迁》,拉特格斯大学出版社1978年版,第61—108页。

〔7〕 近期就一主题有价值的文学综述和解释见本德的《社团和社会变迁》;罗伯特·H.威贝的《分裂的社会:关于美国之意义的介绍》(牛津大学出版社1975年版);摩理斯·詹诺维茨的《后半世纪:社会变革和美国政治》(芝加哥大学出版社1978年版),特别是第264—319页。

〔8〕 前引《美国的民主》,第525—530页。

〔9〕 参见曼库尔·奥尔森的《集体行动的逻辑》(哈佛大学出版社1965年版),他以功利主义的个人主义逻辑分析了"搭便车"的问题。

〔10〕 前引《美国的民主》,第527页。

〔11〕 同上书,第512—513页。

〔12〕 同上书,第604页。

〔13〕 罗伯特·E.帕克的《城市:有关在都市环境中进行人类行为调查的若干建议》一文(1925年著),文章收录在罗伯特·E.帕克和E.W.伯吉斯主编的《城市》一书中(芝加哥大学出版社1967年版),第40页。

〔14〕 参见爱德华·O.劳曼的《环环相扣的辐射型的网:一个具有重要结果的型式外观》一文,收入他的著作《多元论的结合力,城市社会网络的形式和实质》一书(威利出版社1973年版),第111—130页;保罗·克雷文和巴里·韦尔曼的文章《网状城市》,收入《社会学调查》1974年第43期,第57—88页;韦尔曼等人的文章《社会关系和支持系统:从熟悉到支持》,文章收入L.S.伯恩、R.D.麦金农和J.W.西蒙斯主编的《加拿大中部地区城市的形式:论文选集》一书(多伦多大学出版社1973年版),第152—167页;克劳德·S.费歇尔等人合著的《网络与地点》(自由出版社1977年版),以及克劳德·S.费歇尔著的《住到朋友中去》(芝加哥大学出版社1982年版)。

〔15〕 莱斯特·C.瑟罗:《有得必有失的社会:分配和经济变革的可能性》,基础丛书出版社1980年版。

第八章
公民生活

成功和快乐

南加利福尼亚州一位银行经理吉姆·赖查特（Jim Reichert）在回忆自己为基督教青年会的一个地方分会自愿筹款时说："那真是一大快事——追求成功的快事。"他把成功和快乐这两个主题一并提出，概括说明他的工作和他对社会的参与已经开始合流。他个人事业很成功，爬上了银行总经理的位置，因此请他作了这次筹资活动的头面人物。这笔基金主要是为社区中人数日益增多，但却无处可以建设性地排遣自己精力的美籍墨西哥青年建造大型娱乐设施用的。

这一次的慈善工作对吉姆来说是一个新的挑战，因为吉姆必须以个人的名义向他所在地区的许多可能成为捐助者的人求助，而他一直担心自己能力不足。募捐成功增强了吉姆的自信心，但他感到快乐更多的是由于他觉得自己对社会无私地作出了真正有价值的贡献。

凡是我们谈话接触到的人，几乎都同意吉姆的看法，认为美好生活有两个基本组成部分，一是个人事业的成功，二是为社会服务得到的快乐。他们还认为，这二者密不可分，缺一不可。这位加利福尼亚银行家在总结自己满意地度过的生活时说："我工作一直很卖力，从未辜负过我的雇主，也从未辜负过我的社区。"

然而，无论吉姆·赖查特，还是我们访谈过的许多其他人，都一致认为，事业的成功同服务社会的快乐之间美满的结合存在一些相当脆弱的环节。美好生活的这两个要素并不是一个有机的统一体，而是经常处于冲突状态，随时都有分崩离析的危险。"我的责任心不如以前了"，年近40的吉姆不无感慨地说。影响他态度的一件事，是老板提出让他重返校园，攻读金融业务硕士学位。"我深感这件事对我的事业举足轻重。我现在是饱食终日，无所用心，快活得很，我的工作现在毫不费劲。学习是不容易的，不过学会了就好了。现在的工作对我已经不再构成挑战，我已经感到腻了。而现在，如果我拿到金融研究院的学位，下回就该轮到我晋级了。但我现在哪儿都不想去。一走，我在这里干了11年的工作就泡汤……不走吧，又怕陷在这里，对事业也不利。想来想去，我觉得还是应该走。倒不完全是为了钱，虽然不晋级、不加工资，那滋味也不好受。"

对于从事知识性行业的中产阶级来说，"挪窝"并不是件一劳永逸的事，而是一种时时存在的可能。因此，个人事业发展的压力，经常迫使中产者不得不斩断他们与社会结下的义务关系。前一章提到的生态活动家玛丽·泰勒，看起来似乎是不受这些压力摆布的。她作为一个家庭主妇，不存在工作同政治活动的冲突，或者说政治就是她的工作。其实，她也避免不了吉姆受到的那种压力。可以想见，她丈夫职业上的沉浮奔波，也会把她社会活动的根基统统拔掉。个人事业成功的需要，从而成了在为他人服务中发现自己工作的意义的需要的敌人。正是这种体验使吉姆·赖查特痛苦地说:"恐怕我们就要变成一个自私的民族了。我们的脑筋统统用在保证自己总是有钱上了。"工作非但不能把人引入公众之家,反而使人们互相隔膜、彼此疏远。要做一个好的工作者同时又是一个好公民,的确十分困难。

吉姆认为,他的社会责任意识不断丧失,一方面是因为他必须离开自己生活的社区,去谋求银行里更高级的职务,同时,他认为"政府的过分干预也是一个原因。政府就像一个霸道的母亲,扼杀了人民的全部积极性,什么都要管。你知道,母亲太强、太厉害,孩子们一生受她支配,会是什么样子。孩子们就成为毫无作为听人摆布的人。政府本身也好不到哪里去"。吉姆对工作的体验同他对政府的态度是美国中产阶级的典型体验,他所批评的公共生活中的家长式统治和"金钱至上"的压力,他在工作生活中也同样体验到了,并为此不得不放弃对他具有深刻意义的社会责任。

美国人是以个人在开放的市场中自由竞争的输赢论成败的。个人在公平竞争中出人头地者就是成功者。我们访谈过的大多数人强调,他们赢得眼下的生活地位是自己努力工作的结果,却极少提及家庭和所受教育的作用,以及他们从中产阶级地位上展开事业的先在优势。他们并不是要否认其他人对他们生活成功的贡献,他们否认的是这些贡献的道德意义。只有在他们能够宣称成功出自自己的努力的时候,才会觉得成功是受之无愧的。

然而,那种不是通过工于算计的竞争,而是通过无偿为他人服务所获得的幸福和快乐,则是与成功完全不同的另一码事。要真正得到这种快乐,就必须付出个人自愿的努力,去"参与社会事务"。对于大多数美国人来说,造成不幸福的最大祸根之一,就是觉得非自愿地"卷入"——"陷入"——强制性的社会关系中去了。我们访谈过的人大多认为,只有当他们自愿承担义务而不是被迫承担义务的时候，才能感受到真正的快乐。因此，当霍华德·牛顿提到他通过当地的扶轮社帮助镇上的穷人而获得快乐时，他并没有考虑到作为一个美国小镇上的成功商人，出于各种现实考虑，他非得加入某个这种"服务社团"不可。幸福、满足、快乐，只有在个人自由决定加入某个组织，自愿接受它的纪律，参加它的慈善工作的情况下才能实现。个人快乐的获得，必须以个人自觉的努力为基础。

虽然根据这一观点，个人努力是获得成功和快乐的正道，但对这两者的实际追求，却体现了两种不同的个人主义。我们访谈的人中，那些认为世界是由一心追逐成功的个人组成的人，自然会把世界想象为一个生产者和消费者组成的功利主义的市场体系：买卖双方为了相互的利益在这里交换货物和劳务。然而，他们眼中的快乐，又常常与一个由同类人出于自发的爱心自愿组合的表现主义理想社团联系在一起：一个与其说存在于现实生活中，不如说存在于理想天国里的和睦无争的世界。个人竞争的世界是日常都能体验到的，而和睦无争的世界却只有在人们难得一聚的闪光里才能看见，是人们相互合作、目标相互补充而不是相互抵触的昙花一现的美景[1]。

所以，成功的快乐既相互补充，又相互制约。许多人认为，失其一端，另一端也没有多少意义；而要得其一端，则另一端至少也须有所顾及。自我利益作为个人追求成功的必然产物，必须通过对他人的自发关心来加以制衡。如果得不到这种由关心组成的社会的支持的愉快体验，个人就会觉得难以作出获得成功的努力；即便成功，成功本身也很可能失去光彩。另外，如果没有个人应得的成功，个人也无从对自己选定的社会群体作出自愿的贡献。

当然，要在追求个人成功的自我利益和获得社会参与、公共参与的快乐所需的关心之间,努力达成一种平衡的确很不容易。根本问题在于,美国人传统上用来约束和指导他们的强烈冲动的各种观念,今天已不足以指导他们控制追求经济成功所造成的破坏性后果了。其实美国人并不是像近来许多社会批评家所说的那样,失去了昔日的激情。我们访谈过的人几乎都认为、至少在理论上相信,一个自私自利、纯粹追求个人成功的人,是不可能生活得美好、幸福、快乐的。然而,他们思想上认为可以弥补个人追求经济成功不足的慷慨之情,就是自愿参与一些地方性的、小范围的社会活动,诸如家庭、俱乐部或理想化了的社会群体,在这种群体中个人积极性与改善全体利益的相互关系相得益彰。他们很难把这种理想中的景象同影响他们生活的各种大的力量和制度联系起来。这就是为什么上一章中许多与我交谈的人对工作、家庭、社会和政治等问题流露出一种感伤的情调。许多人言谈之间给人一种感觉:即使他们按照自己最高的理想尽了最大的努力,有时似乎仍然是毫无意义的。

诚然,有些人,特别是社会活动分子,只是偶尔才会觉得自己参与政治和社会运动毫无意义;但另一些人,尤其是专业人员和经理人员,对社会参与徒劳无功自有一套明确的看法。一般来说,人们并非把"参与"看作一种无意义的道德行为。问题出在政治领域。对我访谈中接触过的许多人来说,政治的道德名声不佳,仿佛自愿参与只有不涉足竞选和担任公职、不参加有组织的谈判活动的领域,才是值得称道和卓有成效的。公共参与和公共义务只要超出本地区事务的范围,他们就持否定态度。

政治的三种类型

政治和公民生活,如同美国人道德语言中的关键概念,具有多种不同的含义,而且每种含义之间不无矛盾之处。在我们访谈的过程中,至少出现了三种界限分明的政治认识以及与之相应的公民生活认识。持有这种观点的人认为,这几种不同的认识既是方向性的,也是解释性的。其中一两种认识,有些人明确意识到了,而有些人只是在生活中表现出这种认识。虽然这三种认识泾渭分明,但在实践中人们往往是三者同时包容的。

第一种认识认为,政治是一种执行社会群体经过面对面的自由讨论后达成的道德协商一致的事务。达成这种协商一致的过程,正是美国式民主的核心意义之一。这种认识把所谓争而不怨的个人主义理想化了。公民生活,实际上就等于"参与"邻人的生活,造福全社区的利益。一般说来,美国人并不把这一过程视为"政治"。如果说有什么地方把这种认识视为一种政治形式的话,那便是当年托克维尔推崇不已、奉为典范的传奇式的新英格兰自治乡镇社会了。我们把这第一种类型称为"社区政治"。

第二种认识与一致性社会的形象形成了鲜明的对照。它认为,政治是根据商定的中立规则对不同利益的追求。这是一个利益相同者结成联盟,利益不同者发生冲突,以及作为调解人和中间人的、自有其利益可图的职业政治家的世界。我们把这第二种类型叫作"利益政治"。有些政治学家对此十分推崇,誉为"多元政治"。但一般美国人对利益政治的看法都很消极。利益集团政治通常被视为一个五花八门的大社会里的一种必需的邪恶,勉强够得上次于协商民主政治的第二种较好的政治形式。

人们是出于功利目的,为争取满足自己或自己集团的需要或欲望,才涉足利益政治的,而不是那种同自己感到亲近的人的自发的参与。在访谈中,许多把政治视为利益集团政治的人认为,政治在道德上并不完全正当。这就是政治家在美国生活中形象低劣的原因。政治比起市场像个弃儿。因为市场的正当性很大程度上是建立在这样一种信念的基础上：即它能在公平竞争的条件下公正地给个人带来报偿。而地方、州和联邦各级的谈判政治，虽然也具有市场的功利态度，但通常表现为集团之间在力量、影响和道德水平明显悬殊的不平等竞争。此外，利益集团政治的范围除涉及利益本身的冲突和妥协外，不涉及任何其他问题的讨论。利益集团政治的日常活动由职业从政者实施，它奖励各种党朋关系，扶强抑弱，而这一切都发生在众目睽睽之下，所以被看作是对真正的个人主义和公平原则的玷污。

对于个人来说，与第二种政治认识相应的公民生活比起社区一致理想下的公民生活，显然就要困难和不协调得多了。它意味着踏进了一个复杂的、职业化然而又是高度个人化的、明争暗斗、结党营私、讨价还价的领域。它要求同其他一致性社会群体的人打交道。对大多数人来说，它缺乏日常参与的直接性，除非遇到了利害攸关的紧急情况。人们一般认为，通过投票支持候选人，就是这种政治的典型表现——即对政治不远不近、若即若离的态度。

然而，从传统上看，尽管存在着利益上既冲突又交叉的错综复杂的局面，但美国人仍然能够通过他们的立法人员和选出的官员，从地域的、阶级的、宗教的、种族的和性别的各种互不衔接的利益当中，找到他们足够的共同利益，去组织和调节如此庞大一个工业社会的各项事务。实现这一任务的主要工具，一直是全国性的政党。这种政党与其说是像欧洲那种意识形态的政党，不如说是一种利益的联盟，它的领袖若能灵活施展利益集团经纪人的手段，便成了当然的总统候选人。然而，如果政党候选人——他本人就是职业政治家——正式当选，他在公众心目中便至少部分地变成了另外一种形象：总统，一跃而成为国家团结的象征和民族一统的有力组织者。在某种程度上，美国参议院和联邦最高法院的成员,也同样起着这种超越派别而作为国家秩序和意志的代表的作用,是人人尊敬的宪法的人格化体现。

这就出现了我们称之为"国家政治"的第三种认识。在这里,政治升华为从事国务活动;国民生活中的头等大事压倒了具体的利益纠葛。如果说社区政治被看成是"自然"参与的领域、利益集团政治是半正当的讨价还价的领域,那么,国家政治便是依据法律公正治国的领域;最重要的是,它是联合人民求同存异,一致行动,实施"领导"的领域。如果说第二种认识上的政治是一门"力争可能的艺术",那么,国家政治有时就可以用一种完全不同的语言,即"国家意志"的语言来表达。

虽然过去20多年来公众对政府机构的信任日益遭到破坏,但美国人仍然表现出比大多数其他工业社会大得多的爱国主义热忱。[2]这段时期,不与任何党派结盟的"独立"选民人数不断增加,说明掺入了党派之争的利益政治比国家政治遭到了更大程度的"正义性危机"。[3]第三种政治下的公民生活比起前两种来,与其说是一种日常的生活实践,不如说更多地具有象征的意义。在形形色色的公共仪式中,在对外关系中,尤其是在战争中,隶属于一个活的国民社会的归属感,无疑给人生的意义染上了相应的色彩。

国家政治给予大多数公民的形象是积极的。它的正义性是通过乞灵于第一类政治,即邻里社会协商一致的感召力而回避功利主义利益之争的现实,来获得实现的。但是,即便在第一类政治即社区政治的现实情况中,如地方教育委员会面临关于课程内容的不同意见;或省镇委会必须决定是否允许别人来本镇发展等问题时,正像萨福克的居民不愉快地认识到的那样,利益集团政治就冒出来了。正是在这样的情况下,就连地方官员也难免遭到"玩弄政治"的指责,即指责他们的行动是从利益集团出发而不是从协商一致的原则出发的。有些集团似乎特别善于影响各种委员会、官员和立法机构的决策，所以通常被叫作"特殊利益集团"。也许这样叫有它的道理，但这一惯用说法却把"利益集团"或"利益集团政治"的概念完全丑化了。确切地说，一个反对派人士可以用来打击总统一类国家政治人物的最有攻击性的话，就是说他玩弄不折不扣的"党派政治"，这就是说被指责的一方是在利用公职权力增进本党利益，而不是正义地"超越政治"，去谋求全社会的利益。

然而，每过一段时期，总会有总统被认为是超越了政治、代表着国民社会意识的人物。富兰克林·罗斯福（Franklin Delano Roosevelt）这个联合政治的能手，就在对付大萧条和第二次世界大战的挑战的过程中，杰出地体现了这种国家意志感。正是这种社区一致性政治意义上的国家政治观念，帮助我们理解了美国人在纳税和服役问题上表现出来的普遍意愿。同时，也正是对国家政治的这一认识，解释了为什么力主建立新的公共道德水平的社会运动会在美国层出不穷的道理。从废除黑奴制到民权运动再到反对"越战"这样一些大的社会运动，它们召唤的都是同一种意识，即正义和共同利益可以在国家一致性的高度上得到实现，而且做得成绩斐然。但是，如果社会运动在人们眼中变成了特定派别的抗争运动——如民权运动之蜕变为"黑人权力"运动，它们便很快失去了道德的锋刃。于是我们就又回到利益集团政治这个半正当的领域去了。

美国政治一分为三的局面确乎呈现出一种矛盾现象：在一个极力推崇多样化和"多元主义"的个人主义文化中，备受青睐的恰恰是协商一致，而遭人白眼的却是利益集团冲突。在使我们陷入分化的各种现实差别中，显然存在着某种令人不安并且难以捉摸的东西。我们需要进一步探索造成这种情况的缘由。

政治和个人主义文化

我们在第五章已经看到，持心理治疗观的人认为，"价值"不同的人之间展开讨论，往往是毫无效果的。既然道德观念被视为仅仅是主观选择的结果，那么除了压制和操纵以外，就没有任何其他可资区分优劣的手段了。即便是不赞同心理治疗观的人，他们也只相信那些为相互利益明确谈判达成的或者发自个人内心价值的责任和协议，别的都不信。在这样的文化背景下，与其说政治是不可能的，不如说它的范围受到很大的限制。人们担心的是，当所涉利益不一致因而也几乎无从裁夺的时候，利益集团政治必然会不可避免地变成压制或欺诈。这就可能导致这样一个结论：即只有第一类社会协商一致的政治，才是道义上正当的和值得参与的政治。作为第三种政治形式的国家政治，如果它能够被人们从理想化了的社区一致政治的角度加以认识，它的某些特性也可以被看作是正当的。但第二种类型的政治则意味着"价值"和生活方式大相径庭的各种集团之间的冲突；既然个人主义文化不能提供讨论和评价各种价值和生活方式孰优孰劣的方法，那么，严格遵守程序规则基础上的普遍宽容，便是所能指望的最好东西了。然而，宽容尽管是一种美德，但它却不足以处理好一个复杂社会中不同集团之间的冲突和相互依存的关系。

个人主义的政治构想所不能解释的东西，乃是冲突着的利益自身的根源。它没有从普遍意义上解释为什么地区之间、职业集团之间、种族之间、宗教集团之间以及性别之间会发生歧异的利益；也没有解释这些不同利益为什么会在力量极其悬殊的情况下互相争夺，以实现自己的意志。利益集团政治，似乎成了脱离了利益根源的流水。歧异性只要能够被解释为个人动因的结果，它就可以在道德上成立。因此，在这样的文化背景下，自由个人主义对自由市场的理想化，便是可以理解的了，因为在理论上，每个人经济地位的高低应该是与他或她在开放市场中进行竞争努力的大小相一致的。

许多美国人对我们的经济和社会组织的运作情况的认识程度，受到了他们解释人类相互作用的主要道德语言的能力的限制。个人主义造成的这一局限是很清楚的：凡是超出个人选择和个人意志范围之外的事件，都无法从整体一致的角度对它们作出道德判断。而这又意味着相互依存的美国政治经济的运作方式——个人正是通过这种运作方式获得或者被分派到他们各自在社会上的相对地位和相对权力的——在很大程度上，甚至它的绝大部分，都无法从整体一致的道德意义上为人们所认识。它还进一步说明，为什么许多个人为了尽量缩小"认识上的差异"，往往不去触及这个自称为道德平等的文化中根深蒂固的权力、特权和声望方面的种种不平等的现象了。

由于缺乏有意义地处理作为我们社会特征的大规模组织结构和制度结构的能力，与我们交谈的许多人便只好转向小的乡镇社会，不仅把它作为一种理想，而且把乡镇社会看作是摆脱现实政治困难的一条出路来加以推崇。人们无论政治观点如何，都普遍怀有对乡镇社会的缅怀情绪，并经常在政治讨论中拿它作为理想形象大加标榜。许多投票推举共和党的人之所以希望"甩掉政府这个包袱"，其主要原因在于：如果"大政府"能够缩小，并减少对个人生活的干预，过去那种人际关系密切的社会中健康的自愿参与方式就有可能得到恢复，再次成为我们政治生活的最突出的方式。而那些主张"分散化"和"公民参与"的左翼人士，他们提出这些口号大致也是出于同样的理由。

对萨福克镇的长老霍华德·牛顿来说，"小镇社会"的理想尽管已经变得淡漠了,但它仍然活着,并且仍然需要得到保护。他说:社会生活的道德习俗,不仅应该培养人们谋求自尊和工作上一定程度的成功的强烈欲望,而且应该培养他们关心他人,对他人具有热忱的强烈意识;他这番话,想必不仅代表了同他一样的小商人的愿望,同时也道出了许多其他美国人的共同心声。中产阶级——以至全体美国人——普遍认为,人通过工作可以获得自尊,以及至少部分地支配自己环境的能力。根据这一认识,对他人的热忱就是"助人使其自助"。然而,霍华德·牛顿式的小镇理想具有两个弱点。一是已如我们所见,它无法解释作为他本人生计所系的克莱斯勒公司为什么会摇摇欲坠的原因,而只能把公司的失败归咎为公司雇员缺乏小镇美德的缘故。此外,他不仅缺乏认识我国政治经济盛衰规律的思想资源,而且也无法解释为什么会有那么多美国人不像他那样满足于经济地位和社会关系的统一,并且把这种统一看作是给人生带来意义和实现的东西。[4]具体说到克莱斯勒公司的例子,只能把其他人的相对失败解释为缺乏自律和工作不够卖力的结果,因为影响个人成败的结构性因素对他来说仍然是不明不白的。

而对于麦克·康利这样一类公民意识较强的人来说,由于他们缺乏霍华德那种永恒的安全感和自信心,他们眼中的小镇作为一种社会形态继续生存,就变得愈发朝不保夕了;或者换个角度说,就变得愈发难能可贵了。在麦克看来,小镇里的人都是些克勤克俭、廉洁奉公的人,都是些"同舟共济"的人,他们互相关心,互相照顾,一起过着正正派派的生活。他认为,小镇作为一种美好社会而继续生存下去面临着来自两个方面的威胁,一是从未学会自我节制的穷人;二是为了自己的利益不惜牺牲同类的自私自利的权势者。麦克还认为,小镇理想并没有提供有关大的社会的思想资源,以及他所说的威胁着小镇生存的两股力量的思想资源；有的只是与认识大规模的结构和制度毫无共通之处的充满个人主观色彩和道德色彩的辞令。

然而，即便对于爱琳诺·玛克琳这样一个具有强烈的公民意识、拥有大学公共管理学位、对国家社会和国民经济的认识要比霍华德和麦克深得多的人，她对理想化了的小镇的怀念情绪也是非常强烈的。她希望萨福克重新变成一个旧式的新英格兰小镇，在这里，人们本着"旧式的爱国主义价值"和睦相处，共同劳作。然而，她思想上的价值，并不是那种由某个宗教信仰或政治理想一统天下的刻板的小镇价值。她对过去的这些方面是视而不见的，而一味瞩目于她所假定的（这一假定与许多史实相抵触）在这种社会中占主导地位的温馨友爱的关系。她把新英格兰的传统小镇，看成了中产阶级专业人员中普遍存在的那种范围广泛、关系松散的友谊网络的缩影。她理想中的小镇将由一批自愿选择的朋友组成，这些人虽在许多方面各个不同，但却具有共同的利益或生活体验，而这种相互之间的共鸣，则是通过人与人之间广泛对话、相互理解、相互赏识达成的结果。爱琳诺跟霍华德和麦克不同，她对阻碍着今天许多美国人获得她在生活中的地位，或者阻止人们在她的理想小镇中以身试法，充当一个公民的阶级的和种族的结构性因素，有着比较深刻的了解。然而，她对大的问题的解决办法，以它自己的方式，同霍华德和麦克的方法一样仍然是个人主义的，有局限的。她主张集中力量为社会上处于不利地位的人们提供教育，并保护他们的个人权利。这样，他们就会逐步踏入中产阶级的行列，变得跟她本人一样，从而就具备了成为她的理想小镇中的成员的资格。

此外，她也未能阐明：美国的职业活动分子之间有着根本的不同。争取经济民主运动认为需要对人的社会进行制度上的变革；而我们可以从第一章的访问记中看到，韦恩·鲍尔却远远没有确立这样一个大的观点。他的注意力主要放在组织住户的工作上,而且基本上是在帮助别人,如美籍墨西哥人成为能够对付房东和政府程序的自主的、有效的政治个体。因此,他在很大程度上是在向他传授中产阶级的技能。与他属于同一团体的西西莉亚·道尔蒂,虽然视野开阔,却说她的工作基本上是"在圣莫尼卡建立和维持一个更好的社会"。对于韦恩和西西莉亚两人来说,他们的政治责任心都是产生于当地社区的有形存在。而他们有关自主个体自愿结合的社会观,同上述其他几个人的观点并无本质上的不同。

由此看来,美国人最乐意接受的,似乎是自主的然而本质上却是相同的个体组成的一致性社会意义上的政治观,而且正是这样一种政治观,成了他们根除时弊的思想寄托。美国人虽然口头上大谈尊重文化的差异,却似乎缺乏处理好文化上、社会上和经济上各不相同的社会集团之间的关系的思想资源。墨西哥的一个诗人奥克托维欧·佩斯(Octavio Paz)曾经从完全不同的文化角度写道:等级社会较之平等社会,往往更加善于把不同文化的集团纳入共同的道德秩序,因为等级社会能够接受并给予不同水平或程度的财富或权力以不同的道德意义。[5]有些阶层既穷且弱,但所有的人都被包容在一个共同的社会机体中,其中强者富者,则负有关照其他人的特殊责任。当然,这一观点经常用来粉饰剥削和压迫。不过个人主义社会激进的平等主义也有其自身的问题,因为这种社会实际上是由清一色的自主中产阶级个体构成的,那些无论因何种原因无法达到正式成员资格的人,则被以等级制社会所闻所未闻的方式抛在一边了。甚至连存在这样一些不够资格充分参与社会生活的人,也被看作是异常的现象。按理是不应该存在这种阶层的。这种人的存在肯定是有人错了:要么是他们自身的错误——或许是因为他们的文化本身有缺陷,没有

"工作至上意识"；要么错在别人身上：也许是家庭制度有问题。经济或政治的上层压制了他们，不让他们充分地参与。无论我们接受什么样的解释，都很难给予本质上被看成是不正当的差异现象以道德上的意义。

如果说个人主义文化难以包容真正的文化或社会差异，那么它在接纳大的、非个人的组织和制度方面，困难就更大了。政治家总是试图将复杂的问题个人化、道德化。新闻媒介则往往热衷于政治家的个人魅力以及政治家之间的戏剧性冲突，而不大关心他们对政治问题的立场。要认识复杂的现代社会的确很不容易，尤其当我们不能把现代社会的问题同直接的生活经验挂上钩时，就更加困难了。

无形的复杂状况

20世纪社会科学的巨大发展，特别是经济学和社会学的异军突起，确证了人们试图认识现代社会关系的复杂状况的普遍愿望。然而，无论社会科学取得了多大的成就，它基本上仍是"专家"的领地，我们访谈过的美国人在综合把握社会全貌，以及在解释他们与社会的关系问题上，仍存在很大的困难。我们把这种情况，叫作无形的复杂状况。

如上所述，既然我们缺乏从道德意义上解释不同集团之间重大的文化、社会和经济差异的方式，我们也就缺乏评价这些集团提出的不同要求的手段。既然不知道如何去评价利益，利益发生冲突时就只能是一筹莫展了。为了弥补这个道德真空，有人试图把集团要求和集团利益要求化为个人权利的语言，因为这种语言在我们这个占统治地位的个人主义意识形态里很容易讲得通。但是，如果大量的个人、集团或某些类别的个人像近几年那样，坚持说他们有权享受某些利益、援助或优先照顾时，这样的要求便往往不再被人们看作是公正与否的事情来加以接受，而是开始当作纯粹的相互竞争的欲望来对待了。既然个人主义意识形态无从对人的欲望作出评价，政治斗争的结果便只能从力量的角度加以解释。欲望能否得到满足，不是看它正当与否，而是根据欲望者的力量大小来决定。难以胜数的要求甚至会开始威胁到个人权利的逻辑的正义性，而个人权利的逻辑是在我们这个社会里提出道德上正当的要求的极少的几个基础之一。因此，确立一种有广泛差异但却相互依存的群体构成的总体社会的观念，或许可以产生出能够对冲突的欲望和利益进行裁决的共同利益的语言，从而减缓对早已力竭技穷的个人权利逻辑的压力。然而，这一观念的确立，需要充分认识美国社会无形的复杂状况，而美国人一般都是不愿意涉足于此的。

前面已经讲过，社会作为大致平等的竞争的市场的形象，是解决对大的社会的认识问题的一种有吸引力的办法，也是对一致性自愿社会的道德平衡的一个补充。但是，尽管这一形象继续具有广泛的感召力，大多数美国人却知道，它远远没有描绘出社会的实际情况。多数人都在一定程度上意识到，有些事情是不符合市场模式的，如大公司对某些市场部门的全面支配；通过广告影响消费者选择的巨大努力；政府对农业等部门的补贴计划；政府不按可靠的费用计算签订国防工业合同；强化、扩展对金融、生产和销售实行集中控制的技术发展，等等。

长期以来，美国人对这些事实的一个反应，就是怀疑一切有足够力量摆脱自由市场运作方式的集团。20 年来，公众不仅对庞大的政府越来越不信任，而且对庞大的企业和庞大的工会也越来越不信任了。[6]这些集团为了自己的特殊利益，以这样那样的方式，"太过分"地干预了市场机制。与此同时，许多美国人也意识到，大规模的组织——不管多么令人厌恶——是 20 世纪后期社会现实的一部分；放弃信任、解散工会、撤销政府管理部门，并不是真正的好事。这一认识使窘境更窘了，而且使许多人认为：只有有效的"领导"，加上专门技术知识的辅佐，才能解决无形的复杂状况中的各种问题。

公民生活和合理的专业精神

我们已经讲到，假如无形的复杂状况的增长促成了一些试图认识它的专门职业的出现，那么它也促成了对这一复杂状况实施管理的专门职业的产生：如行政官员、经理人员，以及各种各样的技术专家和应用科学家等。19 世纪初叶以来，管理专家和技术专家的出现，无论对于寄有希望还是怀有畏惧的人来说，都意味着重大政治变革的到来：要么，它会导致一种新型政治的产生；要么，它会引起开明治理完全取代政治的局面。圣西门和孔德曾经希望，一个由经理人员和科学家指导的社会，会比一个被利益冲突搞得七零八落的社会效率高、有人情味、更加和谐。托克维尔则率先发出警告，说这条出路可以是十分危险的。

托克维尔认为，"管理专制主义"，或者按他时而不无矛盾的叫法："民主专制主义"的崛起，可能是现代社会丧失其自由的一种方式。他把管理专制主义定义为一种"有秩序的、温和的、平稳的奴役，它……可能比某些人的想象更容易具有某些自由的外貌……并有可能在人民主权的幌子下确立它自己的地位"。托克维尔担心，大规模政府固有的集中化倾向和大规模工业的出现，将会导致管理专制主义，特别是在公民们为了追求个人的物质利益而陷入分裂状况时，这种危险尤其显著。他强调了这种专制主义形式的相对仁慈性。这种政府形式是凌驾于它的公民之上的、"一般专门负责保障公民的幸福、关怀公民的命运的巨大的保护力量"。这种政府"并不践踏人们的意志,而是软化、驯服和引导人们的意志;不强迫人们行动,但时常阻碍人们行动;它不破坏什么,而是阻止新生事物;它不实行暴政,但从事阻碍、限制、削弱、窒息或愚弄的勾当"。托克维尔写道:"我不认为他们的领导人会是一些暴君,我看他们更像一群中学校长。"这个制度也不会废除选举:"在这一制度下,公民们刚刚从从属状态下挣脱出来,松了口气,马上又去选择了新的主人,重新扎回从属状态中去了。"[7]

虽然,托克维尔明确表示的担心许多美国人也朦胧意识到了,但我们仍应记住,托克维尔所描绘的他那个时代美国的小规模和分散化的状态,实际上相当完好地持续到了20世纪。那些早期支持由职业行政官员掌理国家计划的人,主要是试图以此整顿虚弱的中央政府管理下发展起来的迅速工业化和都市化造成的混乱局面。这些人是大的新教主义者,也就是20世纪初叶主要由中产阶级和新教徒改良主义者组成的所谓进步党人。他们面对阶级冲突、移民问题造成的紧张局势和公司化工业经济发展所引起的动乱,试图通过"善政"改良使利益冲突降温,从而建立起富有人情味的公共生活。他们试图借助专门技术知识,抹掉利益集团政治的棱角,使其浑然融入一个秩序良好的社会之中。

计划理想在"新政"时期得到了一次大的推动。当时,另一个训练有素的专家组成的集体主义意识较强的集团,企图通过建立一个大规模的全国性行政国家,来拯救已经陷入混乱、濒临灭亡的公司经济。这个行政国家将第一次承担责任,大规模地在经济生活中实现一定程度的秩序和同情,但这一努力只是部分地获得了成功。

值得注意的是,无论是进步党人还是"新政"推行者,他们都相当程度地使用了公民的或宗教的"第二伦理语系";都希望通过使政治合理化来增进民主的公民生活的可能性。但是,他们都从未构想出一种能够使他们的努力在公共利益的道德语言中获得正当地位,并能找到一种替代个人主义文化的他种文化的国家政策理想。后来主张中央集权的人,则选择了一种声势较小的战略,声言他们的责任仅仅在于执行公众的使命。这个战略也不是没有其自身的危险的。

中央集权现在已经成为美国生活的组成部分,无疑在可以望及的将来仍会保留这种形式。对许多教育水平极高的专业人员来说,这种形式不仅是应该的,而且是必然的。这些人的社会体验主要不是地方性的,他们的公民意识也不与某个城市或乡镇相关联。他们的世界观是一种兼容并蓄、视野辽阔的世界观,是高等教育的产物,并与那些时常在地理上相距遥远,但训练相同、技能相同的人,或者朋友圈子里趣味相投的人们联系在一起。他们的公共生活与公司和政府世界的优先目标紧密相连——他们必须在这里使出全部的专门知识,去认准、协调各种相互冲突的目标;在个人生活方面,他们接触的则主要是一些工作和收入容许他们在消费和闲暇等个人事务方面作出大量个人选择的人。看来,把专家们精心筹划的解决方案,实施于一种由于迁徙自由而养成的宽容气氛中,这确乎是使人人都生活得好些的一条自然的路径。

在美国社会的上层,普遍存在一种被架空了的专业精神,因为在夺取优胜的斗争中,分离主义行为似乎常常击败承诺性责任行为。这里的危险在于,这些专业经理和职业专家,很可能会在不知不觉之中变成托克维尔所说的那种管理专制主义下面目和蔼的"中学校长"。表面上——甚至在他们自己眼中,他们是在对大张旗鼓的公民选举集中表现出来的公众"需要"作出反应,但实际上,他们随时都准备插手管理广大人民的大部分生活。只要他们的工作效率能够得到足够的"报偿",他们就无须去考虑社会上财富和权力的巨大悬殊,也无须去考虑文化积淀体培养道德个性和公民意识的努力。这种专业观往往认为,用工作中功利主义的效率去换取生活方式圈子中个人表现的自由,是划得来的。由此产生的政策也就变成了自圆其说的预言。更具有讽刺意味的是,许多如果亲耳听到托克维尔如何描述管理专制主义一定会吓得缩回去的美国人,却恰恰生活在这种专制制度之下,还满心以为自己是在为"自由社会"尽力哩。对托克维尔来说,以公共专制为代价的私人自由,归根结蒂根本就不是自由。因此,为了保护我们自己、抵制美国社会中已经得到相当发展的这种专制主义,第一步就是要分析和批判那些已经发生并继续发生在我们身上的东西。然而,下一个步骤则不应是"甩掉庞大的政府这个包袱",或者"经济分散化"这种机械式的反应,因为这两种情况都是绝对不可能发生的。我们必须按照托克维尔的观点,加强各种社团和运动,并通过它们影响和制约政府的权力,从而形成一种能够生气勃勃地与管理专制主义倾向分庭抗礼的政治局面(本章最后一部分还要讨论这一战略)。我们不能简单地把"大政府"看作敌人。从政治和经济两方面削减政府的权力,分散它的权威,应该恰如其分,适可而止。但是,如果公民在社团和运动中的有效权力要得到保障,就必须改造集权化政府本身的精神。

改造国家的过程无论多么复杂,都应该集中精力将公民意识输入到政府自身的运作当中去。这种精神今天并非完全没有,但它一方面受到对政府和政治的怀疑情绪的削弱,另一方面则被非个人化的有效治理观念所束缚了。为了限制管理专制主义的危险,我们必须提高政府的威望,而不是去贬毁它。[8]这种威望应当以实质性责任为基础，而不应以形式上的效率为基础。我们应该讨论政府的积极的宗旨和目标，看看哪一种类型的政府最适合于实现我们的公民理想。此外，我们还需要重新划定专业精神的道德意义，不仅从技能的角度去看待它，而且从专业人员对复杂的社会生活作出道德贡献的角度去衡量它。我们无疑可以从进步党人和早期的"新政"思想家那里学到很多东西，他们推崇的专业精神始终含有天职的伦理成分。把科学管理的政府观，变成道德义务和道德关系的中心的政府观，这是我们使命的一部分。

无论这会使我们多么不自在，但生活在现代世界中的所有的人只有相互依存，才能在经济上存活下去，才能避免核毁灭。这种脆弱的依存关系正是通过不会消失的强大政府来进行调节的。要么，我们使政府人道化；要么，政府就会对我们施以暴政。现在，公民们一起行动起来，共同决定我们是要管理专制主义呢，还是建立一个负责任、顺民情的国家机器，现在决定，仍然是可能的。

公民生活的几种形式

托克维尔在其对能够控制和限制管理专制主义趋势的社会力量的不懈寻求中，对任何能够通过积极的公民参与弥合个人和国家之间的鸿沟的东西——如家庭、宗教机构和各种社团——都很感兴趣。他认为这些东西一方面可以调和个人抱负的隔绝性倾向；另一方面则可以限制政府的专制主义癖性。本书对这些中介性团体已经谈了很多。我们特别谈到了那些能够引起深刻的和持久的责任意识的社会群体，也就是我们所说的积淀共同体，下一章讨论宗教时还将对这一问题作进一步探讨。我们也详细介绍了地方社会以及它们组织人们参加集体活动的方式。我们还提到了作为公民生活焦点的自愿性社团的重要性。充满活力的公民生活，靠的是老的团体和制度，包括从家庭到政党的一切形式，和在一定历史条件下应运而生的新的组织、运动和联盟。在美国，社会运动作为公民生活的一种形式，具有特殊的重要性。

在国家困难时期，当事物的现有秩序显示出无法承受对它的挑战时，美国人往往会努力去寻求新的社会生活理想。然而，新的理想的出现，通常与许多欧洲国家不同，它不是通过政党，而是以社会运动的形式展现的。社会运动在美国源远流长，可以一直追溯到鼓动独立的年代。它作为政治参与和公民生活的一种表现形式，主要是在市场的私人力量和政府的公共力量之间不确定的中间区域展开活动。美国的社会运动是多种多样的，从废奴到禁酒，从组织劳工到鼓吹民权，不一而足。这些运动一般最初在相对来说无组织的公众领域发轫，形成见解，并通常得到教会和其他老的团体的领导和支持。声势浩大的社会运动时常会导致新的公共制度的建立，有时甚至会大力改变国民生活的进程。

考虑到目前美国面临的种种困难，社会运动史上有一条线索是特别值得注意的。这条线索也许是我们作为一个民族曾经有过，或者可能会发现的唯一的一条不同于当代工商界领袖或技术专家统治的道路。这就是工业资本主义秩序崛起时代应运而生的民主改革的传统。这一改革冲动在 20 世纪初的大转折时期，以各种具体的表现形式喧腾了起来。这些民主改革运动的动力，来自一种本质上相似的政治认识。它激励了美国中西部和西南部地区的农村平民党运动；煽起了东部产业工人和西部劳工的社会主义热忱；影响了进步党的某些方面；并于 30 年代促成了产业工会的蓬勃发展。这些运动既不信任摧毁了独立公民制基础的巨大的私人权力，也不信任不受大众控制的政府，它们试图动用各级政府的力量，在新技术及其创造的财富上注入公共责任的因素，把杰斐逊传统的共和主义民主公民制度在20世纪的条件下加以改造运用。[9]当然，在政治上，这些运动除了限制（经常是脆弱地）私人权力的传统之外，其他一无所成。但是它们留下了相当可观的经验遗产、大量的象征和运动组织者的典范形象。

这些早期民主改革运动的政治遗产，在20世纪50—60年代的民权运动中，又得到了复兴。争取民权的斗争同早期运动一样，绝不仅仅是某个特别利益集团的院外活动。在马丁·路德·金的领导下，它援用《圣经》和共和主义的主要思想，强调不仅在国内一级，而且在国际一级从经济和社会两个方面实现充分的公民生活，明确旨在扩大和加强国民社会中有效的公民参与。这场运动来势凶猛、力量很大，尤其在青年的大学生当中激起了争取社会各方面改革的广泛的政治行动。

民权运动以及随之而来的政治浪潮的冲击，至今没有完全消逝。随着60年代意识形态和政治骚乱的趋于平静，70年代又目睹了旨在推动地方一级民主改革的新型政治活动的发展，而在许多情况下，这些活动又都是由60年代动乱中成长的一批活动分子鼓动起来的。然而，当代的运动大多以地方为中心，而且地理上很分散，不像早期抱有类似宗旨的运动的典型做法，把地方的事和全国的事广泛联系起来。[10]尽管如此，当代运动仍然可为我们提供一些如何在国家一级恢复民主的公民生活的可资借鉴的范例。如果从试验的角度看，加利福尼亚的争取经济民主运动和宾夕法尼亚的公民价值研究所的成员们的努力，说明发展能够增进有效的公共利益意识的制度、习惯和认识等方面存在的问题。

公民运动：一个事例

我在与韦恩·鲍尔和西西莉亚·道尔蒂的交谈中已经看到，

争取经济民主运动是如何试图把组织当地住户解决房租的具体问题，同实现公民意识控制经济的大的理想结合起来的。在费城，公民价值研究所从1973年以来一直试图对同样一些问题找到有效的和切实可行的答案，但它的关注点不在控制租金上，而是着眼于重建不景气地区的经济生活，同时也提出了同样一些大的问题。这两个团体都试图以我们的第一种政治和第三种政治即社区政治和国家政治的积极观念为依据，在第二种政治即利益政治中培养明确的、负责的公民意识。但它们都发现，这决不是一项轻而易举的工作。

公民价值研究所与争取经济民主运动不同的是，它在地方上进行组织和政治教育的努力，是以明确的《圣经》和共和主义公民生活传统为依据的。它的纲领所主张的公正观，不仅是程序性的，而且具有实质性内容。突出的一点是，它还从教会和工会以及其他一些老的社会团体方面汲取领导和支持。

爱德华·施瓦茨（Edward Schwartz）10年来一直是公民价值研究所的有力的领导人，也是他称之为"公民教育"运动的全国性倡导者。1983年秋，他被选为费城市政厅的无职委员。施瓦茨认为，在当前他称之为"反政治体系"的危机中，为了保全美国作为一个民主国家继续生存下去，真正的公民教育具有史无前例的关键意义。他所说的"反政治体系"，指的是"控制了大部分国家财富、雇佣着大量的人，但却贬损政治，以图筑垒自保，抵抗政府控制"的大公司网系。施瓦茨还是60年代学生运动的领袖时，就开始了对政治的私人化倾向的批判。他认为虽然60年代某些学生领袖有过失误和偏激的做法，但那个时代对大公司霸权的诉状基本上是正确的。

根据施瓦茨的见解，"这个反政治体系把寻求财富和权力的个人成就，凌驾于社会决定共同命运的集体努力之上。但恰好是这个反政治体系，决定着我们大家最重要的一些事情——如在哪里工作，在哪里生活，甚至怎样生活；并且与政党，甚至政府本身分庭抗礼，争夺我们的忠诚和支持"。施瓦茨从事政治组织活动的理由，并不单纯是为了加强个人或集团的力量，以便他们在不断加剧的残酷竞争中得到较好的成功，他的政治观在于：政治能够在特定的背景下造就出特定的国民性格。

正如它的名称所示，公民价值研究所的创办宗旨，就是促进公民价值意义上的政治认识。实际上，这个研究所一直试图针对争取经济民主运动和整个公民运动所面临的共同问题：加强力量的目的何在？找到一种几乎令人非信不可的答案。基层政治组织活动的理论——索尔·阿林斯基学派的主张成了政治组织者们的信条——一直是：人们首先是为了促进某些具体利益而参与政治活动的；从这种本质上属于工具主义的参与中，会产生出一种公民生活意识，即便不会即刻发生，但至少会在压迫性条件被消除之后产生。这个研究所的特殊贡献在于，它对政治组织活动的这个老的公理的正确性提出了质疑，认为必须从一开始就使组织工作具有更加明确的政治方向。

这个研究所试图发展新的基层公民政治理论的社会背景，在许多方面完全不同于萨福克和圣莫尼卡一类市郊化城市，费城是一个支撑住了几十年工业衰落，而且建成了商业—服务业经济的大都市中心，是一座深受种族纠纷、种族分裂之苦的城市。像东北部和中西部的许多大城市一样，大规模的经济和社会趋势——包括费城的黑人作为一股主要选举力量的崛起——打破了旧有政治秩序的平衡，同时令人痛苦地突出了这个城市对国内国际经济变化的依赖性。因此，这个研究所自1973年开创以来，围绕"公民价值"组织政治参与活动的努力，非但没有出现增长，反而在各种种族、社区、职业团体为在私营部门或政府部门保住一个饭碗的纷争夹击下，陷入了痛苦的退缩。

这个研究所试图为基层政治活动提供研究成果和公民认识。开办以来，该所先从组织需要政治和技术技巧的社区活动入手，同各种关心费城社区衰败现象的工会教育方案、宗教团体和大专院校教师组织之间，建立广泛的联系。随着工业时代的过去和商业—服务业经济的发展，出现了一支受过良好教育、普遍住在市郊地区的劳动队伍，该研究所趁势在全市范围内协助建立了一个社区组织的委员会网络，负责推进城市服务和寻求联邦政府援助的工作。与此同时，研究所还首创了一个地方性互助基金计划，以促进全市的住房更新和地方经济活动的发展。互助基金和技术援助计划虽然在多方面取得了成功，但同时也显示出公民运动的政治困难。

在穷人和工人阶级居住的地区创建地方性自助机构，使得许多以前从不参与社会事务的公民不仅被吸收到社区政治活动中去了，而且还使他们登上了全市和本市以外的更大的利益政治舞台。这的确在一定程度上加强了人民的力量。研究所负责组织这方面工作的是施瓦茨的同事和夫人简·沙尔（Jane Shull）。她对这些活动的评价，超出了关于组织战略和组织技巧的惯常讨论。沙尔认为："人们之所以参与，是因为这些机构办实事，使他们能够改善自己的生活。在这个程度上，传统意义上的组织活动是正确的。"但是，"事实上，经济技能以及懂得如何有效地组织党外活动，并不以任何直接的方式充实作为生活的一种合作形式的公民生活的内容。如果不从公平入手，就永远不会有公平。而这就是我们的使命了"。简·沙尔认为，人们通过实践活动形成的整体政治认识和道德品格，是他们参与政治活动的能力的决定因素。

施瓦茨在一次对西海岸的活动分子的报告会上说：要把利益

政治改造成公民政治，就不能以追求权力为出发点，而应以"求安全、求正义、求友谊"为出发点。他认为，一个机构或一种生活实践的宗旨，决定它的成效。基于这一理由，他和简·沙尔一样，认为政治组织活动绝不仅仅是获取权力目的的功利主义手段。它同时也是培育作为民主自治亦即公民生活实践的基础的道德发展的场所。

施瓦茨还坚持说，真正的公民政治必须是"反思性的"，这就是说，政治参与的方式应该能够促使人们从与地方和全社会更大利益的关系的角度，来思考他们自己的生活。他认为，公民政治的基础在于"从自我利益的语言中挖掘出以个人尊严为核心的人民利益的具体内容"。但个人尊严，只有通过成为一个靠相互信任联结的社会里的受尊敬的成员，才能够获得。施瓦茨认为，公民生活意义上的正义，就是人们通过参与社会、经济、政治生活确保公民的尊严。他认为，"进步联盟具有一个比自我利益更为广阔、更为持久的基础，它就是这样一个历史事实：由于美国的公民传统，美国的教会、工会以及各种社区组织确实具有许多共同的东西"。在他看来，这一共同基础，就是正义是公民生活的指导宗旨的公民观。

如果用他们自己的目标来衡量，施瓦茨、简·沙尔及其同事们的成就即便有限，但却是令人印象深刻的。这个研究所成功地跨越了种族界限，强化了为数众多的公民的力量，使他们在费城的政治、经济生活中形成了有效的"社区存在"，这一存在的力量，在最近爱德华竞选获胜中得到了反映。研究所成员们大大提高了地方政治讨论的觉悟程度和成熟程度。研究所还大力发展了各种讲坛和机构建设，以此作为形成超越当前利益的广阔的政治视角的场所。虽然障碍重重，研究所仍然经常把政治行动与合作的目的这个根本问题提了出来，认为正义而不是权力，才是政治的真正归宿。

1980年发生的一件事生动地说明了这一过程。施瓦茨的组织举办了一个讨论会，探讨公私联营、促进费城穷区经济发展的市政计划。市政厅的立场是由一位享有改革派自由主义商人之誉的官员介绍的。他说，在"人的服务的兑现"方面，私人公司部门和政府的社会服务，都面临着许多类似的问题，如果在穷区共同搞些经济项目，造成"就业发展"，这些问题就可以大大和缓下来。

施瓦茨对此表示反对，认为城市计划不应该只谈"就业"，而不顾工作的性质、组织方式和由谁来做的问题。市政厅实际上是在一声不响地把经济发展变成了纯粹的个人成功的渠道，从而增进了向来无视穷人区需要的"反政治体系"——公司经济的霸业。施瓦茨坚决主张："人民的政治发展——他们组织自己共同生活的能力，既是目的，也是手段。它从根本上决定着人民参与其他发展、包括经济发展的能力。"表现为工作机会的创造，应当通过社区发展公司一类以社区为基地的合作组织进行，"而不能经由受公司指挥的企业区域来实现"；"就业机会的创造，既要满足社区的需要，又要帮助社区满足整个社会的需要。这是件公正与否的大事"。

然而，就业问题上的公正，与广义的分配问题上的公正，根据个人工作观——也包括政治观的不同而具有不同的含义。在功利型个人主义看来，工作（和政治）只是一种工具；而共和主义公民传统，则把它们看作是道德生活的合作形式。事实上，施瓦茨认为，在美国生活中不是存在一种而是存在三种有关工作的相互竞争的公正观。"第一种是公司资本主义的观念，它是私营部门的典型观念。这种观念认为，就业水平只能由市场的承负能力决定。工作的目的是消费和获得私人满足。"第二种公正观，是后来"新政"、社会保障和"伟大社会"计划所代表的福利自由主义的观念。它在政府对私人经济的各种援助计划和肯定性行动中得到了体现。它的目标不是向个人主义的观点提出挑战或者取代它，而是要动用政府的力量，帮助每一个人在成功机会大致均等的条件下展开竞争，并且援助那些竞争中的失败者。施瓦茨认为，第三种公正观与前两种不同的地方在于，这种"公民意识加宗教传统的公正观"，视工作为"促进共同利益"、并在不同集团之间公开讨论经济和社会的相互关系的基础上，"认识他人的需要并对需要作出反应的天职"。

那位市府代表显然被施瓦茨的这些论点弄了个冷不防，他反对施瓦茨通过地方合作组织进行发展的方案的论点，是很能说明问题的。他说：这种五花八门的发展将会是"行政上的噩梦"，并且可能在资本回收方面比公司战略"缺乏效率"。目前只要这样一说，问题就解决了。美国生活存在两种相互对峙的形象：一方是私人成就和私人消费的高效率组织的社会；另一方则是工作的公民天职理想和对用共同生活把个人联结起来的社会的贡献。

公民运动中形成的最纯粹的公民政治观，主张把地方参与同全国性的对话结合起来。根据这一观点，政治是社区政治、利益集团政治和国家政治三者之间在更加广泛的新基础上相互协调、不断创新的领域。这一政治观的基础，是本质上不同于个人功利主义观念的社会生活和公民生活的观念。它试图说服我们：个人的自我，是在通过公共对话组织起来的社会生活中，在与他人的关系中实现的。这种必要的对话，只有通过忆旧共同体——无论是宗教的还是公民的——才能得到维持。目前这一理想仍然是分散的、局部的，尽管它的更大的含义已经十分清楚，这种情况恰好表明了美国社会的现状。这些来自地方的思想，可能最终会成为社会运动的先声，从而为我们反思、参与、改造我们的各种制度，开拓出更加广阔的天地。

注释

［1］ 赫维·瓦伦尼：《生活在一起的美国人：一座中西部城镇受结构限制的多样化》，师范学院出版社1977年版，第二章。

［2］ 摩理斯·詹诺维茨：《重建爱国主义》，芝加哥大学出版社1983年版，第193页。

［3］ 有关无党派选民的增加见诺曼·尼、西德尼·韦尔巴和约翰·佩特罗西克的著作《变化中的美国选民》（哈伊大学出版社1976年版）；沃尔特·D.伯纳姆的文章《20世纪70年代的美国政治：是超党派吗？》，文章收入路易斯·梅斯尔和保罗·萨克斯主编的《政党的前途》一书中（塞奇公司1975年版），第238—277页，以及《20世纪80年代美国的政治》，刊登在《异议》1980年第2期春季刊，第149—160页。有关可能出现的"正统观念的危机"见西摩·M.利普塞特和威廉·施奈德的著作《信心的鸿沟：公众心目中的商业、劳动和政府》（自由出版社1983年版），第十二章。亦见詹姆斯·豪斯和威廉·梅斯的文章《1952—1968年美国的政治异化》，文章刊登在《美国社会学评论》1974年第68期，第951—972页；以及丹尼尔·杨克洛维奇的文章《是道德正统的危机吗？》，文章刊登在《异议》1974年第21期秋季刊，第526—533页。

［4］ 有关经济地位和社会的介入见S.韦尔巴和N.尼的著作《美国的参与：政治民主和社会平等》（哈泼—罗出版社1972年版）。亦见L.雷恩瓦特的著作《金钱能买什么：不平等和收入的社会含义》（基础丛书出版社1974年版）。

［5］ 奥克塔维奥·帕斯的文章《墨西哥和美国》，刊登在1979年9月17日的《纽约人》上，第136—153页。

［6］ 见利普塞特和施奈德的《信心的鸿沟》第六章—第十章。

［7］ 前引《美国的民主》，第691—693页。

［8］ "使人类堕落的不是权力的行使和服从的习惯，而是行使人们认为不合法的权力和服从人们认为是篡夺得来并且是施行暴虐的权力"

（前引《美国的民主》，第14页）。

［9］ 着重参见尼克·萨尔瓦托尔的著作《尤金·V.德布兹：公民和社会主义者》（伊利诺伊大学出版社1982年版），了解德布兹和与他有关的运动——劳工运动、人民党主义运动和社会主义运动——力图在迅速工业化的条件下维护共和主义公民所持的观念的意义。

［10］ 对其中一些运动见哈里·C.博伊特的著作《后院革命：对新公民运动的了解》（费城坦普尔大学出版社1980年版）。

第九章
宗　教

　　宗教,是美国人"参与"社区的社会生活的最重要方式之一。美国人捐献给宗教团体和与宗教有关的组织的金钱,以及花在宗教活动上的时间,要比花在所有其他自愿性社团上的总和还多。[1] 大约40%的美国人至少每周参加一次宗教仪式（大大高于西欧甚至加拿大的比例）；教会人数约占总人口的60%。[2]

　　在研究中,我们对宗教并不是孤立地感兴趣,而是把它看作美国私人生活和公共生活结构的一个部分。虽然我们很少专门问起宗教方面的问题,但在交谈中,宗教的问题仍然一次又一次地被提出来,可见其重要性同刚刚引用的国家统计数据给人的印象,是完全一致的。

　　对有些人来说,宗教主要是涉及家庭和当地会众的私人事务。但对另一些人来说,宗教既是私人的事,同时也是表达对国家甚至全球事务的关切的主要工具。美国人虽然普遍接受政教分离的原则,但大多数人一如既往地认为,宗教现仍在公共生活领域中发挥重要的作用。然而,正像所有其他主要制度一样,随着时间的推移,宗教在美国社会中已经发生了巨大的变化。

美国历史上的宗教

亚美利加这个名字本身,从一开始就对早期殖民者含有宗教的意义。[3] 新教改革与新大陆的发现和殖民同时发生,给早期殖民地开拓者留下了深刻的印象。他们把在美洲的殖民视为上帝赋予的"开拓荒野的使命";是按基督精神生活的一种实验;是去建造一座"山顶上的城市"。[4] 许多早期移民都是在英国遭受过迫害的避难者。他们要求宗教自由,这当然不是我们今天所说的宗教自由,而是希望从他们所反对的宗教正统中解放出来,重新建立一个新的宗教正统。他们寻求的是宗教的统一化,而不是宗教的多样化。当然甚至早在 17 世纪,就有人提出了我们今天比较熟悉的宗教自由思想,而且几百年来,美国一直是移民的"福地",部分原因就是美国允许他们以自己的方式从事自己的宗教活动。然而,由于宗教作为西方公共秩序的一部分的历史太长了,早期殖民者们是不可能迅速和轻易地放弃宗教正统的观念的。

确切地说,美洲大多数殖民地都始终保持了宗教正统的格局。虽然其他宗教被人们所宽容,但得到公开支持的宗教却只有一个。美国革命发生之后,有些州还继续保留了宗教正统制度(宪法第一条修正案只是禁止联邦一级建立正统宗教);马萨诸塞州更是到了 1833 年才放弃宗教正统制的最后残余,宗教一旦失去了它的正统地位,往往就成了"私人领域"的一部分,而私人化正是美国宗教演变的一个方面。然而,宗教——更不用说《圣经》宗教了——都是关系到整个人生的,它不仅包括个人和私人的生活,而且涉及社会的、经济的和政治的各个方面。直到今天,不仅《圣经》语言继续是美国公众言论和政治言论的一部分，而且教会也继续对公众生活施加着影响。

在殖民时代的新英格兰，教徒和公民的角色虽说并非一体，但两者的关系却是非常紧密的。牧师同时又是公职人员，是由全镇，而不仅仅是教会成员推选出来的。虽然不同意见日益得到人们的宽容，但正统的地方教会，仍然是社区生活的中心和凝聚力量。每年的选举日都要搞一次布道活动。所谓新英格兰的"地方自治主义"，尊崇的是秩序和谐和对权威的服从；而这些价值都集中体现在"终身牧师"（settled minister）的形象上。"终身牧师"既是公众文化——即形成社会共同体的基本戒律和价值集合体的维护者和规定者，又是维系公众文化的个人价值和品行的强制者。[5]

今天，美国宗教私人化和多样化的程度，绝不亚于殖民地时代新英格兰宗教的公众性和统一性。我们访谈过的人中，甚至有人干脆用自己的名字命名她的宗教（她管它叫"信仰"）。这说明，从逻辑可能性上看，美国可以有 2.2 亿个宗教：一人一个。希拉·拉森（Sheila Larson）是一个年轻护士，接受过许多次心理治疗，她就把自己的信仰叫作"希拉主义"。"我信上帝。不是一个宗教狂。我记不得最后一次上教堂的时间了。我的信仰帮了我很大的忙。就是希拉主义，我自己的一点儿小小的声音。"希拉的信仰里有一些超越了对上帝的信仰的原则，尽管不是很多。她说："我的希拉主义就是要爱自己、对自己温和点。我想，也就是互相关心吧。我认为上帝是要求我们互相关心的。"和许多人一样，希拉对比较具体的戒律，恐怕赞成的就不多了。本章以后我们还要谈到希拉，因为她的体验和信念在某些方面有着突出的代表性。但先让我们来分析一下，为什么"希拉主义"一类东西确乎成为目前美国宗教生活的一种完全自然的表现？对于今天宗教在美国的作用，它又能告诉我们些什么？从安妮·哈钦森（Anne Hutchinson）——希拉的17世纪先驱——被马萨诸塞湾殖民地当局驱逐出境，到她的主张已经接近今天的常规，这其中究竟发生了什么变故？

宗教和公共生活密为一体，是新英格兰早期生活的"常规秩序"。远在美国革命尚未发生之前，这一秩序就已经遭到了挑战，尽管它在地方一级在整个18世纪都一直顽强地存活了下来。各种宗教团体的出现、刚直不阿的持不同宗教见解者的存在，以及信奉一种正统的人到了信奉另一种正统的地方便变成了不同宗教见解者的事实，都对既定秩序的延续构成了障碍。这种宗教见解分歧现象，后来又由于一个散布于各殖民地的小的，但影响极大的自然神论者和理性主义者的团体的活动而进一步强化。如果认为这些人是无神论者那就错了——他们几乎个个都信上帝，但其中有些人不承认《圣经》启示的权威性，认为人的宗教观点只能从理性得出。有些持异见者从原则上反对既定秩序，主张宗教涉及的是与上帝的直接关系，是任何政治权威不能干涉的。许多自然神论者认为，宗教虽有益个人道德，但又极易煽起狂热，因此应把它置于公共领域以外，除非它与基于理性的信念发生吻合的时候，如"人人生而平等"这样的信念，才可另当别论。

毫无疑问，来自异见教派及其大量追随者和精英集团中一大部分受启蒙思想影响、受过良好教育并在政治上很有能量的人的双重压力，最终导致了美国宗教的正统秩序的崩溃。然而，这种崩溃的全部影响并不是立即就感觉到了的。建国后头几十年，美国社会，尤其是小乡镇，仍然维持了稳定和等级制度，宗教继续起着凝聚公众生活的作用。乔治·华盛顿——不论他自己信什么——充当了圣公会的台柱。他经常参加宗教活动，长期担任教区委员，尽管人们从未见他领受过圣餐。他在《告别演说》中说："宗教和道德"是"政治繁荣不可或缺的支柱"，表达的正是他把宗教视为公共秩序一部分的思想。他怀疑"没有宗教能够维持道德";认为道德和宗教是"公众幸福的两大台柱";是"人和公民的义务的最坚强的基石"。

19世纪初叶,传统的地方乡镇等级制社会,在日益加剧的经济和政治竞争面前迅速衰亡;社会的变革带来了宗教的变革。在较早的殖民地区,牧师们再也不能天经地义地成为上层社会的一部分继续受到人们的遵从了;而在新近开发、发展迅速的西部,等级制社会压根儿就没有存在过。随着浸礼会和卫理公会教众人数的增长,宗教多样化的趋势日益明朗化。到19世纪50年代,一种新的宗教生活形式脱颖而出,它比殖民地时期明显地私人化了,但仍然具有重大的社会功能。

在前一章,我们谈到了地方协商一致的政治的重要性,同时也指出,协商一致通常会部分地掩盖不一致和冲突的现实。19世纪中叶的乡镇,尽管比今天的市郊小镇要一致得多,却又完全不同于殖民地时期的乡镇。由于它在宗教上和政治上不再统一于"智者和善者"组成的天然上流社会的旗号之下,公众生活变得平等多了。因为,如果宗教继续从服从外部权威的传统意义上强调公共秩序,那是不会再产生任何作用的。宗教虽然没有放弃它对道德秩序的关切,但现在却改为强调个人和自愿性结社活动了。道德教育开始强调自我控制,而不再是顺从。它教导个人在危险的、竞争性的世界里保持自尊,承担道德上的义务,而不再是去适应有机社会的稳定和谐。[6]宗教会众失去了过去的大一统,甚至在较小的社区也不例外,而变得分离散乱起来。

传统乡镇谋求的统一,现在则被看作是支离破碎的宗教界的属性,因而在许多重要方面也私人化了。随着宗教的分化,领域之间的分界也变得比过去明显。美国殖民地时期显得那么难解难分的宗教领域和世俗领域,现在有了鲜明的分水岭。教会已不再由全社会的人组成，而成了由思想相同者的结合；不再是公共秩序的支柱，而成了"虔诚者退隐索居的孤岛"。布道的基调一反"上帝的旨意"，而为"基督之仁爱"[7]，撤去了说教的冷脸，换上了温情的面容。到19世纪中叶，安·道格拉斯（Ann Donglas）所说的美国宗教的"女性化"，终于和盘展现。宗教一如家庭，成了严酷的竞争社会中爱和接受的领地。[8]

托克维尔19世纪30年代观察到的，主要就是这种新的、分化的和私人化了的宗教局面。如果说华盛顿对宗教的分析倾注了对旧的等级制社会的怀恋，那么托克维尔的分析则是肯定了新的个人主义宗教的价值。托克维尔认为，宗教主要是对个人品格和行为的一种强有力的影响。他指出，美国社会经济、政治的波澜起伏、变化不定，但有这样一个制衡因素："道德领域的一切事物都是确定的和稳固的"，因为"基督教由于得到普遍赞同而可以毫无阻碍地进行统治"。托克维尔充分意识到了并且完全赞成政教分离，然而，他一方面承认宗教"从未直接干预过美国社会的国政"，另一方面，他又认为宗教是"美国社会最早的政治制度"。[9]宗教的政治功能不是直接干涉，而是支持那些使民主成为可能的道德习俗。尤其是，宗教具有限制个人功利主义的作用，即用对他人的适度关心作为自我利益的缓冲。托克维尔认为，宗教的"主要目的，就是去净化、管理和节制"美国人当中普遍存在的"过于热烈和过去排他的喜爱安乐之情"。[10]

托克维尔视宗教为增强自我控制、维护道德标准的东西，同时也是与竞争性个人主义对立的善行和自我牺牲的表现。他说基督教教导人们："我们必须为了爱上帝而去对其他人行善。这是一个崇高的声音，因为人的心灵中充满了对上帝思想的理解，他看到了这一秩序是上帝的计划，并自愿地为这一伟大的计划效力，随时准备为了这个美好的万物有序的计划牺牲个人利益；他不期望任何回报，而只为自己能深信这一计划而感到愉快。"在此，托克维尔表达了这样一种希望：功利型个人主义的破坏性，可以受到普遍行善的制约，因为后者是根植于"天性中固有的"崇高感情，即表现型个人主义的情怀之中的。托克维尔对宗教的泛泛分析，使他没有注意到某些宗教传统中存在着我们所说的"第二性伦理语系"，我们认为这些语系较之表现型个人主义一家，可以更好地取代功利型个人主义。可惜关于第二性语系，托克维尔没有给我们留下什么线索。他更善于把个人主义的问题提出来，并且告诉我们应该到哪里去寻找出路但对这些出路本身却未能做出深入的分析。

美国的宗教历来就有第二性语系的丰富宝藏，它包含在《圣经》之中和按照《圣经》原则产生的现实生活传统里。在废除了宗教正统之后，随着宗教落入到私人的领域，具体的第二性语言变成了笼统空泛的行善说。私人化把宗教连同家庭一起，塞进了一个小天地里，只管提供爱的支持，而无法继续向社会上功利主义价值的统治地位挑战了。更确切地说，私人化成功的范围越大，宗教像家庭一样变成"残酷的世界上的庇护所"的危险也就越大；若有不同，便是宗教更加巩固了这个世界，因为它照顾了这个世界的受害者，而没有去向它的基本思想提出挑战。从这点意义出发，宗教是功利主义管制下的社会的心理疗法的先导。

然而，心理治疗的私人化，即从曲解诡辩到顾问咨询的转变，还不是问题的全部。就在地方教会日益变成"退隐索居的孤岛"的同时，福音派新教却大举扩张，建立了林林总总的团体和组织，并将对后来的公众生活产生重大影响。19世纪初叶，随着教区牧师委员会和其他许多新的职位的设立，新教牧师人数急剧增加。新的教育机构，包括大学和神学院，成了这一扩张浪潮的中心。牧师们作为教授，不仅在课堂上施加影响，而且还利用巡回讲座、期刊和书籍大声疾呼。各种学会社团纷纷建立起来，有的负责发放《圣经》和宗教小册子，有的在海内外从事传教活动，有宣传禁酒的，有主办安息日活动的，还有抗议奴隶制的。所有这些活动都筹了款，雇了人，出了书，向全国人民阐发基督教理想对公众生活的意义。大多数地方教会在经历了19世纪初叶在禁酒和奴隶制问题上爆发的激烈争论之后，决定选择团结与和谐的道路；他们不是把意见不同的人拒于门外，就是把有争议的问题按下不提，但这还不单单是私人化，它还涉及一个分工问题。通过各种社团和自愿性组织，基督教牧师和非神职信徒们既可以把他们对禁酒和奴隶制或任何其他问题的关心晓谕天下，又不致搅扰地方教会亲密无间、和气一团的气氛。

在19世纪，教会对宗教语言的垄断也绝不比18世纪为甚。众所周知，亚伯拉罕·林肯对宗教是持怀疑态度的，然而他在《圣经》语言中，却找到了表达19世纪美国最深刻的道德理想的方式。他以独到的深刻思想和借鉴了大量《圣经》象征和《钦定译本》格律的语言，明确无误地阐发了解放的道德根据与和解的理由。在他的著作中我们可以看到，《圣经》语言的影响不仅有强烈的公众性，而且有很大的政治号召力。

宗教多元化

美国宗教私人化并同时保留部分社会功能的情况，看来完全符合美国从殖民地时期开始变得越来越明显的宗教多元化的特点。如果说宗教对社会的主要贡献是通过塑造公民的品格和行为来实现的，那么，任何宗教，无论大小，熟悉的还是陌生的，对于任何其他宗教都可以产生同样的价值。美国的大多数宗教都与

《圣经》一脉相承,美国大多数人——当然不是全体,都能接受"上帝"这种说法。这一事实,肯定是有助于减缓教派之间的敌对情绪的。但是,宗教实践的多样化之所以一直被视为合理,是因为宗教被看作是个人选择的事,不过这里也有一个暗示的条件,即宗教实践本身必须符合公共规范,信徒们必须遵守社会道德标准。

在美国的条件下,宗教多元化的结果,并没有产生一种杂乱无章的宗教拼盘。在种族的、区域的、阶级的各种相当顽固的分界原则作用下,宗教团体之间虽然具有相当的流动性,但却呈现出十分清晰的社会分化轨迹。大多数美国社区都有不同的教会存在,社区越大,教会的种类也就越多。在较小的乡镇和古老的市郊,教堂建筑令公众十分瞩目。它们鳞次栉比地环绕着市镇广场,或令人印象深刻地点缀着主要街道。当地居民清楚地知道谁属于哪一座教堂:爱尔兰人和意大利人上天主教堂;小商人上卫理公会教堂;地方贤达则属于长老会,更多的则是圣公会。

厄赫维·瓦汉恩(Hervé Varenne)曾对威斯康星南郊一小镇的情况作过精彩的描述。每一种教会都强调自己的文化风格,而其风格又常常带有社会阶级的含义。瓦汉恩发现,虽然新教教会一般根据其成员的财富和影响形成不同等级,但真正形成这些教会的特征的,却是相对来说很小的一批核心成员,实际成员的组成往往是不拘一格的。小的原教旨主义教派对镇上最穷、处于社会最边缘的人具有吸引力,而以天主教会会众的阶级背景最为复杂。瓦汉恩以"阿普尔敦"的宗教社会的区别举例说:

> 例如在阿普尔敦许多人眼里,长老会是"知识分子"和"思想练达人士"的教会,卫理公会是镇上年龄较大的老牌小农场主和年纪较轻的"后起之秀"商人的教会。不

错，长老会的确主要对专业人员和高层文职人员具有吸引力，而卫理公会则以商人居多。教育委员会是长老会的天下，市政委员会则是卫理公会的领地。两家同为阿普尔敦的宗教台柱，相互之间都有明显的竞争感。就目前看，长老会似乎在整个等级体系中具有夺魁的优势。[11]

在我们调查过的那些社区——它们都比阿普尔敦大，各种教派与社会结构之间的关系比上述情况还要松散，但社会分化的一般原则仍然是适用的。

大多数美国人认为，宗教是先于任何有组织的思想渗入的个人信仰。今天对许多人来说，如希拉·拉森，宗教仍然完全是属于个人的东西。有组织的宗教所产生的责任关系，主要发生在地方教会的范围之内。效忠地方教会以外的更大的权威并非没有，但最近的研究表明，甚至连美国的天主教徒（对他们来说教会必然含有更大的意义）也把自己的信仰首要地同家庭和地方教区内部发生的事情联系在一起；甚至教皇的教谕，比起家里人或本地神父来，对他们信仰的影响也要小得多[12]。

然而，尽管地方教会对许多美国人非常重要，但地方教会并不等同于一般所理解的宗教，因为宗教有超越个人和地方教会的意义。所谓宗教，是指现代生活分化出来的一个独立的领域，主要交由自称理解它的"专家们"所掌管。前面已经提到，19世纪时就已经出现了一批不隶属于任何地方教区牧师组织的宗教专家。今天，美国社会不仅存在各种教派内部的官僚体制和教士等级制度，存在各种各样的宗教教育机构和慈善机构，以及无数从事社会和政治活动的宗教组织，而且还存在一批为部分公众所瞩目的独立的宗教知识分子，更不用说那些电子教会的新闻媒介明星了。因此，虽然个人和地方教会层次上的宗教是个人的东西，但这种第三层次或称文化层次上的宗教则是公共生活的一部分，尽管它影响公共生活的方式以及它给公众的信息的合适内容究竟应该是什么，仍然是很有争议的问题。

地方教会

我们不妨先从地方教会入手——地方教会传统上一直都有某种优先权，深入考察一下宗教是如何影响我们访谈对象的生活的。地方教会指含有教会的各种特征、以小见大、自成体系的礼拜团体。在有些新教教派中，地方教会可以自主存在。教会作为一种礼拜团体，是根据犹太教会堂制度演变而来。不管是犹太教徒还是基督徒，都认为他们的团体存在于与上帝的誓约关系之中，而作为宗教生活中心的安息日礼拜，则是体现这一誓约关系的庄典仪式。礼拜的目的，在于提醒教众永远铭记他们与上帝的关系的故事：上帝如何把他选中的子民带出埃及，又如何降生他唯一的亲子以拯救人类。礼拜的目的还在于重申教众已经承担的义务，包括《圣经》所坚持的公正和正直、对上帝和邻人的爱，以及使得教徒能够寄希望于上帝关于未来的许诺。尽管礼拜——尤其是那在圣殿举行的安息日活动——必须在规定的时间和地点举行，但却对整个生活过程起着样板和楷模的作用，因为它通过提醒人们之与上帝的关系而确立了不仅在礼拜活动中，而且应当在经济和政治生活中实现的人格规范和美德规范。宗教团体是作为一种"忆旧共同体"而繁衍承接的，而不同的宗教传统，又有着不尽相同的记忆。

正是美国宗教生活的自由、开放和多元化，使得美国人很难认清这一传统格局的本来面目。例如，这一传统格局设定宗教团体对于个人具有一定的优先性：团体在个人出生前业已存在，并将在他死后继续存在；个人对于上帝的关系最终是个人的，但却以团体生活的整个格局为媒介；团体和传统本身就含有接受奉献的意义，一般是由不得个人选择的。

对美国人来说，个人和宗教团体之间的传统关系在某种程度上发生了逆转。我们在访问谈话中获得了一个毫不足怪的信息：1978年盖洛普民意测验发现，80%的美国人赞成"个人应当有自己的独立于任何教会或（犹太）会堂的宗教信仰"。[13] 从传统的观点看，这是一个奇怪的说法，因为个人正是通过教会或会堂才达成其宗教信仰的。但是对许多美国人来说，盖洛普民意测验的发现才属正常。

南·普霍茨（Nan Pfautz）是在严格的浸礼会传统中长大的。现在是圣何塞附近一家长老会的积极成员。她作为教会的一员，产生了一种社会参与意识，一种与既是社会的又是道德的问题相关联的感觉。她谈到自己对教会的"责任"：作为教会的一员，即意味着愿意对教会所体现的社会和教会的更高宗旨付出时间、金钱和关心。然而她像许多美国人一样，感到自己对上帝的关系超越了对任何特定教派的参与。她甚至用略带幽默的轻蔑口吻说到那些老是谴责别人破坏了外在准则的"教气十足的人"。她说："我认为我对上帝有一种超越了教会的誓约。我觉得不跟教会在一起的时候，自己同上帝的关系也是满意的。"

对于南·普霍茨来说，教会的价值主要是伦理价值。"教会对我来说是一个团体，是一个我所属于的组织。它们行的善事很多。"她对教会的义务产生于她选择加入它的事实，而且"正像你所属于的任何组织一样，你之所以参加它决不光是为了在皮包里再加上一纸文约"。就像在"基瓦尼斯"社团或任何其他组织中那样，"你有义务干些实事，要贡献出时间和金钱，尤其是对别人的关心，要不就别参加"。教会正是作为一种关心他人的团体而取得自己的首要特征的。"我很爱自己的教会,很喜欢它为我、为他人做的事,我很喜欢教会这样一个集体。"教会既然被看作是仁爱个体的联合,那么它的价值就来源于"对他人的关心"。"我爱我的教会,是爱它的团体精神。"

这种把教会视为共享移情作用的团体的观点,又与南·普霍茨思想的另一个方面有关。虽然她所受的教养是原教旨主义的,但她的宗教观却呈现出一种神秘的多元性。她认为基督教传统仅仅是对我们与宇宙中神圣事物之间的关系的一种表述,也许还不是最好的一种表述,不是哪一种基督教理想,而是这种神秘主义以及她对他人的移情意识,方才成为南·普霍茨的极其广泛的社会和政治责任感的动力之源。"我觉得我们对世界负有责任,对动物、环境、水源,以至整个世界都负有责任。我认为我们就是为上帝代管他所暂借给我们的一切。我看美国印第安人的宗教倒是非常奇妙的,可那些挥舞着《圣经》的人涌来了,硬说它是邪教,其实倒是印第安人对宗教是什么的意念更好些。"对于南·普霍茨来说,移情作用产生出一种责任感,因为她以此感觉到了与这世界上的所有人有一种亲属关系、平等关系,甚或还有一种融合感,因而也为他们的痛苦而痛苦。她的信条是:"我们共居一个星球;我有幸出生在美国,是白种人,但这本身并不使我比某个出生在非洲的黑人高贵;他们应该有吃的东西,就和我们应该有吃的东西一样;印度支那船民和我有同样的情感,同样的情感啊!我们怎能对他们说'不'呢"?

在同南·普霍茨的教区牧师阿特·唐森德(Art Town send)的谈话中,我们注意到了与她十分相似的观点。阿特并非没有意识到教会亦即一种忆旧共同体,尽管他讲起大乘佛教和佛教禅宗经文里的故事来,就像讲《新约》里的故事一样挥洒自如。然而激励他的却是作为个人的教徒本身:"教会实际上是我的一部分，我也是教会的一部分；我的职业上的升华，就在于从'如何使他们高兴、喜欢我，从而保住我的饭碗、得到晋升'，转变成为'我怎样才能爱他们，怎样帮助这些美好的，有个性的人们体验到他们自己是多么的美好'。"正是自我——他自己的自我和他人的自我——才是全部宗教意义之源。根据阿特的乐观看法，"作为启蒙的一个步骤"，人需要学会"擦亮眼睛"。而他的工作就是"帮助他们除去眼睛上的翳障，看清和体验自身的美好"。人与人之间的麻烦，只不过是原本绝对和谐的自我之间的误解。相互感到气愤、失望或厌烦的夫妇，只要真正分享了他们的感觉，"就可以进入一个更深的理解层次，接着就是感觉的融通，一方就能切切实实地以同样的方式感觉到另一方的同样的感觉。一旦实现了这种交融，便有了一种转机，一种活力，就像是两个人合二为一了"。

对于阿特·唐森德来说，上帝成了他所说的"我生活中所体验到的一切，没有一件不是为了实现我的更高的自我的"保障。他的愉快的玄想，排除了任何有关罪孽、邪恶或该诅咒的东西的实在可能性，因为"假如我把上帝看成是一种竟然把人的灵魂耗费在自身错误上面的存在，那就未免有点偏颇了"。与这种表现型个人主义的精神气质相一致，阿特的哲学思想也是相当乐观的：悲剧和牺牲并不是它们表面所示的东西；"困难不过是意识的游乐场"，并且应当看作成长的机会而加以欢迎。

这一观点可以成为高层次地投身社会活动的依据，而且阿特·唐森德的教会也的确广泛参与了各种不同的社会活动，如志愿照顾越南难民家庭，为人数居少的同性恋者争取较为广泛的理解，慰问本教区的病人和精神苦恼的人，等等。像南·普霍茨这样的成员，更将自己的责任感推进了一步：通过教会广泛参加到从环境保护到反对多国公司向第三世界推销婴儿食物的斗争等各种活动中去了。但是对她来说——正像对阿特·唐森德一样，教会的终极意义显然是表现型个人主义的。教会的价值在于它作为一个爱的集体，个人可以在其中体验到归属感的快乐。正如教会的秘书所说的："当然，我们所做的一切都涉及以爱的态度去关心人，至少我希望是这样。"她下面这句话更是简洁透彻："大体说来，我认为这个集体对许多人来说是一个安全所在。"

从神学意义上看，阿特·唐森德的长老会是属于自由主义的。它与附近一家保守派教会，不仅有许多不同之处，而且也有许多相似之点。拉里·贝克特（Larry Beckett）牧师把他的教派描述成一家独立的、保守的、福音派的，既非自由主义又非原教旨主义的教会。初看上去，这个保守的福音派教会比阿特·唐森德的教派具有更明显的忆旧共同体的特色；拉里·贝克特指出：它的核心信念是基督的神圣性和《圣经》的权威性。拉里把大量的时间投入到研究、评注《圣经》中去了，甚至还开了一门讲授希腊文版《新约》的简短课程，目的是让会众在一定程度上直接领悟经文的原文。虽然拉里坚持认为爱上帝和爱邻人的戒律是《圣经》教义的精髓，但他的教会也试图尽可能地遵循各条具体的戒律。例如，它强烈反对离婚，因为耶稣有反对拆散上帝亲手结合的东西的戒令（《马太福音》19：6），坚持对上帝和基督神性的信仰，强调基督作为行为楷模的重要地位，以及尽可能应用《圣经》的具体戒令的尝试，构成了这个教派成员的、可能会使阿特·唐森德的教会感到难受的外部权威结构。这家福音派教会虽然在社会上和职能上与邻近的长老会并无大的不同，并且也受到许多同样的不安全因素和压力的制约，但它的会众们却居然找到了一种既牢靠又可以万古不变的信仰。如拉里·贝克特所说："上帝不变。价值不变。耶稣基督不变。事实上，《圣经》说上帝昨天如此，今天如此，将来永远如此。生活中万物都在变,但上帝是不变的。"

拉里·贝克特虽然在宗教上是保守的,但他还是在其强烈的《圣经》理想中揉进了人性心理的自由主义因素。他对教会成员说:上帝之爱可以成为"自我价值"之源,因为上帝按照自己的形象创造了人类,上帝爱人类并派了他的儿子来拯救他们,他们方才有了无限的价值。"不论他们各自如何行事,不论他们有多少朋友,不论是长得美还是生得丑,也不论他们有多少金钱,他们都有着一种无可改变的、固有的价值基础。"然而,这种使人们产生良好自我感觉的尝试,只是劝导他们进入一个清一色的基督教共同体的第一步。有一种观点认为,"几乎全部美国人,乃至西方文化中的每一个人基本上都是基督徒",拉里·贝克特对此不敢恭维:"这不是福音派的意思,而是说我个人以一种非常简单的方式对基督这个历史性人物的认同;大约10年前我就这样做了,而在此之前我并不是基督徒。"

拉里·贝克特的教会集体是一个热情和仁爱的团体。教会简朴的厨房桌上放上一块新烤出来的西葫芦面包,整个团体便有了一种家庭的气氛。在这里,成员们实践《圣经》伦理的美德,学习先人后己的精神。对拉里·贝克特和他的会众们来说,《圣经》的基督精神是取代这个世界的功利型个人主义价值的另一种选择。但这种选择虽因它"实在是很明确"而具有感染力,却对人们认识自己与观世或社会的关系没有多大帮助。《圣经》为"爱、顺从、信念、希望这样一些根本性问题"提供了毫不含糊的道德答案,因而"杀生,或者说谋杀,是绝对错误的。还有通奸——婚外性关系也是绝对错误的。《圣经》把这些说得再简洁明确不过了"。"遵循《圣经》和耶稣的话",提供的是一种以家庭和个人生活为中心的明确却又狭窄的道德。作为一个个体,一个人必须抵御诱惑,把别人的利益放在自己利益之前。基督之爱体现于个人与个人之间的关系上——我们不可欺骗邻人，或者剥削他、卖一些明知其买不起的东西给他。然而除了个人道德，福音教派对于更广泛的社会责任却说不出什么来。更确切些说，福音教派把那些发现了自己与基督之间有一种个人关系的人拢在一起、组成一个专门的友爱的团体，但由于它急迫地谋求使每个人都做出同样的承诺，而把它的成员从与更广阔的社会的关系中割裂开来了。道德成了个人的而不是社会的事；成了私人的而不是公众的事。

无论是拉里·贝克特的保守教派，还是阿特·唐森德的自由主义教派，都强调稳固的、友爱的关系，即相互关心的意图超过了一时的感性冲动，乃是婚姻、家庭和工作关系中的理想模型。因此，它们二者都试图抵制个人功利主义中比较浓重的利用他人的倾向。然而从这两个教派的情况来看，它们的宗教团体意识都很难超出个人主义道德的范畴。从阿特·唐森德的信仰看，一种鲜明的宗教理想已经被吸收到当代心理学的范畴中去了。在个人追求成长的精神需求之外，不存在任何独立的善恶标准。社会生活和社会关系不是产生于传统的要求，而是来自心理治疗意义上相互协调的自我之间对各自感觉的移情或共享。

比较而言，拉里·贝克特的福音派保持了把教会成员结合在一起的具体的道德义务理想，但是忠诚、帮助、责任的纽带，仍然只局限于朝向那些属于"真正的"基督徒的排他性宗派。对《圣经》的直接依赖虽然提供了用以抵制"现世"诱惑的第二性语言，但由于几乎只是专注于《圣经》，尤其是《新约全书》，却不再去理会基督徒在历史上是如何应付世界了，这样便削弱了他们处理好当前社会现实的第二性语言能力。在许多福音派圈子里甚至还可以看到这样一种倾向，即用耶稣是帮助我们寻求幸福和自我实现的朋友的思想，去淡化《圣经》中有关罪孽和赎罪的说法。[14]宗教团体内部明显强调的爱,除了可见于传教士的足迹所至之处而外,并不为世界所普遍共享。

美国有几千家地方教会,显示着教义和崇拜方式的丰富的多样性。然而,其中绝大多数教会都把自己说成是支持个体的团体。最近的一项研究表明,天主教寻求的东西,与我们上面讨论的新教各派所关心的事情并没有什么不同。当问到教会将来应该取何方向时,一次对全国天主教徒所做的抽样调查表明,要求得最多的两件事情,一是"个人能够说心里话的牧师";二是"更加温暖、更有人情味的教区"。[15]美国宗教生活中这种要求个人间密切关系的特色,说明了为什么像其他志愿团体、甚至像当代家庭一样的地方教会,会那样的脆弱,需要花那么大的精力去维持其生存,以及当这样的要求不能得到满足时,对人们责任心的凝聚力又是那样的微弱。

宗教个人主义

明显存在于上述教会宗派的几个例子中的宗教个人主义,在美国是根深蒂固的。甚至在 17 世纪的马萨诸塞,个人得到拯救的体验,也是人们被接受为教会成员的先决条件。不错,当安·哈钦森开始从她的宗教体验中得出自己的神学结论并将它们传授给他人时(这些结论是不同于正统教会的结论的),她受到审讯并被赶出了马萨诸塞。但是,通过美国所特有的现象——振兴运动,对个人体验的强调最终还是压倒了旨在加强教会纪律的一切努力。早在 18 世纪,个人就可以找到最合自己口味的宗教形式了。到 19 世纪,宗教团体就不得不在消费者市场上展开竞争,并随着个人宗教趣味的变化方式而盛衰消长。但是美国的宗教个人主义不可能被控制在教会内部,尽管美国的教会是多种多样的。我们已经提到,有些人甚至在 18 世纪时就已经找到了自己的宗教形式。杰斐逊说:"我自己就是一个教会";潘恩则说:"我的心灵就是我的教会。"19 世纪美国文化中许多最有影响的人物虽然都被某几个传统的宗教教义所吸引,但他们却可以在任何既成的宗教团体以外找到自己的归宿。人们会想到的拉尔夫·爱默生、亨利·梭罗和沃尔特·惠特曼就是这样的人物。

这些 19 世纪的重要人物中,有许多人都被一种倾向于将神同高层次的自我等同起来的模糊的泛神论神秘主义所吸引。到了现代,原先一直专属于上层文化结构的东西,扩散到很多受过教育的中产阶级中去了。蒂姆·艾切尔伯格(Tim Eichelberger),南加利福利亚争取经济民主运动的青年活动家,他下面这番话可以说是许多宗教个人主义者的典型想法:"我有一种宗教感。我没有宗派或任何类似它的东西。"1971 年他 17 岁时,对佛教发生了兴趣。吸引他的东西,是佛教具有的那种使他可以从自己的环境中"超脱"出来的能力。他说:"我总是想变化,想成长,想改变那种与生俱来的状况,并且一直对摆脱这种状况对我的支配感兴趣。我想要确立自我。"他的宗教兴趣包括练瑜伽功,并对过非暴力的生活有认真的兴趣。"我深深进入了这片宗教净土,并希望我周围的世界也一样纯洁、无暴力、无冲突。和谐——与大地的和谐;人在与大地的和谐、在人们相互之间的和谐中生活。"他对非暴力的信仰,后来因不得不承认自己求爱受挫而引起狂怒,终于崩溃了。意识到了自己的愤怒情绪,令他看到斗争本是生活的一部分。后来他终于发现,参加争取经济民主运动不仅可以表现他对生活就是斗争的认识,而且还可以表达他的理想。他在政治上对帮助别人获得"自尊、自决和自我实现"的关心,将是他昔日在宗教上对确立自己的自我的关心的继续。然而,无论是他的宗教还是他的政治,都没超越把"自我实现"

当作最高愿望的个人主义。

激进的宗教个人主义可以找到自己的制度形式，这一点可以从卡西·克伦威尔（Cassie Cromwell）的事例中看出。卡西是圣迭戈郊区一位比艾切尔伯格老一代的志愿人员。她年轻时加入了唯一神教派后，便形成了自己的宗教观。她言简义明地总结了自己的信念："我是个泛神论者。我信仰地球和其他所有有生命的东西都是'神圣'。我们是这个生命系统的产物，并与这一系统的所有部分有着不解之缘。不尊重别的有生命的东西，就是不尊重我们自己。我们自己的生存依赖于空气、'神'，还有水、阳光等等。"所以，毫不足怪，她一直特别关心生态事业，特别愿意为其工作。像艾切尔伯格一样，她以对生活的宽厚态度开始，尔后又不得不去修改它。"我过去认为人本质上是善的，"她继续表白自己的哲学思想道："我不信什么邪恶。我至今仍然不知道邪恶是什么，我看到的只是贪婪、愚昧，对其他人和其他生命物体感觉迟钝，以及不负责任。"卡西与我们所接触的大多数人不同，她愿意对宗教作价值判断，并公开地批评基督教。她认为，基督教关于人种优越的观念，使人难以实现对环境应有的关心。由于只有人才有灵魂，所以地球上的其他一切东西都可以为了人的利益而被杀戮或改造，这是不对的。

在宗教个人主义者当中，比批评宗教信仰更为普遍的，是对制度化宗教、或者对教会本身的批评。"伪善"一词，是对组织化的宗教的最常见的指责之一。那些常上教堂的人说的是一套，做的是另一套。他们要么是爱心不够。要么是不去实践自己信奉的道德戒令。像有个人说的："拯救你的不是宗教，也不是你参加的教会。而是你与上帝的'个人关系'。即便没有教会，只要你诚心相求，基督自会降临到你的心中。"[16]

从艾切尔伯格和卡西·克伦威尔两人的情况中，我们可以看到神秘主义的信仰是如何为个体融入世界提供了通道的。然而这种联结又是脆弱的,在一定程度上甚至是出于偶然。他们两人都不得不修改自己海阔天空的观点,以便去直面邪恶和侵犯,并为自己所信奉的事业工作。参加争取经济民主运动为艾切尔伯格的活动提供了一个焦点,生态运动则成了卡西的活动天地。但他们的基本观点是在这些场所之外形成的;他们同各自团体的关系(甚至包括卡西与唯一神教派的长期关系),也是一种为方便起见的关系。作为社会理想,无论是"自我实现",还是"生命系统",都提不出实际的指导。确切地说,尽管艾切尔伯格和卡西都很重视"与大地的和谐一致",但他们却缺少一种能够推演出任何明确的社会准则的自然观。相反,美国的自然泛神论的趋势,则通过自我以某种方式建造出了一个世界(这在爱默生那里也可以找到线索)。如果这种神秘主义的追求能够向纵深发展,它或许可以像佛教禅宗的严肃实践者的情况那样,形成自律而积极的实践以及宗教团体的新的形式。然而,更常见的情况是,使用东方灵性论和美国自然主义泛神论语言的人,往往都是一些不与任何一种宗教习俗或宗教团体发生关系的人。

内在的和外在的宗教

激进的个人主义宗教,特别是以信仰宇宙即自我为形式的个人主义宗教,看上去可能像与保守主义或原教旨主义宗教处于不同的世界。然而,它们二者正是组成大部分美国宗教生活的两极。对于激进的个人主义宗教来说,上帝干脆就是放大了的自我;而对于原教旨主义宗教来说,上帝则是在宇宙之外面对众生的。一个是寻求最终与世界合为一体的自我,另一个是企图找到一个能给世界带来秩序的外在的上帝,但两者都把个人的宗教体验视为信仰的基础;从一个极端向另一个极端的变化并不像人们所想象的那样罕见。

希拉·拉森在把自己从早年强求一致的家庭生活中解放出来后,实际上部分是在试图从自己身上找到一个中心。她的"希拉主义"的根源,就是将外在的权威变成内在的意义。有两次形式相似的体验确立了她的信仰。一次是在她就要经受大手术之前发生的。上帝安慰她说,一切都会很顺利,但那声音却是她自己的。另一次发生在她当护士的时候。她负责护理一个垂死的女人,那女人的丈夫却痛苦得不能自持,希拉只好在那女人临终前守在她的病榻前。她当时有这样一种体验:"如果那女人看看镜子,就会看到耶稣基督。"而艾切尔伯格的神秘主义信念及其瑜伽实践的"无拘无束"性质,使他得以"超越"自己的家庭和种族文化,从而确立了一个不受外在限制的自我。

另一方面,当宇宙神秘主义显得威胁很大并又太不确定时,作为一种反动,外在权威的宗教就有可能被人们所选择。拉里·贝克特处在反文化阶段时被印度教和佛教所吸引,但后来又发现它们太玄虚了,而他在《新约全书》中发现的明确性和权威性,又为他提供了自己生活中一直缺少的结构。[17]

霍华德·克鲁斯兰德,这位我们在第四章已经介绍过的科学家和拉里·贝克特的教友,在其宗教中找到了一种类似的安全感。他倾向于把自己信基督教看成一件事实,而不是感情:"因为我有《圣经》要学,这可不是靠感情就可以的。这里面提出了一些事实,而你就接受这些事实。"这样,克鲁斯兰德关心自己的自制力,也尊重他人的自制力,也就毫不足怪了。克鲁斯兰德从未经历过反文化阶段,但他却有父亲酗酒的记忆——这是一个人失去自控后将会变成个什么样子的例子。在他的婚姻关系、同自己孩子的关系,以及同自己手下几个人的关系中,他都试图做到体谅别人、先人后己。正如他所认为的，他之所以能做到这一点，是由于有上帝和上帝的教会的帮助："通过教友的其他成员的帮助，通过圣灵的帮助，首先你接受上帝，然后上帝帮助你去对你的伙伴们行善，不干不道德的事，不干非法的事。"

罗斯·勒维，我们在第五章介绍过的那位亚特兰大心理治疗专家，对她所谓的"再生的犹太人"——他们在很多方面与再生的基督徒相似——发表了意见。这些人都是来自归化了的家庭，三代人都没有遵守过按犹太教规饮食的教俗了。然而，"令人难以置信的，他们现在搞的那一套恐怕就连我的祖父母也没干过"。这些重生的犹太人所要做的，就是要"灌输结构、纪律和意义感"。他们发现，"能够自由地去做任何想做的事还不够，因为没有什么事是你想做的"。

既然这两种类型的宗教，或者说信教的两种方式，是深刻地相互关联的，那么，如果我们的分析是正确的，则它们之间一些表面的区别就与真实情况不尽相同了。不错，第一种类型强调的是内在的自由，第二种类型强调的则是外在的控制，但我们不能因此就说第一种类型主解放，第二种类型主权威，或者说，第一种类型是个人主义的，第二种类型是集体主义的。的确，第一种类型牵涉到一种把自我提升到宇宙原则高度的激进的个人主义，而第二种类型则强调外在的权威和戒令，但第一种类型视真正的自我为仁慈的、与自然和他人和谐相处的，因此是与狭隘的自我追求相矛盾的；第二种类型则在外在权威和法规中找到了深刻的自由的意义：它是抵抗内在和外在要求的混乱状况的屏障，是真正的个人自主的基础。所以，尽管两者所说的自由和个性在意义上有所不同，但两者都以自由和个性为中心价值。此外，虽然第一种类型明显地侧重于表现的自由，但第二种类型也以它自己的方式，通过强化宗教礼仪的参与以及强调爱和关心，为表现型的自由提供了不少重大的机会。最后，尽管保守的宗教的确蕴藏着集权主义的潜能，尤其是在一个有魅力的说教者无限制地大权独揽的时候，但极端的宗教个人主义也具有同样的潜能，因为当一个教派头目或其他宗教教士被认为拥有完美的个人解放的秘诀时，他或她也可能对于追随者行使过分的权力。

对于几百万仍然以这样或那样的方式囿于这种宗教的二元状况的美国人来说，他们的局限在于无法获得一种真正能够在自我、社会、自然世界和终极现实之间充作媒介的语言；当谈论到一些最重要的事情时，他们时常流于抽象。他们强调"沟通"是亲密关系的关键，却没有充分考虑过究竟是什么东西需要加以沟通。他们谈"亲密关系"，却无法指出赋予这些关系以意义和价值的个人美德和文化规范是什么。不错，宗教保守主义者在规定具体内容方面比我们谈到的其他人确实进了一步，但是他们也经常援用心理疗法的通行语言，而且即便在他们谈得很具体的时候，除了依靠不假思索便加以接受的理想化了的"传统道德"准则而外，他们也极少有别的出路可走。

宗教中心

长期以来，被称为"主流"的各新教教会，一直试图摆脱上述这种局面。它们提供了这样一种上帝概念：上帝既不是完全的他物，也不是更高的自我，而是一种牵涉到时间和历史的概念。这些教会试图勾勒出一幅在美国实现《圣经》生活可能意味着什么的更大的画面。它们一直谋求成为忆旧共同体，以便与《圣经》和历史传统保持联系——不是通过寻章摘句的服从，而是通过借鉴历史和神学的反思、作出明智的再评价，来实现这种联系。它们试图把《圣经》信仰和实践同整个当代生活——文化的、政治的和经济的生活，而不只是同个人和家庭的道德联系起来。它们试图在神秘主义的融合论和宗派主义的出世论之间走出一条中间道路。

在整个19世纪20世纪的很大一部分时间里，主流教派一直十分接近美国文化的中心。那些为主流教会代言的宗教知识分子谈论各种问题的方式，通常对整个社会具有广泛的影响。但一代人以至更长时间以来，这些出身主流新教教会的宗教知识分子开始脱离整体文化。这部分的是由于他们像其他学者一样，成了只在专家领域展开对话的人。他们与世隔绝的另一部分原因，则是把我们通过科学获得的关于"是什么"的知识与通过宗教、道德和艺术获得的关于"应该怎样"的知识割裂开来的长期压力。最后一个原因是，宗教知识分子自己失去了自信心，成了易受短暂时尚影响的人。一些年来，他们当中没有产生出一个可以成为卓有成效的争论中心的蒂利希或尼布尔式的人物。既然失去了以创造性知识分子为中心的催化作用，一个多世纪以来在成为主流的新教教区泛滥成灾的空洞乏味的准心理治疗，就无法在这个越来越令人困惑的世界上，有效地抵御来自两方面的有力竞争：一方是戏剧性地声称自我实现的激进宗教个人主义，另一方是规定出了虽简单但明确的答案的复活了的宗教保守主义。[18]

然而，正当主流新教对美国文化的影响力日渐衰微的时候，罗马天主教会在第二次梵蒂冈会议之后却进入了一个国民参与大为活跃的阶段。虽然天主教会历史上对美国社会绝非毫无影响，但它长期以来一直比较关心本会会众——其中许多是移民的福利，而不太关心如何去影响社会。[19] 1930年到1960年这一段时期，天主教会可谓达到了制度建设和自助的漫长历程的高峰。天主教会虽然仍是一个少数群体，但长期以来一直是最大的一个少数群体，并随着它的大多数会员取得了令人尊敬的中产阶级地位而增强了它的自信。因此,当60年代初第二次梵蒂冈会议召开之际,一群受过教育、思想敏锐的非神职信徒便具备了迎接那次会议所提出的各种新挑战的条件。自民权运动至今,通过一系列共同活动,一种史无前例的《圣经》教派大合作,把天主教徒同新教教徒、犹太教徒联合起来,开创了美国宗教生活的一代新风。[20]美国天主教会主教们于1983年5月3日写给教区居民有关核战的公开信标志着梵蒂冈第二次会议的许诺开始实现了。[21]天主教会于是开始向美国公共生活的中心迈进,并给新教各大教派带来了生机。

最近,马丁·马蒂(Martin Marty)针对这一新的形势,试图把这一宗教中心描绘成他所谓的"公共教会"。[22]马蒂所说的公共教会,包括老的主流新教教会、天主教会,以及各福音派教会的主要分支。这并不是一个同类的实体,而是一种"信仰联合的联合体";在其中,每个教会都保持了自身传统和惯例的完整性。即便在承认与其他教会的共同点的情况下也不例外。公共教会在并不抛弃其基督教特性的情况下,欢迎与犹太教会、其他非基督教教会,以及非宗教的对应组织进行对话和偶尔采取联合行动的机会,特别是在涉及公共利益的事务方面。公共教会并不是踌躇满志的得胜者——其实它是在基督教徒们对自己的文化感到比任何时候都失去控制的形势下出现的——但是它希望用公共责任而不是个人的或团体的隐退来应付这种新的局面。公共教会和它在非基督教会中的对应组织一方面为我们的文化提供了替代激进的宗教个人主义的主要选择,另一方面也提供了马蒂所说的"宗教族体制"。

我们可以把阿特·唐森德的自由主义长老会、拉里·贝克特的保守主义福音教会,以及罗斯·勒维的"植根于犹太会堂的团体"看作公共教会的具体例子和类似物。他们都拒绝个人功利主义的激进的自我追求,都不满足于仅仅成为一种相互热情接受的生活方式圈子。对他们三者来说,宗教提供的是一种人应当怎样生活的观念,即便这种观念可能是初浅的。他们都认为,一个人对上帝的义务,不仅涉及他的家庭生活,而且也涉及他的工作生活;不仅涉及他如何对待朋友,而且也涉及他如何做个公民。然而我们已经看到,这些团体的信仰和实践要么都在某种程度上受到了心理治疗观的削弱,要么就龟缩到宗教团体自身的狭窄天地去了,要么是两者兼而有之。结果,无谁是作为忆旧共同体维持其连续性,还是投身于公众世界,对于它们中的任何一个都是成问题的。

现在再让我们来看看另一个宗教团体:圣·斯特芬圣公会。它在遇到同样的难题时,似乎尚能把与过去相连续的意识同参与现时公共生活结合起来。它同阿特·唐森德和拉里·贝克特的教会一样,处在旧金山湾地区,成员也主要是中产阶级成员。这个教会虽然只有几百名成员,但以它为中心的活动量却是相当惊人的。教会内有每周聚会一次或更加频繁的祈祷小组和《圣经》学习小组;有协助教区牧师这个唯一的专业神职人员承担各种任务,诸如探访病人、卧床不起者和疗养院的人等工作的教区慰问队;还有不少人积极参与主要为教会所在城市的饥民和无家可归者提供食品、衣物和照顾的地方组织。该教会还资助"大赦国际"地方分部的活动。一些教区居民还卷入到反核活动中去了。圣·斯特芬圣公会以参加"庇护公约"的形式,加入了当地的教会联盟组织,并根据公约为萨尔瓦多难民提供了庇护所。

教区活动虽然很多,但礼拜生活才是其中心。《通用祈祷书》规定的礼拜仪式,是教会成立几百年来一直沿用的礼拜惯例的延续。每天举行圣餐领受仪式,礼拜天则一天3次;教区半数以上的人至少每周参加一次。礼拜年很受重视,四旬斋和复活节期间尤其明显。圣·斯特芬的教区牧师保罗·莫里森（Paul Morrison）神父认为，对那些定期参加仪式的人来说，礼拜"成了生活和集中考虑一周中干些什么的真正源泉"。这位50岁的教区牧师为人谦虚，但谈吐清楚；说话既不乏自信，又不失自省精神。他认为礼拜的效能不是来自讲道，而是源于圣餐，因为圣餐"能将人们聚拢起来，并以某种方式让人们领会到存在于礼拜核心中的生命之源"。在主持圣餐仪式的过程中，他发现自己必须保持一定的超脱，以便不为他了如指掌的每个个人生活中的艰辛所左右，不为他的那些把自己的生活——生活的心捧到圣餐架前的教徒的辛酸所压倒："他们捧着自己的生活，在圣餐仪式中舔着伤口，得到安慰，离开时又抖擞了精神，恢复了力量，在这艰难的人生之旅中又可以撑持一周了。"按圣公会的传统，布道并不具有在大多数新教会派中那样的中心地位。但莫里森神父的布道，却是对《圣经》学说以及它在当代个人、社会问题上之应用的有效的、有时甚至是感人至深的阐释。

当问到他的教区居民认为教会是自己信仰的必要条件，还是可由基督徒加以选择的一个组织时，这位教区牧师回答说："这件事一直就像一场攻山头的战斗。"他发现当代美国生活"对人们形成了巨大的压力，迫使他们退隐、孤立、脱离社会生活"；这些压力绝对违背了《圣经》对生活的认识。他说，当人们真正能够"听到圣音"、有了"社会体验"之后，就会认识到教会是一种必需，而不是一种选择。莫里森神父同时还发现，有效权威的观念不是轻易可以获得的："社会群体可以建立标准、选定价值、凝聚良知，使之成为人的生活的权威观念，这在我们的文化中并不明显，而没有这种观念，文化便会土崩瓦解。"当个体比群体更重要时，"人们便陷入分化，无力承担权威的责任"。他预见在教区参与为萨尔瓦多难民提供庇护的问题上，教会权威和国家权威之间可能会发生冲突；他担心人们将会如何作出反应："如果我们要生存下去，就必须通过紧密的组织牢牢聚集在一起；如果有人进了监狱，我们就需要非常清楚地认识我们自己的想法和信念。"

虽然圣公会在25年前就放宽了对离婚的绝对禁令，但莫里森神父还是发现，婚姻仍普遍地受到极大尊重。过去30年中婴儿出生的数量已经增长了一倍，并且还会再翻一番，因此教区必须扩建设施，照顾好这些孩子。他谈到人们对婚姻和家庭的认真态度，以及有意识地建立一种家庭格局的"努力"。他说到他教区来的年轻人"也许是在别的什么地方经过了筛选的"。因为，尽管美国社会中离婚很普遍，但"他们对待终身誓约却非常严肃"，而且比上几代人中的某些人更加真诚地愿意发出誓约。

这位教区牧师在"一个黑、白人混居的都市教区"里所面临的另一个挑战，是在应付男性间或女性间的同性结合问题上，如何才能做到既对这些承诺关系的基督教特性提供支持，同时又忠实于传统。莫里森神父说，这样的结合"是所有教区的一部分，历来如此，只不过现在相当公开化了"。

他发现，到他这里来寻求婚姻咨询的年轻人虽然在其他方面十分成熟，但却缺少一点认识，即"他们的幸福和实现，取决于把夫妇之间的相互培育，变成夫妇共同对周围的人作出自我奉献这一观念。我是说我们搞了各种各样的服务渠道，教区内任何人、特别是青年夫妇，都可以利用这些渠道学会跳出自己的小圈子生活，寻求这种类型的实现"。

莫里森神父在谈到他的教区居民的职业参与情况时指出，最近一次教区评估中对他的主要批评，是说他也许过于不假思索地认定基督教的义务就是要在教区内承担一些组织方面或委员会方面的责任。他说："他们说，我们处于人世上的困难境地，而且我们认为自己应该处于这些地方。我们在哪里就在那里支持我们。这就是他们对我的批评，对此我是很听得进的。"他发现："很有力量的非教徒们都在银行、公司或大学里工作，他们发现在这些地方很难按基督徒的方式生活，他们非常孤独，而他们是不应该孤独的。"这位教区牧师相信，今天经常遭到轻视的"政治、法律和其他专业"，是"基督教服务的潜在领域"，因此应该帮助教会的人"去有效地、高尚地完成他们在这些领域内的俗职、神职和天职"。

然而莫里森神父又认为，只有精神上强大的教区才能真正在个人困难的世俗事务方面给予他们支持。他们需要参加讲习班和讨论会，但他们也需要有内心的资源。这位教区牧师已经推动了发展个人和团体祈祷、学习《圣经》和在教区内展开自我反省活动的工作，结果，将近半数的教区会众都定期进行某种形式的精神陶冶。《通用祈祷书》改造和简化了教堂的每日祷告程序，以供非神职信徒使用；教区还鼓励人们在四旬斋和其他时候使用这本书。

当问到心理治疗意义的自我实现的强调是否已经取代了基督教关于罪孽和赎罪的传统学说时，莫里森神父大笑道："这倒使我意识到我们是多么地恪守传统。"他说，不错，当有着不幸的童年或者为经历所迫觉得自己低人一等——也许是因为性倾向……的人来到教堂，发现自己并非如此，发现自己被人所爱并具有无限的潜力时，让他们回过头来再说"我是一个可怜的罪人"，那的确是非常困难的。但是，莫里森从同前来向他讨教或忏悔的人的谈话中，以及从参加四旬斋和复活节前一周圣典活动的人身上发现，会众中的大多数人是懂得罪孽和宽恕之间的关系的，而且并没有尚失传统教义中这两个方面的任一方面。

当问到传统上十分接近美国社会的权力中心、并试图从内部影响社会权力结构的圣公会,是应当继续其政策,还是采取比较接近社会边缘人士的立场对社会提出抗议时,莫里森神父回答说:"但愿我知道答案。"他在布道中经常谈到那些处于社会边缘的人们(不仅是美国人,还有中美洲人和南部非洲人),主张教会同他们站在一起。他提醒会众说,基督教本身就是在处于罗马帝国边缘的农民中诞生出来的。但他并不提倡"弃世,或者挖世俗职业的墙角。"他总结自己的观点说:"假如我们能在任何程度上恢复对我们的人民从事人世的俗职和神职方面的支持,那么,人们可能就会有足够的信心说:'是的,我们从内心当然是能够负起责任的,因为我们最好的人还在,他们受教会的培育和救援,并准备去尽职尽责'。就目前来看,如果说有权有势的圣公会成员同《福音书》之间还存在着什么关系的话,那这种关系几乎可以说是完全偶然的了。"

教会、教派和神秘主义

莫里森神父谈到教会和世俗权力之间的关系时,似乎摇摆于宗教团体的两个概念之间,即厄恩斯特·特勒尔奇(Ernst Troeltsch)所说的"教会"和"教派"。教会在文化上和社会上是入世的,以图去影响世界;而教派则立于世俗世界之外,因为它认为世俗世界罪孽深重,若不从外部入手,是无法去影响它的。特勒尔奇所说的第三类型,即所谓的"神秘主义"或"宗教个人主义",则是这样一种东西:它关心的焦点是个人的精神陶冶,而不论个人如何看待他或她与世界的关系。[23]教会和教派都很重视宗教组织,但神秘主义或称宗教个人主义则认为组织是无关紧要的,因而可以是松散和短暂的。圣·斯特芬教会由于强调个人精神的陶冶,似乎既包含着神秘主义的因素,又具有教会和教派的特点。这个例子表明的是，特勒尔奇的分类说其实是指基督教（经常也包括非基督教）宗教团体的几个方面。具体的教区或会派可能会突出某一个方面而忽略另一个方面，如圣·斯特芬教会，还有圣公会，总的来说是属于教会特性占优势的类型，但纯粹地属于某一类型的例子也是罕见的。不过，若以特勒尔奇的分类眼光来看一看美国的宗教，我们或许是可以对宗教影响美国社会的方式获得较好的认识。

我们可以简略地陈述一下教会类型的特征：它是宗教制度的一种有机概念；它的界定性形象是保罗式基督身体的形象。教会被视为基督在地球上的活的存在——或用卡尔·拉纳（Karl Rahner）的话说，"它是产生一切神圣的神圣。"[24] 教会对个人具有现世的，甚至本体论的优先。教会的既定性和实在性使得个人能够依靠它，从积极的意义上把它当作想之当然的事物。通过各种圣典仪式和宣讲《圣经》，教会不分贵贱高下地接纳所有的人，在他们所能实现的基督教生活的任何层次上培养、教育和支持他们。从某种意义上说，教会又不可避免地是等级制的，甚至是杰出人物统治着的，因为一些人被承认比其他人有学识，或者在精神上高人一等。教会规定各种角色的楷模，如圣徒、授以神职的神父、牧师等等；其他的人可以向他们学到许多东西。在基督面前万民为一体，但这一有机的喻义体却允许职能的等级区别存在。伴随着这一有机模型的，是部分地接受世界的现状，在基督教教义宣讲活动中与世界妥协、靠近权力，以期使之在某种程度上基督化。教会对于社会和文化往往是全面包容和灵活的，对社会形式以及艺术、科学和哲学既接受又想改造。教会的典型畸变，一方面在于它容易受到集权主义的诱惑，另一方面则是太轻易地向现世的权力妥协，甚至容忍世俗权力操纵教会的人事任免权。然而，当教会与世俗权力作对时，它也可以动员起巨大的反抗力量。

教会类型从欧洲人移民美国之初就开始出现了，但它从未以纯粹的形式占据过统治地位。早期新英格兰的清教，含有很大的教会成分，但又混合着强烈的教派精神。新教较纯粹的教派形式在17世纪开始出现，18世纪获得显著生长，给其后的全部美国文化染上了浓重的教派色彩。罗马天主教会虽然随着大量移民的到来而成为美国的一支重要力量，但它仍然是一个少数派教会。随着它吸收美国文化越来越多，它也受到了教派理想的影响。在美国，教会类型已经变得越来越难以认识；我们的个人本体主义很难理解教会的社会现实主义，即那种认为教会先于个人，而不是个人的产物的思想。

教派类型几乎是美国与生俱来的东西，包括信徒最多的各新教教派，并在很多方面一直是美国基督教的主导形式。教派认为，一个教会主要是信仰者的自愿联盟。信仰者个人被神感化的体验，在时间上先于参加教会，因而在一定程度上优先于教会。但一旦个人被接纳进教派，就有可能受到相当严格的集体纪律的约束。教派类教会把自己看成是上帝的选民的集合体，强调教派内成员的纯洁，以同教外人的罪孽相对照。教会以它的大同理想，把每个人都按不同等级收容在它的等级制有机结构之中；而以纯洁性为理想的教派，则在教派内基本上平等的圣徒和教派外被上帝摈弃的人之间，划定了一条明显的界限。[25]教派特别强调自愿性和信徒的平等，反对杰出人物统治论，坚持所有信徒都有教士资格，这同组织的民主形式和会众的自主原则是完全一致的。对神的皈依往往被"基督的法律"的庞大身影所笼罩；圣典仪式则不具有类似法律主义的道德主义的中心地位。如同特勒尔奇所指出的，教派组织主要是收入较低、受教育较少的人的组织，尤其是在初期阶段。它具有从周围社会中彻底隐退的倾向，拒斥世俗的艺术、文化和科学。特勒尔奇还提出,教派与《新约》前三部福音书的精神尤其扣得紧。基督教最初是没有受过很好教育的下层人民的宗教,尽管由圣·保罗在希腊——罗马城市中创立的城市宗教已经有了《新约全书》时期的教会类型的因素。[26]

在考察教派类型发生畸变的潜在可能性时,我们可以举出教派组织的脆弱性。社会,特别是宗教社会,对于个人是第二位的,并且依赖于个人持续的纯洁以及保持纯洁的不懈努力。教派对纯洁的强调,导致了与那些被认为是不那么纯洁的人的分裂;而教会类型由于强调圣事的客观性,因而得以在一个统一的团体中维持纯洁的和不那么纯洁的人之间的团结。

虽然教派早期阶段有时表现出从根本上批判现世的倾向(后来仍有这种固有性状),时而还搞一些替代现世的乌托邦式的试验——可以想到的有再洗礼派和它众多的继承派别——但它们也有他们自己的同现世妥协的形式。温和的教派主义虽然保持了超凡脱俗的气质,然而它却与资本主义、自由主义和民主制度十分和谐;结构严密的教派,把自主进取的能量释放到世俗世界中去了。教派主义者虽然对内绝不容异己,动辄以逐出教门待之,但却经常与世俗的自由主义者合作,支持公民自由,对抗强制的教会的压力。也许在无意之间,教派加入了促使宗教私人化和非政治化的自由主义行列。

总之,教派对美国社会的影响是巨大的,它们是美国个人主义的一个主要源泉,也是美国人普遍拥有的那种一切社会团体都是脆弱的、都需要付出大的努力才能维持的思想的主要源泉。此外,教派精神和美国过去举足轻重的个人功利主义之间,也存在着深厚的、尽管是不无讽刺意味的关系;今天这个令教派感到极不协调的世界,部分地正是由它们自己造成的。

神秘主义类型在美国也不是新的东西——我们已经提到过17世纪的哈钦森和19世纪的爱默生、梭罗和惠特曼，但它却是在20世纪后期才发展成一种主要形式的。特勒尔茨的神秘主义类型并不一定具有这个词语的传统意义，尽管属于这一类型的美国人受到过东西方各类各派的真正神秘主义者的广泛影响。当代宗教个人主义者们常说，他们崇尚的是"精神"，而不是"宗教"，比如说："我不信教，但很信精神。"值得记住的是，特勒尔茨也认为神秘主义、至少是它的温和形式，可以在《新约全书》、特别是约翰的记述中找到根源。

神秘主义的社会感召力几乎与教派主义恰好相反，尽管它具有后者那种个人主义、甚至把个人主义激进化、绝对化了。神秘主义一般发生在富裕的、受过良好教育的人们当中，这也许就是它在我们这个富裕社会里繁荣起来的一个原因。神秘主义没有任何有效的社会纪律——我们已经指出，教派是有社会纪律的。神秘主义或许是我们访问交谈过的人中最普遍的宗教形式，许多在教会和教派的长凳上做礼拜的人其实是宗教个人主义者，尽管更多的人压根儿就不上教堂。

激进的宗教个人主义从一开始就在基督教民族的生活中发挥着作用，而且至今仍然大有可为。美国宗教的大部分新意和活力，都可以在"新意识"的形式中找到；这种"新意识"并不是没有它的社会贡献的。[27] 60年代的文化革命部分是与这种宗教神秘主义情感的大发扬，而它使我们敏感的种种问题，如生态、和平、反核武器、国际主义、女权主义等等，至今仍是我们议事日程中最优先考虑的事项。然而，神秘主义类型极易发生的畸变也是再明显不过的：它内在的多变性和散乱性；它在社会和政治组织方面的极端虚弱性；尤其是它与现世相妥协的那种形式——它在追求自我中心的体验中与心理疗法的密切关系，以及它在接受社会忠诚和社会责任方面的困难。

如果美国今天要有一个有效的公共教会,把《圣经》宗教的种种关切带进关于我们社会的性质和未来的普遍讨论之中,那么,它大抵必须是集教会、教派和神秘主义三方面于一身、三者各自在其中发挥重大作用、以此之长补彼之短的教会。我们并非主张同一化——还不至于有这种危险。每个宗教派别,不论是基督教的还是非基督教的,都将继续用自己的声音说话,并且在一些方面继续保持与其他教会的不一致。强烈的分歧,并不妨碍我们对共同的未来展开辩论,只要这种辩论是文明的讨论,而且我们企望的只是说服而不是压服我们的公民伙伴。

上述关于公共教会的想法在今天所能做出一大贡献,就是它可以突出这样一个事实:个人和社会不是对立的,而是相互需要的。也许,在现代社会发展的某一特定阶段上,个人宜称对教会、国家和家庭的独立是必要的。但是如主张绝对的独立,就会陷入托克维尔担心的社会原子论那里去,就会为比以前的专制主义更糟的专制主义奠立基础。教会的思想则提醒我们,在我们的独立中,我们依赖于他人。它还可以帮助我们看到,健康的、成熟的独立,是承认健康的、成熟的依存的独立;绝对独立只是一种虚幻的理想,它所能兑现的,并不是它所许诺的自主,而是孤独的虚弱。教会的思想还提醒我们,权威并非一定是外在的和压抑性的,而是我们可以参与其中的东西——或者用莫里森神父的话说:我们必须"具有足够的团结,才能承担权威的责任"。一个可以为成员所依靠、同时它也可以依靠其成员的教会,可以成为重建我们社会基础的一股巨大的力量。这样一个教会还可以通过自己的社会主张影响和促进我们社会朝着较为健康的方向发展。然而,美国的教会传统若要产生效力,就必须严肃对待教派宗教和神秘主义宗教对它的批判,以此来恢复自身的活力。

教派在其最开放的时候,也曾按照它们自己的理解尽可能地按照真正的基督教方式来表现,试图把自己的主张展示给更广大的社会,以期改造社会,使之向宗教皈依。例如,教友会和门诺宗教就曾坚决主张一种明确的基督教和平主义,它们的声音给处于原子时代的美国社会带来了新的紧迫感。由于教派不愿意向世界妥协,有时会使自己处于社会的边缘,甚至是不负责任。但是,教派主义者对纯洁性的坚持,却有其十分积极的意义,尤其有助于唤起教会和神秘主义宗教去检验它们的妥协性质,查明哪些妥协是战略性让步,哪些妥协则是背离了不应该背离的原则。

宗教个人主义在许多方面是适合于我们这种社会的。它像世俗个人主义那样不会消失。我们是一个要求人民坚强独立的社会。作为信徒,我们必须经常在不和谐的环境中独自展开活动,而这就要求我们具备内在的精神力量和纪律。宗教个人主义者由于反对宗教生活中的集权主义和家长作风,往往会离开哺育过他们的教会或教派。然而,这些人从他们所自发的团体中获得的个人力量,往往比他们自己意识到的要多。没有这样的团体,他们就难以将自己的道德操守传授给自己的后代;而如果与趣味相投的人的短暂聚合是他们唯一的支持力量的话,他们也很难维持自己的道德意识。看来,宗教个人主义只有在恢复它与既成宗教团体的关系的情况下,才能维持其活力,才能持久。而要恢复关系,双方都需作出改变。教会和教派必须懂得:它们可以承受的自主性比它们以为的要大;宗教个人主义则必须明了:脱离群体的孤独只能带来寂寞。

宗教和世界

通过本章,我们已经看到了退缩到纯个人的精神世界同将宗教视为和整个社会相关联的《圣经》推动力这二者之间的冲突。帕克·帕尔默认为，这个明显的矛盾是可以克服的：

> 在恢复公共生活的过程中，教会司职的最重要的一种方式，或许就是所谓的"矛盾司职"了：不是去抵制美国人精神的内转倾向，疾呼有效的公众行动，而是在信仰的引导下深化、指导和节制这种内转倾向，直到上帝带领我们恢复公共理想、代表公众采取符合信仰的行动。[28]

帕尔默关于宗教个人主义的主张，似乎与我们在第六章中提出的意见相似，即对美国的个人主义不能采取摒弃的方法，而应该通过把个人主义同公共领域重新联系起来，来达到改造它的目的。

在结束前一章时，我们讨论了作为公民生活的一种形式的社会运动，并且指出了宗教在美国历史上的社会运动中是如何经常发挥重要作用的。美国历史上一再出现过这种情况：一些具有精神动力的个人和团体感到有责任通过对其时的重大伦理、政治问题表明立场，来在生活中显示他们内心的信念。在美国革命时期，教区牧师组织曾给予共和主义事业以意识形态的支持和道德的鼓励，基督教教士和在俗信徒曾经是废奴事业的最热情的支持者。基督教徒们也曾参加过"社会福音"运动，这场运动所产生的多方面影响，极大地和缓了早期工业资本主义的种种最残酷的极端行为。当然，教会也产生过对所有这些运动的反对者——美国宗教社会从未用一个声音说过话。偶尔地，宗教社会内相当一部分人也发起过某个成功的讨伐运动，但后来全体国民又认为是不明智的，如禁酒运动，于是就导致了关于销售酒精饮料的宪法修正案。总之，没有教会的介入，许多重大问题都会被忽视，许多必需的变革也会姗姗来迟。

为了提醒我们可能性何在,我们不妨回顾一下近年的一次最重大的社会运动,即马丁·路德·金领导的民权运动。这个运动基本上是由宗教界领导的,最终改变了美国社会的性质。它号召美国人改革自己的社会经济制度,以便实现一个既尊重其成员的差别、又尊重其相互依存关系的正义的国民社会。它的成功之处在于,它把《圣经》和共和主义思想糅合在一起的方式,并不排斥、而是改造了个人主义的文化。

想一想马丁·路德·金"我有一个梦"的演说吧。他用《圣经》先知的诗韵说道:"我有一个梦:每一处低谷都将升为高地;每一座大山小岭都将降为平川。"他又以爱国颂歌般的情调说道:"这一天,上帝的所有子民都能够用新的意义歌唱:你呵,我的国土,自由甜蜜的土地,我歌颂你。"马丁·路德·金的演说,重新展现了美国传统的一条古老线索;它懂得自由的真正含义,在于承担把社会的所有成员团结在一个公正的社会秩序之中的责任。"当我们让自由震响的时候,当我们让自由在每一个山庄、村落,在每一个州、每一个城市震响的时候,我们就能加速这一天的到来:上帝的所有子民,无论是黑人白人、犹太人非犹太人、新教教徒天主教徒,都将携起手来,放声歌唱那首古老的黑人圣歌:'终于自由了!终于自由了!感谢全能的上帝,我们终于自由了'!"对马丁·路德·金来说,争取自由的斗争,成了实践把美国当作一个怀旧社会所作的承诺。现在我们就来看一看这个国民社会,看一看我们不断变化的国民社会观,看一看国民社会具有什么样的前景。

注释

[1] 《个人慈善捐赠方式:一份研究报告》(华盛顿特区独立教区

出版社1982年版）报道了1982年一次盖洛普民意测验，它表明71%的美国人向教堂和宗教组织提供了捐赠，而向教育机构捐赠的只占32%，向医院捐赠的占24%。此外，向宗教团体提供的捐赠数额比其他类型的社团要多得多。1982年个人慈善捐赠平均为475美元，其中有313美元是捐给教堂和宗教组织的。

[2] 在西奥多·卡普洛等人合著的《所有虔诚的人们：中等城镇宗教的变革和延续》（明尼苏达大学出版社1983年版）一书第20—30页可以看到最近有关全国宗教的简明统计数据。1950年每周去教堂做礼拜的人数比例是40%左右，50年代后期上升到近50%，70年代初又下降到40%左右。此后，比例一直保持在40%上下。自1950年以来，虽有一些小波动，入教的人数一直保持在60%的比例上。自1950年至今，当有人问他们是否"信仰上帝或是一种宇宙精神"时，95%的美国人说"是的"。而在西欧对于同样问题的肯定答复比例要低15%—30%。对这种信仰的意味，在罗伯特·S.比尔海英主编、研究明尼苏达州教堂的《信仰与激发力；对基督教的信仰和实践的内在纪律的研究》（安格斯伯里出版社1983年版）一书有更具体的阐述。

[3] 见罗伯特·N.贝拉的著作《被破坏的契约：审判期间的美国民间宗教》（西勃格出版社1975年版）第一章。

[4] 见佩里·米勒的著作《投身荒原》，哈佛大学出版社1956年版。

[5] 唐纳德·M.斯格特：《从祷告到信教：1750—1850年新英格兰的牧师》（宾夕法尼亚大学出版社1978年版），第12页。

[6] 保罗·博耶的《1820—1920年美国的市民和道德秩序》（哈佛大学出版社1978年版）第一部分。

[7] 斯格特的《从祷告到信教》，第149、139页。

[8] 安·道格拉斯：《美国文化的女性化》，诺夫出版社1977年版。

[9] 前引《美国的民主》，第292页。

[10] 同上书，第529、535页。

[11] 赫维·瓦伦尼：《生活在一起的美国人：一座中西部城镇在结

构限制下的多样化》，师范学院出版社1977年版，第99—100页。

[12] 琼·L.费伊等：《年轻的天主教徒：给哥伦布骑士们的一份报告》，萨德利尔出版社1981年版，第229—230页。

[13] 迪安·R.霍格：《入教者，中途退出者，再次入教者：关于天主教徒宗教信仰变化的研究》，华盛顿特区美国天主教大会，纽约朝圣者出版社1981年版，第167页。

[14] 詹姆斯·D.亨特通过研究福音派新教会8家最大的福音派新教会文学出版商出版的书籍，以大量资料证明了传统的福音派新教会的虔诚信念发生了重大的转变。他发现一种他称之为"心理上的基督教中心主义"的现象在20世纪60年代产生，到70年代占据了统治地位。在这种文学中包含了种种类似"耶稣旨意基督教徒的生活应该振奋人心，充满了冒险经历"的说法。受难和牺牲撤出了舞台，而幸福、成功和"一种新的生活热情"得到了允诺。亨特总结道："主观主义取代了在理论上保守的新教文化占统治地位的禁欲主义态度。虽然有一些反复，但是在当今美国福音派新教会的主流中，严厉的工具主义已被有伸缩性的表现性所取代"（詹姆斯·D.亨特：《美国的福音派新教会》，鲁特格斯大学出版社1983年版），第91—101页。

[15] 霍格：《入教者，中途退出者，再次入教者》，第171页。

[16] 费伊等著的《年轻的天主教徒》，第242页。

[17] 有关需求"结构"的一个更为极端的例子，是一名旧金山半岛上一个非常保守的活字研究会员的抱怨，他说在他的整个学生时代，人们要他"判断正误，决意为什么活着和为何而活。……对于一个人来讲这是最糟的事——要他自己决定每一件事而他无法做到。这是撒旦的陷阱。"相反，一个基督徒"不需要去决定对与错。他只需决定去做对的或是错的事情"（史蒂芬·M.蒂普顿：《从60年代中解脱》，加利福尼亚大学出版社1982年版，第44页）。

[18] 高等教育作为世俗文化传统的前哨，在多大程度上使主要教会里的年轻人脱离了传统，见迪安·R.霍格和戴维·A.罗曾编写的《了解1950—1978年间教会的发展和衰落》（朝圣者出版社1979年版），特别

是由霍格撰写的第八章。

[19] 杰伊·多兰：《移民的教会》，约翰·霍普金斯大学出版社1975年版。

[20] 戴维·J. 奥布赖恩：《美国天主教的复兴》，牛津大学出版社1972年版；约翰·A. 科尔曼：《美国的一种战略性神学》，保尔利斯特出版社1982年版，特别是第三部分。

[21] 天主教全国主教大会文集《和平的挑战：上帝的承诺和我们的回答》中1983年5月3日一封关于战争与和平的主教来信（华盛顿特区美国天主教大会1983年版）。

[22] 马丁·E. 马蒂：《大众教会：主流—福音派新教会—天主教教会》，十字路口出版社1981年版。

[23] 厄恩斯特·特勒尔奇：《基督教的社会教义》，奥利佛·怀恩译，乔治·艾伦出版社1931年版；特别见第一卷第328—382页和第二卷的结论部分。

[24] 卡尔·拉纳：《教堂和圣礼》，W. J. 奥哈拉译，伯恩斯—奥特斯出版社1974年版，第11页。

[25] 奥克塔比奥·帕斯：《墨西哥和美国》，《纽约人》1979年9月17日，第136—153页。

[26] 见韦恩·A. 米克斯的著作《第一批城市基督徒：使徒保罗的社会世界》，耶鲁大学出版社1983年版。

[27] 见查尔斯·Y. 格洛克和罗伯特·N. 贝拉的著作《新的宗教意识》，加利福尼亚大学出版社1976年版。

[28] 帕克·J. 帕尔默：《陌生人之间的交际：基督徒和美国公共生活的复兴》，十字路口出版社1981年版，第155页，着重号为原文所加。

第十章
国民社会

公共秩序的观念

到目前为止,我们已经考察了美国社会的中产阶级人士认识和处理个人和家庭生活以及对待工作、宗教和政治的一些方式。现在我们需要进一步考察一下我们通过访问谈话和观察所了解的情况与更宏观的美国社会观之间的联系。由于割断了过去和未来的谈话必然会失去自身的连续性,所以我们试图在这里把已经叙述过的个人故事,同持久的国民议论和仍在继续这种议论的公众的声音重新连接起来。

在我们的访问谈话中,有一点逐渐变得十分清楚:对于我们接触过的大多数人来说,真和善的试金石在于个人的体验和亲密的关系。无论是中产阶级生活的社会环境,还是其日常语言词汇,都倾向于生活意义源泉的私人性质。同时我们也发现,人们普遍具有把美国看作是一个国民社会而加以认同的强烈意识。然而,虽然国民社会被看作好的东西,但"政府"和"政治"都经常含有贬义。由此看来,美国人对公共生活确乎是有一种既爱又恨的矛盾心理,而这种矛盾心理使得作为一个集体的我们难以共同解决面临的问题。

这一困难涉及面如此之广,必然牵涉到人们如何认识自己和社会的根本方面。正如我们所看到的,美国社会是这样一个社会:它的个人主义语言允许人们在家庭、小团体、宗教会派,以及我们所谓的生活方式圈子的范围内,发展对他人的忠诚关系。即便在这些比较狭小的范围里,对等的忠诚和理解也时常是极不稳定、难以维持的。因此,非常自然地,人们生活中的更宽广的相互依存关系,地理上、职业上和政治上的关系,既未被人清楚地认识,也不易被有效的同情心所包容。如我们在第八章所看到的,美国社会的巨大复杂性对我们大多数人来说仍然是难以捉摸的,或者几乎根本看不见。当人们作为国民社会的成员对其他公民表示出大的关心时,他们通常抱有这样一种希望,即希望自己侧重私人的道德认识能够提升到真正的公共利益的高度上去。

当代美国在阐明公共利益方面存在的困难,我们已经在关于公民生活和宗教的前两章中讲得十分明确了。在这方面,宗教生活似乎与政治生活惊人地相似,与我们交谈过的许多人说,公民活动和宗教活动对他们的生活有着决定性的意义,因为这两方面的生活为他们提供了享受爱和关心的欢乐,而这些似乎正是工作的功利主义世界通常加以禁止的。但我们也已看到,追求参与的快乐是一件极不牢靠的事,因为自愿结合的表现型群体本身是脆弱的;这种参与随时都可能由于沮丧或"身心交瘁"而陷入崩溃。作为个人成功的理想核心的商业进取心也破坏了社会参与。加利福尼亚银行家吉姆·赖克特发现,他的"主动承诺的愿望"在事业发展的可能性迫使他搬家时开始变得淡漠了,他便只好切断了与曾经给过他极大的成就感的志愿组织的联系。

美国人对与趣味相投的人建立自发群体关系的追求,由于害怕根本无法同那些过于不同的人建立关系而变得急迫起来。于是也就有许多美国人深深向往起理想化了的"小镇生活"。我们从不同方面获悉的那种对和睦社会的向往,其实就是希望把市场、法庭、政府管理方面的粗暴的功利主义关系,改造成友邻般的和解关系。然而,这种怀旧情绪却被美国刻意追求经济成功的个人主义所淹没了;竞争性的市场规则,而不是乡镇会议或教会同仁参与的习俗,成了生活的真正主宰。

不过,尽管困难重重,公共领域仍然作为一个不同人的持久共同体而存活了下来。在共和主义公民传统中,公共生活是建立在形成个性的第二性语言和责任习俗的基础上的。这些语言和习俗通过建立信任,把人们联合到家庭、朋友、教区和教会中去,并使每个人都认识到他对更广大的社会的依赖,而确立起一个相互关系的网络。这些语言和习俗形成的心理习惯,成了道德生态的本原和社会的经络组织。

有时,这样一种认识真正成了全国性的一致认识。正像我们在上一章结尾处看到的,马丁·路德·金领导的民权运动,展现的正是美国人继承下来的、仍然潜存在公共利益意识中的这种力量及其生命力。马丁·路德·金对我们民族历史上的《圣经》思想和共和主义思想的明确表述,使大量的美国人——黑人和白人——能够越过殊异性而认识到他们的真正联系。马丁·路德·金认为,剥夺法律权利、贫穷、失业,是对人的尊严和社会参与制度化的否定——是国民集体失职的明显表现。马丁·路德·金引起的强烈反响,超越了纯粹的功利主义盘算,是许多美国人重新觉醒后的认识的表现。这些美国人认识到,他们自己的自我意识,是植根于与其他人的伙伴关系中的。尽管其他人不一定像他们自己,但却与他们具有共同的历史;其他人对正义和团结的呼吁,就是对他们的忠诚提出的强烈要求。

在地方一级,我们从一些访谈对象身上也发现了重振公共利益意识的类似思想。我们发现一些像西西莉亚·道尔蒂、玛丽·泰勒、爱德华·施瓦茨、保罗·莫里森那样的人，他们的第二性语言使他们能够把自己的希望和痛苦与大的积淀共同体联结起来。从与他们的交谈中产生出这样一种认识：确立自我不仅始终需要付出巨大的甚至冒风险的努力，而且只有在一个忠实于共同的生命价值理想的社会环境中才能实现。对植根于宗教生活和公民组织中的责任实践的共享，可以帮助我们向不同于我们的人认同，因为将他们和我们联结起来的不仅是相互依存的关系和共同的命运，而且还有共同的目标。由于我们具有共同的传统和某些共同的心理习惯，我们可以共同努力，建设共同的未来。然而，在我们现在这个历史环境中，公共利益具体应当采取何种形式、选择何种方向，这对大多数美国人来说却是难以构想的。即便是访谈对象中思路最清晰的人，也发现很难想象出一个能够体现他们最深刻的道德责任的社会理想。

公共利益：美国人未完成的求索

在美国，对恰当的公共利益理想的求索可谓历史悠久，一直可以追溯到共和国的缔造者那里。我们正确判断目前形势的最大希望，也许在于把我们当代的反思与建国者们的反思联系起来。革命一代的领袖们虽然在建立共和国的问题上是一致的，但却对什么样的共和国最适合当时条件存在着重大分歧。例如，约翰·亚当斯主张政府应以其制度代表社会上的主要社会团体。托马斯·杰斐逊和托马斯·潘恩从革命一开始就力主广泛的民主参与，认为民主参与是对领导者野心的一种制衡，也是不可或缺的共和主义精神教育。与此相反，汉密尔顿和麦迪逊则担心：没有强有力的领导和中央指导，一个他们想象中的地域辽阔的商业导向共和国,将会在无休止的派系斗争中毁了自己。但是他们全都认为:共和国需要有政府,而且这个政府不应当仅仅是各种不同利益在一整套程序规则保护下展开竞争的场所,他们坚持认为,共和主义的政府要得以生存,就必须通过美德精神和对公益的关心使之充满活力。

在这个问题上认真听听麦迪逊的话也许是大有教益的。麦迪逊是美国宪法的主要起草人,还同汉密尔顿和约翰·杰伊(John Joy)一起撰写了《联邦党人文集》,他常被说成是力主政治机器制衡论、反对杰斐逊和潘恩的共和理想主义的强硬分子。然而正是麦迪逊在《联邦党人文集》中警告说:"人民主体的公益和真正福祉,是我们应该追寻的最高目标;无论哪一种政体,都绝不应具有适合实现这一目标以外的任何其他价值"(《联邦党人文集》第四十五篇)。在这里,麦迪逊借鉴的是公民共和主义传统,这种认识是他在与大不列颠的多年斗争中,以及在面临一个不可抗拒地朝着民主和商业的方向发展的新国家的痛苦经历中逐渐获得的。

在革命经历的调动下,"人民主体"——男性白人产业拥有者,而不仅仅是麦迪逊自己那个乡绅阶级,成了主权的实际的和法律的源泉。尽管麦迪逊担心群众易受他人左右的危险——这也是贵族反对民主的老调子,但他还是同意汉密尔顿的说法:"关于人民普遍希望实现公共利益的观点是正确的"(《联邦党人文集》第七十一篇;重点号为原文所加)。麦迪逊在另一本不太著名的书中透露:"我赞成人民将具有选择高尚和英明的人的美德和智慧这样一个伟大的共和主义原则"。所谓"伟大的共和主义原则",它的基础就是这样一个命题:共和国的公民能够认识18世纪所说的美德,并以此作为行动的准则。"难道我们当中不存在美德吗?"麦迪逊问道,"如果不存在美德,任何形式的政府都无法使我们安全。如果认为任何形式的政府都可以在人民不具备美德的情况下保障自由和幸福,那只能是不切实际的空想。"[1]

公共美德的观念,如同加里·威尔斯(Gray Wills)最近提醒我们的,对革命的一代非常重要,"具有不为我们所知的重要性和分量"。对他们来说,美德并不是一个抽象的概念,而是由当时具有美德的人作为范例的有形品格。如乔治·华盛顿这个现代辛辛纳图*式的人物,他缔造了新的国家,不过分地进行统治,后来又自行引退,恢复了普通人的生活。又如黑尔(Nathan Hale),他在生命的最后一刻,成了美国的加图(Cato)。[2] 美德概念体现的是一种品格理想,这种理想不仅在古代著述家的著作中、而且在革命者的故事中得以具体化。它的基础是这样一种信念:人除了赤裸裸的自我中心感而外,还具有识美向善和在他人个性中认识正直、仁慈和完美等品质的能力。麦迪逊及其同代人认为,追求美德,是在实现个人受到同等人的敬重的欲望与造福公益的目标之间达成统一的方式。

然而,麦迪逊、汉密尔顿、杰斐逊和亚当斯等人知道,历史上贵族式的共和国较之民主体制不仅数量多,而且持久。他们作为启蒙哲学家孟德斯鸠的学生,也知道造成这一令人不安的事实的原因是什么,而这种原因也便是新的民主共和国需解决的问题。孟德斯鸠把共和国界定为一种自我调节的政治社会,它的主要动力在于个人的自我利益与公共利益的一致性,而这种一致性就叫作公民的美德。对于孟德斯鸠来说,具有美德的公民,就是懂得个人福利取决于全民的福利并能据此行动的公民。为了形成

---

* Lucius Cincinnatus(公元前519?—前439?),罗马将军、政治家,曾两任罗马独裁官。——译者注

这种品格,需要有能够使人们体验到个人利害与共同福利的一致性的实践环境。对于一个专业化的统治集团即贵族集团来说,在其他条件相同的情况下,实现这种公私合一状况的可能性比民主体制要大,因为在后一种条件下,公民把大部分时间都花在私人事务上了,而参与治理国家的时间却是有限的。按照孟德斯鸠的观点,这正解释了贵族共和制相对于民主共和制具有更大的稳定性和持久性的原因。

然而,由于信念和政治必要性的双重作用,麦迪逊和其他开国者选定了一个具有终极民主精神的政体。因此,开国一代面临的特殊挑战,是有其历史特殊性的。他们试图在一个庞大的商业社会里建立起民主主义的共和制度,他们也必须在民主公民中培养公共道德。为了实现这一目标,1787年的宪法确立了一个有意识地适应膨胀着的资本主义以及与此相应的哲学自由主义文化这种社会现实的国家政府机器。不过,制衡手段之积极目的,在于抵消竞争个体和局部自我利益的离心的、无政府主义的趋势,培养一种麦迪逊称之为"社会的永久的和集体的利益"的东西(《联邦党人文集》第十篇)。开国者们并不指望通过各种利益的自动作用而机械地产生共同利益,或者说至少他们不指望公共利益会自行产生。麦迪逊设计出缜密的宪法机制来过滤和净化人们的激情,正是希望在联邦一级担任公职的人,基本上能是一些具有远见和美德的人。

这个体制的前提是:人民的美德能够指导他们选择那些具有高尚精神、能够把公共利益置于自己的或自己地区的特殊的利益之上的人,作为他们的官员和代表;这样的人将组成真正的美德贵族(aristocracy of merit);美国在一批通过选举、实行公众监督的领导人的治理下,将能保障孟德斯鸠归之于贵族共和体制的那些优点,但实行的却是民主宪治。

革命的领导者们相信,人民将会继续承认以他们自己为代表的高教养阶层享有的政治领导权。因此,他们认为无须主动地去形成大众政治文化,因为这种文化已经由地方社区中宗教的、个人的和政治的联系形成了。但具有讽刺意味的是,美国革命在突出了公共美德和验证智慧的观念的同时,却又释放出一股平等主义精神和追求个人成功的冲动,前一种脆弱的格局很快就被地域性经济扩张的浪潮所淹没,于是使由一个具有公民意识并与大众情感密切相连的杰出阶层来提供可靠领导的梦想破灭了。

在支配了整个19世纪的大气候下,美国人的思想转向了个人成就和地方经济发展,却把一个虚弱而又遥远的联邦政府,扔给了一群擅长协调不同利益而不是公民美德的职业政治家。最初那种关于国民生活的共和理想,在个人进取的梦想面前黯然失色,给国民社会的内聚力造成了一直悬而未决的问题。开国者们原先设想由业经验证的美德贵族实施的指导国家的作用,部分地由试图在法律和国家政策中明确体现利益协调的政党来承担了。范围较小的地方社会生活主要受到这样一种宗教的和公民的道德的影响:它总的说来是要改造个人的抱负,把它纳入到独立公民和乡镇长老对公共利益的关心中去。但是地方社会的经济和社会利益时常相互冲突,而在国家一级,中间人制度则难以承受日益加剧的压力,在1861—1865年动乱的内战时期,这个制度终于彻底崩溃了。

内战及其余波暂时地重新激起了人们献身民主共和宗旨的意识,尤其是在北方,但这种意识在一直持续到20世纪初的疆域和商业扩张中迅速消逝。在广大的未开发资源、新的工业技术和移民劳动力浪潮的刺激、推动下,美国的资本主义到19世纪90年代业已形成一个以东北部和中西部的工业城市为中心的一体化的国内市场。这个新的工商业体系从根本上把地方社会生活降到从属于全国经济发展的地位,结果产生了一个新的经济领袖阶级,由他们建立了私人权力的新的制度,并在全国范围内确立了新的工作条件和生活条件。而抗拒这些倾向的旧的地方生活格局,只是奄奄一息地勉强支撑了下来。

19世纪末和20世纪初导向相互依存的国民社会之社会经济变革,并没有辅之以可以促进麦迪逊所说的国民社会"永久的和集体的利益"的新政治制度之创立。因此,开国者们面临的在商业共和国中发展一种有效和民主的公民精神的问题,不是被解决了,而是拖延了下来。

美国人的6种公共利益观

自立的竞争性进取精神与公民共和主义者推崇的公众团结意识之间的紧张关系,是美国历史上一直悬而未决的最重大的问题。美国人试图通过公共社会的理想,确立一种能够作为依靠、能够完成个人自我实现和自由的共同信任。这一追求在试图把经济进取心和相互关系纳入一个包容性的国家制度结构中去的愿望中,找到了它在公共领域里的同类。长期以来,美国文化一直是以弥合自立精神与社会意念的极其尖锐的矛盾心理为特征的,而且美国的历史还表明,在如何把个人自主同复杂的现代经济相互依赖关系结合起来的问题上,同样存在相似的矛盾心理。

过去100年间,在美国产生了6种不同的公益观。每一种观念都有自己的历史,但所有这些观念都是作为对这样一种需要的反应而发展起来的:一个日渐相互依存的社会中的公民,需要向自己澄清自己是什么样的人、应该向什么方向发展。这些公益观事实上是有关如何正确认识美国个人主义和公共利益之间的基本紧张状态的不同解释,因为这种紧张状态在工业化时代愈加变本加厉了。

从历史上看，这6种观念都是成对地出现的，且每一对都出现在旧制崩溃、重新整理国家经济秩序的时期。不过，由于这些经济动乱时期也是社会和政治动荡时期，有关公共利益的观念便不仅仅与狭义的经济有关，而且也是同美国作为一个国民社会的意义联系在一起的。

第一对、或许也是最基本和最持久的相互对立观念，出现于19世纪后半叶，到第一次世界大战结束后开始衰微。我们把这一对观念叫作权势集团与平民主义的对立。1929年，随着私人公司经济的崩溃，社会条件发生了急剧的变化，从而引起了第二次大辩论，把对私人资本或称新资本主义的复燃了的辩护，推到了与逐渐从"新政"的各种政策——其中大多是随机应变的政策——演化出来的理想相对峙的地步（我们将这种理想叫作福利自由主义）。虽然20世纪80年代动荡的经济状况乃是1933年至1945年的经济稳定局面之逐渐分崩离析所致，但政治上的辩论却基本上仍是围绕着新资本主义和福利自由主义的对立进行的。然而，由于传统承继下来的公司——政府调节使我们目前面临的困难的新特点，又使得另外两种相互竞争的观念日渐抬头，尽管这种对立迄今为止仍主要存在于专家们那里。我们把这两个新的、而且尚未完全明确的对立观念，叫作管理社会和经济民主。

我们将依次简短地考察一下这6种观念，一次考察一对，看看它们作为政治想象的形式是如何发挥功能的，又是如何与我们在访谈中接触到的美国文化的主旋律发生共鸣的。第一，既定秩序与民众思想这两种相互竞争的观念，是作为对19世纪80年代和90年代新的工业条件的反响而出现的，但这一冲突也是在此之前美国人一直争执不下的一对老矛盾。既定秩序观和民众思想观作为公共利益的观念,即国民社会应当是个什么样子的观念,都涉及了美国文化思想的本源,从而为以后将要讨论的另外两对观念定下了基调。

权势集团与平民主义的对立

美国社会在 19 世纪 80 年代和第一次世界大战之间经历的变化之非凡广度和速度,把全国的意识和争论激发到了一个新的强度。对当时的观察者来说,似乎连美国生活的根本格局都在重建之中。在 1893 年夏天热闹非凡的在芝加哥举行的哥伦比亚世界历史学家大会上,历史学家弗雷德里克·杰克逊·特纳(Frederick Jackson Turner)宣读了他的著名论文,认为西部大边疆终于消失,而随着这一结局的出现,19 世纪美国的强大以及乐观情绪有可能受到限制。新闻记者沃尔特·李普曼(Walter Lippmann)不过是其后不久便对西奥多·罗斯福声势夺人的号召作出反应的许多人中的一个(罗斯福主张把"艰苦生活"作为急需的民族精神振兴的开端)。李普曼在解释罗斯福的呼吁时写道:"轻易扩张的时代已经结束"。西奥多·罗斯福是"第一个这样的总统:他清楚地认识到国家稳定和社会正义必须有意识地去争取、有意识地去维持……从而把美国人的思想发展引向适应 20 世纪的方向"[3]。

因此,世纪转换时的政治讨论的背景,已经开始从 19 世纪典型的赤裸裸的利益竞争的意识形态移开了,因为许多人认为这种竞争政治无法适应新的经济和社会形势。"改革",逐渐成了有意识地谋求"国家稳定和社会正义"的同义语。它所涉及的根本问题,在于美国应该用什么方式、在什么条件下把新兴的工业秩序变成一个能够生存下去和具有道德正义性的国民社会。

一个回答便是权势集团的构想。这一构想主要同工商金融界这一部分上层人物有关；他们在19世纪末创办新公司的同时，创立和捐赠了一个私人机构网络，诸如大学、医院、博物馆、交响乐团、中学、教堂、俱乐部和协会等等。但有趣的是，这些新的机构，无论是城市的、地区的，还是全国范围的，都和企业本身的情况一样，是建立在自愿结合的基础上的。这些机构的强大与国家力量在这方面的相对弱小形成了对照。确切地说，直到现在，具有国际声誉的大型研究性大学和博物馆这样的机构——它们在大多数国家都是由政府开办的，在美国仍然是"私人的"机构，而这便是权势集团在制度建设构想方面的遗产了。

这些公共机构的创造者们试图宣扬一种"位高则任重"和公共服务的超地域伦理观，以促使地方显贵产生国家义务的意识。权势集团构想显然与教会类型的宗教有着亲缘关系，但它与乡镇长老的伦理观不同：它接受大的机构和利益之间的讨价还价的政治，同时又希望通过个人影响和协商，引导和缓解社会冲突，使之达成富有成效的妥协。按照20世纪初李普曼等思想家所作的理论诠释，权势集团构想是超地域的、灵活的，并致力于达成不同利益的协调。西奥多·罗斯福也许就是这一观念在政治生活中的典型体现。

平民主义思想则与权势集团构想的高雅形象不同，它鼓吹美国传统中的平等精神，经常将托马斯·杰斐逊作为心目中的开国英雄，而把亚历山大·汉密尔顿视为反派代表人物。平民主义思想主张"人民"（普通公民）具有管理他们自己事务的才智。同权势集团构想一样，平民主义思想也是植根于面对面的乡镇政治的理想之中的。但是，由于权势集团构想从一开始就对在新的国家制度中占据高位的掌权人物具有吸引力，平民主义思想的言论便时常带有反对派的意味。不过，在1896年的人民党纲领中，平民主义思想却主张为了共同利益扩大政府对经济生活的控制权。平民主义思想关于普通公民的尊严和重要性的重要言论，常常涉及《圣经》语言；它既与美国宗教中反道德律的神秘主义思想有关，又与宗教教派热烈的责任意识相涉。如果说权势集团构想在世纪转换时期的美国重新确定了关于共同利益的共和主义理想的若干重要方面，平民主义思想则通过坚决主张共和体制若排斥任何成员充分参与便是不完全的共和体制，而起到了推进民主的巨大作用。

虽然权势集团构想和平民主义思想之间存在很大的分歧，但两者都坚持必须把正在出现的工业和公司经济社会纳入一种公共道德秩序之中。此外，两者都认为这种秩序应该是一个重振公民的和宗教的道德生态的权威秩序，因为它们感到这一权威正在受到市场的极端工具主义习俗的威胁；主张权势集团领导的人和平民主义民主派一样，都极为强调有关公共生活目的的共同传统，都认为这一传统正受到当时新的经济技术发展的破坏。

例如在1889年，安德鲁·卡内基（Anclrew Carnegie）这个典型的靠个人奋斗起家的巨头，在他的"财富的福音"中谈到，工业巨子们不应把自己看成国民财富的所有者，而应看成国民财富的托管人，有着为造福全体而管理这些财富的责任。卡内基写道："我们时代的问题，是如何恰当地管理财富，以使兄弟关系的纽带继续在和睦的关系中把富人和穷人连结在一起。"[4]波士顿工商界的头面人物亨利·希金森（Henry Higginson）在1911年写道："我并不认为一个人由于拥有财富就可以随心所欲地处理这些财富。财富是属于社会的，个人只有管理权；如果一个人管理得好，不是只顾自己或股东的利益，那他也就具有处理财富的权力。"希金森认为自己在政治上是一个进步党人，他同哈佛大学校长查尔斯·埃利奥特（Charles Eliot）以及波士顿的其他显要人物一起，认为"对国家秩序问题的最好解决办法，便是教育个人树立服务、管理和合作的理想"。[5]

平民主义思想的倡导者们使用的也是类似的语言。劳工领袖尤金·德布兹（Eugene Debs）在1890年写道："无处不有的博爱精神（反击着）对'全能的美元'的疯狂追逐"。他争辩说，博爱出自于"灵魂高尚、心地善良的人们所承认的、作为人生幸福的基质的各种联系、纽带和义务"。后来，作为一个社会主义者，德布兹继续以熟悉的共和主义和《圣经》语言说话，强调当代人对"为了留给我们一个美好的世界而艰苦斗争"的英勇先驱者们负有的责任。他极力主张，个人对这些英勇前辈履行责任的恰当方式，是"尽可能地为后辈多做些好事……（这样）你才能懂得什么是真正的人……才能发现自我——真正认识你自己和你的生活目的"[6]。

由此看来，平民主义思想和权势集团构想具有一种共同的认识：工作、福利和权威既紧密关联，又深深地扎根于社会生活之中。对平民主义思想来说，这种格局十分近似于今天仍在美国盛行的乡镇生活理想，而权势集团构想则不那么强调平等；它强调的是对等而不是平等义务的居高临下的关系。但是，这两种观念有着一个共同的大视角，即都把工作看作对由相互关系联结起来的公共大家庭的贡献；正义的原则，要求公众做出努力去修补这些崩溃了的社会关系。权势集团构想是宏观性的——既是全国性的又是国际性的，平民主义思想一般则对规模庞大抱怀疑态度，但二者一如看待工作那样视政治为公共信任之事，归根结底，是个人关系之事。这个共同认识又导致了第二个大的统一，即认为一个国民社会不仅需要有调节个人对幸福的追求的公正秩序，而且需要确立关于公正的制度和具有美德之公民的实质性观念。权势集团构想和平民主义思想对社会生活目的的实质性关切，正是区别于我们这个时代占统治地位的政治思想的东西,后者虽然提供了各种程序规则和有效手段的观念,但对共同目的却论述较少。

德布兹关于公共目的的语言是建立在这一观念基础上的:在一个公正的社会里,公民既应共同享有积极参加社会生活的必需的经济地位,又应具有对社会的权利和义务的共同认识。确切地说,德布兹主张社会主义的基本论点是:那里存在着公正原则的道德实质,它超越了市场交换的原则,是以对人的尊严之要求有着共同认识的公民的团结一致为基础的。德布兹进而争辩说:由于工业发展已经破坏了19世纪独立公民获得尊严的基础——为自己的财产劳动,因而需要确立一种关于社会财产和经济参与的新观念,以便在工业条件下为公民生活增添实质内容。

20世纪初的各种政治改革运动,亦即我们泛泛称为"进步党人"的运动,既借鉴了权势集团构想的思想,也吸收了平民主义思想的内容,然而最终却走向了与前二者都不相同的方向。进步党人同权势集团构想的倡导者一样,主张创建一个国民社会,但他们同时又像平民主义思想派一样,主张这个社会应当是一个民主的包容性社会。如同迈克尔·桑德尔所指出的,对进步党人时代的改革者来说,"如果由民主的社会共同体组成的小型美德共和体制不再可能,一个由全民组成的共和体制似乎就是民主的第二个大好希望了"。由于这些改革者们仍然信仰一种共同利益的政治,因而"不是把国家看成不同利益集团展开竞争的一个中立的框架,而是看作一种形成性的社会,它旨在形成一种适合现代社会和经济形式的规模的共同生活"。[7]

然而进步党改革者的思想还有另外一个方面,这就是他们对"理性"和"科学"的信奉,认为理性和科学是建立新的国民社会的主要手段。他们逐渐形成了对公共行政的热情,把公共行政看作是一种能够治愈政治和社会分裂、促成一个更有"效率"、更具"理性"的国民社会的社会工程进步党人在主张政府为了公共利益节制大企业的同时,还时常拥护公共服务、健康和教育等目标。这一超越了利益、建立在专门知识而不是智慧和美德基础上的对"理性"政治的追求,把美国政治讨论从对公共原则及其公民共和主义反响的关心,转为对进步的关注,而进步则本质上是由物质的丰富所决定的。因此,具有讽刺意味的是,改革运动一反初衷,把政治行动的目标从民主共和体制的实现,转为建立一个能够"交货"的行政体系。李普曼把这一新的政治目标归纳为"控制"的增强。1928年赫伯特·胡佛(Herbert Hoover)(他本人是工程师)当选为总统,报界称颂他为"'工程政治学'……'控制力学'这种现代科学中最具权威的人物"。[8]由此,那个年代的希望似乎眼看就要实现了。

新资本主义与福利自由主义的对立

如果说平民主义思想和权势集团构想这两种对立的思想企图使经济和政治利益竞争服从于建筑在对等关系基础上的国民生活的话,那么,从1929年公司经济的混乱中脱颖而出的新资本主义和福利自由主义思想,则是乞灵于另一种共同愿望。大萧条似乎是一种典型的失控现象,但它是手段的问题,而不是目的的问题。新资本主义和福利自由主义在现代社会的首要目标方面是一致的。这个首要目标包括两方面,一是为公民提供人身安全和物质福利,二是在活动目标上尽可能鼓励个人选择。虽然这两股思潮在指导社会的方式和由谁来指导的问题上存有不同的观念,但二者都继承了进步党人对科学和技术进步的热情,也都信奉职能专业化的价值和必然性。

福利自由主义开始于罗斯福"新政"时期。当时,政府的大量财力物力都用到对付大萧条造成的各种问题上去了,但却没有取得完全的成功。第二次世界大战大大扩展了美国的国力;从1950年到1970年这段空前的经济增长时期,福利自由主义赢得了最大的成功,建立了某种与国民一致性十分接近的东西。新资本主义——一种试图用当代的形式恢复旧的自由市场思想的努力——是作为对福利自由主义的主要批评而发展起来的,并作为70年代的经济困难的一个后果,赢得了自身合理性和支持者。从1970年起,新资本主义正式加入了争夺美国政治意识霸主地位的角逐。

不言而喻,新资本主义思想一直是罗纳德·里根的言论基础。从他1980年接受了共和党总统候选人提名时起,就一直滔滔不绝地把自己的使命确定为建立"一种新的、全国人民以家庭、工作、社区、和平和自由的共同价值为基础的共识。"然而在里根的辞令中,这5个充满了道德声响的词汇,呼唤的是私人的美德,而不是公共的美德;工作,是自立的个人为自己和家人的利益从事的一项经济活动。里根在就职演说中说:"美国人民"就是"一个特别利益集团",它"包括为我们种粮食,为我们在街上巡逻,在我们的矿山和工厂劳作,教育我们的孩子,料理我们的家务,治疗我们病痛的男男女女。"里根这番以职业论人的话,不是把我们看成一个政治体,而是看成了一个经济体;人民只是一个包容一切的"利益集团",它的主要目的是要建立一个"能够为所有美国人提供平等机会的健康的、生机勃勃的、不断增长的经济"。政府的首要目标,就是保卫自立的个人得以自由地去追求其主要为经济的目标所必需的和平和安全。"工作和家庭是我们生活的中心,是我们作为一个自由民族的尊严的基础"。

按照里根的说法，一个试图干得比这更多的政府，就是"吃多了，太胖了，应该减肥"。诚然，政府应该为那些未能实现自足的人提供一个"安全网"，但政府的资助必须降低到保护"真正需要的人"所必需的最低限度，而且，如果可能的话，应该力图帮助他们恢复自立的能力。关心穷人固然值得鼓励，但它只是一种私人美德，而不是公共义务。里根在1984年初的一次演讲中说："现在到了摒弃那种主张推行政府计划便是私人行善的一种形式的概念的时候了。慷慨是一个人用自己的资源行善的表现，而不是他主张政府用大家的资源行善的表现。"[9]这番议论的含义是：社会是相互认识、相互自然流露关心的邻里之间的自愿联合，而且本质上是私人的而不是公共联合的一种形式。

这种新资本主义的国民生活观，在19世纪末的经济和社会改造中可以找到它的渊源。它来自工商业经济、尤其是公司经济的信条，这种经济在那个年代得以从地方社会的桎梏下解放出来，并可以公开把工商业的繁荣作为导向美好未来的主要手段加以歌颂。里根总统的多年好友兼"智囊团"成员、已故亿万富商贾斯廷·达特（Justin Dart），在1982年发表于《洛杉矶时报》的一篇访问记中，用比里根坦率的语言阐述了这一理想的经典的道德依据："我从不专门去找一个能够为人类服务的买卖来做。但我想如果我做的买卖雇用了很多人，能赚很多钱，那事实上就是在为人类服务了。我们能做的一切事情都与贪婪有关，我觉得这并没有什么不对。"[10]企业家们对社会问题——也就是达特所说的"像平等权利这类废话"——一般是漠不关心的，但新资本主义思想却时常与一些宗教和文化思潮合流，这些思潮的目的用杰里·法尔威尔（Jerry Falwell）的话说，就是要通过促进传统的家庭和基督教的保守形式，"把正派带回美国"，尽管这些思潮基本上承认科学技术和物质进步是实现个人成功的手段。因此，新资本主义在某些方面继续了19世纪的乡镇文化，尽管它把这种文化仅仅作为地方和私人生活的基础加以接受，而认为自由市场的动力才是实现国民社会一体化的唯一有效的手段。

新资本主义的现有形式是在反对福利自由主义这一对立思想的过程中发展起来的，而福利自由主义则又是作为对大萧条中私人公司经济的崩溃的反应而发展起来的。福利自由主义的标志是：政府为了促进经济增长和社会和谐，用行政干预平衡市场的运行。福利自由主义同新资本主义一样，承认资本主义市场和它的私人经济制度是物质财富增长的核心机制，同时主张将专业知识和功能组织应用于经济和社会生活这两个领域。福利资本主义认为，市场必须或多或少地长期由国家通过各种旨在调节和协助市场交换的制度进行干预。

这种对政府干预市场的强调，产生了福利自由主义的政治观；公共利益被看作是通过共享经济增长的利益达成的全民和谐；福利自由主义的政府，应当在促进经济增长的同时，保证个人从中获益的公平机会。这种干预经济和社会的道德宗旨是：保证所有公民具有参加经济竞争的"平等机会"，防止经济剥削，并于70年代初开始增加了保护环境资源的内容。最近，关于福利自由主义思想的最雄辩、最真率的表述，不是出自于1984年大选中几位民主党竞选人之口，而是由爱德华·肯尼迪参议员发出。1980年，他在把民主党总统候选人提名让给吉米·卡特的演说中，响亮地号召建立一个以公平和热忱为基础的政府："我所寻求的承诺，不是对陈腐的价值的承诺，而是对永远不会变得陈腐的传统价值的承诺。其具体方案有时可能过时，但公平的理想永远不会过时。环境可以变，热忱的品格不能变。我们不能靠扔钱来解决问题，这固然很对。但我们也不能把国家的问题扔到不予关心的垃圾堆里去,这同样是对的。……我们的人民在1980年提出的要求,不是把政府搞得大一点或小一点,而是要把政府搞得好一点。"

肯尼迪接着呼吁政府花钱提供充分的就业机会,促进工人的安全,使美国"再度工业化"和保护环境。他要求"政府动员一切力量",控制通货膨胀。他号召税制改革,增加对富人的税收。他还坚持要求政府控制不断上涨的医疗费用,向全体人民提供公费健康保险。实行上述各条,就能保证实现一个公平的政府——一个以全体人民自愿"回报国家给予我们的一切"为基础的政府;一个建立在"凡属牺牲,一律分担,而且公平分担"原则基础上的政府;一个对"普通男女的问题"具有责任心的古道热肠的政府。

然而,肯尼迪表达的福利自由主义思想,尽管在税制改革、政府干预市场和向穷人提供社会服务等问题上的政策与新资本主义政策有种种不同之处,但它在对公私生活的关系的认识上,却与新资本主义有着根本的一致性。政府的宗旨,在于给予个人以追求其私人目的的手段。福利自由主义者认为,要实现这一点,就必须由专家指导的官僚机构来管理经济;那些在历史上处于不利地位的人,就必须获得政府的帮助,以使他们能够在平等的基础上同地位较好的人进行竞争。福利自由主义与新资本主义的分歧之处在于对培养个人自立的手段的不同认识,而不在于培养个人自立的终极价值本身。二者争来争去的是每一个人实现公平的程序,而不是人民全体实现公正的实质意义。

对于那些即便在公平竞争条件下也无力实现个人自足的人,福利自由主义提供的答案和像里根那样的新资本主义者提供的答案毫无二致,即:"同情心"——一个人对另一个人的同情的主观感受。当然,福利自由主义和新资本主义不同的是,它主张对社会竞争中的失败者的同情,应当由"援助行业"的专家们任职的政府机构来实施。但这类机构只有作为同情心的社会表现时,才是正当的。如果政府福利计划花费太多,或者当这些计划似乎不足以促成自立精神、反而增强了服务对象的依赖性时,福利自由主义者很容易被人指责为"流血的心灵",意即他们对人轻率地寄予同情,或者用里根的话说,他们太愿意用别人的钱来表达自己的慷慨情怀。他们缺乏一种能够说服其他公民的语言,一种表达自己对公正原则的深刻道德信念的语言。

第二次世界大战结束后的几十年中,福利自由主义之继续作为国民一致的基础,仅仅表现在它关于政府干预经济的方案的确产生了效果,大多数人的生活水平提高了;救援性官僚机构的费用似乎也低于财富增长的收益。到了70年代,经济增长的机器开始发生严重故障,结果虽惨,却是意料之中的;如果大饼不能很快地变得更大,福利自由主义的整个乐观主义思想,也就变得越发不可信了。美国选民的思想日益变化不居,而且对党派的呼吁越来越抵触,这样便为新资本主义的复兴创造了条件,因为新资本主义对许多人来说,比福利自由主义许诺了一种更为有效的手段,它既可以有效地追求私人财富,又可以有效地表示个人对不幸者的同情,而且代价较低。

如果说福利自由主义思想在一个"拮据的年代"遇到了麻烦,则新资本主义思想也由于硬充可以在一个复杂的现代社会中解除政府同私人市场之间的联系而陷入了危境。新资本主义者极力推崇的庞大的军工联合企业一事无法自圆其说;此外,考虑到现代资本主义条件下贫穷和失业的持久结构性问题,新资本主义存在一个根本性难题,即无法找到可以替代积极管理政治经济和"古道热肠"政府的令人信服的、有效的方法。

为了应付这些困难,新资本主义和福利自由主义的当代信奉者们，从辞藻上借用了平民主义和权势集团传统中关于早期理想和对共同利益的关切。然而，前所未有的财政赤字的上升、危机深重的世界经济，以及其他经济、社会和政治的不确定因素，促使一些人提出，无论福利自由主义还是新资本主义都无法应付我们时代日益增长的问题的日子，已经为期不远了。这种关切也就导出了另一对关于如何追求公共利益的对立思想。

管理社会与经济民主的对立

管理社会和经济民主，代表着试图摆脱福利自由主义和新资本主义在努力解决我们社会问题时的僵局、采取新的步骤的最大胆尝试。这两种新思潮的倡导者强烈拒绝美国回复到某种类似1929年以前的局面的想法。它们虽然接受私人权力和公共权力相互渗透的说法，但却从根本上反对那种根本的经济利益可以光凭市场或经由利益集团之间的非正式联盟实现有效一体化的假设。它们宣称，必须放弃单纯依靠志愿战略联结工商业、劳工和政府等社会主要部门的做法。它们主张更明确的公共制度，扩大部门间的联系，并将它们置于一个更具包容性的国家框架之中。

这两种仍不完备的思想的支持者之间，存在着一种相似性。双方都宣称，由于旧的理想已经失败，美国政治亟待更新。持这两种新观点的人同其他人一道，广泛批评新资本主义和福利自由主义都是为了"特殊利益"而牺牲普遍福利的。他们认为，像蒙代尔（Walter Mondale）这样的福利自由主义者，过分注重劳工、少数民族以及其他特殊选民集团。他们同时又批评里根总统这样的新资本主义者是公司和自私自利的富人的代理人。管理社会和经济民主的支持者们将自己的思想描述成融合和超越对立利益的努力。像早些时候的改革者一样，他们对专业知识充满信心，认为专业知识是我们社会摆脱目前明显的困境的唯一途径。

到目前为止，一些主要的政治家在试图从根本上更新旧有观念时，只是接受了这两种新思想的某些部分。要全面地表述这些思想，我们必须求助于理论家，而不是政治家。我们先来看看一个主张行政更加一体化的国民社会的大声疾呼者、著名的投资银行家费利克斯·罗哈廷（Felix Rohatyn）。在70年代，罗哈廷在拯救濒临崩溃的纽约市经济中发挥了突出的作用。这次拯救运动，是通过把财政大权置于一个指定的、由纽约市的债权人、雇员、债券持有者和银行家组成的委员会手中、并在正常立法渠道以外展开活动的方式来实现的。罗哈廷在80年代初指出，美国在竞争性日趋强化的国际竞争面前，需要来一次类似的拯救运动，以实现"稳定增长、低失业率、预算的合理平衡和货币的合理定价"。这样一个政策必须是"通过促进经济增长和充分就业致力于维护我们的社会效益"，而这一点在罗哈廷看来，不可能经由议会政治式的政治妥协来实现。他坚决主张："只有能够采取长远观点并据此行动的制度，才能带来所需的变化。"

在论述做出这种新的制度安排的必要性时，罗哈廷所使用的语言，同福利自由主义者和新资本主义者长期以来的情况一样，具有浓重的技术经济和行政术语的色彩，但他在沿用美国政治的道德传统方面，却比上述两种长期处于统治地位的观念要淡薄。罗哈廷的具体建议是：由总统和国会指定一个由"工商业、劳工和政府"组成的"三方经济发展委员会"负责对经济实行干预，以促进上述经济目标的实现。这个委员会——罗哈廷"工业政策"的核心——是以纽约市拯救委员会为楷模的，并且借鉴了胡佛用以对抗1929年大萧条的复兴金融公司的经验。为了使规模如此之大的改组付诸实施，罗哈廷要求组织一个"由共和党或民主党总统任命反对党领袖参加内阁的两党政府"，来实施强有力的国家领导。同时，这个政府也应本着同样的精神选择经济委员会的成员。[11]

管理社会，首先是不同的、不平等的集团之间为了改善个人安全和广泛共享经济增长成果而进行合作的一种社会和谐理想。为了实现上述目标，管理社会将把私人集团、尤其是工商界和劳工，同政府机构联系起来，共同指导技术变革和国际变革时代的经济发展。与此同时，它将继续推行传统的福利自由主义的各种方案，诸如改善机会状况和协助那些被大变动破坏了生计的人。这一理想的关键，是由政府各部门和各种委员会集合在一起的不同经济和社会部门之间的"伙伴关系"的思想。[12]这样一个政策极大地依赖于政府和行政结构，而不是依赖于人民代表性，这就使技术和管理专家的地位日益突出起来。但是，把工作当作实现私人目标的手段这一基本认识，仍然是与新资本主义和福利自由主义的观点一样的。国家的"长期和总的利益"将会受到更集中、也许是更专门化的关注，但这种关注或许仅与那些位于或接近于各自机构的最高层的人相涉。管理社会的具有讽刺意味的结果，很可能是许多人强化了私人化态度，而现在促成这一转变的诸多因素都较为肯定地提供出来了。

经济民主的倡导者和管理社会的支持者不同，他们明确地担忧如何使公民具有力量，能够参加到他们亦认为是一个不仅更富裕而且更富有人情味的未来所必需的一系列新组织中去。迈克尔·哈灵顿（Michael Harrington）是80年代早期这一发展着的思想的主要发言人，他也是所谓的"民主社会主义"的长期倡导者。在哈灵顿看来，无论是福利自由主义，还是新资本主义，都是行不通的："不论我们喜欢与否，我们已经进入了一个决策的10年，一个处于制度危机中的10年。"为了找到过去的失败政策的替代物，哈灵顿部分赞同罗哈廷的逻辑，认为经济政策方面的有意识的集中化,是加强公民参与经济"分散化"决策的先决条件。哈灵顿认为,公司垄断经济是最主要的障碍,因此他提倡政府发挥积极作用,以实现"投资功能的民主化";这样一种政策终将"把民主从商店引入董事会的会议室里"。

虽然罗哈廷这样的计划者能够对集中化制度的仁慈性抱乐观态度,哈灵顿则认为形势要求更多的独创性。罗哈廷为自己的建议辩护说,他的建议最终是有可能增进民主的,说"这样一个委员会的工作非但不是不民主的,相反可以为民主过程增添一个与我们社会的主要力量进行磋商的因素"。而哈灵顿则认为,无论是公共的还是私人的官僚机构,都是对自由的威胁。不过他又问道:"假如法律规定可以为任何一个试图自己雇用专家提出对立方案的有影响的公民集团提供经费,那情形又将如何呢?"对哈灵顿来说,使经济民主和管理社会陷入分歧的因素,就是强化公民力量的概念。[13]

由于哈灵顿与罗哈廷的论辩视野吻合程度极高,以至于他把向公民提供资金以"雇用他们自己的专家",看成他提议的改革的民主性质的主要障碍。但是,无论专家们精神上多么"民主",他们却既不是道德典范,也不是先知,更不是政治领袖,而且专家竞争的政治听起来就像是利益集团政治的"高技术"翻版。哈灵顿的经济民主理想是要唤起一种比利益集团竞争的总和更宏大的政治理想,而且承认这个理想需要得到广泛的社会运动的支持。哈灵顿甚至承认罗哈廷连提都没有提到过的一点,即这个新的理想不仅需要制度上的创新,而且需要对文化进行重大改造。至于说到这种文化改革的实质内容是什么,哈灵顿的理想便与罗哈廷的理想一样,对它只能说无可奉告了。他们悄悄地暴露出自己的政治目的缺乏道德基础,因而也体现出关于毫无目的的手段的辩论已经走到了尽头。

这并不是说，这两种最新的思想之间根本不存在区别，正像不能说福利自由主义和新资本主义之间不存在区别一样。尽管罗哈廷的初衷或许不是这样，但他所设想的管理社会，完全有可能只加强公司经济对我们集体生活的控制，导致托克维尔所警告的行政专制主义。经济民主的理想，则是第八章提到的将公司经济置于民主的控制之下的长期努力的继续。然而，如果不进行文化和道德方面的改革，无论是在经济民主还是在管理社会的条件下，专家们——就连经济民主主义者也指望他们——只会带来行政专制，或用托克维尔的说法——"民主专制"，难道我们想象不出这种情景吗？

未解决的紧张关系

本章开头已经谈到，麦迪逊和其他开国元勋认为，我们的政府形式是依人民中美德的存在而存在的。他们正是希望依靠这种美德去解决私人利益和公共利益之间的紧张关系。他们认为，如果没有公民的美德，共和国将会变成派系纷争的是非之地，甚至可能会以集权统治而告终。半个世纪以后，这一思想又在托克维尔强调美国人的习俗——"心灵的习性"之重要性的论点中得以重申。即便到了19世纪末，当权势集团构想和平民主义思想在有关我们社会应取的形态的持续争论中分庭抗礼、各行其道的时候，麦迪逊的思想也是被当作预断条件的。私人利益和公共利益之间的紧张关系，在任何社会都没有得到完全的解决。但是在一个自由的共和国里，以培养公民的美德来缓和这种紧张关系，使之得到控制，正是全体公民、包括统治者和被统治者的共同使命。

随着20世纪的突进，这一贯穿我们大部分历史的至关重要的认识,却开始被人们所淡忘了。由于我们不假思索地使用了自相矛盾的"私人公民"的概念,公民生活的真正含义便在我们的思想中抹掉了。而且,随着里根关于"我们美国人民"就是"一个特殊的利益集团"的断言,加上我们对经济的关心成了把我们联结在一起的唯一东西,我们已经沿着一条路线走到了尽头。公民被"经济人"代换了。

这种经济自由主义最终并不可能带来自由,因为——正如上述关于公共利益的后两种思想所清楚说明的——当经济成了我们共同生活的主要方式时,我们便越来越被诱向把自己交给经理和专家控制的地步。如果社会分裂成有多少个体就有多少种特殊利益的话,那么,正如托克维尔所预言的,剩下的就只有中学校长式的国家来关照我们、阻止我们相互侵吞了。

如果说麦迪逊、托克维尔和德布兹的担心在今天看来变得尤为触目惊心的话,那么,他们的希望或许就可以让我们听得比较入耳了。他们认为,一个自由民族的生存,有赖于一种能获得政治表现的公共美德的复兴。一个自由社会对付自身问题的方式,不仅取决于它的经济和行政力量,而且取决于它的政治想象力。因此,政治理想在认识现状、认识变化的可能性方面,起着必不可少的作用。问题在于,我们在后工业、后现代的时代,是否还能重新成为公民、大家一道去争取共同利益呢?

注释

[1] 引自西奥多·德雷帕的文章《休姆和麦迪逊:联邦党人文集第10号的秘密》,发表在《邂逅》1982年第58期上,第47页。

[2] 加里·威尔斯,《解释美国:联邦党人文集》(纽约企鹅丛书1982年版),第268页。内森·黑尔著名的临终遗言:"我遗憾的事是我没有第二个生命献给祖国,与约瑟夫·艾迪生的戏剧《卡托》中的一句台

词很相似。

[3] 引自罗纳德·斯蒂尔的著作《沃尔特·李普曼和美国的世纪》（利特尔—布朗出版社1980年版），第64页。

[4] 安德鲁·卡内基：《财富的真谛》，收入爱德华·A. 柯克兰主编的《财富的真谛及其他时文》一书中（哈佛大学出版社1962年版，第14页）。

[5] 彼得·D. 霍尔：《1700—1900年美国文化的组织：私营机构，精英分子和美利坚民族的起源》，纽约大学出版社1982年版，第266、268页。

[6] 尼克·萨尔瓦托尔：《尤金·V. 德布斯公民和社会主义者》，伊利诺伊大学出版社1982年版，第88、293页。

[7] 迈克尔·桑德尔：《程序上的共和与不受妨碍的自我》，发表在《政治理论》1984年第12期上，第93页。

[8] 引自约翰·肯尼思·加尔布雷思的著作《1929年大崩溃》（利特尔—布朗出版社1972年版），第143页。

[9] 罗纳德·里根1984年1月31日在混凝土及筑路材料年会上的讲话，引自1984年2月1日的《洛杉矶时报》。不仅在经济领域而且在广阔的文化领域最近努力为新资本主义辩护的是乔治·吉尔德的著作《财富和贫困》（基础丛书出版社1982年版）和迈克尔·诺瓦克的著作《民主资本主义的精神》（西蒙—舒斯特出版社1983年版）。然而，乔治·F. 威尔在《治国如治心：政府在干什么》（西蒙—舒斯特出版社1983年版）一书中揭露了他的保守主义同行们的许多谬误。

[10] 《洛杉矶时报》引用了1982年2月6日贾斯廷·达特在一次接受采访时说的话。据报道，达特说："你们应该视我为办大事的人。我感兴趣的是全国的经济和我们的防卫能力而不是像权利平等这样的小问题。"

[11] 费利克斯·G. 罗哈廷的《变革的时代》一文发表在1983年8月18日出版的《纽约图书评论》上，第46—49页。

[12] 管理社会在某些方面类似于埃兹拉·F. 沃格尔在《日本第一：

美国人的教训》（哈佛大学出版社1979年版）一书中乐观地描述的"日本模式"。管理社会也同在欧洲叫作"各阶级合作主义"的有关系，对此近来有不少著述。有代表性的著作包括：菲利普·施米特和格哈特·莱姆布鲁克编写的《全体调和的趋势》（塞奇出版社1979年版）；苏姗娜·伯格尔主编的《西欧有组织的利益》（剑桥大学出版社1981年版），以及格哈特·莱姆布鲁克和菲利普·施米特编写的《各阶级合作主义与公共政策决策》（塞奇出版社1982年版）。

[13] 迈克尔·哈林顿：《决策的10年：美国制度的危机》，西蒙—舒斯特出版社1980年版，第320、325页。近来另一本有助于探讨经济民主地位的书是马丁·卡诺伊和德勒克·希勒合著的《经济民主：80年代的挑战》（M.E.夏普出版社1980年版）。尽管我们并不只依据加利福尼亚经济民主运动的立场来看待经济民主，不过这一立场在汤姆·海登的《美国的前途：超越旧时束缚的新视野》（南端出版公司1980年版）一书中得到了很好的表述。马克·E.卡恩在《美国的左派、失败与好运》（普雷格出版社1982年版）一书中分析了左派历史上这些新近发展并且为他所说的"激进民主"辩护。

结语

第十一章
改造美国文化

如我们在前一章所看到的，人们对我们这个社会以及它应向何处去的看法，往往狭隘地集中于政治经济方面的考虑。这一关注固然有其道理，因为政府和大公司毕竟是我们社会中最有权势的机构，影响着包括我们的文化和个性在内的一切事物。但若只考虑这两个因素，就未免视野过窄了。社会结构不是永恒的，它们经常被社会的运动所改变，而社会运动又是源于并影响着人们的意识、舆论和文化的。我们追寻托克维尔和其他古典社会理论家的足迹，着重对社会习俗即"心灵的习性"进行了分析，它包括人们的意识、文化和日常生活实践活动。我们着眼于社会习俗，并不是因为它们势力很大——起码在短时期内，权势非政治和经济结构莫属——而是有另外两个原因。首先，对社会习俗的研究使我们能够洞察社会状况、社会连续性以及它的长期活力；第二，只有通过考察社会习俗以及它们所表现的舆论气氛，我们才易于觉察人们思想文化的萌动——这些社会想象力的闪光也许会指出社会进程的方向。

时代的变迁？

在本书中，我们展示了现代社会带来的人的个体化和人与社会相疏离这一过程的最新阶段。1611年，当现代的曙光刚刚闪现时，约翰·邓恩（John Donne）即以大诗人独有的先见之明，生动地描绘了这一过程：

> 一切都在分崩离析，昔日的大一统已成过去，
> 一切正统，一切关系；
> 君君臣臣父父子子，而今安在！
> 人人皆想，他可以成为一只凤凰，
> 唯其如此，他才不是俗世的那个他，
> 而是他自己。[1]

邓恩所处的时代，亲缘关系、农村村落和封建义务均已开始瓦解，但只有极少数人在此时此刻预见到这种变化会带来划时代的后果。

美国是由摆脱了欧洲旧制度的人拓荒殖民而形成的。这意味着我们的现代化过程从一开始就先行了一步。然而，殖民者也从欧洲带来了社会义务和团体组织等观念，这使他们本着这些观念在美洲重建了家庭、教会、政体这样一些以新形式延续欧洲社会旧东西的结构。人们只是逐渐才看到，每一种社会义务都是脆弱的；个人之间的各种关系也都是脆弱的。我们谓之为本体论意义上的个人主义，即个人是唯一的现实的观念，也是逐渐才广为传播的。但即便在今天，在人的分离化、个体化已登峰造极之际，这种胜利也远未压倒一切、独占鳌头；现代化之战仍在继续。

然而，今天的战斗已变得不那么全心全意了。曾几何时，在"自由"的战斗呼唤中，分离化、个体化被奉为到达无限美妙之未来的关键。不错，世上是有那么一些像邓恩一样的人，他们发思古之幽情，畏惧现今生活，频频报警，说我们正在陷入不可知的危险之中。但同时也有另一些人，他们仍对现代社会保持热情，大谈"第三次浪潮"、"太空时代"，或是"超然个性得以最终实现的范例"。不过，今天最常见的却是一种不确定的基调，人们并非想回到过去，而是对今后发展的方向感到忧虑。根据这一观点，现代社会似乎是一个飞速发展的阶段，是从一种"相对稳定"的状况向一种"目前尚不清楚"的状况的过渡。所以许多人或许会认为马修·阿诺德（Mattew Arnold）的话在今天仍然是适用的：我们

> 徘徊于两个世界之间，一个已经死去，
> 另一个则仍无力诞生。[2]

人们普遍感到，现代许下的很多诺言都没有兑现。启蒙运动和解放运动本应帮助我们从迷信和暴政中解放出来，但它们却在20世纪把世界引向了前所未有的极端意识形态狂和政治压迫。科学本应帮助人类打开自然界的百宝箱，但它却给了我们毁灭地球上一切生命的力量。"进步"这一现代社会的主导思想，如若成了迈向地狱的进步，也便失去了激励人心的魅力。当今的世界一分为三，一是松散得似乎已经失去了自己理想的自由世界；一是压抑性的、过时的共产主义中央集权社会；再一个则是贫穷的、时常出现暴政、无力登上通往现代社会的第一级阶梯的第三世界。在自由世界里，国家理应作为中立的守夜人来维护秩序，为个人追求他们自己的利益创造条件。而现在国家已经过分庞

大,并且军事化了,因而出现了国家变为无所不管的警察的危险。

尽管存在着这些令人担忧的问题,但我们接触到的大多数人还是满怀希望的。他们认识到,虽然分离化和个体化对于摆脱过去的强权制度、解放自己是必要的,但为了避免走向事物的反面、引起自我毁灭,就必须用新的责任心和社会感去制衡分离化和个体化的倾向。孕育中的世界正是这样一个更新了的世界,而它的诞生,靠的是我们的勇气。

分离性文化

寻找走出现代社会困境的道路之所以艰难,原因之一在于现代社会制约我们意识的程度。如果说现代的特点就是"分离性文化",那么邓恩的描述就是恰如其分的了:"一切都在分崩离析,昔日的大一统已成过去。"如若世界在我们面前呈现为支离破碎的杂乱堆积,没有任何整体形态,那就很难设想如何来改造它了。

无整体性,既是高知识文化的特点,也是通俗文化的特点。以我们高层文化中最受尊敬、最具有影响力的科学部分为例,我们立刻就可以发现,它不是一个像以往的科学和哲学那样提供对现实的普遍解释的整体,而是一些互不相关的学科的集合。正如斯蒂芬·图尔明(Stephen Tonlmin)最近指出的:

> 从17世纪早期开始——而且几世纪之后更是如此,科学研究的任务越来越分化为不同的、泾渭分明的"学科"……每一个独立的科学分支都有其特殊的抽象方法:各学科确定自身研究对象的定义,使得它们能够把属于其他

学科的问题抽象出去,从而可以进行独立的考察和讨论……由于这第一种抽象,从前辩论自然问题时所集中讨论的"宇宙的内部联系性"这类广泛而一般的问题,被其他一些更加专门的学科取而代之……就其实际内容来看,19世纪和20世纪初的科学已变成各学科研究成果的总和,而不是它们的统一。[3]

图尔明关于自然科学的见解,也适用于社会科学,而且实际上适用于当代知识文化所分化成的各个"学科"和各个"领域"。法国人类学家路易斯·杜蒙（Louis Dumont）指出:

在现代世界上,人们不知道他们的每一个观察角度或每一种专门化探索究竟是干什么用的;不知道它们之所以存在和区别于其他东西的原因。与其说它们的存在是人们的一致看法或理性使然,不如说这仅是一种事实而已。由于理性的任务主要在于判断我们的手段和目的之间的关系,那么,当目的的分层结构不复存在时,理性也就只能体现在我们各自的界限清晰的独立领域的范围内,而不是体现在我们对这些领域的分割、限定和排列上。[4]

诗人兼评论家温德尔·贝里（Wendell Berry）谈过"分离化和个体化"文化对诗歌地位的影响。既然科学的专门任务是揭示世界的外部现实,诗人便只能以抒发自己的感情为己任。诗人自己就是他的主要研究对象;"以往的真、善、美的统一被打破了"。这样的诗人再也不可能是公众人物了;即使他们抗议——就像不久前有的诗人那样,也只能是个人的抗议。贝里说得好:"当代诗人的抗议仍然是公开进行的,但他已不再是公民的代言人;他不过是一个怒气冲冲的公民,在向那些并不了解他、他也不了解不同情的其他公民发泄私愤。"[5]最近有位诗人企图照但丁的样子把世界——政治、经济、文化融为一首长诗,但结果只说明了在现代条件下这种企图是何等的不可能。用海伦·旺德勒(Helen Vendler)的话说,埃兹拉·庞德(Ezra Pound)的长诗是"细节的堆砌",是"一堆碎陶瓷片"。庞德自己最后也说,"我无法将它们揉在一起"。[6]

高层文化的这些发展给教育带来了致命的后果。过去,教育(特别是高等教育)旨在使学生获得关于世界以及自己在世界中的位置的一般认识。而在今天的巨型大学里,教育可谓是一个自助餐厅,每个人都在其中取得相互间无联系的各种信息以及有用的技能。扭转这种趋势的微弱努力,不时地冲击着大学。最近的一些"冲击",是企图建立一个"核心课程"。但这种努力往往沦为各学科之间的争论,争来争去,"课程应有一个实质性核心"的思想也在争论之中消失了。这类努力与其说是对我们的分离性文化的拯救,不如说是这种文化的症状。

再看看通俗文化,特别是大众宣传媒介。这方面的情形就更令人沮丧了。知识文化的学科和分学科的"隔间"虽然缺乏联系,但对真理的探求仍然是有意义的,并令人乐此不疲、孜孜不倦。而通俗文化连这也谈不上。拿电视这个极端的例子来说,很难说电视在传播什么有连贯性的思想或有整体性的启示。电视台的节目主持人为自己的角色辩护说,他们无非是在反映文化,这是有些道理的。他们不支持任何明确的信仰或政策,却在散布对一切事物的怀疑。他们当然不赞颂"权力结构"。大公司也绝不令人倾慕;它们的领导人都是些毫无道德约束、利欲熏心的恶霸(如 J. R. 欧文)。政府也太令人怀疑了:政客都是骗子。劳工的形象也被严重破坏了:工会领袖都是些聚众闹事的歹徒。揭露世界,既是知识层文化的特点,也是大众宣传的特点。电视虽不事说教,但它所展现的现实图景比公开的说教更能影响人。托德·吉特林(Todld Gitlin)指出:

> 电视展现的世界是一个蓬勃向上的、净洁的和追求物质享受的世界。黄金时间节目更几乎毫无例外地向我们展示那些雄心勃勃的人物。这些人物只要不被雄心和对最终失败的恐惧完全耗竭,他们便总是把雄心和恐惧视为理所当然。如果不是被形形色色的中产阶级消费品所包围,他们本身也是欲望的辉煌化身。他们追求的幸福完全是个人的,而不是公共的;他们很少对作为整体的社会提出任何要求。即使遇到困扰,他们也安于现存的社会秩序。个人抱负和消费就是他们生活的动力。大多数系列片令人叹为观止的豪华场景,实际上是在宣扬以消费为中心的优裕生活。这还不包括那些没完没了的商品广告。这些广告所表达的观念是:人对自由、快乐、成就、地位的追求,统统可以通过消费来实现。经过装潢的优质生活,是黄金时间节目背景中肆无忌惮的欺骗。[7]

吉特林的描述最适合于白天和黄金时间播出的肥皂剧,但对于情景喜剧就不尽然了,因为情景喜剧中人的关系总的来说比较和谐。确切说,情景喜剧经常塑造出这样一些人,他们因为受到某种私人利益的诱惑,几乎要干出不诚实或不忠于私人生活的事来,但最终还是将家庭或朋友置于物质追求之上了。不过无论如何,肥皂剧和情景喜剧都反映了人的正直和残酷的经济竞争、对抗。虽然肥皂剧告诉我们的是有权势缺人情的富人往往并不幸福,而情景喜剧告诉我们的则是正直的"小人物"往往是幸福的，但二者都描绘着一个以经济竞争为主戏的世界；这个世界的唯一天堂，只存在于个人关系融洽的小圈子中。因此，笼罩着这一"传统道德"的缩影的"现实"，便是对物质利益的压倒一切的追求。

当然，这些问题在电视上从未得到真正的讨论。既然形象和感觉比思想容易被电视传播，电视便通过连续不断的刺激来抓住我们、蒙蔽我们。既然一个刺激和另外一个刺激的感官效果没有区别，那就是说看什么都是一样的了。看知识竞赛也好，情景喜剧也好，或是换一个血淋淋的侦探剧、小型名人连续剧，按键一按，什么也没有留下。

电视节目缺乏系统性，不光表现在各个节目之间，甚至一小时或半小时的节目演播，也存在着惊人的不连贯性。不管节目本身给观众造成了什么样的心境，商业广告都定时地以其完全异样的情调把它打破。即便撇开广告不说，电视节目的风格也是突兀、跳跃得出奇，穿插着许多不同场景、人物的快镜头。对话也成了一连串的省略语，谁都是三言两语，根本表达不出任何复杂的东西。深层感觉——如果有的话，也只能用一个词或瞥目光来表达。

电视的形式同其内容是血肉相连的。除了千篇一律的情景喜剧以外（即使在这种节目里，离婚也日益普遍起来），人际关系薄如纸，像镜头转换那样瞬息即变。大多数人物形象结果不是靠不住就是两面派。如在警察剧中，强烈的承诺一定是在哥们儿之间作出的，而周围的环境，包括警察队伍内部，也充满着不信任和怀疑。

如果通俗文化、特别是电视和其他大众媒介以没有任何质的特征为荣，而四分五裂的知识文化又不愿对关于存在的重大问题发表意见，那我们的文化还有什么得以维系于一体的希望呢？分离性文化提供了两种聚合、或者说虚假聚合的方式。毫不足怪,这两种聚合的根子,原来就是功利型个人主义和表现型个人主义。其一就是成功之梦。如吉特林所说:电视上的人物一是个人抱负,一是害怕失败,心里主要就这两条。这种戏剧场面是我们大家都熟悉的,至少是我们中间所有受到中产阶级价值观念熏陶的人(谁又没有呢?)都熟悉的。虽然我们各自孤身奋斗,但起码我们还能认出,我们的伙伴也是同样的个人梦想的追求者。其二是对个人情感的生动描述。电视注重的是人们的感觉,而不是人们的思想。思想可能使我们分离,感情却能使我们靠拢。成功的电视人物和名流,于是就成了那些能够自由展现其感情状况的人;我们感到真正了解他们。而电视广告固执地向我们推销的消费品,也便成了我们想象中的并把我们聚合在一起的优质生活的象征。然而,这是一种奇怪的聚合,因为将我们聚合进去的那个世界只存在于一张一弛的交替之中,是没有任何质量上的时空之分、善恶之分、有意义和无意义之分的。无论我们偶尔能从别人身上看到多少与自己相像的东西,我们实际上还是像马修·阿诺德在1852年所说的那样,"在生活变成了岛屿的海洋里……我们芸芸众生孤独地生活着。"[8]

聚合性文化

上面所谈的情况,还不是、也不可能是问题的全部。因为分离性文化一旦完全占据统治地位,它也会由于没有聚合力而自行崩溃。更可能的是,在这种情况发生之前,会出现一个集权国家,由它来提供文化本身再也不能提供的凝聚力。如果说目前我们还不是整体中的一堆可以相互替代的碎片,如果说我们还是整体中具备一些质的差别的成员,那是因为传统仍在我们中间起作用（虽然有这样那样的困难）。这些传统告诉我们世界和社会的本质，以及作为一个民族，我们是何许人也。这些传统主要源于《圣经》和共和主义。它们对许多美国人、在某种程度上是对所有美国人都很重要。不管怎么样，或是通过家庭、教会和各种文化组织，或是在社会缝隙之中、在小学和大学里，人们还是能够传达一种生活方式的信息的，即他们是共同生活在一个其道德和文化都可理喻的世界中。

我们所说的忆旧共同体，正是试图用各种方法赋予现实生活、时间、空间、个人和团体以质的意义。比如说，宗教共同体所体验的时间和大众媒介所表现的时间就不一样。在后者那里，时间仅是没有质的意义的刺激性场面和持续流动。而在前者看来，年、月、日、四季、星期，都是世俗和神圣的不断交替。我们在餐前、睡前和公共礼拜时做祈祷，是在提醒自己，功利主义的追求并不是生活的全部内容；生活的充分实现在于把上帝和邻人放在首位。许多宗教传统把沉默当作打破持续的刺激、将我们的心灵引向人的全面存在的一种方式。我们的共和主义传统也有其标志时间的方式：特定的日期使我们记起我们历史上的伟大事件和英雄人物。这些英雄的伟绩表明，作为自由的人民，我们是怎样一种人。就连我们个人的家庭生活，也会在感恩节的晚宴或"7月4日"的野餐中形成统一的节奏。

总之，我们从来就不是、而且现在仍然不是一群除了通过有意识的契约组成一个约束力尽可能小的政府而外便毫无共同之处的个人的集合体。我们生活的意义可以用上千种方式表现出来，其中大多数是我们意识不到的，因为有的传统即使不上千年，也承袭数百年之久了。正是这些传统使我们知道了自己是谁，应当如何相处；这是有实实在在的不同的。就连大众媒介在表现雷同的情感和刺激时，也不能完全否定这种质的区别的存在，尽管在方法上可能是不露形迹的。

如果我们生活的意义是源于我们很少有意识地加以思考的《圣经》和共和主义传统，那么这些传统的消亡是否会最终夺走我们生命的全部意义呢？难道我们不是在受着分割的知识文化和破碎的通俗文化的上下夹攻吗？生活意义被侵蚀、凝聚力遭到破坏，这不是美国人所希望的。实际上，我们接触的大多数人对理想化乡镇的深切向往，表现的正是对生活意义和凝聚力的渴求。虽然对乡镇生活的渴求仅是对无法复归的过去的一种怀念，但值得考虑的问题是：曾经由乡镇生活体现的《圣经》和共和主义传统，是否能够以适应我们当今需要的方式重新建立起来。我们的观点是，如果我们要进入那尚无力诞生的世界的话，就必须扭转现代社会那毁灭一切旧有文化的倾向。我们需要再学习人类丰富的文化，重新利用并振兴它们，使它们能有助于改变今天的状况。

从知识文化内部的动荡中，我们尚可看到一线希望。斯蒂芬·图尔明告诉我们："今天，我们自己的自然科学已不再是'现代'科学"，而是"后现代"科学了。其中的学科分界开始展现出它们作为历史偶然的本来面目，那些完全属于"跨学科"的问题，也开始得到解决。这是由于我们认识到，我们归根结底不能把自己是谁同所研究的对象割裂开来。正如图尔明所说："我们再也不能象笛卡尔和莱布尼茨所要求的那样，作为理性局外人来看待世界了。我们的位置就在我们所研究的那个世界之中。不论我们取得了怎样的科学认识，它必须是自然过程的参加者可以得到的认识，也就是从内部得到的认识。"[9]也许，诗人、神学家和科学家所看到的世界毕竟还是同一个世界，起码现在对这种可能性已经有讨论的余地了。社会科学中也出现了同样的进展。在这里，似乎研究历史和在历史中行动已不像我们以往所认为的那样不同了。如果我们的高层文化能开始讨论自然和历史、时间和空间而又不把研究对象分割成碎片,那么我们或许能找到自己与以往使得人们生活有意义的旧方式之间的联系、相似之处。这并不会导致把我们拉回到过去的新传统主义。相反,它会导致真正的传统的复苏;这种真正的传统是在不断进行自我修正、永远处于发展状态之中的。它也许能帮助我们重新找到那种几乎丧失殆尽了的凝聚力。

社会生态

自然科学中边缘科学的发展,与社会实践的变化有着深刻的联系。关于这一点,斯蒂芬·图尔明提供了一个富有启发性的范例:生态学研究在汲取多种学科成果的基础上提出了这样一个一般性问题,即生物,包括人类,是怎样在其共同居住区内相互共存的?既然人类现在对地球这个众生寄居的星球有着重大的影响,那么生态作为一门科学与生态作为一门哲学和一种社会运动之间,是有着密切联系的。图尔明并不是说生态科学和生态社会哲学是一回事,而只是说无法将它们分割开来,因为每一个生态"事实",都有其伦理道德的意义。[10]

从图尔明的论述再前进一步,便提出了"社会生态",即我们在前面称之为"道德生态"的东西。它所提出的问题与自然生态有关并与其平行。人类与其社会息息相关,一部分人采取的行动对另一部分人的生活影响极大,社会科学的相当一部分就是对这些影响进行研究。

我们并不贬低现代技术的成就。但我们现在也看到,它们给自然生态造成了毁灭性的后果。我们正在努力减轻和扭转这种危险局面,重建生态平衡,因为生态平衡的完全丧失对人类无疑是致命性的。现代社会对社会生态也产生了同样的破坏性后果。有史以来人与人之间一直是恶意相待的,但现代社会的破坏力之大却是空前的。社会生态不仅受到战争、种族灭绝和政治压迫的破坏,而且由于人与人之间微妙的关系纽带被切断、人们陷入了恐惧和孤独而遭到破坏。时间已经向我们表明,除非我们立即开始补救被破坏了的社会生态,否则我们将会在自然生态的灾难到来之前,就自我毁灭了。

几个世纪以来,我们一直在为自由、财富和权力拼搏。100多年来,大多数美国人——中产阶级、一直以为生活的全部意义就在于获得不断发展的地位、收入和权威,一直以为由此也就有了真正的自由。我们的成就是巨大的,它使我们产生了在一个真正正义的世界上建立一个真正充满人性的社会的理想,而且也提供了实现这一理想的多种手段。然而,我们却又似乎正处在灾难的边缘,不仅面临着国际冲突,而且也面临着我们自己社会内部的离散状况。错在哪里?怎样才能悬崖勒马?

在思考错在哪里的问题时,我们必须弄清楚自己能从最新知识里学到什么,而且也要弄清能从我们的传统中汲取些什么。上至国际社会、国民社会,下至地方社区和家庭,日渐衰微者,无不是其聚合力。或者用 J. 温思罗普的话说,我们忘记了"自己原本是同一共同体中的成员"。我们犯了共和国缔造者们眼里的原罪:把一人、一群、一国的私利置于人类共同利益之上了。

《圣经》和共和主义传统用以检验一个社会是否健康的标准,是看它如何处理财富和贫困的问题。希伯来先知们站在受压迫的穷人一边,谴责剥削他们的富人和权贵。《新约全书》所描绘的耶稣,生活在他那个时代的穷人之中,他知道富人是难以响应他的呼唤的。《新约全书》和《旧约全书》都明确认为,社会被贫富之间的鸿沟分裂开来,这不符合上帝的意志。从亚里士多德到美国创建者们的古典共和主义理论，都基于一个假设，即自由制度只能存在于一个生活条件基本平等的社会里，贫富的极端分化与共和主义是不相容的。杰斐逊为他在法国所见的贫富悬殊而震惊，而对我们作为自由人民的前途无限乐观，因为我们没有巨富和赤贫。当代社会科学已经论证了贫困和歧视的后果，因此大多数受过教育的美国人知道，我们的世界和我们的邻里之所以不安全，主要是因为经济上和种族上的不平等。[11]我们访谈过的大多数人都愿意生活在一个安全、友好睦邻的世界中，而不喜欢今天这样的世界，这一点是毫无疑问的。

但是，由于我们处于深深的矛盾之中，解决问题的办法仍不明确。[12]在景气的时候，我们并不介意稍稍增加一些"福利"，而在不那么景气的时候，我们就认为自己事业上的成功起码应该使我们及家庭免于失败和绝望。新资本主义意识形态告诉我们，贫困可以由富人餐桌上掉下来的面包渣来减轻。对此我们虽有怀疑，但又感到此一说很有吸引力。有些人经常感到、大多数人则有时感到，我们只有"成功"了，才算得上个什么人物，才可以看不起那些失败了的人。美国梦往往是深藏在个人心底的明星梦：一定要成为举世无双的成功者，博得众人的仰慕；一定要在浑浑噩噩的芸芸众生中出人头地。长期以来，我们相信这个梦，并为之拼搏，因此这个梦是很难"做完"的，尽管它和我们的另一个梦——生活在一个真正值得在其中生活的社会里，是相互矛盾的。

我们最担心的事情，也是使新世界无力诞生的原因，即假如我们放弃个人成功之梦，代之以一个真正一体化的社会性集体，我们就会丧失独立和个性，陷入依赖性和暴政。我们难以认识到的一点，正是现代世界的极端分裂真正威胁着我们的个性；如果分离化和个性化的精华即个人尊严和自主要得以维持，就必须实现一种新的社会聚合。

过渡到一个新层次的社会聚合、一个有生命力的社会生态的想法，可能会被看成建立完美社会的荒唐的乌托邦计划而遭到反对。但是我们所说的这个转变不但是必要的，而且是毫不过分的。确切地说，如果不实现这一转变，那就根本没有什么前途可言了。

重建社会生活

改造我们的社会和文化，必须在几个层次上进行。如果这种改造只发生在个人头脑里（在一定程度上这已经发生了），那将是软弱无力的。如果改造仅仅来自于国家的主动性，那它就会带有强制性。大多数人的转变很关键，而且这一转变不仅要表现在意识上，而且要表现在个人行动中。然而个人又受到团体的滋养，团体的道德传统强化着个人的愿望。本书讨论过的一些忆旧共同体所承载的道德责任观，都或明或暗地要求在眼下这个世界中建立起一个新的社会生态。但是，这种要求的实现，还有待于从现存的社会集团和组织中产生出致力于这一改造的一股社会运动。我们几次把民权运动作为范例。这场运动永远改变了人的意识，改变了个人对于种族的态度，改变了我们的社会生活，消除了公开的种族歧视。如果说民权运动未能根本改变我国黑人的地位，那正是因为这一点的实现有待于我们现在所讨论的社会生态的改变。所以，除了其他意义以外，改造社会生态又是民权运动的继续和完成。最后，这个运动也将导致我们的政府和经济之间关系的改变。这不一定意味着更多地直接控制经济，也绝不意味着国有化，而是意味着改变企业运行的环境，从而鼓励来自"私人"企业或自治的小型、中小型公共企业的经济民主和社会责任方面的创新。对于重整我们的社会生态的道德方面的考虑，我们在前一章讨论过的管理社会和经济民主的倡导者的建议，是值得考虑并酌情予以采纳的。

为了真正起到改造的作用，这样一个社会运动就不能在达成部分目标之后便停歇下来，而不去触动政治过程。这样一个社会运动的最重要的贡献之一，就在于恢复民主制度的尊严和合法性。在前面各章中我们已经看到，美国人对政治是持何等怀疑的态度。他们认为，在政治这个领域里，武断地划分出的不同观点和不同利益的冲突，只能通过权力和操纵来解决。然而我们社会生态的恢复，将使我们能够把利益同共同利益概念联系起来。如果我们更清楚地理解了我们的共同点以及希望一道实现的目标，那么我们之间的其他分歧就不那么可怕了。我们可以去缩小那些由明显的不公平所引起的差别，同时尊重那些基于可以理解的道德沉默范围内的差别。当然，一个论述正义的实质内容而不只是论述程序规则的政治纲领，应该体现在一个有效的政治体制之中，这个政治体制可能还应该包括一个恢复了生命力的政党制度。

事实证明，一个有效的、有凝聚力的政治制度，是不能把主要限于程序问题范围的浅薄的政治共识作为自己的支柱的。数十年来，这一点已经变得越来越清楚了。我们一直不敢去尝试在更具实质性的问题上求得一致，担心这会引起不可接受的激烈冲突。其实，如果我们有勇气面对越来越严重的政治经济困难，也许就会发现我们之间的基本共同点比我们想象的要多。当然，寻求共同点的唯一办法是提高公共政治对话的水平。因为只有这样，重大问题才能够得以讨论，而不是被遮掩起来。[13]

如果我们强调恢复一个有生命的社会生态是正确的，那么政府在新的政治气氛中可以采取的一个至关重要的行动，按克利斯托弗·詹克斯（Christopher Jenck）的话来说，就是"减少对失败的惩罚和对成功的鼓励。"[14] 减少对雄心的过分鼓励和对失败的过分恐惧，会使工作的意义在我们的社会中发生巨大的改变，而随着这一变化而变化的东西也将有不同的意义。为了争取这种变化，还必须使其成为更大的变化的一部分，即重新恢复职业和使命的观念，以新的形式使人们为一切人的利益而不只是为自己的利益而工作。

如果对于工作的外在惩罚减少了，那么就有可能使职业的选择更加取决于工作本身给人带来的满足感。使工作本身有趣味、有价值，这正是复活了的社会生态的中心要求之一。对于专业人员来说，这将意味着他们更清楚地感到自己为之工作的那些机构确实是在造福于公众利益。如果一个聪明的律师的工作是帮助一个公司同其他公司斗智的话，那么他的智力足以使他怀疑他的工作到底有多少社会效用。这个工作也许是有趣味的、甚至是富有挑战性和激动人心的，但在一个更大的道德和社会领域内，它却是毫无意义的。这就必然产生出一种异化，公司律师的相对高工资只是部分地减轻了这种异化。有些人的工作不仅缺乏奖励，而且单调、重复并缺乏挑战性，他们处于更恶劣的境地。自动化使我们成百万的公民沦为机器人的奴仆，在这种专制下，私人生活的快乐——这对技术和工资都属于最低水平的人来说本来就是有限的——是不能得到补偿的。如果自动化所带来的社会财富不是被少数人所霸占的话，就可以用来奖励那些本身有价值的工作，用来恢复手工工艺（在向富人提供商品方面它已经大显身手），还可以用来改善对人的服务。在大部分工作由机器完成的地方，可以通过让工人充分参与企业工作来减轻工作的枯燥无味，工人们将知道自己的工作如何同最终产品相联系，他们也能够用自己的意见来影响企业的管理。

毫无疑问，出色完成工作后所获得的满足感、"追求卓越"，确实是永久的、积极的人类动机。如果对工作的奖励乃是人们的承认，而不仅仅是巨大的私人财富的积累，那么工作会有助于我们共和国缔造者所说的"公民道德"的形成。事实上，在一个重建的社会生态中，工作确实将成为公民道德的主要形式，而且它还将带来一连串的积极成果。比方说，一个多世纪以来越来越严重的私人与公众、工作与家庭之间的分裂，有可能得以愈合。如果工作精神不带有那么残酷的竞争性，而是更富有生态的和谐，那它将和私人生活、特别是家庭生活合拍。减少人们对个人提升的疯狂的关切，减少男人和妇女的工作时间，将使妇女能够在不放弃家庭生活的条件下更充分地参加工作。同样，男人将能够在家庭和育儿方面起到和妇女同样的作用。这样，最初似乎只是工作性质的改变，最终将对家庭生活也产生巨大的影响。

工作意义的转变，即工作仅为了私人到为了公众的转变，还引出另外一个结果，这就是减少人们掩盖我们社会内在复杂性的动机。作为工作精神的一部分，将是意识到人们之间相互的错综复杂的依存关系。达成这一点以后，对于社会灾难的恐惧便不复存在，也不会有过多的奖励来促使我们过分夸大自我的独立性。随着这个改变，我们也许能够开始理解，尽管我们中的有些人一开始就具备其他人所没有的家族或文化上的特权地位或不利地位，但我们所有的人作为人在道德上应当受到同样的尊重。也许当我们不再把生活看作赛跑、所有的奖品都发给那些跑得最快的人时，我们就会开始理解这样一个事实，即我们之间是有真正的文化区别的。在我们之中并不是大家都想要同样的东西，如果有的人在生活中找到了除实现自己抱负以外的乐趣的话，这并不是道德上的缺陷。总之，一个恢复了的社会生态，也许能使我们减轻处于不利地位的社会群体已经受到的损害，既不责怪受害者，

第十一章 改造美国文化

也不企图把他们变成那种中产阶级佼佼者的翻版。

应该澄清的是，我们并不是说（就像我们在第十章批评的有些人所说的）在组织经济的过程中要上几个新花样就能解决我们所有的问题。确实，工作意义、工作和奖励之间的关系的改变，是我们的社会生态恢复的关键。但是，这样一个改变涉及深刻的文化、社会和心理的转变，而这些转变是不会仅仅通过专家们对经济制度的微调来实现的。相反，制度的改变，教育的改变和主观动机的改变总是同时发生的。比方说，我们的任务的一部分，乃在于恢复社团的早期含义。艾伦·特垃顿伯格（Alan Trachtenberg）曾这样写道：

> 该词（社团）系指任何一种形成团体的个人的结社，即一个有着统一目标、统一名称的主体。过去，社团的目的通常是社区性的或宗教性的，自治城镇、行会、修道院、主管教区等，就是早期欧洲社团形式的体现。人们过去认为，现在的非盈利目的的社团也仍然认为，组成社团的组织和社团主体，要通过为公众利益服务来取得自身根据。事实上，直到内战以后，人们才普遍地认为，社团合法地位的取得是一种只能由国家立法的特别法令颁给的特权，而且是明确地为着公众利益的。社团的合法化当时还没有被认为是私人企业通过申请就可以得到的权力。[15]

迟至1911年，就像我们在第十章中看到的那样，一位有影响的波士顿商人亨利·李·希金森还按照早期新教对监理人的概念，说社团的财产"属于社区"。

重申这样一个思想，即社团的合法化是公共当局对私人组织的特许，是为了令私人组织为公共利益服务，这种向公众负责的服务，将改变所谓"社团的社会责任"的目前状况。现在，社团的社会责任，往往是公共关系之类的表面文章，这种改变应使社会责任成为社团本身的一个组成部分。这一点的实现，反过来将根本改变经理人员的作用以及对他们的训练。管理作为一个职业，将恢复其早期含义；它不仅包括技术能力的标准，而且也包括公共责任的标准。这样，在发生冲突的时候，管理者的公共责任标准就能够超越他对公司雇主的责任。这样一个专业经理的概念必然要求商业管理学校的主导精神发生深刻的质变。商业道德必须成为职业教育过程中的核心；如果这样一来对商业管理成功的奖励不那么过分的话，那么对这个职业的选择将出于更具有公众精神的动机。总之，个人、文化和结构的改变是互为因果的。

时代的信号

我们的谈话对象中很少有人会使用我们刚才所使用过的语言来描述我们社会面对的问题。很少有人对那种全然贡献给个人抱负和消费主义的生活感到满意，大多数的人都试图以某种方式超越自我中心主义生活的限制。如果说美国还有很多自私自利、自我陶醉的人的话，我们倒没有发现他们，但是我们的确发现了一种个人主义的语言，即美国人关于"自我理解"的主要语言，而正是这种语言限制了人们思考的方式。

很多美国人通过各种专业练习和"训练"的形式来进行认真的、甚至是苦行主义的自我修养。问题在于，这些练习之类是否真能达到自我实现和自我完成的目标；它们是否引起过分的自我操纵而背离了最初所宣称的目的。但是也不乏这样的例子：那些试图发现自我的人却在同一过程中发现了超越他们自我的东西。比方说，一个禅宗的学生这样说道："我开始学习禅宗佛教是为了我自己,是为了停止痛苦,得到启发,不管怎么样,我是为了自己才这样做的。先是把握自己,达到某种境界,但真要做到这一点,又必须放弃对自己的把握,于是那个东西又把握住了我,尽管说不清究竟这个'它'是什么。"[16]这个学生所发现的是,生活的意义不能从对自我服务的操纵性控制中发现,相反,通过严格地修炼一种宗教生活方式,他发现了自我的受制性和驾驭他物的有限性。毫不奇怪,"自我实现"是在第二种语言背景、即佛教禅宗的隐喻语言中,在一个试图把这种语言变成实践的社会集体中发生的。

许多美国人注重通过同别人的密切联系、而不是通过自我修养,来发现生活的意义。浪漫的爱情在我们社会中仍然被理想化。当然,浪漫的爱情在很大程度上可以是一种自我陶醉,它甚至可以成为利用别人来满足自己的借口。当然,它也可以揭示自我的贫乏,并引起在亲爱者面前的真正的谦卑。我们在前面各章中提到,那些需要接受心理治疗的人,尽管他们珍惜自己的个人自由,但是他们还是会去寻求持久的依附关系和一个能培育这种依附关系的社会团体。和自我修养的例子一样,人们渴望同别人建立认真的关系,也是试图超越孤立的自我,虽然个人主义的语言有时会使这一点难以得到表达。经常受到谴责的"消费主义"的许多内容,也必须在这同一个含混不清、充满矛盾的背景中才能理解。人们总希望住得好,吃得好,并且是在欢乐的气氛中享受,还想去那些可以欣赏艺术品的地方,或者干脆躺在阳光下,或者在海里游游泳,而这一切往往包含着"给予"的成分,而且这些活动通常是在双方情投意合的关系中才是有意义的。[17]人们创造的注重消费的生活方式或类似那些漂亮人士的生活方式,或许只不过是一个舒服的家或野营帐篷。在它成为一种抵御危险和无意义世界的方式的同时,这种生活方式也许背上了它本身难以承受的负担。在那种情况下,超越自我的努力过早地结束在托克维尔谈到过的"家庭和朋友的小圈子里"了,但即便如此,建立这种生活方式的原始冲动的确不能说是自私的。

随着赋予日常生活以美学、道德意义的传统生活方式的削弱,美国人或多或少成功地创造着其他的生活方式。他们广泛进行各种艺术、体育等活动(有时还相当认真),有时是作为旁观者,但经常是作为参与者。这些活动有些具有强烈的传统意识,需要艰苦的练习,比方说芭蕾舞就是这样。其他一些活动,比方说在乡村散步或慢跑,可能完全是即兴的,但也不乏其自身的意义。在这些活动过程中,时而会出现一阵阵被人们称作"最高感受"的强烈感觉。在这样的时刻,一种深深的幸福感压倒了日常生活中一切只重实利的种种盘算,遗憾的是这种感受只能暂时减轻日常生活对人们的压力。怎么表述这些活动的社会特性呢?最贴切的表达方式或许就是我们所用的"生活方式飞地"一词了。为这些活动组织起来的群体转瞬即逝,因活动本身的特点限制了参加人数,又因重要性有限难以保证参加者的忠诚。因此,这些活动的群体不能在公众中真正有影响,只在极少的时刻,这类组织才会引起公民意识。例如,一个地区的专业运动队赢得了国家冠军,这会带来短暂的、归属大都市的兴奋感。

我们接触到的许多人,都感到自己陷入在一个分裂了的世界之中,这个世界的一半是竞争拼搏的公共世界,另一半是理应给人以爱和生活意义、以使竞争不至于无可忍受的私人世界。有些人正致力于克服这种分裂,决心使私人世界和公共世界融为一体。这就是说,恢复我们的社会生态。比如我们在第六、七、八、九章的结尾处提到的西西莉亚·道尔蒂、玛丽·泰勒、爱德华·施瓦茨和保罗·莫里森就是这样一类人。西西莉亚·道尔蒂为一个"无财产者"有参与权和发言权、一个他的子孙们可以安全地生活的团体效力。玛丽·泰勒在考虑起码是今后25年的长远阶段，而不是像大多数政治家那样鼠目寸光；她所关切的是如何弥补自然生态和社会生态已经遭到的破坏。爱德华·施瓦茨所考虑的是我们工作的组织方式中破坏人性的方面，他试图将《圣经》和共和主义传统中对于道德的注重引入我们的经济结构。保罗·莫里森试图建立一种强有力的教区生活，这样他的教徒们就能在世界上履行天职，作出真正的贡献。

所有这些人都在汲取我们的共和主义传统和《圣经》传统，努力将变成了第二语言的东西重新纳入我们的第一语言。我们曾经谈到"重新估价传统"，即在传统中寻找营养，然后积极地、有创造性地把它运用于当今现实。而上述这些人们就是如此行事的具体范例。那么，在重新评价传统的努力中，他们从我们社会的主要文化结构中获得了哪些帮助呢？这方面的情况是复杂的，尽管我们的知识层文化存在着分裂，但是大学的研究成果还是为我们接触的一些人提供了帮助。例如，爱德华·施瓦茨受到美国政治哲学中重新思考共和主义传统的思想的极大影响。保罗·莫里森利用当代神学和神学伦理学来反思自己的主张。找到帮助实属不易，但即使在我们高层文化的碎片中，还是可以清楚地看到，重要的工作仍在进行。

当我们的大学在强调实际成绩——技术成就和专业技术方面比以往任何时候压力都大的同时，有人呼吁重新确认教育的古典作用，即把教育作为用共同的文化含义表达个人愿望的方法，以使得个人能够同时成为充分发展的个人和自由社会的公民。伊娃·布朗恩（Eva Brann）最近在《国家教育的悖论》一书中雄辩地论述了这种对教育的理解。她说，在现今的教育中，人们要么选择传统，要么选择技术，而技术已经过分地占了统治地位。[18]结果就造成了这样的情况：在今天的多学科综合性大学里，简直没有哪一本书、甚至一部莎士比亚的剧本，能被一个班的学生人人皆知。一旦教育变成了个人职业的工具，它就不再能告诉我们个人的意义或公民文化了。然而万幸，传统还是传下去了，起码是传给了那些寻求传统的学生。传统得以沿袭，更靠那些热爱传统的教师和他们不懈的努力。1980年，当海伦·凡德勒（Helen Vendler）对现代语言协会发表主席演说的时候，引用了华兹华斯（Wordsworth）的《前奏》中的结束句：

> 我们所爱的，
> 必为他人所爱，我们将教给他们如何爱。

她用以下的话结束了她的发言：

> 我们没有获得改革小学和中学的权力，即使我们知道这一改革可以如何着手。但我们力所能及的是改造我们自己。我们的首要任务，是向我们的学生、特别是低年级的学生，传授寓于大小民族文化的传说故事中的丰富的社会知识，帮助他们理解他们作为个人的自我和作为社会存在的自我……我认为所有的一年级英语课都应该用起码一半的时间来阅读神话、传说和寓言，初级语言课也应该这样做。我们有责任在第一次面见学生时就向他们表明：我们是什么样的人。他们那潜在的求知欲被过去的教育长期压制，我们有责任用那取之不竭的、来自于传统的营养使他们认识到，他们也爱我们所爱的东西。[19]

大学、还有一些中学的教育，仍然在提供我们所需要的帮助，以使传统成为我们生活的重要源泉。但那些和学校"争夺"

青年和成人教育的文化机构和电视,在这方面却没有什么建树。以电视而论,大多数节目根本不存在任何连贯的传统的概念。

根据我们的采访和我们对社会的一般观察,可以说很多美国人并没有打算对他们一贯的生活方式作出重大改变。经过粉饰的"优质生活"虽然不那么令人满意,但仍有强大的诱惑力。在寻找减轻社会生态破坏的严重后果的权宜之计方面,美国人是相当聪明的。李维(Livy)关于古罗马的一段话似乎对我们也适用:"我们已经到了无法忍受自己的罪恶,也无法忍受对罪恶的惩治的地步了。"但是正如我们的谈话对象中那些具有远见卓识的人确信的那样,这样的时刻也许已经迫近了,那时我们必须作出选择:或者改造我们的国家,或者像历史上的很多国家那样,落入专制主义的虎口。

丰裕的贫困

现代化时代伊始,托马斯·霍布斯就生动描绘了即将降生的社会中的一幅人类生存的图画。他把"人生"比作赛跑,说:但是在这个比赛里,我们必须假设,除了争当第一名以外,再没有其他的目标,也不是为了花环,在比赛中(仅举几句他的具体描述):

居先是荣耀,
落后是羞辱,
不慎摔倒当哭,
别人摔倒当笑,
总被别人超过,实在悲惨,
不断赶上别人,甚是幸福,

弃跑道而去，等于死亡。[20]

在《海中怪兽》一书中，霍布斯总结了他关于人类生活的学说，指出，"人类首要的普遍倾向，就是永久地、不断地追逐各种权力，至死方才罢休。"[21]但是我们现在已经开始看到，他所说的赛跑是没有胜者的，这样，如果我们的唯一目标就是权力的话，能够停止对它的追逐的死亡，就不会只是个人的死亡，而是整个文明的死亡了。

不过我们仍有能力重新审视我们已踏上的跑道。满怀共和主义和《圣经》传统的情感的、关切道德问题的社会运动，过去对我们帮助很大，今天也可能再次帮助我们。不过，我们最根本的观念从来没有像今天这样受到强烈怀疑。今天的问题不仅是政治性的，而且是道德上的，是与生活的意义相联系的。过去我们一直以为，只要经济能继续增长，其他的事情都可悉听尊便。现在经济增长摇摆不定，我们默默依靠的道德生态又陷入了危机，这促使我们懂得，我们的共同生活所要求的绝不仅仅是对于物质积累的关切。

由此看来，也许人生并非一场除夺魁外毫无其他意义的比赛，也许真正的幸福并不在于不断地超过下一个跑在前面的人；也许真理存在于现代西方以外的世界所一贯持有的信念之中，这种信念就是，世间有些生活方式本身就是实现。也许对人类来说，能够自我奖励的工作优于那些只能外在地获得奖励的工作。也许我们对所爱的人的忠贞不渝和对其他公民保持友好，比紧张的竞争和忧心忡忡的自卫要有价值得多。也许共同崇拜——在其中我们对神秘的存在本身表达自己的感激和惊讶——才是至关重要的。如果确是这样，我们就必须改变自己的生活，记住那些我们曾经有意忘掉的东西。

我们必须记住的是,我们并非自造之物,我们是由我们所在的社会集体塑造的,而这些社会集体的形式,又是保罗·蒂利希(Paul Tillich)称之为"历史恩赐的结构"作用的结果。我们必须看到,我们在这个地球上的生活历史既包含欢乐,也包含痛苦,并不只是一贯成功。我们必须记住,是今天和过去人的蒙受苦难,使我们今天的丰裕成为可能。最重要的是,我们必须记住我们的贫困。虽然我们被称为"富有的人民";虽然在几个国家的人均国民总产值已超过了我们的情况下我们仍然极为富有,但是我们的真实状况是贫困。我们在这个地球上最终变得毫无自卫能力。我们的物质财产并没有给我们带来幸福,我们的国防也不能避免核毁灭。生产力的任何增长和新的武器系统的开发也不能改变我们的真实状况。

我们一直自诩特殊,不同于他人,但20世纪后期我们看到,我们和最穷的国家一样处于绝对贫困的境地。在贪婪地追逐权力的时候,我们就会企图否认人类的现状。我们最好重新加入人类,像接受礼物那样承认我们实质上的贫困,和那些需要帮助的人共享我们的物质财富。

这样一种观点,如果用当今美国政治语言的表达方式来衡量,可以说既不是保守派的,也不是自由派的。我们并不是要回到"传统"社会的那种和谐,而只是说可以从这样的传统社会汲取智慧。我们也不否定现代社会对传统的批判,但必须对批判本身进行再批判,因为人类生活就是在信任与怀疑的平衡中度过的。这样一种想象并非仅仅来自于知识分子的理论,而且也来自美国人已经开始了的生活方式。它力图用某种方法将对社会的关切同对最终未来的关切结合起来,而又不忽视任何一面。最重要的是,这一观点热烈地寻求认可,诚挚地欢迎讨论,并力争我们的朋友和公民们将它付诸社会实验。

注释

[1] 约翰·邓恩：《世界的解剖：第一个周年纪念日》。

[2] 马修·阿诺德：《出自大卡尔特敦团修道院的诗章》（1855年）。

[3] 斯蒂芬·图尔明：《复归宇宙主义，后现代科学和自然神学》，加利福尼亚大学出版社1982年版，第228—229、234页。

[4] 路易斯·杜蒙：《从曼德维尔到马克思：经济观念的起源和胜利》，芝加哥大学出版社1977年版，第20页。

[5] 温德尔·贝里：《信守诺言》，北点出版社1983年版，第5、20页。

[6] 海伦·维恩德勒：《从支离破碎而终至完美无缺的世界》，《纽约人》，1984年3月19日，第143页。

[7] 托德·吉特林：《在最佳时间里》，万神殿出版社1983年版，第268—269页。与托德·吉特林和利萨·海尔布隆的谈话有助于澄清我们对电视的看法。

[8] 马修·阿诺德：《致玛格丽特》；着重号为原文所加。

[9] 图尔明：《复归宇宙主义》，第254、209—210页。

[10] 同上书，第265—268页。

[11] 李·雷恩沃特：《金钱能买什么：不平等和收入的社会意义》，基础丛书出版社1974年版。

[12] 对其中许多问题，近来的天主教社会教义提供了一种不受狭隘思想束缚的新颖方法。见梵蒂冈二世及后世的文件集：《改变地球的面貌：天主教关于和平、正义和解放的文件》，戴维·J.奥布赖思和托马斯·A.香农主编（加登城偶像出版社1977年版）。亦见1981年教皇约翰·保罗二世的通谕《勤奋工作》；收入格雷戈里·鲍姆的《劳动的优先权》（保尔利斯特出版社1982年版）一书，并就此在书中发表了有益的评论。查尔斯·K.威尔伯和肯尼思·P.詹姆森在他们合著的《经济学贫困的探究》一书中（圣母大学出版社1983年版）运用了这些教义来反映美国的

经济。

[13] 有关当代对政治的恐惧和将政治和远见联系在一起的论述见S. 沃林的著作《政治和远见：西方政治思想的沿革》（利特尔—布朗出版社 1960 年版），特别是第十章。有关其中一些问题的有益思考见迈克尔·沃尔泽的著作《正义的范畴：为多元论和平等辩护》（基础丛书出版社 1983 年版）。有关对过于狭隘的道德一致的危险性的评论见丹尼尔·卡拉汉的文章《最低纲领派的伦理学》，黑斯廷斯中心报告Ⅱ（1981 年 10 月），第 19—25 页。

[14] 克利斯托弗·詹克斯等：《不平等：美国家庭及学校教育作用的再估价》（基础丛书出版社 1972 年版），第 8 页；在第 230—232 页中，詹克斯探讨了造成不平等的种种途径，更主要的是间接途径。丹尼尔·杨克洛维奇批评詹克斯，说他在提出限制收入建议的时候远远脱离了美国大众的觉悟（《新规则：在一个颠倒的世界中寻求自我完善》，兰登出版社 1981 年版，第 137—139 页）。但他根本没有针对詹克斯的论点。

[15] 艾伦·特拉顿伯格：《美国公司：镀金时代的文化和社会》，希尔—王出版社 1982 年版，第 5—6 页。

[16] 斯蒂芬·M. 蒂普顿：《从 60 年代中解脱》，加利福尼亚大学出版社 1982 年版，第 115 页。

[17] 私人假期、公共假日或宗教节日之间的区别显示了奠定我们社会团结的世俗传统和宗教形式的不同表现方式的道德限制。私人假期只有一个世纪的短暂历史，它起源于时髦的中产阶级对贵族行为的一种模仿，模仿他们季节性地从城堡搬到乡间领地去居住，其基本特点是充满个人和家庭的气息："人人计划他自己的假期，去他想去的地方，做他想做的事情，"迈克尔·沃尔泽这样写道。私人假期是由个人选择，个人计划，并且是由个人出钱，而不管划分假期行为会有什么样的阶级类型，或者依靠公共基金维持的度假点有多少。度假是自由的庆贺——是人们摆脱了平凡的住所和日常工作的天地"逃向另一个世界"，在那里每一天都是"空闲的"，所有的时间都是"闲暇时间"。在那里我们随心所欲地度过"我们的甜蜜时光"，选择自己喜爱的活动，根据自己的生活节奏来充实所有空闲

的日子。相反，在公共假日里，传统的习俗按既定的方式安排每一个人以同一种形式，在同一个场所和统一的时间里，参加固定的仪式、宴会和庆典来共同庆祝节日。在古罗马，"法定空闲日"有一种生动的颠倒意思，是指那些没有宗教庆祝活动和公共游乐的普通工作日。像安息日这样的大众化宗教节日是所有人的共同财富。沃尔泽评论说："安息日的休息比私人假期更具有平均主义的性质，因为它是买不到的：是又一种金钱所买不到的东西。它属于每一个人，为每一个人所享用。"安息日需要有一种共同的责任感气氛和庄严的意识，不仅要有一种庆祝的冲动，而且要有一种共同庆祝的机制。上帝为每一个人创造了安息日，同时命令所有的信徒们休息，尽管在我们现在的社会里，是否尊重这一旨意可由人们自由选择。然而，不管怎么说，安息日意味着在最高权威控制下交织着公民平等和团结的自由，而不仅仅是人造的社会理念。

[18] 伊娃·T. H. 布兰恩:《发生在一个共和国中的自相矛盾的教育现象》，芝加哥大学出版社1979年版，第111页。

[19] 海伦·文德勒的"1980年总统演说"；PMLA 96（1981）：350。文德勒的目的不在于创造更多的文学专业，而在于挽救我们，使我们不会在生命的旅途中"没有伴随着这样一种意识，那就是别人也在经历生活，也留下了他们的经历。"我们需要能够想起约伯、耶稣、安提戈涅、李尔，"为的是在个人经历中借鉴某些一致的框框或者慰藉人心的见解"，借鉴那些向我们展示了在特定情况下如何在同别人的现实关系中做一个好人的文化传统中的典故（第349页）。与法律和哲理相比，这些故事通过事例对我们心态的形成起了更大的作用。

[20] 源于托马斯·霍布斯的《人的本性》文章，见理查德·S. 彼得斯主编的《身躯，人和公民》一书（柯利尔出版社1967年版），第224—225页。

[21] 托马斯·霍布斯:《海中怪兽》，C. B. 麦克费森主编，企鹅丛书1968年版，第161页。

附　录
作为公共哲学的社会科学

　　托克维尔在《美国的民主》第一卷的导言中引用了这一思想："一个全新的世界，需要有一门新的政治科学。"[1]以往几个世纪几乎每一代人中，都有人宣布这样一个新科学已经开始或就要开始了。这个声称的含义经常是：社会科学将取得与自然科学同等的地位。然而那些希望社会科学取得像自然科学一样的那种累积、范例认同、旧规范被抛弃的情况的人，却一次又一次地失望了。尽管与托克维尔同时代、同国籍的奥古斯特·孔德是我们可以称之为社会科学的神话——即认为社会科学一下子成了像自然科学一样的观念——的最热情传播者之一，但仍然没有任何理由相信托克维尔本人也持这种观点。的确，托克维尔关于新科学的观点依赖于这样一个思想：研究的对象、即新世界中的社会是崭新的，因而是需要进行新的探讨的。托克维尔一生中不断回首法国社会思想传统中的一些主要人物：帕斯卡、孟德斯鸠、卢梭。他不认为他们已经过时或只是科学方法应用之前的人物。但托克维尔看到，评价他们的见解并把它们应用于新的历史形势的任务是不能够自动完成的，而是需要付出艰苦努力、创立一门新科学来完成的。在这个意义上，每一代人，无论他们从传统中汲取了多少养料或如何充分意识到不能忘记自己的前辈（这一点与自然科学不同),他们仍须为新的现实创造出一种新的社会科学。

我们也是如此。当我们必须去发现一种对待新的现实的新路子时,我们就是在这样做了,但这不是靠想象我们终于有了一门真正科学的社会科学,而是要有意识地更新关于社会科学的旧概念,即更新那种并没真正画出社会科学和哲学的界线的旧概念。自托克维尔《美国的民主》一书问世后的一个半世纪内,一个"严格的"社会科学并没有出现,但一个"专业的"社会科学无疑是出现了的,而且成绩斐然。于是乎,对于我们给予托克维尔及其工作的信任,许多同仁大不以为然。他们认为,托克维尔的作品早已被专业社会科学的技术成就宣布为过时货、他本人也不过是一个出色的"人本主义业余爱好者"而已。诚然,在许多领域中,我们都获得了托克维尔完全不可能获得的资料(甚至这也是毫无疑问的:托克维尔并没有充分利用他那个时代的最好的资料),但同样正确的是,我们比19世纪30年代的任何人都更好地理解许多特殊社会进程。但是,托克维尔对美国社会的总体意识,对美国社会的成分——家庭、宗教、政治、经济——如何配合在一起、美国人的品性如何受社会影响,或者反过来说,美国人的品性如何影响社会意识等问题的认识,至今是无与伦比的。没有其他人更好地指出了美国"实验"的道德、政治意义。那种同时是哲学的、历史学的和社会学的纲要性见解,狭隘的专业社会科学似乎是既无兴趣又无能为力的。正是为了重新评估那种更恢弘的见解,我们才必须恢复作为公共哲学的社会科学的观念。这样一种社会科学无须"重新创造",因为老的传统已经同狭义的专业社会科学肩并肩地存活下来了,只需要鼓励和加强即可[2]。为了了解我们如何才能复兴那种老的见解,我们首先应当考虑狭义的专业社会科学最初出现的条件。

当我们考察我们自己的思维及其专业化的历史时，其实就是在考察本书中所阐述的历史。必须反复注意的是，在 19 世纪，社会领域从一个社团、职业的天地，变成了一个各种专门职业间存在着激烈竞争的工业大公司社会。为了适应各种制度的变化，教育制度也得到了改造。在 19 世纪的大部分时间里，美国的学院是以"高等教育会形成一种统一的文化"的设想为根据组织起来的。学院教育的目的，是造就出一种"学者"，他们可以"对社会发生推进和凝聚作用。"文学、艺术和科学则被视为统一的文化的分支。通常由院长讲授的道德哲学（高年级必修课）的任务，不仅在于去综合包括科学和宗教在内的不同学科，而且旨在赋予个人和社会意义上的美好生活以真实含义，后一方面甚至是更重要的。有趣的是，大多数我们现今称之为社会科学的东西，都是归属在道德哲学项下被教授的。[3]

只是到了 19 世纪后期，研究各门学科的大学才取代了学院，成为高等教育的范式，而这是与商业公司的兴起同时发生的。这两种公共设施是同一社会力量的表现形式。研究生教育、科学研究和分科教育乃是新大学的特点，它分导出了许多独立的系科，自然科学之作为所有实证知识的代表的威望，以及关于科学进步必然引起社会改良的信念，部分地掩盖了高等教育的统一性和道德含义正在失去的事实。[4]

早期社会科学卷入了这一改革之中。许多社会科学家所关心的是建立特殊的专业，提供关于日益复杂化的社会的有用知识。与此同时，他们仍然认为伦理学有责任回答社会的主要道德问题。这一传统并没有消失，但是它被一个更加专门化的社会科学推到了次要位置；更加专门化的社会科学的学科分支之间往往是无法对话的，而与公众对话就更为鲜见了；19 世纪早期的"学者"，成了 20 世纪的"科学家"。

高等教育的这一改革成果卓著，意义积极而深远。新的教育体系为工业社会准备了大量的非同寻常的人力资源；它所培养的学生，包括了在19世纪早期由于阶级、性别、种族区分而被完全排除在外的人。本书的作者，以及本书的大多数读者，都是这个伟大变化的受益者。但是我们也必须意识到付出的代价。研究性大学的兴起以及与之相伴的职业化和专业化的主要代价之一，就是公共领域的萎缩。如同托马斯·哈斯凯尔（Thomas Haskell）所指出的，科学的新人必须"以社会中的一般的公民权利和义务，去换取有能力的社团的成员资格。在他的专门知识领域内，他的见解的价值，将不是由与所有愿意向他挑战的人的公开竞争来判断，而是由他的职业同僚的封闭性的评价来确定。"[5] 如果我们可以再次以托克维尔为例的话，我们就会注意到，他的读者是他那个时代的最主要的知识分子，如约翰·斯图尔特·穆勒这些人，但是对于所有受过教育的读者来说，托克维尔也是可以理解的。今天的专业化了的学者以一套知识分子的假定和只有他们的同僚才可分享的词汇来著书立说（也有明显的例外）。专门化和职业化的社会科学乃是复杂的现代社会所必需的艰巨而复杂的事业，我们不想忘记它的成就；我们在本书中已经感激地利用了它的许多新发现。但我们绝不认为哈斯凯尔所指出的选择具有最终性质。作为有能力的社会科学家和作为"社会的一般公民"是不矛盾的；专业化的东西不是彼此排斥，而是需要综合的。如果一门社会科学对宏观的社会漠不关心，那么它甚至连自身的专业工作也无法完成，因为它只会在广泛的现实问题面前束手无策。如果我们记得"感召"和"职业"（具有公共责任的含义）是"专业"的旧有意义的话，那么我们便可看到，一个真正的"专业社会科学家"绝不能仅仅是一个专家，他也会部分地将社会科学视为公共哲学。

让我们来思考一下这样一个社会科学与许多普通工作的不同之处。它具有狭义专业社会科学的特性，即它是专门化的，而且每一种专门化的理论都不承认超出它严格限定了的范围以外的整体知识或整体的任何部门的知识。许多专门化的社会科学的主导观念是，要抽象出单纯的变量，在其他相关因素保持不变的条件下，按照自然科学的方式尝试测算出它们的变化结果。然而在社会领域中，单纯变量远不足以独立到可以固定描述的地步；只是在总的社会背景下，在知道了其可能性、极限和发展要求的情况下，特殊变量才能被理解。狭义的职业社会科学，尤其是在其最简化的形式中，确实可能否定整体的存在。它可以把偏激的唯名论推到这样的程度，即把社会视为一大堆既欠缺共同文化又缺乏具有内聚力的社会组织的没有联系的个人和团体。一个哲学的社会科学，不仅涉及不同的关心焦点，而且涉及到对社会的不同理解——它认为这个社会是遵循着自己的基本传统的。[6]

关心整体，并非仅仅把各种不同的专门学科累加在一起。只有把这些事实置于容纳并促使它们形成一个整体概念的框架之中，它们之间才有联系。如果只是从字面上理解这种学科间的研究工作，简单地由几个学科的专家进行合作，是不能产生这种概念的。取得对社会整体的知识，不仅要汲取相邻学科的有用见解，而且要跨越学科界限。

必须超越的最主要界限，就是最近那种存在于社会科学和人文科学之间的非常武断的分界。现行的说法是，人文科学研究的是文化传统在哲学、宗教、文学、语言和艺术领域中的流传和解释，而社会科学则对人的活动进行科学研究。这里的假定是，社会科学不是文化传统，它占据了纯粹观察的特权地位。这一假定还包含了这样的含义：人文科学中关于人的活动的讨论是"印象主义的"和"轶事性的"，在由科学的方法"检验"之前，是不会成为真正的知识的；科学的方法是获得有效知识的唯一方法。

作为公共哲学的社会科学，正是要打破社会科学和人文科学之间的"边界"。社会科学不是一种脱离现实的认识活动，它是一种或一套深深植根于西方哲学和人文科学的（在一定程度上还有宗教的）历史中的传统。它提出关于人的本性、社会的本性以及人与社会的关系的假设。不管承认与否，它也提出关于好的人、好的社会的假设，并研究社会现实化这些假设的程度。意识到这些假设的文化根基，可以提醒社会科学家注意到这些假设是可争论的；假设的选择涉及深深存在于西方思想史中的争论。作为公共哲学的社会科学将对这些有关事物作出自己的哲学解释。

托克维尔和约翰·斯图尔特·穆勒（John Stuart Mill）以及马克斯·韦伯（Weber）和迪尔凯姆（Durkheim），当然还有乔治·赫伯特·米德（George Herbert Mead）懂得，他们所谈的东西具有哲学含义，并且有意识地对自己的哲学立场负起责任，这是今天大多数社会科学家所没有做到的。但幸运的是，我们仍然还有不在少数的榜样，如路易斯·杜蒙（Louis Dumont）、阿拉斯代尔·麦金太尔和尤根·哈贝马斯（Jürgen Habermas）。[7] 我们不能简单地根据其"学说"来对这些学者进行分类，就像我们不能把前职业社会的思想家如此分类一样。

作为公共哲学的社会科学，由于突破了社会科学和人文科学之间的铁幕，而成为社会的自我理解或自我解释的一种形式。[8] 它使社会的传统、理想和抱负与当前的现实协调起来，为社会树立了一面镜子。通过考察过去和现在，通过像考察事实那样努力地考察"价值"，这样一个社会科学能够把握那些不明显的联系，并能提出有难度的问题。例如在本书中，我们已尝试去揭示美国个人主义的本质、历史和哲学的根源，以及它的当前现实。我们也已提出了作为美国生活中占统治地位的意识形态的个人主义是否正在破坏自身存在的条件的问题。该问题是哲学的，同时也是社会学的，而对它的回答不仅需要驳论和证明性的评价，而且需要伦理的反思。

如前所述，与社会整体挂钩的社会科学，必须是历史的和哲学的社会科学。狭义的专业社会科学已经提供了关于当代社会的多方面的有价值的信息，但是它同时又缺乏或没有历史感。社会科学家在提供关于过去的信息方面是足智多谋的，所提供的信息和他们关于现在的发现相差无几。然而我们需要从历史中获得的东西，并不仅仅是关于过去的可比较的信息，而是需要获得我们何以从过去发展到现在的一些观念，这也就是为什么社会科学家除了干其他事外也必须是一个历史学家的原因。简而言之，我们需要获得的是一个记叙，通过记叙这一方式，我们便可了解整体；记叙是了解整体的主要而有力的方式。在某种重要的意义上，问一个社会（或一个人）是什么，就是问其历史是什么。所以，哈贝马斯或麦金太尔告诉了我们现代社会如何发展到现在这种样子的故事。这样的故事可以而且必须受到争议、修正，有时甚至是被取代。[9]

作为公共哲学家的社会科学家也试图把学者所谈的故事与流行于当代社会中的故事联系在一起，让人们讨论和评价。在本书中，我们不断接触到 19 世纪美国——特别是在 1880 年到 1920 年这一期间——这个主要是农业性的小城镇社会被改造成今天这样一个官僚政治性的工业社会的途径问题。我们觉得，任何利用我们既有的传统去解决当前问题的努力，在还没有理解这种改造的情况下，都是不免要失败的。我们在第六章中指出，许多杜撰和大众文化中许多神话都不肯向这种改造让步，相反却把个人主义浪漫化，无视那些可以在当今帮助我们的传统。由此看来，我们的观点既要使故事适合学术的需要，又要使之适合大众意识的需要。

作为公共哲学的社会科学，不可能是"价值上自由的"。它接受批判的、律令化的研究的准则，但是它并不设想这样的研究是存在于道德真空之中的。试图以极端中立的态度研究社会的局限性和可能性，仿佛社会存在于另一个星球上，那也就是把狭义的职业社会科学的社会精神气质推向崩溃的边缘。分析者本是他们所分析的整体的一部分；在拟出问题和解释其结果的过程中，分析者利用了自己对于所研究的社团中的成员资格和体验，而这些正是与特定的传统和制度密切相关的。例如，我们的研究班子在研究美国个人主义问题时，所研究的东西不仅存在于研究对象身上，而且也存在于我们自己身上。进一步说，我们是给自己的研究带来了一套已经被先前的社会科学家（如像托克维尔这样的社会科学家）发展了的关于个人主义的私人和社会含义的假设，这种假设是评价性的，同时又是分析性的。我们的研究结果，既是我们自己自我理解的结果，又是社会自我理解的结果。要将我们的研究划出一道认识意义和伦理意义的界限，那是不可能的，这并不是因为我们不能在事实分析和道德理性之间作出抽象的区分，而是因为在实施社会研究中这二者是同时发生作用的。我们不能否认在我们自己和我们所研究的对象之间的道德关系，必须对这两者都抱以忠诚的态度。

我们已经提出，既然分析家是置身于他所研究的社会之中的，他便多少是有意识或无意识地置身于它的传统之中的，除此之外他别无"世外桃源"可以存身。即便分析者是在研究一个与他无缘的社会，他仍然是囿于他那个社会的传统的，而且也会接受他所研究的那个社会的传统的，所以问题并未发生实质性的变化。我们试图澄清的是，对于现代社会的传统而言，尤其是在美国社会，我们总体上是处于何种位置上。我们的社会受着现代个人主义的深刻影响。我们现在最重要的任务，就是恢复早先那种《圣经》和共和主义传统的意识。本书作者是站在这样一种社会科学传统的立场上，即坚持社会就是它本身的现实，而不是仅仅作为人们的一致的存在这一思想。我们不把公共社会科学视为一元的或铁板一块的。我们已经指出，任何活生生的传统，都是关于我们共同生活的意义和价值的极有意义的会话和争论。我们希望自己的解释会受到不同观点的驳议，也希望见到改变我们观点——如果必要的话——的卓识。

作为公共哲学的社会科学之所以是公共的，并不只是说它的研究结果是对众人普遍适用的，或者说是对学者圈以外的团体、机构有用处的。它之所以是公共的，是因为它力图使公众参与到它的对话之中。它也力图使"精英层"——科学家和专家——参与到它的对话之中，但是它并不想在从外部研究社会的其他部分时就专门领域内的问题班门弄斧。我们从一开始就把我们的研究设想成同公民朋友进行的有关共同利益问题的交谈、对话。

我们不是头脑空空地来对话的。我们不搞那种"趁人不备拍摄的照相机"式的科学表演；如果我们还未能使公民朋友了解自己，是不敢奢求左右他们的信念和行动的。反之，我们希望把自己的预想和问题带到对话中，理解所获得的回答；我们不仅依据语言，而且依据与我们交谈的人的生活（只要我们能够了解的话）来接收这些回答。虽然我们并不希望把自己的观点强加给对方（透过本书中许多清晰有力的声音可以明白，如果我们打算这样做，也是做不成的），但我们的确试图揭露自负情绪，使对话者可能存留的盲点得到去除。我们进行的访谈是积极的、苏格拉底式的。

例如，在访问玛格丽特·奥尔德姆时，蒂普敦试图发现她在何种时候会对他人承担起责任：

问：那么你对什么负责呢？

答：我对我的所作所为负责。

问：这是否意味着你也对其他人负责呢？

答：不。

问：你是你姐妹的监护人吗？

答：不是。

问：你是你兄弟的监护人吗？

答：不是。

问：你对你的丈夫负责吗？

答：不。他干他的。他是他的他。他干他自己的事。我可以赞同他或不赞同他。如果我发现他干出格的事，我有责任离去，根本不和那些事发生关系。

问：那孩子怎么办？

答：我……我知道我对他们负有法律责任，但在某种意义上我认为他们也要对自己的行动负责。

又如，在试图使布赖恩·帕尔默澄清自己道德判断的基础时，施韦德勒通过提问"为什么"答复了关于"撒谎是我所要控制的事情之一"的陈述。

答：它是一种你陷于其中的习惯，一种自我永恒。它就像掘一个洞一样，你只是不停地掘而再掘。

问：那么它为什么是错的？

答：为什么诚实是重要的、撒谎是坏的？我不知道。撒谎就是撒谎。它是那么基本。我不想为向它挑战而自找麻烦。它是我的一部分。我不知道它怎么来的，但它就是非常重要。

问：当你思考什么是对的、什么是错的时，是认为事物因对人们是坏而坏,还是认为它们是因本身而好、坏?如果是后者,那么你又是怎么知道它们是好是坏的呢?

答:有些事物是坏的,因为……我猜想也许这个星球上的每一个人都有权得到一点空间,但如果去争别人空间中的东西,那就是一种坏事了……

如果不作足够长的摘录,要想说明我们如何能在访谈中、在不是一定取得一致而告终的情况下达到与访谈对象的共同理解的程度,则是不可能的。我们对听到的许多意见——即使它令我们以新的方式思考——仍想辩上几句,并且已经在本书中争论上了。

这些思考者应当搞清楚,为什么积极的访谈乃是作为公共哲学的社会科学的主要方法,而需要调查的问题,尽管它产生出有用的素材(我们在本书中时常运用这些素材),则往往仍然是第二位的。民意测验材料——它们产生于没有开始任何对话的混合问题——给予我们的是表现为一种自然事实的材料,即使当连续的问题调查表超前揭示出了一些趋势时,哪怕是些很活的问题,情况也是如此,因为在访问者和被访问者之间仍然没有形成对话。民意调查材料总结了成千上万个响应者的私人意见,而积极的访谈则创造出了公共对话和一致的可能性。当出自于这种访谈的素材很好地提供出来时,它们就会促使读者进入对话、参与争论。奇怪的是,这样的访谈激发了可以称之为公共意见的东西,这种公共意见乃是在公开讨论的场所得以检验的。"公共意见民意测验"不能是、但又很可能是"私人意见民意测验。"

我们的研究的这种公共的和对话的性质,有助于解释为什么我们如此展开它,以及它为什么相似于或不同于许多别的社会科学研究。本书不存在方法论的创新。我们所使用的是一些最古老和最基本的社会科学方法:参加到观察和会谈中去。对这些方法的其他有效使用肯定也是存在的。我们可以设想，我们所访谈的供典型调查的人士，就是更广泛意见的可能代表，就是更多的人之中的主要变化可能性的代表。或者我们可以尝试使研究对象——无论他们是不是代表者——在其所有种族特性方面处于对自己的地方文化和社团的最可能的理解之中。我们不能完全忽视这种思考者。我们不打算研究特别异常的人；我们是在尽可能兼顾两极的情况下展开访谈的。我们读到了有关中西部社会的极好的实地研究，像瓦尔纳（Varenne）的《美国大家庭》和《中等城镇》第三卷，[10]发现我们所揭示的问题在那里也同样存在。我们也想知道访谈对象生活背景方面的情况。在许多情况下，我们看到访谈对象并不局限于交谈的会话情势中，而是处于真正的生活背景中，这一点尤其可以在马德森和沙利文关于政治参与的研究中看到。

然而除此之外我们还对人们思考其生活的语言以及产生这种语言的传统感兴趣。根据本书前面部分提到的理由，我们相信，在美国，社会地位方面易变的中产阶级决定着我们大多数人的现实，所以我们着重在那些群体中，联系和选择作为参与或脱离公共生活的范例的人，因为那里有我们的中心问题。在我们这样做之前，我们相信美国人在如何认识社会和个人生活问题上存在着变化，但是那些变化是定数的，我们的研究坚定了我们这一信念。我们认为，访谈已经使我们得以描绘出今日美国关于私人和公共生活的中产阶级语言及其道德根据的最有影响的形式。

然而谈论我们同时代的人，也须谈到我们的先人。在会晤中，我们不仅议论现在，而且也触及过去，例如我们聆听了约翰·卡尔文、托马斯·霍布斯、约翰·洛克、温思罗普、富兰克林、杰斐逊、爱默生和惠特曼的教诲。我们也时常接触到最近和当代专业社会科学家的见解。因此，本书并不仅仅是与我们所访谈的人的对话，而且也是与各种不同传统、包括社会科学传统的代表人物的对话；本书正是与这些代表人物进行争论、加以解释的结果。在某种意义上，这种关注一直是居于中心地位的。我们这本书，就是对托克维尔这位在思考美国生活方面最深刻地影响了我们的先人的清晰而含蓄的细节性阐发和评论。[11]

本书也包含着我们自己不少于5年时间内的对话，尽管读者不一定感觉到这一点。尽管我们各自负有特定职责，我们之中有4人还承担了不同研究领域的工作，但我们却是自始至终携手工作，这在今天的学术合作中是不常见的。作为我们工作方式的一种表达，我们是聚在一起而不是各人受领专章写作《心灵的习性》一书的。这种工作方式曾使我们的一些同事捏了一把汗——你们怎么能聚在一起写一本书呢？

我们享有共同的文化，组成一个写作班子，聚在一起写一本书[12]。尤其是在夏季，我们进行小组讨论的机会甚多。我们阅读和讨论与我们主题相关的许多古典和当代著作，更重要的是，我们用许多时间仔细审查早些时候各位实地调查者的访谈。在从事这些工作的时候，我们拟出大家明了的框架，从而制约各个领域工作承担者的随后的访谈。

当我们开始考虑表述既有工作成果的书的写作时，动笔之前先讨论了它的总体布局和各章内容。各章或各章的部分当然须由各承担者草拟，但是这些草稿还须在小组讨论的基础上逐一深入研讨和再创作。[13]贝拉负责全书的最后定稿工作，以便全书有一个统一的风格和主题。这本书是我们几人的共同作品，是我们中的任何一位都无以独自完成的。不过，由于待成的个人专题必须是观点清楚的，我们各人在各章上的个性表现又不是雷同的；我们每一个人都力求将自己的语言表达得更好。我们在一起的体验帮助我们进一步确证了本书的中心主题之一，即个人和社会不是处于一方得益引起另一方相应损失的形势之中；一个尊重个人特殊性的强有力的班子将会增强个人自主权，同样也会增强团结；不是在集体中，而是在孤立状态中，人最容易磨灭个性。

这本基于我们与自己、先人以及数百位公民伙伴的对话的著作，现在终于是要展开与更广大的公民伙伴的对话了，终于要贡献于共同对话了。我们知道，我们将要遵从学术性的"精英层"的评价，但我们希望读者不要消极地对待这本书，只顾观望关于我们材料是否翔实或方法是否对头的专家评价。只要是生活在这个社会中的人，都十分理解本书的论题。即便是社会科学家，也可从本书中的活生生的共同体验中获得比不计其数的专题研究更多的东西。我们期待着读者检验我们所说的与他们自己的体验不同的内容，如我们说得不当，则提出异议，最好是通过提出优于我们的、可以迎来进一步讨论的解释而加入公共讨论。如果没有公共性，作为公共哲学的社会科学当然也就衰亡、凋谢了。我们希望本书值得公民伙伴在其自愿性团体、教会、甚至在政治争论中加以讨论。一个自由社会需要不断地根据其过去的传统和未来的方向思考和讨论它的现状。如果本书能为这种讨论贡献绵力，那就是我们的福音了。

注释

[1] 前引《美国的民主》，第12页。

[2] 最近复兴大众哲学的传统的努力中对我们的研究小组特别有影响的著作是威廉·M.沙利文的《重建大众哲学》一书（加利福尼亚大学出版社1982年版）。

[3] 道格拉斯·斯隆：《1876—1976年在美国大学本科课程中的伦理学教学》一文，见于丹尼尔·卡拉汉和西塞拉·博克主编的《高等教育中的伦理学教学》一书（普勒隆出版社1980年版），第1—57页，引文见

第4页。

　　［4］ 见伯顿·J. 布莱德斯坦的《职业化文化：美国的中产阶级和高等教育的发展》（诺顿出版社1976年版）一书对研究性大学出现的文化与社会背景的分析。

　　［5］ 托马斯·L. 哈斯克特：《职业社会科学的出现：美国社会科学协会和十九世纪的权威危机》，伊利诺伊大学出版社1977年版，第67页。着重号为作者所加。

　　［6］ 有关这些的讨论见阿拉斯代尔·麦金太尔的著作《德行的探求》（圣母大学出版社1981年版）第8章《社会科学中的普及特点和缺乏预见力》。

　　［7］ 有关代表作见路易斯·杜蒙的《从曼德维尔到马克思：经济观念的起源和胜利》（芝加哥大学出版社1977年版）及《论价值》；1980年拉德克利夫－布朗的讲演，《英国科学院学术活动汇编》1980年第66期，第207—241页；麦金太尔的《德行的探求》；尤根·哈贝马斯：《知识和人类的兴趣》（1968年著），杰罗米·J. 夏皮罗译（毕康出版社1971年版），以及《通讯联络行动的理论》第1卷，《理智和社会的理智化》（1981年著），托马斯·麦卡锡译（波士顿毕康出版社1984年版）。

　　［8］ 有关社会学作为社会的自我理解的论述主要见爱德华·希尔斯的文章《社会学的召唤》，见于《社会学的召唤及其它论追求学问的文章》（芝加哥大学出版社1980年版），第3—92页。

　　［9］ 从而，理查德·J. 伯恩斯坦根据现代社会及其问题通过将启蒙运动的框架换成当代社会及其问题的框架，修正了麦金太尔的故事。他争辩道，麦金太尔压制了现代社会的一个重要角色——黑格尔，并向人们展示如果给予黑格尔一个中心角色的地位那这场戏将如何变化。见他的讨论《是尼采还是亚里士多德？对麦金太尔的〈德行的探求〉的思考》，见于《共鸣》1984年第67期，第6—29页；还有他的《客观主义与相对主义之外：科学、释经学和实践》，宾夕法尼亚大学出版社1983年版，第226—229页。

　　［10］ 我们已经见过三卷《中等城镇》中的两卷了：卡普洛著的

《中等城镇中的家庭：50年代的变迁和继续》（明尼苏达大学出版社1982年版），和卡普洛等人合著的《一切忠诚的人们：中等城镇宗教变迁及继续》（明尼苏达大学出版社1983年版），在前几章中曾提到。

[11] 汉斯—乔治·加尔达默总是以对话的方式谈到我们的传统，为我们了解我们的工作提供了有价值的指导。他还提醒我们，我们与同代人或前辈的交谈从来不停留在交谈的本身，而总是包含某些东西。特别见他的著作《真理与方法》（1960年著，西伯里出版社1975年版）和《科学时代的理性》（1976年著）弗雷德里克·G.劳伦斯译（麻省理工学院出版社1981年版）。亦见伯思斯坦在《客观主义和相对主义之外》一书中有关加尔达默的讨论。

[12] 我们的著作中的思想是受到了罗伯特·N.贝拉的著作《被破坏的契约：审判期间的美国民间宗教》（加利福尼亚大学出版社1976年版）一书的启发。沙利文的《重建大众哲学》一书提供了重要的理论背景，史蒂芬·M.蒂普顿的《从60年代中解脱》（加利福尼亚大学出版社1982年版）是我们方法论的模型。有关社会科学和伦理学方面的问题见诺曼·哈恩，罗伯特·N.贝拉，保罗·拉宾诺和威廉·M.沙利文的著作《探索道德的社会科学》（哥伦比亚大学出版社1983年版），特别要参见贝拉写的介绍和贝拉与沙利文写作的章节，以及R.N.贝拉的文章《现实推理的社会科学》，文章见于丹尼尔·卡拉汉和布鲁斯·詹尼斯主编的《伦理学，社会科学和政策分析》一书中（普勒隆出版社1983年版），第37—64页。

以上注释仅标明了一部分对研究小组研究的文化内容作出了贡献的著述。还有许多对我们某一阶段的工作产生了影响的著述没有在注释中标明。例如，我们在早期阅读了拉尔夫·H.特纳的《真正的自我：从制度到冲动》，文章见于《美国社会学杂志》1976年第81期，第989—1016页，它帮助我们形成了第三章和第五章的观点。罗伯特·莱恩的《政治意识形态：为什么美国的普通人相信自己的所作所为》（自由出版社1962年版）是我们现场工作的示范并有助于我们对个人主义和不平等的思考。丹尼尔·贝尔的《资本主义的文化矛盾》（基础丛书出版社1976年版），特别在论《公共事务》一章中，对我们关于国家和社会的观点有所贡献。查尔斯·泰勒的《黑格尔和现代社会》（英国剑桥大学出版社 1979 年版）帮助我们看到了一种个人表现性的假象以及形式自由的空虚。使我们受益的著述远远超过了这些例子。

[13] 马德逊和斯威德勒起草了第一章。贝拉和沙利文起草了第二章。在马德逊和斯威德勒的协助下蒂普顿起草了第三章，主要的校对工作是贝拉承担的。斯威德勒起草了第四章，贝拉在最后定稿时加进了一些新材料。蒂普顿起草了第五章，贝拉承担了主要的校对工作。沙利文起草了第六章，贝拉承担了主要的校对工作，该章是将斯威德勒的一个章节和马德逊与蒂普顿的材料合并写成的。在斯威德勒的协助下马德逊起草了第七章。沙利文起草了第八章，由贝拉校正，融进了马德逊的材料。贝拉起草了第九章，其中斯威德勒加进了一个部分。沙利文起草了第十章，其中包含有马德逊和蒂普顿的贡献。贝拉起草了第十一章以及前言和附录，其中采纳了研究小组其他成员的建议。此外，小组的每一个成员都对全书作出了重大的贡献。例如，马德逊对我们的响应者所生活的社会以及奠定道德生活基础的社会背景提供了丰富的知识。沙利文发展了一系列切实的哲学概念，如"道德生态"，"忆旧共同体"和"承诺的实施"。施威德勒参加了全书论点的组织工作，敦促我们不要忽视一个美国个人主义的积极含义，同时在起草和校订每一章的时候，她不断提出如何保持全书主题方向的建议。蒂普顿提供了一套如何将道德对话与社会调查结合起来的模式，构想出了我们的访问方法，我们在访问中提出的许多问题都是他建议的。

关键词术语表

《圣经》传统（Biblical tradition）该传统发源于《圣经》宗教，虽然在美国文化中广泛流传，但主要通过犹太教和基督教的共同体所传播。尽管诸如对上帝的信仰等特定因素被广泛地分享，但仍存在这一传统的多种版本。在殖民地时期，清教，一种新教形式，是尤其有影响的。在18世纪，新教教派大量增加，而在19世纪，大量的天主教徒和犹太人移居入境到美国。基督教的教堂、教派及其神秘的或个人主义的形式，在美国全部历史中发挥着重要作用。（见第九章）

共同体、忆旧的共同体（Community, community of memory）**共同体**是今天美国人非常宽松地使用的一个术语。我们在一个强化的意义上运用它：一个共同体是在社会上相互依赖的一群人，他们一起参与讨论和决策，并分享定义了该共同体和被它所培育的特定**实践**（见本书）。这样一个共同体不是迅速地形成的。它几乎总是有一个历史，并且这样的共同体也是**忆旧的共同体**，部分地被它的过去和它关于它的过去的记忆所定义。（见**生活方式圈子**的术语释义；也见第204—206页）

文化（Culture）任何群体或社会用于解释和评估其自身及其状况的意义模式。**语言**（见本书）是文化的一个重要部分。因为文化总有一个历史,它时常采取**传统**的形式(见本书)。在这本书中,因为我们对历史特别感兴趣,我们常常在其他社会科学家谈到文化的地方谈到传统。我们把文化当作是所有人类行动的一个构成维度。它不是一个用经济或政治因素解释的附带现象。

表现型的个人主义(*Expressive individualism*)在与**功利型的个人主义**的对立中(见本书)产生的一种个人主义的形式,表现型的个人主义认为,如果个性要得到实现,每个人都有一个应当展开的和被表现的感觉和直觉的独特核心。这个核心虽然独特,但并不必然地异化于其他的人和自然。在特定的情况下,表现型的个人主义者可以通过直觉的感觉发现,与其他的人,与自然,或与宇宙"融合"为一个整体,是有可能的。表现型的个人主义与18世纪和19世纪欧洲和美国文化中的浪漫主义现象相连接。在20世纪,它展示出与精神疗法的文化密切相关。(见**个人主义**的术语释义;也见第40—43页。)

个人主义(*Individualism*)在众多的、有时是矛盾的意义上使用的一个词。我们主要在两个意义上使用它:(1)对与生俱来的尊严、甚至人类个体的神圣性的一种信念。在这个意义上,个人主义是我们已经在这本书中描述的所有4个美国传统——《圣经》的、共和主义的、功利型的个人主义的和表现型的个人主义的——的组成部分;(2)对个人具有首要的现实性、而社会是第二序列的、衍生出的或人为生成的结构的一种信念,一种我们称之为**本体论个人主义**的观点。这一观点由功利型的和表现型的个人主义者所共享。它与社会像个人一样现实的那种观点、一种我们称之为**社会现实主义**的观点相对立,这一点与《圣经》的和共和主义的传统是共同的。

正义(*Justice*)作为我们对它的使用,正义有三个意义:(1)**程序正义**,这大体上是规则的公平,在此之下,社会得以运转，争论得以裁决；（2）**分配正义**，这大体上是社会奖惩制度、社会利益和机会的分配的公平；（3）**实质正义**，这大体上是作为整体的社会的制度秩序和它的正义和公平性。即使当他们关于生活的目的和目标不一致时，人们能够就程序正义的规范标准达成一致，这就是为什么这样的一致性有时被称为**弱共识**。超出这样一种弱共识，通常需要关于分配正义的一致和始终需要关于实质正义的一致。

语言（Language）我们在这本书中运用语言一词，主要不是指语言学家所研究的语言。我们使用该术语涉及包括截然不同的各种词汇和道德推理的种种特有模态的道德话语的模式。我们使用涉及这种个人主义模式的第一语言，它是关于道德的、社会的和政治的事务的主导的美国话语形式。我们使用涉及其他形式的该术语的第二语言，主要是提供给大多数美国人至少部分道德话语的《圣经》的和共和主义的形式。

生活方式圈子（Lifestyle enclave）一个与共同体相比较而使用的术语（见本书）。一个生活方式圈子由共享一些私人生活特征的人形成。生活方式圈子的成员通过所共享的外表、消费和休闲活动的样态，表示他们的同一身份，这些样态时常可用于将他们与具有其他生活方式的那些人明显地区别开来。他们不是相互依赖的，在政治上不是一起行动的，并且不共享一个历史。如果这些事物开始出现，那么该圈子正在走向变成一个共同体的途中。在美国许多叫做共同体的事物，是我们的强意义上的**共同体**和**生活方式圈子**的混合物。（见第93—98页）。

道德生态学（Moral ecology）将人们维系在共同体中的道德理解和承诺之网。也被称为**社会生态学**。

实践、承诺的实践（Practices, practices of commitment）实践（Practices）是被分享的活动，它并不许诺作为达到目的的手段，而是它们自身的伦理上的善［因此接近于亚里士多德意义上的**实践**（praxis）］。一个真正的共同体——无论是一个婚姻，一所大学，或者一个完整的社会——是由这样的实践构成的。真正的实践几乎总是承诺的实践，因为它们包括伦理上的善的活动。在其严格的意义上，**分离的实践**在术语中是矛盾的，因为这些活动为了自己的利益，以对他人承诺为代价来进行。（见第204—205页）

公共善（*Public good*） 在个人主义传统中，公共善通常被视为私人利益的总和。在共和主义传统中，公共善是那种有利于社会整体并导向美利坚共和国的创始人所称的**公众幸福**的东西。它包括从适当的公共设施到信任和公民友谊的一切事物，即那些使公众生活能得以享受而不是担惊受怕的某些事物。这也被称为**共同善**。

共和主义的传统（*Republican tradition*） 这种起源于古典希腊和罗马的城市的传统，表现于中世纪晚期和现代欧洲早期，并对现代西方民主政治的形成作出了贡献。它预先设定，一个共和国的公民是受公民美德和自我利益所激励的。它把公众参与视为一种德育形式，并把它的目的看作**正义**的实现和**公共善**。（二者均见本书）在美国历史的许多时候，共和主义的传统已经与《圣经》的传统紧密相连。（见第38—39页）

传统（*Tradition*） 传统是对一个随着时间的过去已经耗竭的共同体进行理解和评估的一种模式。传统是全部人类行动的固有维度。虽然我们可能从另一种观点出发批判一种传统，但不存在任何完全吞噬传统的方式。**传统**不被用于反对**理性**。传统往往是一种正在持续的理性的观点，关系到那种它自己定义它的身份的共同体和机构的善。（见第33—35页）。

功利型的个人主义（*Utilitarian individualism*） 达到作为既定

的明确的基本人类欲望和恐惧的一种个人主义形式——对于霍布斯（Hobbes）来说，是对获取凌驾于他人之上的权力的渴望和对以另一个人之手突然由暴力引发的死亡的恐惧——和把人类的生活视为各个个人去将与这些既定目的相关的他们的自我利益最大化的一种努力。功利型的个人主义将社会看作产生于一份契约，个人只是为了发展他们的自我利益才走进这份契约。依照洛克，由于财产的预先存在，社会是必要的，对私有财产的保护就是个人在契约上进入社会的理由。功利型的个人主义与对人类存在本身的一种基本的经济理解有密切关系。（见**个人主义，表现型的个人主义**的术语释义；同时见第39—41页）